Die Hessen-Bibliothek
im Insel Verlag

Regionalbewegungen und Heimatdiskussionen deuten darauf hin, daß auch in der Bundesrepublik die Diskussion um die regionale Identität und Kultur der Bürger begonnen hat. Die Bundesländer betrachten sich immer weniger als rein administrative Einheiten, sie betonen ihre historische und politische Eigenständigkeit. Die Hessen-Bibliothek *möchte zu dieser Entwicklung einen Beitrag leisten mit Büchern, die bisher vernachlässigte kulturelle, sozialgeschichtliche und politische Aspekte darstellen und analysieren sollen. Die* Hessen-Bibliothek *will auch ein Impuls sein für in Hessen lebende oder an Hessen interessierte Künstler und Wissenschaftler, sich mehr als bisher mit den Problemen des Landes zu beschäftigen.*

Peter Assion

Von Hessen in die Neue Welt

Eine Sozial- und Kulturgeschichte der hessischen Amerikaauswanderung mit Text- und Bilddokumenten

Insel Verlag

Umschlagabbildung: Nordamerika – ein Eldorado für strebsame Farmer und tüchtige Handwerker, mit Seehäfen, aufstrebenden Städten und mit der Weite noch unerschlossener Landschaften lockend. So standen die USA deutschen Auswanderern vor Augen, und so stellte sich das Land auch selber dar, z. B. im Schulbuch. (Holzstich aus: „Colton's New Introductory Geography", St. Paul/Minnesota 1875, S. 29).

Erste Auflage 1987

Druck: Druckhaus Thiele & Schwarz GmbH, Kassel
Printed in Germany

Inhalt

Vorwort

Bei einer Volkszählung in den Vereinigten Staaten von Amerika gab 1979 fast ein Drittel aller Bürger (51,6 Millionen) an, auf die eine oder andere Weise deutscher Abstammung zu sein. Ein nicht geringer Teil dieser Befragten hätte auch sagen können: hessischer Abstammung. Denn an den großen Auswanderungswellen, die zumal im 19. Jahrhundert die USA erreichten, waren Hessen stets besonders stark beteiligt. Daran wird heute durch die Nachkommen auch noch in anderer Weise erinnert. Zwar allesamt längst gute Amerikaner, fragen sie zunehmend der genauen Herkunft ihrer Großeltern, Urgroßeltern usw. nach, kommen in hessische Dörfer zurück und knüpfen abgerissene Verbindungen zu Verwandten und Trägern gleicher Familiennamen neu. Damit einher geht ein Wissensbedürfnis, das auf die Ursachen und Abläufe der Amerikaauswanderung allgemein gerichtet ist und deutscherseits seine Entsprechung besitzt im gewachsenen Interesse für die lokale und regionale Auswanderungsgeschichte, für deren Auswirkungen in Amerika und für die Beziehungen zwischen Amerikanern und Deutschen, die sich heute daraus ergeben.

Das 1983 in der Reihe »Die Hessen-Bibliothek« von Hans Herder vorgelegte »Hessische Auswandererbuch« kam demnach zur rechten Zeit. Aus Anlaß des Jubiläums »300 Jahre deutsche Einwanderung in Amerika« veröffentlicht, zog es eine Summe aus gut hundert Jahren deutscher und hessischer Auswanderungsforschung, machte ältere Einzelstudien neu verfügbar und erfaßte in wichtigen Teilen, was zur Erhellung hessischer Auswanderungsgeschichte in jüngerer Zeit geschrieben worden ist. Dabei wurden auch dem wissenschaftlichen Fachmann neue Informationen geboten, was ermöglicht wurde durch ein erfreuliches und nach dem Jubiläumsjahr 1983 nicht abgebrochenes, sondern zu weiteren Ergebnissen gelangtes Voranschreiten der Auswanderungsforschung auf verschiedenen Ebenen. Das Studium der hessischen Auswanderung ist heute bei der Familienforschung ebenso beheimatet wie bei der Ortsgeschichtsschreibung. In Privatbesitz

und in Dorf- und Stadtarchiven wird Material erhoben, während in den Hessischen Staatsarchiven Befunde zur Wanderungsgeschichte ganzer Territorien erarbeitet werden und Auswandererkarteien bzw. die elektronische Datenverarbeitung die abgewanderten Bevölkerungsteile zunehmend geschlossen erfassen. Parallel dazu beteiligt sich auch die Volkskunde an der Auswanderungsforschung, besonders an der Universität Marburg, wo am Institut für Europäische Ethnologie und Kulturforschung alle Hessen, die bis 1866 über Hamburg in die USA ausgewandert sind, erfaßt wurden und wo in Kooperation mit externen Mitarbeitern ein »Auswandererarchiv« gegründet wurde, in dem die Selbstzeugnisse hessischer Auswanderer (Briefe, Tagebücher, Fotos usw.) gesammelt und ausgewertet werden.
Diese Vielfalt der Aktivitäten heißt freilich auch, daß verschiedene Forschungsakzente gesetzt werden, verfolgt doch der Orts- und Landeshistoriker andere Erkenntnisinteressen als der kulturwissenschaftlich eingestellte Volkskundler oder gar der Genealoge. Und für das einst in mehrere Territorien aufgeteilte Hessen kommt die vorgegebene Aufsplitterung des Forschungsfeldes hinzu. Um so notwendiger ist die integrierende Zusammenschau des Erarbeiteten, und um so mehr ist es gerechtfertigt, Überblicksdarstellungen auch wiederholt an die fachliche und allgemeine Öffentlichkeit zu geben: zur Fixierung von Grundwissen, zum Nachweis von Konstanten der Auswanderungsbewegung und zur notwendigen Erinnerung an die Tatsache, daß dem komplexen Phänomen »Auswanderung« nicht Statistiken, Biographien, Details der »Auswandererkultur« usw. allein gerecht zu werden vermögen, sondern nur die interpretierende Verknüpfung alles dessen, was Einzelforschung ans Licht zu bringen vermag.
Mit dieser Begründung wird hiermit versucht, dem »Hessischen Auswandererbuch« von 1983 eine Sozial- und Kulturgeschichte der hessischen Amerikaauswanderung von ihren Anfängen bis zum Ersten Weltkrieg folgen zu lassen. Von der früheren Publikation unterscheidet sie sich dadurch, daß sie die Vorleistungen der älteren Forschung in einen neu strukturierten Zusammenhang bringt, wobei innerhalb eines Rahmens, der nicht allein nach raum-zeitlichen Kategorien, sondern vorrangig nach Problemaspekten abgesteckt wurde, zugleich die Ergebnisse der neueren

Forschungen zur hessischen Auswanderung berücksichtigt werden. So erfuhr unter anderem auch dasjenige, was sich hinter dem »Salzwasservorhang«, d. h. nach erfolgter Auswanderung in Amerika abspielte, eine Ausweitung, die in älteren Darstellungen meist zu vermissen blieb. Im Unterschied zum »Hessischen Auswandererbuch« wurden außerdem in größerem Umfang Bildzeugnisse miteingebracht. Sie illustrieren die vorliegende und die frühere Publikation, wollen aber auch als Quellen von eigenem Aussagewert aufgefaßt werden, indem sie sich in die Quellenanhänge eingegliedert finden, die jedem Kapitel folgen.
Diese dokumentarischen Teile bilden den zweiten Schwerpunkt des Buches. Aus ihnen soll die Auswanderungsproblematik unmittelbar zum Leser sprechen. Sie sollen ihm als Beleg- wie als Studienmaterial dienen und ihn anregen zu eigener Beschäftigung mit Vorgängen, die einst tief in das gesellschaftliche Leben eingegriffen haben bzw. Ausdruck waren für soziale Umbrüche und Bewegungen säkularen Ranges. Vor allem aber sollen die Quellen dem Leser die Menschen nahebringen, die von jenen Vorgängen betroffen waren: die Auswanderer mit ihren Sorgen und Hoffnungen, die bisweilen hinter bloßen Statistiken – so wichtig diese gleichwohl sind – zu verschwinden drohen. Volkskundliche Auswanderungsforschung sieht in der Erschließung der subjektiven Seite der Auswanderung ein besonderes Anliegen. Entsprechend ist auch vorzugsweise auf Briefmaterial zurückgegriffen worden, auf Selbstaussagen der Auswanderer, die in Wortlaut und Schreibung unverändert dargeboten werden und nur dort (jeweils gekennzeichnete) Kürzungen erfuhren, wo dies aus Platzgründen unvermeidbar war. Das gleiche gilt für Tagebuchaufzeichnungen.
Fast alle handschriftlichen Quellen sind bisher nicht gedruckt gewesen, und wo es sich um den Neudruck von Dokumenten handelt, sind Vorlagen herangezogen worden, die in aller Regel nur als zeitgenössische Verlautbarungen, also nicht in moderner Edition existierten. Die meisten Quellen lieferte das oben genannte Marburger »Auswandererarchiv«, betreut vom Verfasser und seinen Mitarbeitern Peter Schwinn und Peter Mesenhöller, denen für ihre Mithilfe bei der Gestaltung der Quellenanhänge zu danken ist. Dank ist hier aber auch den folgenden

Personen auszusprechen, die dem Archiv Originalquellen zugänglich machten und den Verfasser mit Hinweisen und Auskünften unterstützten: Anni Adler (Marburg), Doz. Dr. Inge Auerbach (Staatsarchiv Marburg), Karl Baeumerth (Usingen-Merzhausen), Friedrich-Karl Bauer (Hameln), Helmut Bickelhaupt (Wiesbaden), Heinz Bormuth (Mühltal), Bernhard Breymann (Lich), Hans Deibel (Schlitz), Dietrich Dern (Marburg), Hilde Diehl (Butzbach), Dr. Hans-Henrich Dörmer (Hamburg), Henry Clayton Fisher (Oklahoma City/USA), Archivleiter Flender (Wetzlar), Prof. Dr. E. G. Franz (Staatsarchiv Darmstadt), Gerd J. Grein (Langen), Helmut Groos (Mittenaar-Offenbach), Gerhard Hankammer (Hamburg), Prof. Dr. Wolfgang Helbich (Bochum), Bodo Heil (Butzbach), Dan C. Heinemeier (Arlington/USA), Werner Henschke (Bergen-Enkheim), Heinrich Hoffmann (München), Michael Keller (Wetterau-Museum Friedberg), Brigitte Köhler (Wembach), Dr. Wilhelm Krieger (Wörrstadt), Manfred Kunz (Bad Camberg), Wilhelm Lotz (Marburg), Roland Paul (Heimatstelle Pfalz Kaiserslautern), Dr. Rolf Reutter (Darmstadt), Irmgard Stamm (Marburg) und Horst Westmeier (Wengern). Ohne die Mithilfe der Genannten wäre es nicht möglich gewesen, ein so anschauliches Bild von der hessischen Amerikaauswanderung zu zeichnen, wie es mit vorliegender Publikation durch entsprechende Ergänzung der abhandelnden Kapitel gelungen scheint.

I. Die erste Phase der Auswanderung (17./18. Jahrhundert)

Als klassische Epoche der Amerika-Auswanderung gilt mit guten Gründen das 19. Jahrhundert, zogen doch damals deutsche Auswanderer zu Hunderttausenden in die Vereinigten Staaten. In den Territorien des heutigen Landes Hessen war Nordamerika indessen schon seit dem frühen 18. Jahrhundert als Auswanderungsland im Gespräch gewesen, und als die Auswanderungsbewegung des 19. Jahrhunderts einsetzte, bestanden über den Atlantik hinweg bereits verwandtschaftliche Beziehungen und ein längerfristiger Informationsaustausch. Es ergab sich dies aus der Tatsache, daß schon im 18. Jahrhundert mehrere hessische Auwandererschübe Nordamerika erreicht hatten und durch private Initiativen wie die große Politik die Kolonialgebiete im fernen Westen auch der hessischen Bevölkerung ins Gesichtsfeld gerückt worden waren. Ja schon im 17. Jahrhundert kann man die hessische Amerika-Auswanderung beginnen lassen, trat doch bereits 1677 der Quäkerführer William Penn in Frankfurt a. M. auf und warb dort bei pietistischen Glaubensgenossen mit Erfolg für seine Idee, aus Glaubensgründen Verfolgte und Unterdrückte in einem zu schaffenden Freistaat auf amerikanischem Boden zu versammeln.
Die Frankfurter Pietisten um den Oberpfarrer Philipp Jakob Spener unterstützten Penn, indem sie die »Teutsche Compagnie« gründeten[1] und diesen ersten Auswanderungsverein Land erwerben ließen in Pennsylvanien: in jenem ausgedehnten Waldgebiet, das Penn 1681 vom englischen König erhalten hatte und das nach ihm benannt wurde. Das Weitere organisierte als Agent der Landkompanie der damals in Frankfurt lebende Jurist Franz Daniel Pastorius (1651-1719/20), gebürtig aus Sommerhausen am Main. Er führte dreizehn mennonitische Weberfamilien aus dem damals naussau-oranischen Krefeld übers Meer – ihre Landung am 6. Oktober 1683 gilt als Beginn der deutschen Einwanderung in Amerika schlechthin – und gründete mit diesen Kolonisten die

Siedlung Germantown bei Philadelphia, der er sich bis 1700 auch als Bürgermeister, Stadtschreiber und Notar zur Verfügung stellte. Für weitere deutsche Siedler warb er mit der Druckschrift »Umständige Geographische Beschreibung der zu allerletzt erfundenen Provintz Pensylvaniae«, die 1700 in Frankfurt und Leipzig herauskam und 1704 erneut aufgelegt wurde.[2] Darüber hinaus aber lag ihm, der von Penn in Frankfurt auch ganz persönlich beeindruckt worden war, die sittlich-rechtliche Entwicklung Pennsylvaniens am Herzen. 1688 schrieb er eine Protesterklärung gegen den Handel mit Negersklaven nieder, und diese dann von der monatlichen Quäkerversammlung in Germantown diskutierte Resolution war der erste – wenn auch wirkungslose – Protest, der in Nordamerika öffentlich dagegen erhoben wurde, daß Christen »Menschen in der gleichen Weise wie das Vieh verkauften« oder kauften.[3]

Der (von der englischen Handelsbourgeoisie betriebene) Sklavenhandel mußte Männern wie Pastorius um so verwerflicher erschienen sein, als er einem Freiheitsideal widersprach, das schon in Deutschland im Gegensatz zu rechtlicher Willkür gestanden und nicht nur die Glaubensfreiheit gemeint hatte. Den meisten Mitauswanderern – und den religiösen Gruppen, die folgten – genügte jedoch die religiöse Freiheit, die das koloniale Nordamerika zusammen mit wirtschaftlichen Möglichkeiten bot, und es blieb ihnen unbewußt, daß auch ihre Ideale politisch-sozialen Protest beinhalteten und ihr Fortzug aus Deutschland eine letztliche Absage an die Feudalverhältnisse bedeutete, in denen sie gelebt hatten. Unzufrieden mit ihren weltlichen Herren wandten sie sich um so stärker Gott als dem Herrn aller Herren zu: ein von der modernen Forschung zum religiösen Separatismus aufgedeckter Zusammenhang,[4] der zumal auch für die nach Amerika gegangenen Gottsucher geltend zu machen ist und in ihnen die religiöse Avantgarde jener Freiheitsbegeisterten des 19. Jahrhunderts sehen läßt, die von Amerika als dem Land bürgerlicher Freiheiten angezogen wurden. Trotz zunehmender Bevölkerungszahl war jedenfalls wirtschaftliche Not für jene Gruppen noch kein so entscheidendes Auswanderungsmotiv wie in den Katastrophenjahren ab 1817. Und religiöse Verfolgung mochten die Wiedertäufer der Grafschaft Wittgenstein und im Isenburgischen in der

Wetterau erfahren haben, die zwischen 1719 und 1733 nach Pennsylvanien auswanderten,[5] nicht aber jene reformierten Gemeinden im Nassauischen, denen ihre Pfarrer Amerika als »gelobtes Land« bezeichneten, das Gott seinem Volk gezeigt habe, um es »aus der Egyptischen Dinstbarkeit zu erretten«.[6]
Der Auswanderung der Krefelder war eine erste größere Auswanderungswelle schon 1709 gefolgt, die von Südwestdeutschland ausging, hessische Gebiete miterfaßte und einen Teil ihrer Dynamik der Werbeschrift des Pastorius sowie einem ähnlich gehaltenen »Ausführlich- und umständlichen Bericht von der berühmten Landschafft Carolina« verdankte, die der pfälzische Pfarrer Josua Kocherthal (Pseudonym für Harrsch) 1706 in Frankfurt und Leipzig aufgelegt hatte. Hinter Kocherthal stand der englische Gesandte in Frankfurt, der im Auftrag der Königin Anna von England und britischer Adelskreise um Kolonisten für deren Großgrundbesitz in Amerika warb. Die »Abzugsseuche« – später sprach man vom »Amerikafieber« – begann zu grassieren und erfaßte Handwerker und kleine Landwirte, die erstmals eine Gelegenheit sahen, den drückenden Lasten des Feudalsystems – den Steuern und Abgaben, den Frondiensten, der obrigkeitlichen Willkür – zu entkommen und von denen einzelne freilich auch schon durch Überschuldung den Drang zur Auswanderung verspürten. Aus patriarchalischen Verhältnissen kommend, zeigte ihre Amerika-Sehnsucht als weltliche Variante auch die Reflexion auf eine übermächtige freundliche Schutz- und Rettergestalt.[7] Als solche galt Königin Anna, von der man überzeugt war, sie würde das Land in Amerika verschenken und die Reisekosten ersetzen. Als »Retter« wurde auch Kolumbus besungen, und noch im 19. Jahrhundert wurden dem amerikanischen Präsidenten und von Brasilienauswanderern dem Kaiser von Brasilien entsprechende Züge angedichtet. Um so enttäuschender war dann oft die Realität. Nur ein Teil der Auswanderungswilligen von 1709 erreichte vom Sammelplatz London aus tatsächlich Amerika, darunter Hessen-Darmstädter und Nassau-Dillenburger, die dann am mittleren Hudson nahe bei New York zu siedeln begannen. Weitere hessische Auswanderergruppen folgten nach Pennsylvanien, wo 1741 auch Herrenhuter aus der Grafschaft Büdingen ansässig wurden (Gründung von Betlehem mit Zweigniederlassungen), und nach 1750 zeitigte

die Kolonistenwerbung für Massachusetts Erfolge: erneut von Frankfurt aus betrieben, wo als Agent der Provinzialregierung von Massachusetts von 1749 bis 1753 Joseph Crellius tätig war.[8] Doch hatten die einheimischen Regierungen im 18. Jahrhundert die Auswanderung noch keineswegs freigestellt. Im Wegzug dienst- und abgabepflichtiger Untertanen wurde vielmehr eine Schädigung des Staatswohls gesehen, und einer Wirtschaftspolitik, die sich an den Lehrmeinungen der Merkantilisten und Kameralisten orientierte, erschien die Auswanderung als gravierende Störung jenes Konzeptes, das von einer wachsenden Bevölkerung steigende Produktionsraten, erhöhte Steuereinnahmen und nicht zuletzt Vergrößerung der stehenden Heere erwartete. Die Folge waren wiederholte Verordnungen zur Unterbindung des Auswanderns, wobei neben der transatlantischen Migration auch noch eine binneneuropäische zu berücksichtigen war, die sich nach Südost- und Osteuropa (nach Ungarn, Rußland usw.) richtete.[9] 1723 wurde in Hessen-Kassel zunächst die strafrechtliche Verfolgung illegaler Auswanderer angeordnet.[10] 1753 wurde ebendort die Auswanderung nach South Carolina untersagt, und 1765 folgte aus Anlaß illegaler Werbungen ein generelles Auswanderungsverbot, insbesondere für Arbeiter, Professionsverwandte und Bergleute. Vor russischen Auswanderungsagenten wurde 1767 gewarnt, der Durchzug von Auswanderertransporten verboten. Und nachdem 1772 die Verordnungen von 1765 und 1767 erneuert worden waren, wurde 1774 für fernbleibende Handwerker (die ihre Wanderschaft möglicherweise zur heimlichen Auswanderung genutzt hatten) und 1787 für nicht einrückende Militärpflichtige (die im gleichen Verdacht standen) die Konfiskation des Vermögens angeordnet.[11] Auch in den anderen hessischen Territorien wurde gegen Werber vorgegangen, die Auswanderung an die ausdrückliche Erlaubnis der Obrigkeit gebunden und durch die Erhebung von Abzugsgeldern und sonstige Maßnahmen erschwert. Dabei wurde vielfach auch Sorge um das Ergehen der Ausgewanderten im fremden Land bekundet. Wo sie echt und nicht nur vorgeschoben war, bezog sie sich u.a. auf das sogenannte Redemptioner-Wesen, das Auswanderer, denen das Reisegeld fehlte, in jahrelange Abhängigkeit von den Schiffskapitänen brachte, indem sie sich dazu verpflichtet hatten, die Passage durch Arbeit in Amerika abzuverdienen. Daß das Elend, das die Auswanderer erwarten sollte, jedoch oft weit übertrieben dargestellt war, konnte im Vergleich mit Briefen durchschaut werden, die aus Amerika von den Erfolgen der Kolonisten berichteten. Gleichwohl wurde auf entsprechende Gegenpropaganda nicht verzichtet. Als 1805 ein gewisser Kasimir Kurtz für das Amsterdamer Handlungshaus Wils und Compagnie den Rhein entlang Auswanderer anzuwerben suchte, verbot die Stadt Frankfurt dessen Werbekampagne ebenso wie den Durchzug von Auswanderertrupps, und die kurhessische Regierung gab eine »Warnung vor der Auswanderungssucht« heraus, in der »amerikanischen Emmissairen« generell unterstellt wurde, sie würden »nicht Fremde zu beglücken, sondern vorzüglich arbeitsame Deutsche in das Joch einer schmählichen Sclaverey zu bringen trachten«, indem diesen in Amerika »statt der angerühmten sorgenfreyen Unabhängigkeit die mühsamste Arbeit in ungesunden, unbebaueten Ländern, kümmerliche Nahrung und endlich rettungslose Verzweiflung« zuteil werde.[12]

Widersprüchlich hatte da auf die Zeitgenossen auch schon gewirkt, daß der gleiche Staat – Hessen-Kassel – 1776 bereit gewesen war, Tausende von Landeskindern in jene Länder zu schicken, die angeblich so wild und ungesund sein sollten und von denen die Auswanderer fernzuhalten man sich nach Kräften befleißigte. Im genannten Jahr vermietete Landgraf Friedrich II. ein Truppenkontingent von 12 000 Mann – rund drei Viertel seines stehenden Heeres – an den englischen König,[13] um jenen Aufstand in Nordamerika niederzuschlagen, mit dem die dreizehn dort entstandenen englischen Kolonialstaaten ihre Unabhängigkeit erringen wollten. Söldnertruppen wurden außerdem von Hessen-Hanau und vom Fürstentum Waldeck gestellt, so daß sich die Gesamtzahl hessischer Kriegsteilnehmer auf etwa 16 000 bis 17 000 Soldaten belief, zu denen noch Söldner aus Anhalt-Zerbst, Ansbach-Bayreuth und Braunschweig hinzukamen. Durch die Kriegshandlungen unter ungewohnten klimatischen Bedingungen hatten sie schwer zu leiden,[14] und nicht wenige entzogen sich durch Überlaufen zur Gegenseite – wo innerlich auch die meisten ihrer früher ausgewanderten Landsleute standen – dem Kampf für eine Sache, die nicht die ihre war. Andere hatten als Kriegsgefangene den Vorteil, aus dem Kampfgeschehen ausgeschieden zu sein. Statt dessen durften sie als Knechte auf den Farmen arbeiten, wo sie den Wohlstand der Kolonisten kennenlernten und die Möglichkeit entdeckten, selber in Amerika siedeln zu können.[15] Beim Friedensschluß 1783 blieben daher zahlreiche Soldaten in den nun freien »Vereinigten Staaten von Amerika«: immerhin rund ein Viertel aller Söldner, darunter auch Offiziere, die sich als Schullehrer verdingten. Als Bürger des neuen Staatengebildes waren sie durchaus willkommen, doch war es in der Folgezeit nicht mehr ratsam, sich als »Hessian« zu erkennen zu geben (und mancher deutsche Familienname soll entsprechend rasch anglisiert worden sein). Denn »Hessian« wurde zu einem Schimpfwort mit der Bedeutung »böser Deutscher«, »schlechter Deutscher«: in Erinnerung an den Kampf gegen die Freiheit Nordamerikas und an »ein Volk, das sich sklavisch verkaufen ließ«.[16] Und so ungerecht diese historische Erinnerung war, so hinderte sie doch nicht die Weitergabe des Sprachklischees »Hessian« (mit den entsprechenden Assoziationen) bis ins spätere 19. Jahrhundert.[17] Erst in jüngerer Zeit verblaßte der Begriff, so daß es amerikanischen Familien möglich wurde, sich ausdrücklich zu ihrer hessischen Abstammung zu bekennen, und daß eine Familienchronik erscheinen konnte, die auf dem Einband das Bild eines hessischen Soldaten in Uniform zeigt und den Titel führt: »Johannes Schwalm, The Hessian«.[18] Dieses Buch handelt von eben diesem Johannes Schwalm, der im Regiment von Knyphausen gedient hatte, und von seinen Nachkommen, die zum Teil noch heute in Lykens Valley in Pennsylvanien zu finden sind, wo Schwalm ansässig geworden war.

Anmerkungen

1 Vgl. Wolf-Heino Struck, Die Auswanderung aus Hessen und Nassau in die Vereinigten Staaten, in: Nassauische Annalen 89 (1978), S. 78-114, hier S. 80 f.

2 Siehe auch Franz Daniel Pastorius' Beschreibung von Pennsylvanien. Nachbildung der in Frankfurt a. M. im Jahre 1700 erschienenen Original-Ausgabe, herausgegeben vom Crefelder Verein für wissenschaftliche Vorträge. Mit einer Einleitung von Friedrich Kapp, Krefeld 1884.

3 Den Wortlaut der Resolution siehe übersetzt bei Rudolf Cronau, Drei Jahrhunderte deutschen Lebens in Amerika. Eine Geschichte der Deutschen in den Vereinigten Staaten, Berlin 1909, bzw. im Nachdruck daraus bei Hans Herder (Hg.), Hessisches Auswandererbuch, Frankfurt a. M. 1983, S. 82-84.

4 Vgl. Martin Scharfe, Kontrakulturale Aspekte in der empirischen Religionsforschung. Überlegungen zum Problem des religiösen Separatismus, in: Zeitschrift für Volkskunde 67 (1971), S. 173-202.

5 Wolf-Heino Struck, Zur dreihundertjährigen Geschichte der hessischen Auswanderung in die Vereinigten Staaten von Nordamerika, in: Herder (wie Anm. 3), S. 13-62, hier S. 20.

6 Ebenda, S. 18.

7 Siehe dazu Ina-Maria Greverus, Der territoriale Mensch. Ein literaturanthropologischer Versuch zum Heimatphänomen, Frankfurt a. M. 1972, S. 158.

8 Struck (wie Anm. 5), S. 20 f.

9 Anton Reimann, Auswanderungen aus Hessischen Territorien nach Südosteuropa im 18. u. 19. Jh., Darmstadt 1986 (= Schriftenreihe zur Donauschwäbischen Herkunftsforschung, 13).

10 Diese und die nachfolgend genannten Verordnungen finden sich aufgelistet bei Inge Auerbach, Auswanderung aus Kurhessen 1832-1866, in: Hessische Blätter für Volks- und Kulturforschung NF 17 (1985), S. 19-50, Anm. 19.

11 Siehe ebenda.

12 Abdruck der »Warnung« in: Kaiserlich privilegirter Reichs-Anzeiger Nr. 182 vom 12. Juli 1805, Sp. 2281 f.

13 Ernst Kipping, Die Truppen von Hessen-Kassel im amerikanischen Unabhängigkeitskrieg 1776-1783, Darmstadt 1965 (= Beiträge zur Wehrforschung, 7); Hessen und die amerikanische Revolution 1776. Ausstellung der hessischen Staatsarchive zum Hessentag 1976, Marburg 1976; Struck (wie Anm. 1), S. 86 f.; Inge Auerbach, Die Hessischen Soldaten und ihr Bild von Amerika 1776, in: Hessisches Jahrbuch für Landesgeschichte 1985, S. 137-158. – Um Ermittlungen zum weiteren Schicksal der Kriegsteilnehmer zu erleichtern, hat die Archivschule Marburg in einem exemplarischen Versuch die Truppenlisten des Staatsarchivs Marburg auf dem Weg der elektronischen Datenverarbeitung erschlossen und die Ausdrucke publiziert. Siehe: Hessische Truppen im Unabhängigkeitskrieg (HETRINA). Index nach Familiennamen. 4 Bände, Marburg 1972-1976 (= Veröffentlichungen der Archivschule Marburg, Institut für Archivwissenschaft, 10).

14 Anschaulich und erschütternd beschrieb der Sachse Johann Gottfried Seume die Leiden der hessischen Hilfstruppen in seiner Autobiographie. Siehe dens., Mein Leben, Leipzig 1813, sowie: Mein Leben, von Johann Gottfried Seume. Edited with an introduction and notes by J. Henry Senger, Boston/Mass. 1899.

15 Vgl. dazu die Erlebnisse des Söldners Johannes Reuber nach dessen Kriegstagebuch, das auszugsweise herausgegeben wurde von Adolf Reuber, in: Aus der Heimat (Beilage zur Bergen-Enkheimer Zeitung) 5 (1958), S. 29-52, hier S. 40. Die Kriegsgefangenen konnten sich freiwillig zur Feldarbeit melden und wurden sogar dafür entlohnt.

16 Ernst Otto Hopp, Transatlantisches Skizzenbuch. Federzeichnungen aus dem amerikanischen Leben, Berlin 1876, S. 30 f.
17 Don Yoder, Palatine, Hessian, Dutchman: drei Bezeichnungen für Deutsche in Amerika, in: Hessische Blätter für Volks- und Kulturforschung NF 17 (1985), S. 191-213.
18 G. Paul Moser und Kenneth S. Jones (Hg.), Johannes Schwalm, The Hessian, Millville/Pa. 1976.

1. Werbung für Pennsylvanien

Titelblatt der von Franz Daniel Pastorius verfaßten Beschreibung Pennsylvaniens. Die Erstausgabe (Niedersächsische Staats- und Universitätsbibliothek Göttingen) erschien zu Frankfurt und Leipzig im Jahr 1700 und bewirkte zusammen mit dem Nachdruck von 1704, daß sich an der ersten deutschen Massenauswanderung nach Nordamerika 1709 auch in größerem Umfang Hessen beteiligten.

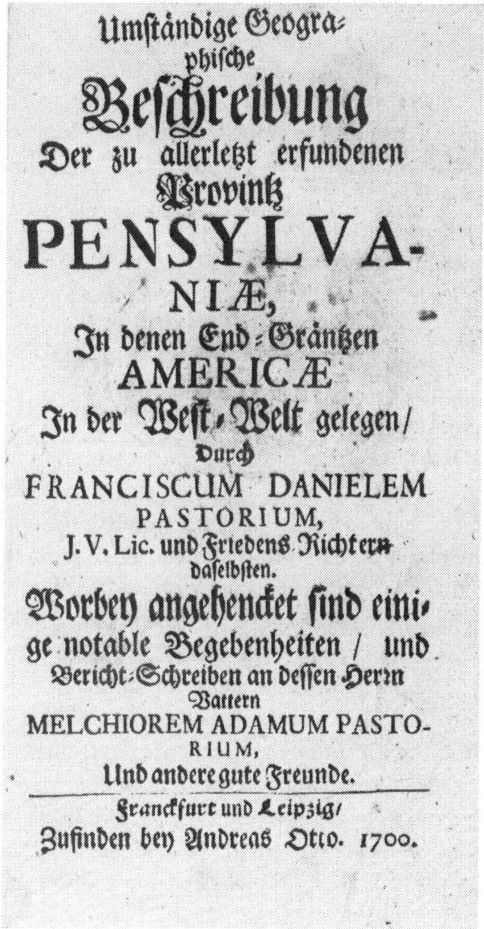

Umständige Geogra-
phische
Beschreibung
Der zu allerletzt erfundenen
Provintz
PENSYLVA-
NIÆ,
In denen End-Gräntzen
AMERICÆ
In der West-Welt gelegen/
Durch
FRANCISCUM DANIELEM
PASTORIUM,
J. V. Lic. und Friedens-Richtern
daselbsten.
Worbey angehencket sind eini-
ge notable Begebenheiten / und
Bericht-Schreiben an dessen Herrn
Vattern
MELCHIOREM ADAMUM PASTO-
RIUM,
Und andere gute Freunde.

Franckfurt und Leipzig/
Zufinden bey Andreas Otto. 1700.

2. Ein Auswanderer-Abschied 1748

Wie die Regierungen immer wieder die Werbung für die Amerikaauswanderung zu unterbinden suchten, so waren sie auch bestrebt, bei dem erlaubten Weggang einzelner Auswanderergruppen jedes Aufsehen zu vermeiden, weil auch davon eine werbende Wirkung ausging. Wie mit zwei Pennsylvanien-Auswanderern und ihren Begleitern verfahren worden war, die 1748 einen festlichen Auszug veranstaltet hatten, berichtete am 7. Juni 1748 der Amtmann von Bergen an die kurfürstliche Regierung in Hanau mit folgendem Schreiben (Staatsarchiv Marburg, Best. 86, No. 210, f. 59):

Reichsfrey Hochwohlgebohrne FreyHerrn Hochwohl- Wohl- und Hochedelgebohrne Hochedelgestreng Vest und Hochgelahrte Gnädig Gestrenge Hochgebiethende und Hochgeehrteste Herren.

Denen Excellen[zen] Hochwohl- Wohl- und Hochedelgebohren soll hierdurch gehorsamst zu berichten ohnermangeln, was, maasen gestern Nachmittags Johann Georg Schad von Freyen Steinau aus dem Riedeselischen nebst Michel Dietz von Hochstadt, welche beyde nach Pensylvanien ziehen, durch hiesigen Ort in Begleitung etlicher anderer jungen pursche von Hochstadt nahmentlich Daniel [– Lücke –] Daniel Meerbolt Andreas Weber und Johann Wilhelm Dietz ihren Zug genommen; gleichwie sie nun nicht nur mit Rossmarien und allerley Bändern, gleich als ob sie zur Hochzeit gingen, sich ausgeziert, sondern auch eine Violin und 2 Flinten bey sich gehabt, durch dergleichen Aufzug aber ein Zusammenlauff deren Unterthanen erregt und ihnen eine nicht geringe impression und beyläuffige Lust zu dem ohnehin als ein Land, da Milch und Honig innen fleust beschriebenen Pensylvanien erweckt worden; so habe diesen seltsamen durch-marche, welcher auch Seckbach betroffen haben würde um so mehr behindert, und denen begleitern sowohl als begleiteten die Flinten und das musicalische Instrument samt denen Bändern und Blumen Zierrathen abnehmen, erstere aber auf Hochstadt zurückweisen zu laßen für dienlich erachtet, weilen man unter der Hand Nachricht eingezogen, daß auf künftiges Frühjahr viele Unterthanen von Bergen und Seckbach zu emigriren gedencken, mit öffentl. declaration ihres Vorhabens aber nur so lange zurückhalten, biß sie das ihrige mit Rath zu geld schlagen können.

Ob nun gedachten Hochstädtern das bey sich gehabte Gewehr, damit sie ohnehin nicht herumgehen dürffen, auf ihr Anmelden wieder gegeben werden soll oder nicht, solches und das übrige gebe Euren Excell[enzen] Hochwohl- und Wohl-Hochedelgebohrnen zu beliebiger Verfügung anheim, und beharre mit erstaunlichsten respect

Deren Excell[enzen] Hochwohl- Wohl- und Hochedelgebohrnen
unterthänigst gehorsamster

Bergen, den 7ten Junie 1748. F. Rost, Amtmann

Die Regierung antwortete am 10. Juni 1748, daß die Gewehre mit einem Verweis wegen ungebührlichen Verhaltens zurückgegeben werden könnten. Darüber hinaus wurde verfügt: »Im übrigen aber hat er der Ambtmann vom bey Kauff und Verkauffen liegender güther von denenjenigen, die etwa außer lannd zu ziehen gesinnet, [von] gefährliche absichten geführt werden solten, bestmöglichst zu invigilieren und nach befinden davon weiter anhero zu berichten«.

3. Klage eines Söldners 1776

Das Söldnerheer, das Landgraf Friedrich II. von Kassel 1776 dem englischen König für den Kolonialkrieg in Nordamerika vermietete, wurde mit Truppen verstärkt, die der Erbprinz Wilhelm von Hanau übers Meer schickte, um sich mittels des Mietvertrages eine Geldquelle für seine Prunkbauten und seine kostspielige Hofhaltung zu erschließen. Für die ausrückenden Soldaten wurde am 12. März 1776 in Hanau ein Feldgottesdienst und eine Feldpredigt nach Baruch 4 Vers 19 (»Ziehet hin, ihr lieben Kinder!«) gehalten, und am 15. März wurde das erste Bataillon des Regiments »Erbprinz« mit einer Stärke von 670 Mann in Kesselstadt bei Hanau am Main auf sieben Transportschiffe und zwei Jachten verladen. Weitere Transporte nach England folgten, und in Amerika kämpften schließlich 2422 Mann aus der Grafschaft Hanau unter englischer Fahne, von denen im Oktober 1783 nur 1441 Mann wieder zurückkehrten. Die anderen waren gefallen oder freiwillig in Amerika geblieben. (Vgl. Wilhelm Koch, Menschenhandel vor 180 Jahren, in: Aus der Heimat 2 [1955] Nr. 8, S. 1-5).

Einer dieser Söldner war Christoph Stiehll aus Bergen, von dem sich im Heimatmuseum Bergen-Enkheim ein Brief an seine Mutter, seine Brüder und weitere Personen erhielt: geschrieben nach der Abfahrt in Kesselstadt, bei der dem Soldaten beim Verladen durch eine herabfallende Planke ein Finger zerquetscht worden war. Darauf nimmt der Schlußsatz Bezug: »Mann kann sich wohl einbilden wenn einem der Finger vom Nagel bis auf das zweyte Glied gespalten ist das mann Schmerzen hat und ich habe in 3. Nächten nicht schlaffen können«.
Den Haupttext des Briefes bildet ein geistliches Lied, das – vom Feldgeistlichen oder von Stiehll selbst – auf die Situation der Amerikafahrer umgedichtet wurde. Darin werden die Gefahren der Seereise beklagt (»der Tritt ins Schiff der thut gar weh«), dazu das »Herzeleyd« der alten Eltern und der Schmerz der Trennung von den Brüdern. Der Schutz Gottes wird angerufen, und für den Todesfall wird ein Wiedersehen im Himmel in Aussicht gestellt: »Nun gute Nacht all ihr Verwand, / ich reiße auß dem Vatterland, / in das Amerika das droben, / Da werden dann die leuten all, / mit Sprachen welche unbekannt, / uns recht in freuden lieb empfangen, / so werden sie aus lauter Lieb, / uns jeden tragen aus dem Schiff«.

Stiehll überlebte den Krieg, blieb aber in Amerika. Einer Familienüberlieferung zufolge soll er später noch einmal zu Besuch im Elternhaus gewesen sein und sich durch eine Stehgreifpredigt als Laien- oder Schiffsprediger zu erkennen gegeben haben. Zwei Jahrzehnte später soll er als reicher Reeder in Batavia gestorben sein. (Koch, a.a.O., S. 4 f.).

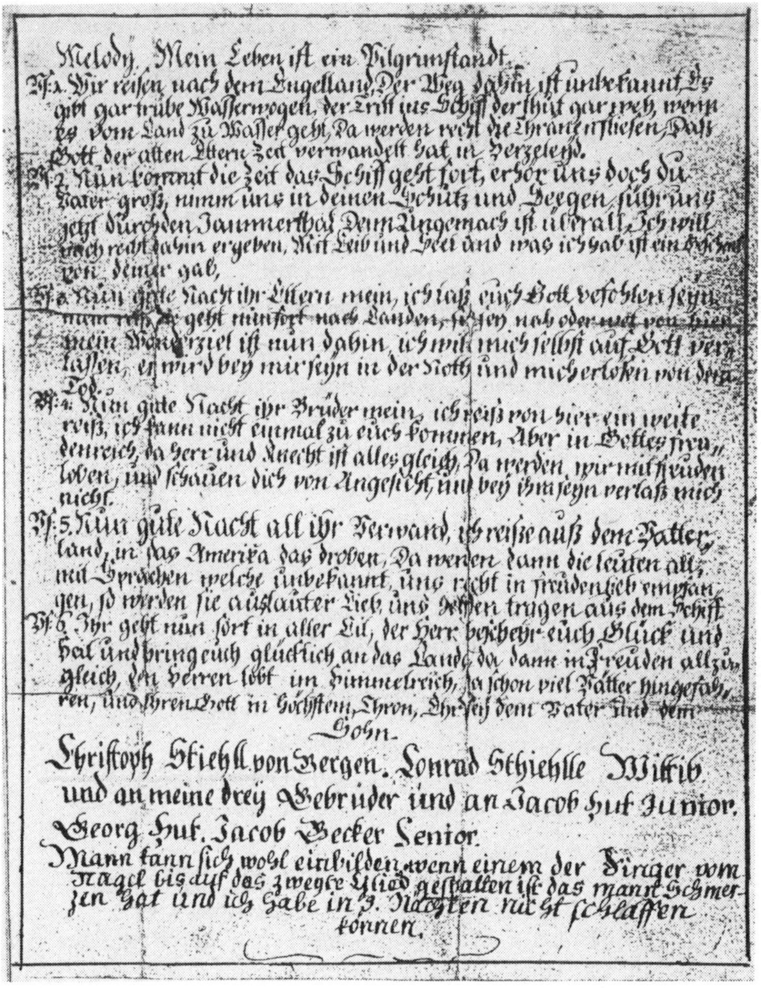

Melody. Mein Leben ist ein Pilgrimstandt.

V:1. Wir reisen nach dem Engelland, Der Weg dahin ist unbekannt, Es gibt gar trübe Wasserwogen, der Tritt ins Schiff der thut gar weh, wenn es vom Land zu Wasser geht, Da werden recht die Thränen fliesen, Daß Gott der alten Eltern Zeit verwandelt hat in Herzeleid.

V:2. Nun kommt die Zeit das Schiff geht fort, erhör uns doch du Vater groß, nimm uns in deinen Schutz und Seegen, führ uns jetzt durch den Jammerthal Dem Ungemach ist überall, Ich will mich recht dahin ergeben, Mit Leib und Seel und was ich hab ist ein Geschenk von deiner gab,

V:3. Nun gute Nacht ihr Eltern mein, ich laß euch Gott befohlen seyn, mein [illegible] geht nun fort nach Landen, sie seyn nah oder weit von hier mein Wanderziel ist nun dahin, ich will mich selbst auf Gott verlassen, er wird bey mir seyn in der Noth und mich erlösen von dem Tod.

V:4. Nun gute Nacht ihr Brüder mein, ich reiß von hier ein weite reiß, ich kann nicht einmal zu euch kommen, Aber in Gottes Freudenreich, da Herr und Knecht ist alles gleich, Da werden wir mit Freuden loben, und schauen dich von Angesicht, und bey ihm seyn verlaß mich nicht.

V:5. Nun gute Nacht all ihr Verwand, ich reise auß dem Vatterland, in das Amerika das droben, Da werden dann die leuten all, mit Sprachen welche unbekannt, uns recht in Freuden lieb empfangen, so werden sie auslauter Lieb uns helfen tragen aus dem Schiff.

V:6. Ihr geht nun fort in aller Eil, der Herr beschehr euch Glück und Heil und bring euch glücklich an das Lande, da dann in Freuden allzugleich, den Herren lobt im Himmelreich, ja schon viel Vätter hingefahren, und Ihren Gott im Höchsten Thron, Ehr sey dem Vater und dem Sohn.

Christoph Stiehll von Bergen. Conrad Sthiehlle Wittib und an meine drey Gebrüder und an Jacob Hut Junior. Georg Hut. Jacob Becker Senior.

Mann kann sich wohl einbilden wenn einem der Finger vom Nagel bis auf das zweyte Glied gespalten ist das mann Schmerzen hat und ich habe in 3. Nächten nicht schlaffen können.

4. Anklage des Landgrafs von Hessen

Auf den promilitaristischen Marsch »Wir preußischen Husaren« dichteten im späten 18. Jahrhundert Soldaten ein Lied, in dem sie ihr trauriges Los schilderten und die hartherzigen »Herren« als dafür Verantwortliche anklagten. Dieses Protestlied – zuerst gegen den König von Preußen gerichtet – wurde im Lauf der Zeit auf eine Vielzahl deutscher Klein- und Großpotentaten umgesungen. Aus Hessen ist es mündlich auch mit folgender erster Strophe (siehe Ludwig Erk und Franz M. Böhme, Deutscher Liederhort, Band III, Leipzig 1894, Nr. 1403) bekannt geworden:

O Cassel, o Cassel,
Verdammtes Jammerthal!
In dir ist nichts zu finden
Als lauter Angst und Qual.
Die Offizier sind hitzig,
Der Stolz ist gar zu groß:
Ach das verfluchte Leben,
Das man da führen muß!

Karl Simrock (Die deutschen Volkslieder, Frankfurt a. M. 1851, Nr. 305) überliefert außerdem eine Fassung, deren siebte Strophe direkt auf den Soldatenhandel des Landgrafen und die Verschickung nach Amerika Bezug nimmt. Diese Verse sollen schon bei der Abschiedsparade in Kassel vor dem Landgrafen gesungen worden sein (!). Hier der Text des gesamten Liedes nach Simrock:

Der Landgraf von Hessen
(Der Landgraf von Hessen/Juchheißa nach Amerika)

1. Der Landgraf von Hessen, der kleine Potentat,
wie sind wir seiner Dienste so überflüssig satt.
Was fangen wir nun an in diesem Jammertal,
allwo ist nix zu finden als lauter Not und Qual.

2. Des morgens halwer acht, da heißt es auf die Wacht.
Kein Teufel tut nicht fragen, ob man gefressen hat.
Kein Branntwein in der Flaschen, kein weißes Brot dabei,
ein schlechtes Tabakrauchen, das ist der Zeitvertreib.

3. Und kommt das Frühjahr an, da ist die große Hitz.
Da muß man exerzieren, daß eim der Buckel schwitzt.
Da muß man exerzieren von Morgen bis Mittag
und das verfluchte Leben, das währt den ganzen Tag.

4. Dann kommt ein frisch Parad. Tut man ein falschen Tritt,
so schreit der Adjudante: »Der Kerl muß aus dem Glied!
Patronentasch herunter, den Säbel abgelegt.
Gleich munter draufgeschlagen, bis er sich nicht mehr regt«.

5. Ihr Herren nehmts nicht Wunder, daß mancher desertiert,
wir werden wie die Hund mit Schlägen abtractiert.
Und bringen sie mich wieder, sie henken mich nicht auf.
Das Kriegsrecht wird gesprochen und Gassen muß ich lauf.

6. Und wenn ich Gassen laufe, so spielen sie frisch auf
mit Trommeln und mit Pfeifen, so geht es wacker drauf.
So tun sie mich ja hauen, Grenadier und Musketier,
der eine der bedauert mich, der andre gönnt es mir.

Rezitativ

7. Juchheißa nach Amerika, dir Deutschland gute Nacht.
Ihr Hessen präsentiert's Gewehr, der Landgraf kommt zur Wacht.
Ade Herr Landgraf Friederich, du zahlst uns Schnaps und Bier,
schießt Arme man und Bein uns ab, so zahlt sie England dir.

8. Und ist der Krieg zu Ende, wo wenden wir uns hin.
Die Gesundheit ist verloren, die Kräfte sind dahin.
Ei nun so wird es heißen: Ein Vogel und kein Nest.
Ei Bruder nimm den Bettelsack, bist auch Soldat gewest.

5. Briefverkehr

Nach jahrzehntelanger hessischer Einzel- und Gruppenauswanderung bestanden Ende des 18. Jahrhunderts schon vielfältige verwandtschaftliche Beziehungen über den Atlantik hinweg, gepflegt durch Briefe, die hin- und hergingen und deren positive Nachrichten aus Amerika immer wieder neue Auswanderer zur Nachfolge anregten. Doch auch Geschäftliches wurde über Briefverkehr geregelt, etwa wenn Erbschaftsangelegenheiten noch ungeklärt waren. Zum Zeugnis dafür sei ein Brief herangezogen, den Johann Adam German am 2. Oktober 1786 aus der Siedlung Heidelberg im County Northampton in Pennsylvanien an seine Mutter und weitere Verwandte schrieb, nachdem er um 1770 aus seinem Geburtsort Kleingumpen in der Grafschaft Erbach nach Amerika ausgewandert war (s. Abbildung auf der nächsten Seite). Er bedankt sich darin für eine Postille, d.h. ein geistliches Buch, sowie 255 Gulden, die ihm von dem Freund Georg Reeg aus Europa mitgebracht worden waren, will aber noch Genaueres wissen, wie zuhause mit seinen Erbansprüchen verfahren worden sei. Dem Brief vorausgegangen war eine Europareise Reegs, wobei diesem von German – zur Klärung der gleichen Sache – eine Geschäftsvollmacht in englischer und in deutscher Sprache mitgegeben worden war (1784), mit deren Hilfe indessen nur ein Teilerfolg erzielt worden zu sein scheint. Die beiden Vollmachten und der Brief erhielten sich im Staatsarchiv Darmstadt (G 28 Reichelsheim F 115).

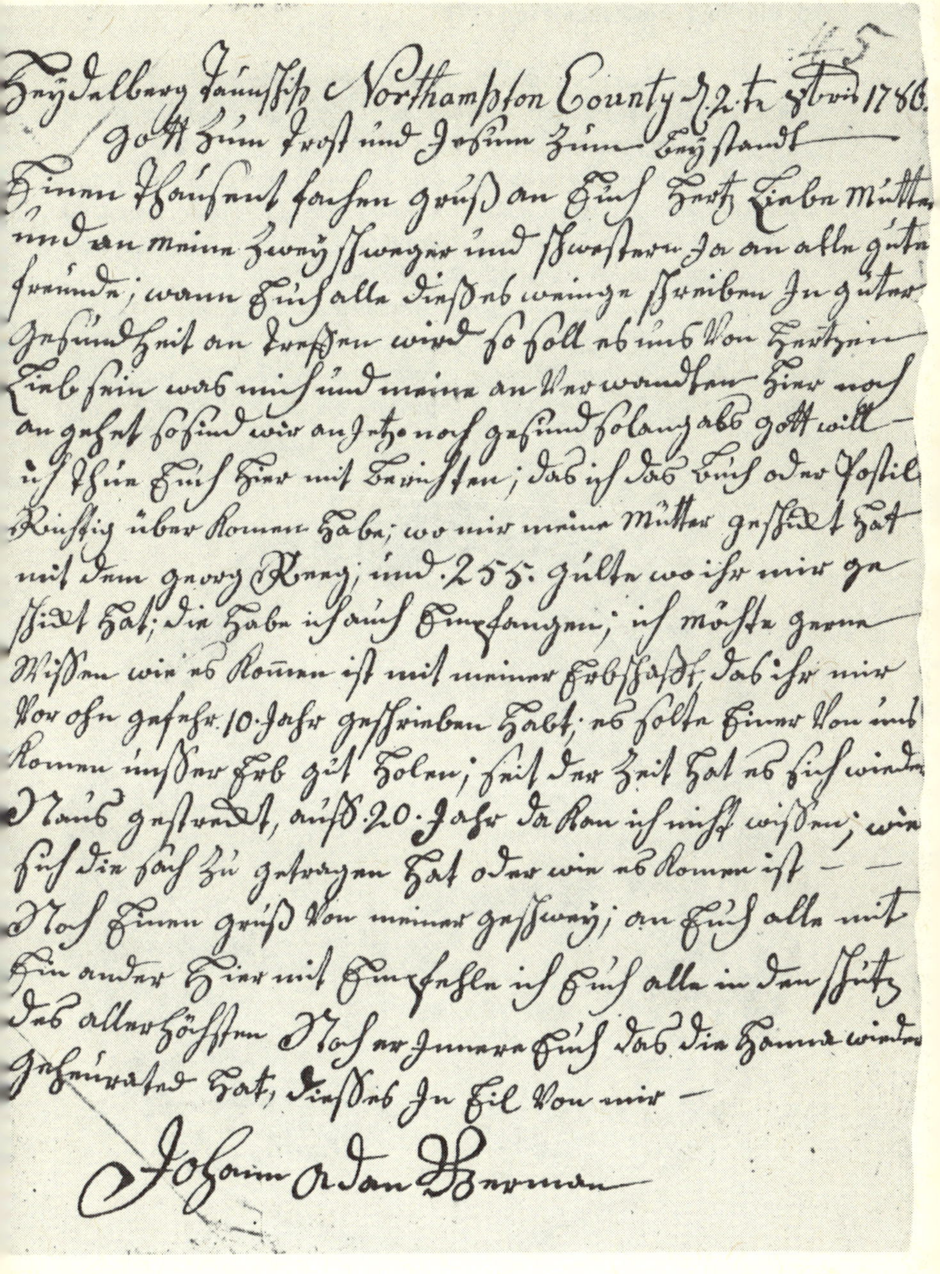
Heydelberg Taunschip Northampston County d. 2.te 8bris 1786
Gott zum Trost und Jesum zum Beystandt
Einen Schöhnen freundlichen grüss an Euch Hertz Liebe Mütter
und an meine Zwey schwäger und schwestern Ja an alle güte
freunde; wann Euch alle dieses weinige schreiben In güter
gesundheit an treffen wird so soll es uns Von Hertzen
Lieb sein was mich und meine an Verwandten hier noch
an geht so sind wir auch jetz noch gesund so lang als gott will
ich thue Euch hier mit berichten; das ich das buch oder postil
Richtig über Komen habe; wo mir meine Mütter geschickt hat
mit dem georg Krag; und .255. gulte wo ihr mir ge
schickt hat; die habe ich auch Empfangen; ich möchte gern
Wissen wie es Komen ist mit meiner Erbschaft; das ihr mir
Vor ohn gefehr 10. Jahr geschrieben habt; es solte Einer Von uns
Komen unser Erb güt holen; seit der Zeit hat es sich wieder
Nauis gewendt, auf 20. Jahr da Kan ich nicht wissen; wie
sich die sach zu getragen hat oder wie es Komen ist —
Noch Einen grüss Von meiner geschwey; an Euch alle mit
Ein ander hier mit Empfehle ich Euch alle in den schütz
des allerhöchsten Nocher Immer Euch das die Hamme wieder
geheuratet hat, dieses In Eil Von mir —
Johann Adam Werner

6. Ein dingliches Zeugnis von 1777

Bis zum Ausbruch des amerikanischen Unabhängigkeitskrieges landeten jährlich etwa 2000 Deutsche in Nordamerika, und auch nach Beginn der Kriegshandlungen setzte sich die Auswanderung in die »Neue Welt« in begrenztem Umfang fort. Als dingliches Zeugnis hierzu gibt es im Historischen Museum Frankfurt a. M. eine Zinnplatte, die eine Auswanderergruppe von 1777 zur Erinnerung in Frankfurt zurückließ. Ihre eingravierten Texte lassen noch einmal die Reichsstadt am Main hochleben (»Vivat Franckfurth«) und verkünden den Abschied aus Deutschland (»Aduie Teusch Landt. Wier fahren nach America«). Dazu sieht man vom Ufer ablegende Mainkähne und in der Ferne zwei Segelschiffe, wie sie von Holland oder England aus die Auswanderer dieser Zeit übers Meer brachten.

7. Bekämpfung der »Auswanderungssucht«

a) *Anzeige der kurhessischen Regierung vom 25. Juni 1805 im »Kaiserlich privilegirten Reichs-Anzeiger« zur Warnung vor falschen Versprechungen umherreisender Amerika-Werber.*

2281 **Num. 182.** 2282

Kaiserlich privilegirter

Reichs-Anzeiger.

Freytags, den 12 Julius 1805.

Justiz- und Polizey-Sachen.

Warnung vor der Auswanderungssucht.

Aus öffentlichen Blättern ist es bereits bekannt, daß gegenwärtig wieder Emissaire aus America deutsche Unterthanen zur Auswanderung in die noch uncultivirten Provinzen der vereinigten Staaten unter mancherley Verheißungen zu verleiten suchen. Besonders treibt ein gewisser Casimir Kurz, der sich für einen Bevollmächtigten eines angeblichen Handlungshauses Wils und Compagnie in Amsterdam ausgiebt, dieses Geschäft in den Rheingegenden mit vielem Eifer, und obgleich schon so manche Erfahrung von den schändlichen Absichten der amerikanischen Emissaire, die nicht Fremde zu beglücken, sondern vorzüglich arbeitsame Deutsche in das Joch einer schmählichen Sclaverey zu bringen trachten, zur allgemeinen Wissenschaft gekommen ist: so haben sich dennoch hin und wieder Thoren von neuem gefunden, die durch die leeren Vorspiegelungen unbekannter Leute geblendet, in einem fremden Welttheile großes Glück zu erlangen wähnen. Wenn nun auch nicht zu besorgen steht, daß hiesige Unterthanen, die Alle die unablässige Sorgfalt ihres Durchlauchtigsten Landesherrn für die Beförderung ihrer Wohlfahrt kennen, auf einen trügerischen Ruf ihr Vaterland verlassen werden: so hält man es gleichwohl für nöthig, leichtsinnige Menschen vor der Gefahr zu warnen, die sie bedroht, falls sie den Lockungen der amerikanischen Emissaire folgen wollen; indem nach der einstimmigen Versicherung glaubhafter Reisenden, und den eigenen Nachrichten der zurückgekommenen Verführten, den nach Amerika ausgewanderten teutschen Handwerkern und Bauern, wenn dieselben auch noch so glücklich sind, nicht in die Hände der sogenannten Seelenverkäufer, welche sie einem immerwährenden Seedienste überliefern, zu gerathen, doch statt der angerühmten sorgenfreyen Unabhängigkeit, die mühsamste Arbeit in ungesunden, unbebaueten Ländern, kümmerliche Nahrung, und endlich rettungslose Verzweifelung zu Theil wird. Cassel, den 25 Junius 1805.

Aus churfürstl. hessischer Regierung hierselbst.

Nützliche Anstalten und Vorschläge.

Hofmeister-Seminarium.

In Nr. 31 des R. A. d. J. wird eine Sache zur Sprache gebracht, die ihrer Wichtigkeit wegen vorzüglich für die obern Stände große Aufmerksamkeit verdient. Es heißt daselbst: „vielleicht wäre es noch „nützlicher und für die Zeitbedürfnisse nothwendiger, mit dem Denkmahle Luthers eine „Anstalt für künftige Privat-Erzieher zu „verbinden

Die Nothwendigkeit einer Anstalt dieser Art ist lange schon, und am meisten von rechts-

Der Reichs-Anzeiger, 2 B. 1805.

b) *Öffentlicher Anschlag der Frankfurter Stadt-Kanzlei vom 20. April 1805, mit dem Auswanderern der Durchzug durch Frankfurt untersagt und Werbern für die Auswanderung jede Tätigkeit im Stadtgebiet verboten wurde (Stadtarchiv Frankfurt a. M.).*

Nachdem unlängst eine Anzahl deutscher nach Amerika wandern wollender Colonisten durch hiesige Stadt gezogen, auch in derselben sich einige Tage zu verweilen die Erlaubniß ausgewirkt, Ein Hochedler Rath aber beschlossen hat, dergleichen, wenn schon nur kurzen Aufenthalt solchen auswandern wollenden Colonisten, sie mögen entweder Truppweise oder Einzeln hierher kommen, für die Zukunft in hiesiger Stadt oder deren Gebieth nicht mehr zu gestatten; so wird solches, auf Befehl Eines Hochedlen Raths nicht nur durch öffentlichen Anschlag und Druck bekannt gemacht, mit dem Anhange, daß dergleichen, es seye Truppweise oder Einzeln zu diesem Zweck hierher kommende Emigranten sofort an den Thoren werden ab- und zurückgewiesen werden, sondern es wird auch ein Jeder hierdurch ernstlich verwarnet, sich, bey Vermeidung nachdrücklicher Strafe, weder direkt noch indirekt mit der Anwerbung solcher Leute für die Amerikanische Colonien im geringsten abzugeben, so wie auch insbesondere der Verbreitung der zu dieser Absicht von dem Handlungshaus Wills und Comp. in Amsterdam, oder andern, ausgegeben werdende Engagements-Zettel sich gänzlich zu enthalten. Vielmehr versiehet sich Ein Hochedler Rath, daß ein Jeder sich von selbst beeifern wird, diejenigen, welche es nichtsdestoweniger etwa wagen möchten, in hiesiger Stadt oder deren Gebieth dergleichen Anwerbungen für auswärtige Colonien zu befördern, oder wohl gar selbst heimlich zu unternehmen, sobald etwas davon zur Wissenschaft kömmt, unverzüglich Einem der wohlregierenden Herrn Bürgermeister, oder resp. Löblichem Land-Amte gebührend anzuzeigen.

Signatum Frankfurt, den 20. April 1805.

L.S. Stadt-Canzley.

II. Die Massenauswanderung im 19. Jahrhundert

1. Ursachen

Die Napoleonischen Kriege und die politischen Umwälzungen beim Übergang ins 19. Jahrhundert beendeten vorübergehend die Auswanderungsbewegung. Erst seit dem Wiener Kongreß 1815 herrschten wieder konsolidierte Verhältnisse, wobei es im hessischen Bereich nun anstelle der größeren Zahl früherer Territorien die von 1815 bis 1866 dem Deutschen Bund angeschlossenen souveränen Kleinstaaten des Kurfürstentums Hessen (-Kassel), des Großherzogtums Hessen (-Darmstadt), des Herzogtums Nassau, des Fürstentums Waldeck und der Landgrafschaft Hessen-Homburg sowie die Reichsstadt Frankfurt gab. Nicht erfüllt hatten sich Hoffnungen, die auf ein neues Deutsches Reich und mehr bürgerliche Freiheiten gerichtet waren. Doch blieben diese Themen auf der politischen Tagesordnung und beherrschten sie für Jahrzehnte durch den antifeudalen Kampf um nationale Einheit und demokratisches Bürgerrecht. Die Vereinigten Staaten von Amerika, die die Herrschaft eines Königs abgeschüttelt und sich eine freiheitlich-republikanische Verfassung gegeben hatten, wirkten dazu nun als Vorbild, für dessen Bekanntheit nicht nur die liberale Propaganda sorgte, sondern auch der durch Auswanderer vermittelte Informationsfluß. Das in Deutschland verbreitete Amerikabild gewann dadurch neue Züge, wenn auch nach wie vor am meisten interessierte, was schon Briefe des 18. Jahrhunderts berichtet und die Erzählungen der heimgekehrten hessischen Söldner bestätigt hatten: daß es in Amerika fruchtbares Land und günstige Siedlungsmöglichkeiten gab, dazu regen Handel und Wandel in aufblühenden Städten. Aus solchen Nachrichten und aus Wunschphantasien formte sich die Vorstellung vom »irdischen Paradies« jenseits des Meeres, das dem Mutigen und Entschlossenen garantierte, sein Glück schon auf Erden finden zu können und es nicht erst im Jenseits als Lohn für geduldig ertragenes Leiden zu erhalten. Wer aber skeptischer

eingestellt war, rechnete immerhin mit der Annahme, daß Amerika den Tüchtigen belohne und keinen sich umsonst abmühen lasse.
Die Möglichkeit, in dieses Land auswandern zu können, blieb Gesprächsthema, ja wurde es erneut und im 19. Jahrhundert nun ungleich stärker, als sich die heimischen Lebensverhältnisse drastisch verschlechterten. Schon seit der zweiten Hälfte des 18. Jahrhunderts war die Bevölkerung sprunghaft angewachsen, und es zeigte sich, daß das deutsche Kleinstaatensystem unfähig war, wirtschaftlich damit Schritt zu halten. Während sich England schon zwischen 1750 und 1850 stark industrialisiert hatte, blieben in Deutschland die bäuerlich-handwerklichen Verhältnisse vorherrschend: mit der Folge, daß immer mehr landwirtschaftliche Kleinbetriebe mit kaum noch ausreichender Wirtschaftsfläche entstanden und das Handwerk ebenfalls nur kümmerliche Existenzmöglichkeiten bot, da es überbesetzt war und die allgemeine Kaufkraft fehlte. Dabei wuchs die Bevölkerung stetig weiter, auch im hessischen Bereich. Zwischen 1819 und 1850 stieg die Einwohnerzahl Kurhessens von 576 000 auf 759 816 an, und in etwa der gleichen Zeit (bis 1843 bzw. 1845) hob sie sich auch in Hessen-Darmstadt von 643 821 auf 834 711 Personen und in Nassau von 305 319 auf 417 400 Personen. Das bedeutete eine Steigerungsrate zwischen 22,9 und 37,7 Prozent.[1] Entsprechend vergrößerte sich auf dem Land die Schicht armer Tagelöhner[2] und in den Städten diejenige der Gesellen ohne Aussicht auf Selbständigkeit[3] sowie zuunterst die Schicht der ungelernten Arbeiter und Dienstboten. Einen wirtschaftlichen Ausgleich bot im ländlichen Bereich zeitweise die Heimindustrie, vorab die im Vogelsberg und an der Fulda vertretene Hausweberei als bäuerliches Nebengewerbe. Sie erlag jedoch zunehmend der Konkurrenz billiger Industrieware, die massenhaft auf den Markt gebracht wurde, vor allem aus England.[4] Um 1850 brach das ländliche Leinengewerbe zusammen, und die starke Auswanderung, die zwischen 1852 und 1857 die Ämter Rotenburg an der Fulda und Sontra in Hessen-Kassel zu verzeichnen hatten, wird damit ebenso plausibel erklärt,[5] wie ein solcher Zusammenhang für den hessen-darmstädtischen Vogelsberg geltend zu machen ist.
»Der fühlbare Mangel an Arbeit und Brod« – so begründete 1845

der Schmiedemeister Ludwig Sennding aus Allendorf gegenüber den kurhessischen Behörden sein Auswanderungsgesuch – »hat mich zu dem Entschluß geführt, mit meiner Frau Martha . . . und 5 Kindern nach Nordamerika auszuwandern, wo selbst ich eher Hoffnung habe, Arbeit und mein Brod zu finden als hier zu Land«.[6] Tausende argumentierten so, und es ist keine Frage, daß im 19. Jahrhundert »die wirtschaftliche Not der die Massenauswanderung völlig beherrschende Beweggrund«[7] war. Handwerker wie Sennding nahmen jedoch zahlenmäßig um 1850 nur eine Mittelstellung ein. Statistische Übersichten über die Berufe der Auswanderer – sie liegen aus Kurhessen seit 1859 vor[8] – zeigen, daß bis dahin die Tagelöhner, Arbeiter und Ungelernten aller Art weit an die Spitze der Auswanderungsbewegung gerückt waren. Zuvor hatten noch Auswanderer mit etwas Vermögen dominiert, darunter vor allem auch Bauern, die später ebenfalls mit Abstand folgten. Mit einem Viertel bis einem Fünftel der Auswanderer stellten diese ab den 1850er Jahren die relativ kleinste Gruppe der Davonziehenden, wobei es sich meist um Söhne und Brüder von Hofbesitzern handelte sowie – in sich summierenden Einzelfällen – um Hofinhaber, die Verschuldung zur Hofaufgabe gezwungen hatte. Die Auswanderungsbewegung darf deshalb nicht (im Anschluß an zeitgenössische Auswanderungstheoretiker) als »Aufbruch landhungriger bäuerlicher Kolonisatoren« überinterpretiert werden.[9] Die Hoffnung auf eine eigene Farm, die stark auch von Tagelöhnern und Handwerkern gehegt wurde, hatte sich vielmehr alternativ eingestellt und war insofern zeit- und sozialbedingt, als der Auswanderer der vor- und frühindustriellen Zeit nach Amerika die Erfahrung mitbrachte, daß existentielle Sicherheit noch am ehesten durch ausreichenden Landbesitz garantiert wurde.[10] Zum Teil stellte sich diese Erfahrung auch erst in den amerikanischen Städten ein, wo sich zunächst noch vorhandene Hoffnungen auf ein handwerkliches Fortkommen zerschlugen und dann mit allen Mitteln das Geld zusammengebracht wurde, das erlaubte, sich als Farmer unabhängig zu machen.

Die in Deutschland empfundene Not und Unsicherheit hatte indessen auch eine – in breiteren Kreisen durchaus reflektierte – politische Dimension. Erkennbar wurde sie aufgrund eines zum Teil kraß verschärften Mißverhältnisses zwischen Reich und Arm und durch das Fehlen demokratischer Möglichkeiten, einen Ausgleich sozialer Lasten herbeizuführen und wirtschaftliche Initiativen für das Gemeinwohl zu starten. Statt dessen wurde die Not nur noch vergrößert: die sog. Zehntablösung[11] entzog der Landwirtschaft zugunsten der adeligen Grundherren das Geld, das für betriebliche Investitionen notwendig gewesen wäre. Reformen wie die Einführung der Stallfütterung und die Auflösung der Allmend-Weiden schädigten andererseits, ohne gebotenen Ausgleich, die Kleinbauern und Häusler mit Viehbesitz, denen ausreichendes Weideland als Privateigentum fehlte. Trotz Einführung der Kartoffel verknappten sich die Nahrungsmittel; doch selbst in ausgesprochenen Hungerjahren, nach Mißernten, wurde ein einträglicher Handel mit Nahrungsmitteln getrieben, der die Preise steigen ließ und es dem Tagelöhner und Arbeiter, dessen Lohn stagnierte oder gar sank, unmöglich machte, sich das zum Leben Notwendigste zu kaufen. Einer für das kurhessische Innenministerium verfaßten »Denkschrift, die Regelung der Auswanderung betreffend« von 1853 ist zu entnehmen, daß zwischen 1837 und 1848 im Gebiet des deutschen Zollvereins trotz »Überbevölkerung« sogar insgesamt ein Nahrungsüberschuß bestand.[12] Da aber – was der Verfasser verschwieg – die staatlichen Maßnahmen gegen die Ausfuhr von Getreide, gegen das Schnapsbrennen aus den zum Grundnahrungsmittel gewordenen Kartoffeln usw. nur halbherzig waren, konnte eben nicht jeder, »der nur die Arbeitskraft seiner Hände« besaß, sich das »zur Lebensnothdurft . . . Erforderliche« auch erwerben. Erst recht traf dann zu, was die von Brockhaus in Leipzig herausgegebene und liberal inspirierte »Allgemeine Deutsche Real-Encyclopädie« schon 1822 ausgesprochen hatte: daß nicht Übervölkerung allein – und auch nicht der Trieb, ein ungewisses Glück zu suchen – die Veranlassung zur Auswanderung sei, sondern die Hoffnungslosigkeit, daß es je besser werde, die Furcht, daß noch Schlimmeres bevorstehe, und der gänzliche Mangel an Vertrauen zu der Fürsorge der Regierungen. Ein Gefühl der Verzweiflung habe die Völker ergriffen, daß es keine Freiheit mehr für den Armen gebe, daß die arbeitende Klasse, der zahlreichste Teil des Volkes, nicht für sich arbeite, sondern nur für Hof, Heer und Staat . . .[13]

Diese Äußerungen wurden formuliert, nachdem im Hungerjahr

1816 nicht nur großes Elend geherrscht, sondern sich auch die Fragwürdigkeit der politisch-sozialen Verhältnisse gezeigt hatte und erstmals wieder 1817 deutsche Auswanderer in Massen nach Amerika gegangen waren. Von Mai bis August 1816 hatte es fast unaufhörlich geregnet, so daß durch Nässe und Fäulnis, dazu durch Blitz- und Hagelschlag sowie frühen Schneefall fast die ganze Ernte vernichtet war. Um so höher waren die Preise gestiegen, während doch schon durch die Kriegskontributionen der napoleonischen Zeit eine nachhaltige Verarmung eingetreten war. Den Wucher hatten die meisten Regierungen jedoch nicht gehindert, sondern Händler und reiche Bauern gewähren lassen, die mit Profit die Vorräte früherer Zeit verkauften: »aber nicht in der eigenen Gemeinde, weil dort das nötige Geld fehlte«.[14] Vielfach waren dann nicht einmal das Saatgetreide und die Saatkartoffeln für das neue Jahr vorhanden gewesen: ein allgemeines Elend, aus dem rund 20 000 Deutsche durch Auswanderung nach Amerika die Konsequenz zogen,[15] vor allem Pfälzer, Badener und Württemberger, aber auch Hessen-Darmstädter und Nassauer aus den Ämtern auf dem Westerwald.[16]

Dieser Auswanderungswelle, die wieder verebbte, folgte 1824/26 in Nassau und besonders in Hessen-Darmstadt rasch eine neue, als Werber für Brasilien auftraten und sich im Vogelsberg halbe Ortschaften zur Auswanderung nach dort entschlossen.[17] Und die Zahlen stiegen weiter, nachdem das Auswanderungsrecht liberalisiert und zur wirtschaftlichen Misere weitere negative Erfahrungen mit der Politik hinzugekommen waren. 1830 wirkte die französische Juli-Revolution stark auf Hessen ein; doch die Agrarunruhen und Revolten, die dann auch hier ausbrachen und 1833 im Sturm auf die Frankfurter Wache eine Fortsetzung fanden, wurden ebenso niedergeschlagen, wie der Kampf für Freiheit und Einheit 1848/49. Die »Hoffnungslosigkeit, daß es je besser werde« griff damit endgültig um sich, denn von den revolutionären Ereignissen war immer auch eine Besserung der wirtschaftlichen Situation erwartet worden, zumal nach 1845, als erneute Mißernten, durch die Witterung und die Kartoffelfäule bedingt, die größte – nicht nur die Landbevölkerung betreffende – Agrarkrise des 19. Jahrhunderts hervorgerufen hatten.[18] Von der Reaktion verfolgt, hatten schon gleich 1830/33[19] bzw. 1848/49[20] die aktiven

Demokraten und Republikaner die Auswanderung als Fluchtmöglichkeit nutzen müssen, oder sie waren von den Behörden regelrecht dazu gedrängt worden. Tausende, die mehr oder weniger stark mit ihnen sympathisierten und jedenfalls Freiheit und Wohlstand nur noch in Amerika erwarteten, folgten ihnen ins »Land der Freiheit«, wo von bereits früher Ausgewanderten die Niederschlagung der Revolution scharf mißbilligt wurde. Als Beispiel hierzu sei Friedrich Reuter von der Hammerschmiede in Oberndorf im Joßgrund genannt, der bei Baltimore und bei Pittsburgh in verschiedenen Eisenwerken arbeitete und anläßlich der März-Ereignisse 1848 seinen Verwandten in Gedichtform schrieb:

Am Hof vergeuden tausend Stützen
Des Landes Fett, den besten Wein,
Und alle wollen bis zum Stiefelputzer
Halbgötter, keine Menschen sein.[21]

Ab Mitte des 19. Jahrhunderts begannen aus den genannten Gründen die Einwohnerzahlen der Dörfer und Kleinstädte kontinuierlich zu sinken, während die Auswandererzahlen in mehreren Sprüngen bis 1854 den Höchststand im ganzen 19. Jahrhundert erreichten: 230 400 Deutsche – darunter über 20 000 Hessen aus allen Gebieten[22] – wanderten in diesem Jahr aus, und zwar ganz überwiegend in die USA bzw. in kleinen Gruppen auch nach Südamerika. Danach fielen die Zahlen wieder, stiegen aber zwischen 1860 und 1870 erneut zu beachtlicher Höhe an, ehe die Gründung des Deutschen Reiches 1870/71 und die ihm folgenden Gründerjahre mit der nachgeholten Industrialisierung Deutschlands die Auswanderungsbewegung – mit rund 25 000 jährlichen Auswanderern aus dem Reich – auf den Stand von etwa 1835 zurückbrachten. Sinnvollerweise setzt man daher für die zweite Phase der Amerika-Auswanderung die Zeit von 1817 bis 1871 an, auch im Hinblick auf die hessischen Verhältnisse.[23]

1 Wolf-Heino Struck, Zur dreihundertjährigen Geschichte der hessischen Auswanderung in die Vereinigten Staaten von Nordamerika, in: Hans Herder (Hg.), Hessisches Auswandererbuch, Frankfurt a. M. 1983, S. 13-62, hier S. 41.

2 Für die Gemeinde Halsdorf in Kurhessen ist dies exemplarisch aufgezeigt worden von Konrad Vanja, Dörflicher Strukturwandel zwischen Übervölkerung und Auswanderung. Zur Sozialgeschichte des oberhessischen Postorts Halsdorf 1785-1867, Marburg 1978 (= Marburger Studien zur vergleichenden Ethnosoziologie, 9).

3 Vgl. Inge Auerbach, Auswanderung aus Kurhessen 1832-1866, in: Hessische Blätter für Volks- und Kulturforschung NF 17 (1985), S. 19-50, hier S. 25.

4 Den Zusammenbruch der deutschen Protoindustrie betont die neuere Auswanderungsforschung stark als die Auswanderung auslösender Faktor, so Walter D. Kamphoefner, Westfalen in der Neuen Welt. Eine Sozialgeschichte der Auswanderung im 19. Jahrhundert, Münster 1982 (= Beiträge zur Volkskultur in Nordwestdeutschland, 26), S. 27-56. In der Regel war jedoch nicht nur ein Faktor maßgebend, sondern ein ganzes Faktorenbündel. Siehe Günter Moltmann (Hg.), Deutsche Amerikaauswanderung im 19. Jahrhundert. Sozialgeschichtliche Beiträge, Stuttgart 1976. Darin besonders: Christiane Hansen, Die deutsche Auswanderung im 19. Jahrhundert, ein Mittel zur Lösung sozialer und sozialpolitischer Probleme?, S. 8-61.

5 Struck (wie Anm. 1), S. 48. Siehe auch im gleichen Band S. 232.

6 Staatsarchiv Marburg, Best. 17b Regierung Cassel, Hohheitsrep. 98 Nr. 35 (»Antrag auf Entlassung aus dem Untertanenverband«).

7 Hans Richter, Hessen und die Auswanderung 1815-1855, in: Mitteilungen des Oberhessischen Geschichtsvereins NF 32 (1934), S. 49-139, hier S. 51. Vgl. auch die vorliegenden Regional- und Ortsstudien aus Hessen, wie sie z.T. neu abgedruckt sind bei Hans Herder (Hg.), Hessisches Auswandererbuch (wie Anm. 1). Instruktiv auch Alfred Höck, Wie ist der Not zu steuern? Auswanderung als Hilfe gegen wirtschaftliche Not, in: Bergwinkel-Bote 1967, S. 74-90.

8 Vgl. Auerbach (wie Anm. 3), S. 26.

9 Ebenda.

10 Vgl. dazu die jüngst von Kamphoefner (wie Anm. 4), S. 156-173, ermittelten Befunde zum auf Landkauf gerichteten Erwerbsverhalten westfälischer Tagelöhner und Handwerker in den USA.

11. Vgl. Eihachiro Sakai, Der kurhessische Bauer und die Grundlastenablösung, Melsungen 1967 (= Hessische Forschungen zur geschichtlichen Landes- und Volkskunde, 7). Zum Verhältnis zwischen wirtschaftlich-sozialer Lage und Auswanderung in Hessen vgl. auch Bruno Hildebrand, Statistische Mitteilungen über die volkswirtschaftlichen Zustände Kurhessens, Berlin 1853; Eugen Katz, Landarbeiter und Landwirtschaft in Oberhessen, Stuttgart 1904, S. 32-47; Vanja (wie Anm. 2).

12 Staatsarchiv Marburg, Ministerium des Innern, Best. 16, Rep. II, Kl. 14, Nr. 25: Denkschrift von Assessor Kühnert. Eine Herausgabe dieses Dokuments ist durch das Staatsarchiv geplant.

13 Zitiert nach Wolf-Heino Struck, Die Auswanderung aus dem Herzogtum Nassau (1806-1866), Wiesbaden 1966 (= Geschichtliche Landeskunde, IV), S. 5.

14 Brigitte Köhler, Hungerjahre im 19. Jahrhundert, in: Groß-Zimmern, Klein-Zimmern. Beiträge zur Entwicklung in Vergangenheit und Gegenwart, Groß-Zimmern 1976, S. 87-93, hier S. 88. Siehe auch Peter Assion, Hungerjahr und Erntedank 1817, in: Der Odenwald 23 (1976), S. 95-105, sowie für die allgemeinen Zusammenhänge Wilhelm Abel, Massenarmut und Hungerkrisen im vorindustriellen Deutschland, Göttingen 1972 (= Kleine Vandenhoeck-Reihe 352/353/354).

15 Richter (wie Anm. 7), S. 52 f. – Vgl. auch Günter Moltmann, Friedrich List und die Auswanderung aus Baden und Württemberg 1816/17, Tübingen 1979.

16 Struck (wie Anm. 13), S. 10-18.

17 Richter (wie Anm. 7), S. 58-90.

18 Dazu Auerbach (wie Anm. 3), S. 27.

19 Die 1833 wegen Verfolgung ausgewanderten Hessen finden sich aufgelistet bei Struck (wie Anm. 1), S. 37. Siehe auch Werner Wagner, Zwei Brüder wollten wandern. Auswanderungen aus dem Raum Butzbach im 19. Jahrhundert, in: Die Wetterau, Friedberg 1983, S. 471-516, hier S. 478 f.

20 Zu den Emigranten von 1848, die in Amerika als »Forty-Eighters« bekannt wurden, siehe Adolf E. Zucker, The Forty-Eighters. Political Refugees of the German Revolution of 1848, New York 1950; Marcus Lee Hansen, The Revolutions of 1848 and German Immigration, in: Journal of Economic and Business History 2 (1929/30), S. 630-658. Bei Struck (wie Anm. 1), S. 37.

21 Paul Hupach, Auswanderer aus dem Joßgrund nach Nordamerika, in: Heimatjahrbuch des Kreises Gelnhausen 1973, S. 66-68.

22 Wolf-Heino Struck, Die Auswanderung aus Hessen und Nassau in die Vereinigten Staaten, in: Nassauische Annalen 89 (1978), S. 78-114, gibt S. 100 an, daß im Jahr 1854 aus Hessen-Kassel und Nassau 11 400 Personen nach Amerika gingen, zu denen noch die Hessen-Darmstädter hinzuzuzählen sind. Leider fehlt für Hessen-Darmstadt eine Statistik aus dem gleichen Jahr. Es ist jedoch anzunehmen, daß die Auswandererzahl von 1853 – 8375 – noch übertroffen wurde.

23 Weitere Zahlen zur hessischen Auswanderung siehe S. 357.

1. Das verarmende Handwerk

a) *Dorfschuster in Willingshausen/Schwalm. Bleistiftzeichnung von Jakob Fürchtegott Dielmann (1809-1885), 1841. Städelsches Kunstinstitut Frankfurt a. M.*

b) *Hessischer Weber am Webstuhl. Gemälde von J. H. Hasselhorst, (1825-1904), um 1865. Städelsches Kunstinstitut Frankfurt a. M.*

2. Ein Auswanderungsgesuch aus Hessen-Darmstadt

Die Notlage eines Hafners 1844 zu Groß-Zimmern in Hessen-Darmstadt belegt die Stellungnahme, die der Ortsbürgermeister zu dessen Auswanderungsgesuch abgab (Gemeindearchiv Groß-Zimmern, K 6 F 21). Um die gleiche Zeit war der Anteil verdienst- und mittelloser Personen an der Ortsbevölkerung so hoch gestiegen, daß es die Gemeinde 1846 für ratsam hielt, deren geschlossene Auswanderung zu organisieren und zu finanzieren (siehe S. 148 f.).

Großzimmern den 17 Januar 1844

Betreffend
Gesuch
des Ortsbürgers und Hafnermeisters
Johs. Rückert aus Großzimmern
um Erlaubniß
zur Auswanderung nach Nordamerika
an
Großh. Hess. Kreisrath des Kreises Dieburg
Auf Verfügung vom 8. Januar 1842

Johannes Rückert IV ist 42 Jahre alt u. verheirathet. Seine Familie besteht aus Frau u. 6 kleinen Kindern, wovon das älteste 11 Jahre alt ist.
Obgleich derselbe bei seiner Verheirathung ein Wohnhaus u. einige Morgen gute Austücken besaß, so kam er doch bald durch unglückliche Vieh und sonstige Händler Juden um sein ganzes Vermögen. Sein Schwiegervater Johs Herbert II dahir kaufte ihm zwar wieder ein Wohnhaus an und erbaute ihm auch ein Hafnerbrennhaus, allein dennoch ist es ihm unmöglich seine zahlreiche Familie bei den schlechten Verdiensten die bei den theuren Holzpreisen bei den Hafnern erzielt werden, zu ernähren, und wirklich ist er so arm, daß er mit seiner Familie den größten Mangel leidet.
In den vereinnigten freien u. nordamerikanischen Freistaaten sind mehrere der nächsten Verwanden des Bittstellers ansässig, die sehr wohlstehend sein sollen, auch Ländereien um billige Preise anzukaufen und der Schwiegervater des Bittstellers ist der Mann, der auch hierzu die erforderlichen Geldmittel geben will, und beabsichtigt der Bittsteller sich

auszahlen zulassen, daß er sich noch einiges Besitzthum anschaffen kann.

Da Bittsteller jetzt schon bestimmt den Ort weiß, wohin er auswandern will, so halte ich seine Auswanderung für ihn räthlich, u. sein Gesuch der Willfahrung würdig.

3. Die Situation in einem nassauischen Dorf

Zu den ärmsten Dörfern im ehemaligen nassauischen Amt Nastätten gehörten Ober-, Mittel- und Niederfischbach. Es fehlte an größeren Gemeindewäldern, an Acker- und Wiesenland, so daß nach mehreren schlechten Erntejahren vor allem Niederfischbach – wo sich 20 Familien nur 515 Morgen Grundeigentum teilen mußten – hoffnungslos verschuldet war. Auf Vorschlag der nassauischen Regierung erfolgte deshalb 1853 die Auflösung des Dorfes und die Verschickung seiner Bewohner nach Amerika; dort sollten sie mit dem Erlös aus den Grundstücksverkäufen einen neuen Anfang wagen. Die Hintergründe und Abläufe dieser Dorfauflösung schildert der nachfolgende Erinnerungsbericht eines Betroffenen, geschrieben um 1880 in Amerika und an einen Briefpartner in der Umgebung von Katzenelnbogen adressiert. Dieser Brief ist nur noch als Abschrift erhalten (Kopie einer Abschrift aus Wörrstadt im Auswandererarchiv des Instituts für Europ. Ethnologie der Universität Marburg). Das Schriftstück schildert das Elend der Niederfischbacher, hält sich aber mit Kritik an der Regierung und an einer Politik, die freien Handel mit verknappten Lebensmitteln zuließ, zurück. Statt dessen kommt auch hier die verbreitete »Sündenbocktheorie« zum Ausdruck, die die Juden mit dem herrschenden Wirtschaftsliberalismus identifizierte und ihnen die Hauptschuld am dörflichen Elend gab. Dabei wurde verkannt, daß sich die kleinen jüdischen Viehhändler und Kreditgeber oft noch schlechter stellten als die Bauern, von denen sie ja ihrerseits abhängig waren.

Ich stamme aus diesem Ort Niederfischbach und erinnere mich noch ganz genau der Verhältnisse von damals, wo ich 16 Jahre alt war. Mein Vater war solange ich mir denken Kann Bürgermeister im Ort. Unser Schullehrer, ein Herr Nickel, wohnte in Mittelfischbach und hielt dort Schule für drei Gemeinden Fischbach. Er kam fast jeden Abend als die Pläne zur Auswanderung entworfen wurden, in unser Haus. Zunächst beschloß man, um das Dorf aus der mißlichen Lage zu befreien, den Gemeindewald zu verkaufen und das Geld dafür nach der Seelenzahl zu verteilen. Hätte man es an die Familienhäupter, die damals Bürger waren, verteilt, so wären Familien mit großer Kopfzahl garnicht bis Milwaukee gekommen, denn 50 Gulden aus eigener Tasche aufzubringen waren nur zwei bis drei Familienväter imstande. Alles war verpfändet, und nach Verkauf aller Äcker und Wiesen und Tilgung der Schulden blieben keine 2000 Gulden übrig. Alles war in den Händen der Juden von

Laufenselden. Nur zwei Pferde waren noch im Ort, die wahrscheinlich auch den Juden gehörten. Vor Pflug und Wagen sah man nur Kühe gespannt. Die Juden waren unterrichtet, sobald ein Mann eine Kuh hatte, die kalben sollte, kamen sie ins Dorf und holten sie weg. Als Ersatz brachten sie dann eine andere Kuh, die meist so mager war und schwach, daß man drei bis vier Mann brauchte um sie wieder auf die Beine zu bringen, wenn sie sich einmal niedergelegt hatte. Hatte der Mann sie dann wieder durch gutes Futter kräftig gemacht, was ein bis zwei Jahre erforderte und sie war am Kalben, so wurde sie wieder geholt. Die Juden waren immer so schlau jedem zur Feldbestellung drei Kühe zu lassen, damit sie, wenn Frucht im Speicher war, ihre Säcke füllen konnten. Daß es unter solchen Umständen unmöglich war zu buttern, kann man sich vorstellen. Man mußte zufrieden sein, wenn man trockenes Roggenbrot, Kartoffeln und Salz hatte. War es ein Wunder, daß bei solcher Armut das Dorf zu Grunde ging? Wohl besaß die Gemeinde 252 Äcker [= amerikanische acres] Wald, aber es konnte nicht nach Wunsch Holz geschlagen werden. Der Wald stand unter Aufsicht der Forstbehörden, die ihn in 20 Gehege parzelliert hatten. Jahr für Jahr kam ein anderes Gehege dran, in welchem geschlagen werden durfte, sodaß jedes Gehege 20 Jahre für Holznachwuchs ruhte. Unter diesem Forstschutz bekam jeder Bürger jährlich seinen Bedarf an Reisig und Klafterholz. Was mehr geschlagen wurde, wurde an andere Gemeinden versteigert und der Erlös floß in die Gemeindekasse. Das war ein schönes Stück Geld und man hätte denken sollen es hätte gereicht die Gemeindekosten und die Armenunterstützung zu decken. Trotzdem war die Gemeindekasse leer. Die meisten Leute waren so arm, daß sie das zugeteilte Holz garnicht nach Hause holen konnten, sie mußten ihr Anteil im Wald verkaufen, um Geld zu erhalten. Dann wurde gestohlen, Holz war das einzige was zu stehlen war. Also hinaus in den Wald und dem aufpassenden Förster ein Schnippchen geschlagen. Wurde man erwischt und kam ins Zuchthaus, was lag daran? Die Familie konnte man wenigstens nicht verhungern lassen. Meistens stahl man Besenreisig. Für einige Besen gab es ein bis zwei Laib Brot, damit konnte der schreienste Hunger gestillt werden. Mancher war noch so glücklich eine Geiß zu besitzen, die etwas Milch gab, aber man mußte sie mager halten sonst holte die der Jude. Auf dem Eisen- und Hüttenwerk Katzenelenbogen konnten die Armen keine Arbeit finden, denn in der dortigen Gemarkung gab es noch mehr arme Leute, die nach Broterwerb verlangten.
Die Gemeinde zählte damals 17 Bürger, 5 Witwen mit ihren Kindern,

außerdem 2 Landstreicher. Sechs Familien, darunter die von drei Witwen, zusammen 23 Personen, blieben in Deutschland zurück. Die übrigen Familien 74 bis 77 Köpfe stark gingen nach Amerika. Zwischen Köln und Bremen war ein Landstreicher spurlos verschwunden. Der Anteil aus dem Erlös des Gemeindewaldes für 23 zurückgebliebene Personen wurde in der Gemeindekasse zu Mittelfischbach deponiert. Falls noch jemand Lust gehabt hätte nach Amerika nachzukommen konnt er sich innerhalb eines Jahres sein Geld auszahlen lassen. Nur zwei Familien taten das, die eine ging nach Ohio, die andere nach Milwaukee. Die Gesamtauswanderung ging gut von statten. Wohlverpflegt gelangte man unter Führung des Kommissars Gasteier noch bis Bremen. In New York empfing der Konsul die Fischbacher und verpflegte sie zwei Tage bis sie die Fahrt nach Buffalo antraten. Bereits 30 Meilen vor Buffalo kam ein Mann an den Zug und fragte nach den Fischbachern. In Buffalo selbst empfing sie eine Deputation von vier bis fünf Mann und brachte sie zwei bis drei Tage vortrefflich in einem Gasthaus unter. Dann fuhren sie nach Detroit, wo sich derselbe herzliche Empfang wiederholte. Hier blieb man bis zum 4. Juli. Die Fahrt nach Milwaukee wurde zu Wasser fortgesetzt. Hier empfing die Fischbacher ein Herr Vogelsang an der Landungsbrücke und brachte sie für drei Tage in einem Gasthaus unter. Auch hier war die Verpflegung vortrefflich. Der Konsul zahlte 5 Dollar pro Kopf. Dann ging es an das Abschiednehmen, die einen gingen rechts, die anderen links. Viele blieben zurück, das Geld wurde immer knapper. Besen konnte man keine mehr machen, denn es gab kein Reisig. Es hieß arbeiten, hart arbeiten. Arbeit gab es Gott sei Dank, denn Milwaukee stand in Blüte, eine Eisenbahn nach der anderen wurde gebaut. Die Fischbacher arbeiteten damals beim Bahnbau hart zwei Jahre, oft 12 Stunden und mehr pro Tag unter Aufsicht. Von den seinerzeit ausgewanderten Niederfischbachern sind gegenwärtig etwa 18 bis 19 noch am Leben. Die meisten davon sind in Milwaukee, nur 7 zogen aufs Land und zwar nach Dodge County, wo sie alle wohlhabend geworden sind. Erwähnt sei noch, daß seiner Zeit der Verkauf des Gemeindewaldes nicht ausgereicht hat, um die Unkosten der Auswanderung zu decken. In großmütiger Weise gab der Herzog von Nassau 500 Gulden aus seiner eigenen Tasche dazu. Die noch lebenden Fischbacher erinnern sich dieser Generosität noch heute mit Dankbarkeit. Die Bewohner von Niederfischbach wären ohne diesen Zuschuß nie aus ihrer kritischen Lage befreit worden.

(gez) Philipp Diefenbach, Randorpf
Dodge County im Staate Wisconsin.

4. Die Not im Vogelsberg

Der durch seine Höhenlage und feuchtkaltes Klima benachteiligte Vogelsberg gehörte ebenso wie Westerwald, Rhön, Spessart und Odenwald zu den besonderen Notstands- und Auswanderungsgebieten des 19. Jahrhunderts. Im toten Winkel staatlicher Förderungsmaßnahmen gelegen, traten hier katastrophale Zustände ein, als das Nebengewerbe der Hausweberei durch die Produktion in- und ausländischer Textilfabriken geschädigt wurde und Mißernten die Befriedigung der einfachsten Lebensbedürfnisse unmöglich machten. Neben klimatischen Einwirkungen war es 1845/46 vor allem die sog. Kartoffelkrankheit, die schwere Ernteausfälle verursachte. Die Not steigerte sich noch, als 1847 – und abermals 1851 – auch die bisher resistenten Kartoffelsorten ergriffen wurden. Im Winter 1851/52 herrschte im Vogelsberg eine Hungersnot besonders großen Ausmaßes. Ein indirektes Zeugnis dazu ist der Programmzettel zu einem Gießener Wohltätigkeitskonzert 1852 (Privatbesitz Triest), dessen Erlös den Armen im Hungergebiet zugute kommen sollte.

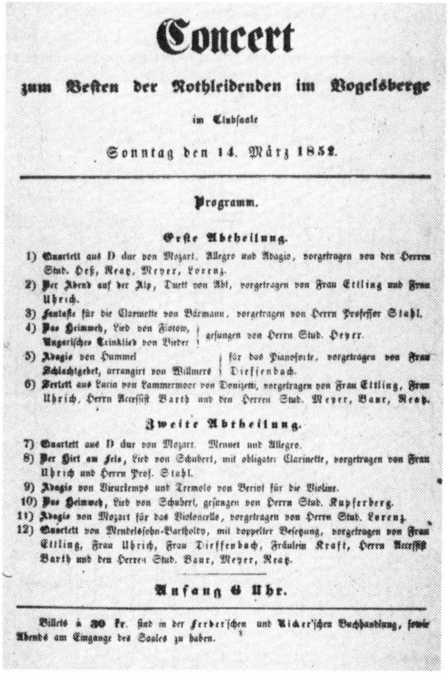

Concert

zum Besten der Nothleidenden im Vogelsberge

im Clubsaale

Sonntag den 14. März 1852.

Programm.

Erste Abtheilung.

1) Quartett aus D dur von Mozart. Allegro und Adagio, vorgetragen von den Herren Stud. Heß, Reatz, Meyer, Lorenz.
2) Der Abend auf der Alp, Duett von Abt, vorgetragen von Frau Ettling und Frau Uhrich.
3) Fantasie für die Clarinette von Bärmann, vorgetragen von Herrn Professor Stahl.
4) Das Heimweh, Lied von Flotow, Ungarisches Trinklied von Bieder } gesungen von Herrn Stud. Heyer.
5) Adagio von Hummel, Schlachtgebet, arrangirt von Willmers } für das Pianoforte, vorgetragen von Frau Dieffenbach.
6) Terzett aus Lucia von Lammermoor von Donizetti, vorgetragen von Frau Ettling, Frau Uhrich, Herrn Accessist Barth und den Herren Stud. Meyer, Baur, Reatz.

Zweite Abtheilung.

7) Quartett aus D dur von Mozart. Menuet und Allegro.
8) Der Hirt am Fels, Lied von Schubert, mit obligater Clarinette, vorgetragen von Frau Uhrich und Herrn Prof. Stahl.
9) Adagio von Vieuxtemps und Tremolo von Beriot für die Violine.
10) Das Heimweh, Lied von Schubert, gesungen von Herrn Stud. Kupferberg.
11) Adagio von Mozart für das Violoncelle, vorgetragen von Herrn Stud. Lorenz.
12) Quartett von Mendelssohn-Bartholdy, mit doppelter Besetzung, vorgetragen von Frau Ettling, Frau Uhrich, Frau Dieffenbach, Fräulein Kraft, Herrn Accessist Barth und den Herren Stud. Baur, Meyer, Reatz.

Anfang 6 Uhr.

Billets à 30 kr. sind in der Ferber'schen und Ricker'schen Buchhandlung, sowie Abends am Eingange des Saales zu haben.

5. Steigende Brotpreise

Waren in Mißjahren die Kartoffeln verdorben, dann nahm um so mehr der Getreidehandel (in die Rheingegend, nach Frankfurt usw.) überhand, da potente Aufkäufer den Bauern fast jeden Preis zahlten. Entsprechend stieg auch im Erzeugerland der Brotpreis. Die Preistafel für Backwaren aus der Stadt Kassel (Staatsarchiv Marburg, Best. 16, Rep. VII, Kl. 19, No 83) läßt diesen Zusammenhang deutlich erkennen, indem 1846 und 1847 – nach Ausbruch der Kartoffelkrankheit 1845 – die höchsten Preise für Backwaren zwischen 1843 und 1852 zu zahlen waren. Dazu will bedacht sein, daß gleichzeitig die Löhne für Tagelöhner gleich blieben oder gar sanken, so daß in den ländlichen wie städtischen Unterschichten eine Verarmung eintrat, die die Auswanderung als einzigen Ausweg aus der Not erscheinen ließ.

Uebersicht

der Preise der Back-Waaren in der Residenzstadt Cassel, von 1843 bis einschließlich 1852.

(Nach den Registern der Polizeibehörde aufgestellt.)

Monate	1843 Brod à Pfund. sgr	hlr.	Wecke à 4 Hlr. Loth.	Milchbrode à 4 Hlr. Lth	1844 Brod à Pfund. sgr	hlr.	Wecke à 4 Hlr. Loth.	Milchbrode à 4 Hlr. Lth	1845 Brod à Pfund. sgr	hlr.	Wecke à 4 Hlr. Loth.	Milchbrode à 4 Hlr. Lth	1846 Brod à Pfund. sgr	hlr.	Wecke à 4 Hlr. Lth	Milchbrode à 4 Hlr. Lt
Januar	—	10½	10⅔	7⅓	—	10½	9	6⅓	—	9	11⅓	7⅔	1	—	8⅔	6
v. 15. bis Ende Mts.	—	—	—	—	—	—	—	—	—	—	—	—	—	11½	8⅔	6
Februar	—	10½	10⅔	7⅓	—	10½	9⅔	6⅔	—	9	11⅔	8	1	—	8⅔	6
v. 15. bis Ende Mts.	—	—	—	—	—	—	—	—	—	—	—	—	1	½	8⅓	5⅔
März	—	10½	10⅔	7⅓	—	10½	10	7	—	9	11⅔	8	1	1	8	5⅓
v. 15. bis Ende Mts.	—	—	—	—	—	—	—	—	—	—	—	—	1	½	8⅓	5⅔
April	1	—	10	7	—	10½	9⅔	6⅔	—	9	11⅓	7⅔	—	11½	8⅓	5⅔
v. 15. bis Ende Mts.	—	—	—	—	—	—	—	—	—	—	—	—	—	—	—	—
Mai	1	—	10	7	—	11	9⅔	6⅔	—	9½	11	7⅔	—	11½	8⅓	5⅔
v. 15. bis Ende Mts.	—	—	—	—	—	—	—	—	—	—	—	—	—	11	8⅓	5⅔
Juni	1	½	10	7	—	10½	9⅔	6⅔		9½	10	7	—	11½	8⅓	5⅔
v. 15. bis Ende Mts.	—	—	—	—	—	—	—	—	—	—	—	—	1	—	8	5⅓
Juli	1	1½	9⅓	6⅓	—	9½	10⅓	7	—	10½	9⅔	6⅔	1	1	7⅔	5⅓
v. 15. bis Ende Mts.	—	—	—	—	—	—	—	—	—	—	—	—	—	—	—	—
August	1	2	8	5⅔	—	9	11	7⅔	—	10	9⅔	6⅔	1	½	7⅔	5⅓
v. 15. bis Ende Mts.	—	—	—	—	—	—	—	—	—	—	—	—	1	1½	8	5⅔
September	—	11½	8⅔	6	—	9	11½	7⅔	—	9½	9⅔	6⅔	1	2	8⅓	5⅔
v. 15. bis Ende Mts.	—	—	—	—	—	—	—	—	—	—	—	—	—	—	—	—
October	—	10	9⅔	6⅔	—	9	11½	7⅔	—	10	9⅓	6⅓	1	3	7⅔	5⅓
v. 15. bis Ende Mts.	—	—	—	—	—	—	—	—	—	—	—	—	—	—	—	—
November	—	10	9⅔	6⅔	—	9	10⅔	7⅓	—	11	8⅔	6	1	3	7⅔	5⅓
v. 15. bis Ende Mts.	—	—	—	—	—	—	—	—	—	—	—	—	1	3½	7⅔	5⅓
December	—	10½	9	6⅓	—	9	11	7⅔	—	11½	8⅔	6	1	4	7⅓	5
v. 15. bis Ende Mts.	—	—	—	—	—	—	—	—	1	—	8⅔	6	1	5	7⅓	5

Monate	1847 Brod à Pfund. sgr	hlr.	Wecke à 4 Hlr. Lth	Milchbrode à 4 Hlr. Lth	1848 Brod à Pfd. sgr	hlr	Wecke à 4 Hlr. Loth.	Milchbrode à 4 Hlr. Lth	1849 Brod à Pfd. sgr	hlr	Wecke à 4 Hlr. Loth.	Milchbrode à 4 Hlr. Lth
Januar	1	5	7⅓	5	—	10	9	6⅓	—	7	11⅓	7⅔
v. 15. bis Ende Mts.	1	5	7	5	—	—	—	—	—	—	—	—
Februar	1	5½	6⅔	4⅔	—	9½	9	6⅓	—	7	11⅓	7⅔
v. 15. bis Ende Mts.	—	—	—	—	—	—	—	—	—	—	—	—
März	1	6	6⅓	4⅓	—	9	9⅔	6⅔	—	7	11	7⅔
v. 15. bis Ende Mts.	—	—	—	—	—	—	—	—	—	—	—	—
April	1	6	6	4	—	8½	10	7	—	7	11	7⅔
v. 15. bis Ende Mts.	1	6	5⅓	3⅔	—	—	—	—	—	—	—	—
Mai	1	8	5	3⅓	—	8½	10⅓	7	—	7	11	7⅔
v. 15. bis Ende Mts.	1	8½	4⅔	3	—	—	—	—	—	—	—	—
Juni	1	9	4⅓	3	—	8	10⅔	7⅓	—	7	10⅔	7⅓
v. 15. bis Ende Mts.	1	8	4⅓	3⅓	—	—	—	—	—	—	—	—
Juli	1	6	5⅓	3⅔	—	7½	10⅔	7⅓	—	7	11⅓	7⅔
v. 15. bis Ende Mts.	1	4	5⅓	3⅔	—	—	—	—	—	—	—	—
August	1	2	5⅓	3⅔	—	7	11⅓	7⅔	—	7	10⅔	7⅓
v. 15. bis Ende Mts.	—	11	8⅔	6	—	—	—	—	—	—	—	—
September	—	10½	10	7	—	7½	11⅓	7⅔	—	7	11	7⅔
v. 15. bis Ende Mts.	—	11	9	6⅓	—	—	—	—	—	—	—	—
October	—	11½	8⅓	5⅔	—	7½	10	7	—	7	11⅓	7⅔
v. 15. bis Ende Mts.	—	—	—	—	—	—	—	—	—	—	—	—
November	—	11	8⅔	6	—	7½	10	7	—	7	11	7⅔
v. 15. bis Ende Mts.	—	—	—	—	—	—	—	—	—	—	—	—
December	—	10½	8⅔	6	—	7½	10⅔	7⅓	—	7	11⅓	7⅔
v. 15. bis Ende Mts.	—	—	—	—	—	—	—	—	—	—	—	—

Monate	1850 Brod à Pfd. sgr	hlr	Wecke à 4 Hlr. Loth.	Milchbrode à 4 Hlr. Lth	1851 Brod à Pfund. sgr	hlr.	Wecke à 4 Hlr. Loth.	Milchbrode à 4 Hlr. Lth	1852 Brod à Pfund. sgr	hlr.	Wecke à 4 Hlr. Loth
Januar	—	7	11⅓	7⅔	—	10½	10	7	1	1	8
v. 15. bis Ende Mts.	—	—	—	—	—	—	—	—	—	—	—
Februar	—	7	11⅔	8	—	10	10⅔	7⅓	1	1	8
v. 15. bis Ende Mts.	—	—	—	—	—	—	—	—	—	—	—
März	—	7	11⅔	8	—	10	10⅔	7⅓	1	2	8
v. 15. bis Ende Mts.	—	—	—	—	—	—	—	—	1	3	7
April	—	7	12	8⅓	—	9½	10⅔	7⅓	1	3	7
v. 15. bis Ende Mts.	—	—	—	—	—	—	—	—	—	—	—
Mai	—	7	11⅔	8	—	9½	11	7⅔	1	3	7
v. 15. bis Ende Mts.	—	—	—	—	—	—	—	—	1	2	7
Juni	—	7	11⅔	8	—	10	10⅔	7⅓	1	1½	8
v. 15. bis Ende Mts.	—	—	—	—	—	—	—	—	—	—	—
Juli	—	7½	11⅔	8	—	11	10⅓	7	1	1	8
v. 15. bis Ende Mts.	—	—	—	—	—	—	—	—	—	—	—
August	—	7½	11⅓	7⅔	—	11	10	7	1	—	8
v. 15. bis Ende Mts.	—	—	—	—	—	—	—	—	—	10	9
September	—	8	10⅔	7⅓	—	11	10⅓	7	—	10	9
v. 15. bis Ende Mts.	—	—	—	—	—	—	—	—	—	9½	10
October	—	8½	10⅓	7	—	10½	10⅓	7	—	10½	9
v. 15. bis Ende Mts.	—	—	—	—	—	—	—	—	—	10	9
November	—	9½	10⅓	7	1	—	9⅔	6⅔	—	10½	9
v. 15. bis Ende Mts.	—	—	—	—	—	—	—	—	—	11	9
December	—	10	10⅓	7	1	½	9	6⅓	—	11	9
v. 15. bis Ende Mts.	—	—	—	—	—	—	—	—	—	—	—

2. Auswanderungsrecht und Meinungsstreit

Die rechtliche Situation der Auswanderer hatte sich im Vergleich zum 18. Jahrhundert wesentlich geändert. Kurhessen hatte schon mit dem Beitritt zum Deutschen Bund 1815 die Abwanderung in andere deutsche Territorien freigestellt und damit die Möglichkeit eröffnet, ungehindert die Seehäfen erreichen zu können. 1820 verbriefte dann die Verfassung von Hessen-Darmstadt und 1831 diejenige von Hessen-Kassel das Recht auf Auswanderung in alle Welt, während Nassau schon 1816 mit verschiedenen Verordnungen de facto Auswanderungsfreiheit gewährt hatte. Militärdienstpflichtige waren jedoch in allen Fällen von dieser Freiheit ausgenommen, und auch kein Auswanderungswilliger konnte unter Hinterlassung von Schulden oder bei Zurücklassung von Personen, für die er die Sorgepflicht hatte, das Land verlassen. Entsprechend blieb die Auswanderung an die staatliche Genehmigung gebunden. Für Hessen-Darmstadt regelte das Nähere das »Gesetz über die Auswanderung« vom 30. Mai 1821. Es bestimmte in Artikel 4: »Wer auswandern will, hat seinen Vorsatz der Provinzialregierung anzuzeigen. Diese veranlaßt gerichtliche Aufforderung seiner allenfallsigen Gläubiger, ihre Forderungen innerhalb drei Monaten anzuzeigen«.[1] Außerdem wurde verfügt, daß »der Auswandernde . . . seine unter väterlicher Gewalt stehenden Kinder nur mit besonderer Erlaubnis der Staats-Regierung zurücklassen« konnte (Artikel 2) sowie daß »Militär-Personen« wie auch »Zivil-Beamte« vor der Auswanderung »Dienstentlassung nach den darüber bestehenden Gesetzen« zu erwirken hatten (Artikel 5). Meldete sich kein Gläubiger und wurde bei dem Auswanderungswilligen nicht die Absicht erkennbar, »sich oder seinen Sohn der Kriegsdienstpflicht zu entziehen«, so hatte die Provinzialregierung die Auswanderungserlaubnis zu erteilen (Artikel 6). Dazu wurde eine Frist von drei Monaten eingehalten, die 1848 auf vier Wochen verkürzt wurde. In Hessen-Kassel galten für die Auswanderung die gleichen Einschränkungen, doch bestimmte hier lediglich eine Ministerialverfügung vom Juli 1834, daß jeder Antrag beim Kreisamt auf Erteilung eines Reisepasses

im Provinzialwochenblatt öffentlich bekannt gegeben werden mußte. Ein Altersnachweis (wegen der Militärpflicht), eine Bescheinigung über bezahlte Steuern und Abgaben, eine elterliche Einverständniserklärung bei Minderjährigen usw. waren aufgrund interner Anordnungen vorzulegen.[2]
Mit dieser Liberalisierung des Auswanderungsrechtes verband sich eine staatliche Einstellung gegenüber dem Auswanderungswesen, die sich gleichfalls von den im 18. Jahrhundert herrschenden Anschauungen weit entfernt hatte. Schon 1816 hatte Freiherr Hans Christoph von Gagern an Metternich in Wien geschrieben, die Auswanderung sei »ein bewährtes Heilmittel für einen kranken Volkskörper und geeignet, Revolutionen zu dämpfen«.[3] Gagern war von 1788 bis 1811 leitender Minister in Nassau-Weilburg und 1817 – als die Hunger-Auswanderer des Katastrophenjahres 1816/17 die holländischen Seehäfen überschwemmten – auch Gesandter der Niederlande beim Deutschen Bund. Als solchem standen ihm die verelendeten Massen jener Auswanderungswelle vor Augen, und dazu hatte er die Exzesse in Erinnerung, die zusammengerotteter »Pöbel« bei der Französischen Revolution 1789 und danach verübt hatte. Als einer der ersten Auswanderungstheoretiker sprach er sich daher für eine Förderung der Auswanderung aus und warb dafür beim Bundestag und an den deutschen Höfen. Von seinem Vetter Moritz Freiherr von Fürstenwärther – 1817 zu einjähriger Erkundungsreise nach Amerika geschickt – besorgte er sich die dafür nötigen Informationen über die USA und das Verhalten der dort angesiedelten Deutschen. Publizistische Früchte dieser Bemühungen waren Gagerns Schrift »Über die Auswanderung der Deutschen« von 1817 sowie sein aus Briefen Fürstenwärthers und einem Schlußbericht bestehendes Buch »Der Deutsche in Nordamerika« von 1818.[4] Indem mit diesen Veröffentlichungen auch auf die Abstellung von Mißbräuchen beim Auswanderertransport hingewirkt wurde, war beabsichtigt, die Auswanderung unruhiger Volksteile nur um so reibungsloser und effektiver zu gestalten und so die Wurzeln des Jakobinismus und der Revolution rechtzeitig in Deutschland zu beseitigen. Den Befürchtungen, die Deutschen könnten sich in Amerika gegen ihr Herkunftsland wenden und von außen auf die Verhältnisse in der alten Heimat einwirken, nahm Gagern die

Spitze, indem er mit Fürstenwärther berichtete, der Deutsche zeige sich drüben in einer in der Heimat unbekannten Art, nämlich als eifriger Demokrat und doch ruhiger Bürger.[5] Dazu verwies später Ernst Brauns[6] auf die Tatsache, daß die amerikanischen Republiken viel zu weit entfernt seien, um für die monarchischen Regierungen Europas gefährlich werden zu können. Auch er sah 1827 die Auswanderung nach Nordamerika als das beste Mittel an, nicht nur zur Milderung des Elends im übervölkerten Europa, sondern auch als Beitrag zur Aufrechterhaltung des monarchischen Prinzips in Europa, und andere konservative Publizisten schlossen sich dieser Meinung an.[7]

Nachdem Gagern Mitglied der Stände-Versammlung von Hessen-Darmstadt geworden war, bewirkte nicht zuletzt sein Einfluß, daß sich diese Ansicht politisch durchsetzte und die Auswanderungsfreiheit in der Verfassung von 1820 verankert wurde. Wenn es auch fernerhin noch die Behinderung von Auswanderungsplänen gab, dann vor allem deshalb, weil sie sich unseriöser Werbung verdankten und folglich zu befürchten stand, die Auswanderer würden als Betrogene wieder zurückkehren und als nun gänzlich Mittellose dem Staat zur Last fallen. In Kurhessen scheint etwas länger eine gewisse Reserve gegenüber dem Auswanderungswesen vorgeherrscht zu haben. Trotz 1831 gewährter Auswanderungsfreiheit schrieben Verordnungen von 1832, 1835 und 1836 den Behörden vor, Antragstellern von der Auswanderung abzuraten.[8] In der Folgezeit scheint diese Bestimmung aber nicht mehr erneuert worden zu sein. Zu offensichtlich war der Vorteil, durch die Auswanderung überzählige Esser und »unruhige Elemente« loswerden zu können, und in der Denkschrift des Assessors Kühnert für das Innenministerium von 1852 wurde diese Auffassung bekräftigt, indem darin festgestellt wurde, daß die »Entfernung« aller Landeskinder ohne Kapital und Grundeigentum »nicht allein unschädlich, sondern für die ganze wirthschaftliche Lage von Vortheil« und für die öffentliche Ordnung von Nutzen sei.[9]

Auf dem Instanzenweg und durch die Publizistik erreichten diese Ansichten auch die Gemeinden. Konkrete Ratschläge für Bürgermeister hielt etwa die 1850 in Frankfurt gedruckte Schrift »Die geregelte Auswanderung des deutschen Proletariats mit besonderer Beziehung auf Texas« parat, die Dr. von Herff verfaßt hatte.

Dieser empfahl, der Auswanderung der Ortsarmen mit Geld aus der Gemeindekasse nachzuhelfen. Dieses Geld sei gut angelegt, denn »der Proletarier, der nicht die Möglichkeit vor Augen sieht, aus dem hemmenden Kreislauf des Taglöhnerlebens sich herauszuarbeiten, wird faul und schlecht und vererbt diese Eigenschaften auf seine Kinder. So wird im Schooße der Gemeinden der Zündstoff angehäuft, welcher bei dem geringsten Anstoß von Außen Feuer fängt und das Dach des friedlichen Bürgers verzehrt.« Dies war im Rückblick auf die Ereignisse von 1848/49 gesprochen, doch auch von den besonderen Interessen des Dr. von Herff diktiert, der für ein Darmstädter Auswanderungsprojekt Siedler für Texas gewinnen wollte. Konkret empfahl er, durch Holzeinschläge Geld für die Auswanderung zu gewinnen, und er nannte dazu als Beispiel eine Gemeinde in der Provinz Starkenburg – von zeitgenössischen Kommentatoren als Oberroden oder Niederroden identifiziert –, »die sich durch ein vagabundierendes und bettelndes Proletariat auszeichnet«, doch zugleich einen schönen Wald habe, bei dessen Verkauf soviel Geld zu erlösen wäre, daß jedem Bettler etwa 1200 Gulden für die Reisekosten und einen Start in Amerika gegeben werden könnten.

Ganz anders stellte sich die Situation freilich der politischen Linken und der kritischen Publizistik dar. Deren Protagonisten durchschauten den Sinn der gewährten Auswanderungsfreiheit, und sie griffen die Tatsache an, daß den Regierungen und Behörden keine anderen Lösungsmöglichkeiten für die wirtschaftlich-soziale Krise einfielen, ja daß sie politisch noch von der Auswanderung profitierten, indem sie die Davonziehenden – darunter oft die besten Köpfe des Volkes – gewähren ließen bzw. ihrem Fortzug nachhalfen und nicht zur Kenntnis zu nehmen schienen, daß die Massenauswanderung auch einen stummen sozialen Protest beinhaltete.[10] Diese Ignoranz und die vernachlässigte Fürsorgepflicht gegenüber den zur Auswanderung gezwungenen armen Untertanen waren Hauptthemen der politischen Agitation sowohl 1830/33, als auch 1848/49. So schilderten 1831 die »Zeitbilder«, eine liberal-demokratische Zeitung Frankfurts, das Elend der zahlreichen armen Bauern im Land und kritisierten, daß sie zum Wegzug nach Amerika gezwungen seien.[11] In seiner antifeudalen Streitschrift »ABC-Buch der Freiheit für Landeskinder«

schlug Wilhelm Sauerwein 1832 die gleichen Töne an und beschrieb mit bitterer Ironie die Bauern, die »aus Arbeitsscheu und Abgabenscheu« ihren Herren davonlaufen würden: in einem Zug, der sich freilich »so traurig wie ein Leichenzug« ausnehme.[12] Da damals noch größere Gruppen von Personen mit etwas Vermögen auswanderten, waren solche Elendsschilderungen nicht durchweg stimmig. Sie machten jedoch mittels der Auswanderung die politische Zeitproblematik kenntlich, für die dann auch – mit besonderer Glaubwürdigkeit – das Schicksal des Dorfes Wernings in der Standesherrschaft Isenburg-Birstein in Anspruch genommen wurde. Durch starke Verschuldung gezwungen, war dessen Einwohnerschaft 1842 geschlossen ausgewandert. Ein unbekannter Verfasser prangerte dies in einem langen Gedicht an, und das revolutionsfreundliche »Wetterauer Volksblatt« druckte im März 1849 diesen Text, indem es die Leser aufforderte: »Wer noch nicht demokratisch ist, der gehe dahin und führe sich die Geschichte der früheren Bewohner an der Seele vorüber«.[13]

Indessen war das Auswanderungsthema nicht nur zwischen den Regierungen bzw. Regierungsanhängern und deren Opponenten strittig, sondern auch zwischen Seßhaften und Nichtseßhaften, und es wurde vor allem in der Bevölkerung selbst diskutiert. Die sich nicht zum Fortzug entschließen konnten (oder keine Veranlassung dazu hatten), warnten die Auswanderungswilligen vor übertriebenen Erwartungen und machten sich über jenes populäre Amerikabild lustig, das die Neue Welt als irdisches Paradies erscheinen ließ. So der Schullehrer Lehr in Pfaffenbeerfurth im Odenwald, der sogar zur Feder griff, um in einem Gedicht, das 1834 im »Wochenblatt für den Kreis Großgerau« erschien, Amerika ironisch als Schlaraffenland zu beschreiben, mit dem Rat, dorthin zu reisen, denn dort werde »der Wahn genommen«.[14] Mit Begriffen wie »Amerikawahn« und »Auswanderungsfieber« gaben Beobachter wie Lehr jedoch nur zu erkennen, daß sie von den tatsächlichen Vorgängen wenig begriffen hatten. Sie wähnten die Fortziehenden von einer Art Seuche befallen, also von außen infiziert und nicht aus den Verhältnissen heraus motiviert, in denen sie lebten. Die Auswanderer ließen sich ihren Fernoptimismus jedoch durch Verspottung nicht nehmen, glaubten sie doch aus Briefen von jenseits des Meeres (die durchaus auch Problematisches ansprachen) ein realistisches Amerikabild zu besitzen. Und waren sie doch, anders als ihnen die Schreibtischwarnungen saturierter Bürger unterstellten, durchaus zum eigenen Bemühen um ihr Fortkommen in Amerika bereit.[15] So hat es den Anschein, daß bestimmte Strophen des beliebten »Amerikaliedes«, die die Neue Welt als Paradies ausmalten, nicht nur naiv-optimistische Erwartungshaltungen ausdrückten, sondern für manche Auswanderer auch die Funktion hatten, verspottenden Angriffen durch Selbstironie die Spitze zu brechen:

In Amerika, da ist es fein,
da fließt der Wein zum Fenster rein.
Da wächst der Klee drei Ellen hoch,
da gibt es Butter und Fleisch genug.

Kartoffeln gibt's wie Marzipan,
an jedem Stock drei Scheffel dran.
Wir ziehen ins Land, wo Immergrün,
und selbst im Winter Rosen blühn.[16]

Zur Warnung und Abschreckung wurde aber auch immer wieder die klassische »schlechte Nachricht aus Amerika« kolportiert: Erzählungen von Betrugs- und Unglücksfällen, vom Tod unterwegs, vom Scheitern von Auswanderungsprojekten in öder Wildnis oder gar in der Sklaverei. Solche Erzählungen, auch in Zeitungen und Kalendern abgedruckt, besaßen zwar öfters eine reale Grundlage, machten aber meist in ausgeschmückter Form die Runde und dienten – was eben ihre sensationellen Züge verraten – nicht zuletzt der Befriedigung der Seßhaften, die folgern durften, als Daheimgebliebene richtig gehandelt zu haben. Dazu ist wie beim Auswandererspott geltend zu machen, daß der Aufbruch der Auswanderer ja ständig in den Gruppen und Gemeinschaften, aus denen heraus er erfolgte, eine gewisse Verhaltensunsicherheit auslöste (jedenfalls bei denen, die nicht schon wußten, daß sie ebenfalls auswandern würden, und die auch nicht als nahestehende Angehörige innerlich auf seiten der Auswanderer standen). Handelte man richtig oder falsch, indem man blieb? Über diese Unsicherheit halfen affektive Gegenreaktionen hinweg, die

die genannten kulturellen Ausdrucksformen fanden. Diese Reaktionen bekamen eventuelle Rückwanderer direkt zu spüren, wenn sie als Gescheiterte mittellos in ihren Heimatort zurückkehrten.[17] An ihnen hatte sich erwiesen, wer sich Überlegenheit zuschreiben durfte, und als Folge hatten diese Heimkehrer meist lebenslängliches Außenseitertum zu ertragen.

In der Ablehnung der Auswanderung konnten aber auch materielle und institutionelle Interessen verborgen sein, die sich als Sonderinteressen gegen die staatliche Förderung der Auswanderung und gegen die Bedürfnisse der Auswanderungswilligen richteten. So wurde schon 1844 seitens der Großagrarier (Gutsbesitzer, Großbauern) in Hessen-Darmstadt geklagt, daß die Auswanderung die landwirtschaftlichen Arbeitskräfte verknappe, zwar weniger der Zahl, wohl aber der Qualität nach, weil die strebsamsten Armen auswandern und nur die faulen im Land bleiben würden.[18] Abhilfe schaffen sollten »geeignete Vorstellungen der vorgesetzten Behörden und einflußreicher Vaterlandsfreunde« gegenüber den Auswanderungswilligen. Ungern sahen auch die Kirchen ihre Schäflein davonziehen. Denn der Mitgliederschwund bedeutete Machtverlust. Dazu schien besonders aus katholischer Sicht kritikwürdig, daß die Auswanderer durch Übersiedelung in ein puritanisch geprägtes und zugleich – bei Trennung von Staat und Kirche – »freisinniges« Land ihren Glauben in Gefahr brachten. Erst recht aber konnte nicht gebilligt werden, daß die Auswanderer ihr irdisches Wohl zum offenbar alleinigen Maßstab ihres Handelns machten. Nachdrücklich predigte daher 1834 der Pfarrer und spätere nassauische Landesbischof in Wiesbaden Ludwig Wilhelm Wilhelmi den Auswanderern Genügsamkeit und stellte der unzulänglichen diesseitigen Welt das »jenseitige Land der Verheißung« gegenüber: als Trost für die irdische Mühsal. Seine Predigt erschien 1835 im Druck.[19] Und aus kirchlichen Äußerungen dieser Art machte dann das Psalmwort die Runde: »Bleibe im Land und nähre dich redlich!«

1 Zitiert nach der wiederholten Veröffentlichung des Gesetzes im »Wochenblatt für die Provinz Oberhessen«. Siehe auch Fey, Die Entwicklung des Auswanderungswesens und Auswanderungsrechts im Großherzogtum Hessen, in: Eugen von Philippovich (Hg.), Auswanderung und Auswanderungspolitik in Deutschland, Leipzig 1892 (= Schriften des Vereins für Socialpolitik, 52), S. 169-232.
2 Inge Auerbach, Auswanderung aus Kurhessen 1832-1866, in: Hessische Blätter für Volks- und Kulturforschung NF 17 (1985), S. 19-50, hier S. 20.
3 Hans Richter, Hessen und die Auswanderung 1815-1855, in: Mitteilungen des Oberhessischen Geschichtsvereins NF 32 (1934), S. 49-139, hier S. 55.
4 Dazu Wolf-Heino Struck, Zur dreihundertjährigen Geschichte der hessischen Auswanderung in die Vereinigten Staaten von Nordamerika, in: Hans Herder (Hg.), Hessisches Auswandererbuch, Frankfurt a. M. 1983, S. 13-62, hier S. 34.
5 Ebenda.
6 Ernst Brauns, Ideen über die Auswanderung nach Amerika nebst Beiträgen zur genaueren Kenntnis seiner Bewohner und seines gegenwärtigen Zustands, Göttingen 1827.
7 Vgl. Hildegard Meyer, Nord-Amerika im Urteil des deutschen Schrifttums bis zur Mitte des 19. Jahrhunderts, Hamburg 1929. Dazu auch Günther Moltmann, Auswanderung als Revolutionsersatz?, in: Michael Salewski (Hg.), Die Deutschen und die Revolution, Göttingen 1984, S. 272-297.
8 Auerbach (wie Anm. 2), Anm. 22.
9 Staatsarchiv Marburg, Ministerium des Innern, Best. 16, Rep. II, Kl. 14, Nr. 25, S. 28.
10 Dazu Günter Moltmann, German Emigration to the United States during the First Half of the Nineteenth Century as a Social Protest Movement, in: Hans L. Trefousse (Ed.), Germany and America: Essays on Problems of International Relations and Immigration, New York 1980, S. 103-110.
11 Struck (wie Anm. 4), S. 36.
12 Wilhelm Sauerwein, ABC-Buch der Freiheit für Landeskinder, Hanau 1832, S. 7 f. (Die Stelle nachfolgend neu abgedruckt.)
13 Wetterauer Volksblatt Nr. 24 vom 24. März 1849. (Das Gedicht nachfolgend neu abgedruckt.)
14 Wochenblatt für den Kreis Großgerau Nr. 41 vom 13. Oktober 1834. (Das Gedicht nachfolgend neu abgedruckt.)
15 Dazu Ina-Maria Greverus, Der territoriale Mensch. Ein literaturanthropologischer Versuch zum Heimatphänomen, Frankfurt a. M. 1972, S. 167-171.
16 Zitiert nach Lutz Röhrich, Auswandererschicksal im Lied, in: Hessische Blätter für Volks- und Kulturforschung NF 17 (1985), S. 71-108, hier S. 87. Zu den Erwartungshaltungen und zur Entstehung populärer Amerikabilder vgl. auch Peter Borner, Utopia in der Neuen Welt: Von europäischen Träumen zum American Dream, in: Wilhelm Voßkamp (Hg.), Utopieforschung. Interdisziplinäre Studien zur neuzeitlichen Utopie, Bd. 2. Frankfurt am Main 1985 (suhrkamp taschenbuch 1159), S. 358-374.

17 Vgl. Greverus (wie Anm. 15), S. 174-177, sowie Andreas Grether/Sabine Scheuermann, Rückwanderung aus Amerika. Zum Problem der Rückkehr aus der Fremde, in: Hessische Blätter (wie Anm. 16), S. 215-220.

18 Anonym, Ueber den Einfluß der Auswanderungen auf die Landwirthschaft, in: Zeitschrift für die landwirthschaftlichen Vereine des Großherzogthums Hessen Nr. 31, August 1844, S. 339-342. (Der Text nachfolgend neu abgedruckt.)

19 Karl Wilhelm Schultz (Hg.), Nassauische Prediger-Arbeiten. Erstes Jahresheft, Weilburg 1835, S. 211-219. (Der Text nachfolgend neu abgedruckt.) Dazu Struck (wie Anm. 4), S. 38, sowie Greverus (wie Anm. 15), S. 168.

1. Linke Kritik an der Auswanderung

Mit bitterer Ironie geißelte der republikanisch gesonnene Publizist Wilhelm Sauerwein in seinem »ABC-Buch der Freiheit für Landeskinder« (Hanau 1832, S. 7 f.) das Auswanderungswesen der 1830er Jahre und dessen Ursachen. Den Fortzug der Landeskinder verglich er bis ins einzelne mit einem Leichenzug. Daß die Auswanderer »an keinen Zitronen riechen« (sondern in »einen sauern Apfel beißen«) würden, spielt auf den hessischen Brauch an, den Sargträgern als Riechmittel Zitronen zu reichen.

In den neuesten Zeiten, wo Empfindelei und Verzärtelung unter allen Menschenklassen so jämmerlich zugenommen haben, beklagen sich auch die Bauern, unähnlich ihrer Vorfahren, über Druck und Lasten. Sie wollen sich nicht mehr prügeln lassen, keinen Zehnten mehr geben, keine Frohndienste verrichten – kurzum, sie wollen frei und ledig hinter ihrem Pfluge gehen, und für nicht schlechter gehalten seyn, als andere Leute. Seht, Kinder, so entnervt sind die Bauern geworden! Kein Zureden und keine Gewalt vermag es, diese Schwächlinge und Widerspenstigen zur alten Ordnung zurückzubringen. Sonst konnten sie Lasten tragen und auf sich hämmern lassen wie ein Herkules auf der Messe: jetzt können sie in manchem Staate kaum die Abgaben mehr erschwingen – die Schwächlinge!! – Ja, aus Arbeitsscheu und Abgabenscheu laufen die tollen Bauern auf und davon, gleichsam als wollte man ihnen die Haut abziehen, wenn man ihnen blos das letzte Hemd ausziehen will, und da gehen sie zu Schiffe über das atlantische Meer nach Amerika, mit zerlumpten schmierigen Weibern und mit abgemagerten, garstigen Kindern, die nicht leben und nicht sterben können. Man sieht ganze Züge solcher Bauern alljährig aus Deutschland fortziehen. Sonst glaubten die Bauern, sie würden erst unter der Erde glücklich; nun sie aber wissen, daß die Erde rund ist, glauben sie, auch in Amerika glücklich werden zu können, weil es unter der Erde liege. Darum ist ihr Fortzug auch so traurig, wie ein Leichenzug, ach noch trauriger; denn keiner heuchelt das Ach und Weh, und die Herzen sind alle bis in den Tod betrübt. Sie riechen an keinen Zitronen; nein, sie beißen in einen sauern Apfel, ihr süßen Landeskinder!

2. Skandalfall Wernings

Als 1841 sämtliche Bewohner von Wernings im hohen Vogelsberg nach Amerika gingen und dadurch erstmals durch die Auswanderung ein hessisches Dorf von der Landkarte verschwand, blieb dieser Vorgang zunächst fast unbemerkt, erregte aber nachträglich noch viel Aufsehen. Zum Beweis feudaler Mißwirtschaft prangerte ihn im Revolutionsjahr 1849 das linksliberale »Wetterauer Volksblatt« (Nr. 24 vom 24. März 1849) an, indem es das Gedicht eines uns unbekannten Verfassers über »Die Auswanderung der Werningser« – mit harten Anklagen gegen weltliche wie geistliche Obrigkeit – zum Abdruck brachte.

Die Auswanderung der Werningser*

Die Sonne steigt empor mit lichtem Strahle;
Wie reizend prangt der Lenz im Thale!
Wie lieblich glänzt der Fluren Kleid!
Doch grausam bist du, Frühlings Lieblichkeit!
Denn manches Herz, voll bittren Weh's beim Scheiden,
Durchdringt dein Anblick wie ein süßes Gift,
Daß fern es hinwelkt an des Heimwehs Leiden.
Ach, schwerer ist's, der Heimath zu entfliehen,
Wenn wir im Frühlingsglanze von ihr scheiden!

* Die Einwohner von Wernings bei Wenigs im Büdingischen wanderten insgesammt 1844 [richtig: 1841] nach Amerika aus; nachdem sie ihre Gemarkung an den Grafen Laubach verkauft hatten. Der Lastendruck, unter dem ihre Vorfahren schon Jahrhunderte lang geseufzt, hatte sie zu dem Entschlusse geführt, durch eine Auswanderung ihrem Elende ein Ende zu machen. Ein Mann, der ein Herz hat für des Volkes Wohl und Wehe, schrieb damals diese poetischen Zeilen nieder, die besonders für die Bewohner jener Gegend ein Interesse haben möchten. Das Dorf ist jetzt menschenleer; ein Gräflicher Verwalter nur soll dort wohnen. – Wer noch nicht demokratisch ist, der gehe dahin und führe sich die Geschichte der früheren Bewohner an der Seele vorüber.

Im Dörfchen tönt verworr'nes Schrein und Rufen,
Es knarren Wagen, schallen Rosseshufen;
Ein Zug bepackter Wagen ist zu schau'n,
Umringt von Männern, Knaben, Mädchen, Frau'n
Das ganze Dorf! ja Niemand, der noch fehlte! –
Wohin du Volk des Dörfleins willst du zieh'n?
»Das Land der Freiheit ist's, das unser Sinn erwählte;
Zum Urwald übers Meer geht unser Zug!
Eins sind wir all'; ja Niemand, der uns fehlte!«

Und Du, o Greis, Du eilst, voranzuschreiten,
So alt, noch eine neue Heimath zu bereiten!
Du, nah' dem Grab', was suchst Du's fern von hier?
Erliegt der Urwald, Alter, wohl noch Dir?
Da hebt der Greis die Arme, stark noch, kräftig:
»Ha! sollten diese wohl den Urwald scheun!
Sie lenkten fünfzig Jahr' den Pflug geschäftig;
Noch sind, den Wald zu rotten, beide stark,
Noch sind, ein neues Land zu bau'n, sie kräftig!«

Ach, horch! ein Schrei! Was stürzt das Weib hinüber?
Des Kindes Grab! – Sie konnte nicht vorüber!
Sie kniet, sie betet, zittert, weint,
Indeß sich schluchzend ihr ein Kind vereint.
Da naht' ein Mann und hebt sie auf im Schweigen;
Er führt sie sanft hinweg zum nahen Zug;
Und wie die Wangen ihm bethränt erbleichen,
Spricht er: »Getrost, der Herr nahm, was er gab!«
Dann zieht er fort mit ihr im Schweigen.

Und Schluchzen, Jammer hier, dort stilles Trauern,
Indeß der Zug geht längs den Kirchhofsmauern. –
Sie sind vorbei. Den letzten Schmerzensschrei
Verschlingt der Burschen gellendes Juchhei;
Und unter Mädchensang entsteigt dem Thale
Der Wandrer Zug zur sanften Höh' hinan,
Von wo sich ihnen zeigt zum letztenmale
Das Dörflein und die traute Heimathflur,
Zum letztenmal dem feuchten Augenstrahle.

Da ruft der Greis: »Schließt Alle Euch zum Bunde!
Vernehmt ein schlichtes Wort aus treuem Munde!
Nicht vornehm, nicht gelehrt; denn von uns weit
Sind Pfarrer, Richter, jede Obrigkeit!
Der Miethling folgt nicht in Gefahr der Heerde;
Er flieht, wenn naht der Wolf mit gier'gem Zahn.
Doch uns verläßt in Noth nicht und Gefährde
Der gute Hirt; wir ruh'n in seinem Schirme;
Er giebt Vertrauen, festen Muth zur Heerde«.

»Seht hin! Zum letztenmale heut' ihr schauet
Die stille Flur, die ihr so oft gebauet,
Das Dorf, wo wir gequält uns und ergötzt.
Was wir verloren, fühlen wir erst jetzt!
Der Heimath stillen Zauber, ihre Süße,
Der Freiheit Werth, des Lebens Reiz und Lust,
Wer fühlte das, wenn man sie nicht verließe!
Die Heimath ist auf ewig uns entfloh'n,
Es knüpft kein Band uns mehr, als Todtengrüße«.

»Nicht deine Armuth, Thälchen, das wir lieben,
Nur Knechtschaft, Lastendruck hat uns vertrieben.
Wir waren willenlos am eignen Heerd,
Nur wie ein leicht zu scheerend Schaaf von Werth!
Ein fremdes Volk erschien an Sinn und Sitte
Der »Herren« Schaar, die Staat und Kirche lenkt
Und stolz herabblickt auf des Bauern Hütte,
Es standen selbst, die Gottes Wort gelehrt
Als Bruder nicht, als Herrn in uns'rer Mitte!

»Nicht wollte Gott ein solches Reich auf Erden,
So sollte weder Staat noch Kirche werden,
So will's der Türken, doch nicht Christi Lehr'.
Drum zieht's zur »neuen Welt« uns über's Meer!
Es giebt dahier kein Hoffen mehr und Retten,
Wir sind zu schwach, zu stark die Tyrannei!
Drum Brüder auf, werft wandernd ab die Ketten!
Mag jetzt der Graf mit seinen Vögten all'
Die Häuser plündern und die Flur zertreten!«

»Wir geh'n wie Sterbende aus diesen Gauen;
Laßt uns, wie sie, der Hoffnung Stern vertrauen!
In Gottes Gnaden seien wir getrost.
Und, Männer, wenn uns das Geschick umtost,
Der Heimath sagt die letzten Grüße heiter!
Die Erde ist all überall des Herrn;
Er ist uns hier und dort der rechte Leiter,
So fleht in Demuth seine Gnade an!«
Sie knie'n und fleh'n und ziehn getrost dann weiter.

W . . .

3. Der Spott der Seßhaften

Über den »Amerikawahn« der Auswanderungswilligen, der utopischer Züge nicht entbehrte, machten sich diejenigen, die die Auswanderung nicht nötig hatten oder ihre Risiken scheuten, mit vielerlei Äußerungen lustig. Mit einem ironischen Gedicht, das er im »Wochenblatt für den Kreis Großgerau« (Nr. 41 vom 13. Oktober 1834, S. 3 f.) zum Abdruck brachte, reagierte so auch der Pfaffen-Beerfurther Lehrer Lehr auf die Auswanderungswelle der 1830er Jahre.

Schreiben aus Amerika.

Etwas für Auswandrungslustige und Hypochonder.

Von Lehr, Schullehrer in Pfaffenbeerfurth.

Amerika, das Feenland
Soll laut mein Kiel besingen.
Drum bitt' ich um geneigtes Ohr,
Es kommen seltne Dinge vor
De gar zu lieblich klingen. — —

Bei einem Wirth in Asia
War ich erst Kerbholzschneider;
Dann stieg ich immer höher auf,
Und in des zweiten Jahreslauf
War ich schon Doppelkreider.

Von da ging's fort mit Extrapost,
(So heißt das Barfußlaufen)
Durch Belgien und Polenland
Und kam an jenen Wunderstrand,
Wo's Glück liegt auf ein'm Haufen.

Dieß war in Nordamerika,
Da ist Euch Was zu machen!
Potz Tausend, welche Herrlichkeit
Ziert diese Gegend weit und breit!
Das Herz im Leib muß lachen. —

In Baltimore steigt man ab,
Die Stadt will ich beschreiben.
Sie liegt in einem Rosenthal;
Die Häuser sind von purem Stahl,
Krystall die Fensterscheiben.

Die Schornstein sind von Jungfernwachs,
Von Marzipan die Thüren.
Die Lüftchen wehen mild und süß;
Die Straßen sind mit Pfeffernüß
Gepflastert zum Spazieren.

Die Brunnen sind von Zuckerteig
Symetrisch aufgeführet.
Da fließt aus einer Quell hinein
Champagner und Burgunder Wein
Mit Malagga melliret.

O Kaffee, göttliches Getränke!
Er bildet große Weiher.
Auch Chocolad und Malvasier
Drückt man aus Quetschenkernen hier —
Und giebt kein'n Kreuzer Steuer. —

Wer fahren will, der kann sich auch
Nach Herzenslust ergötzen
Fiaker halten stets vollauf,
Die zahlen Geld noch in den Kauf,
Will man sich nur aufsetzen. —

Das Gold und Silber hängt sich Nachts,
Wie Reif, an Schwarzdornhecken;
Und jeden Morgen prügelt man,
So viel ein Esel tragen kann,
Herab mit einem Stecken. —

Gebratne Ochsen weidet man
Auf bunt geblümten Wiesen,
Mit Messer, Gabel auf dem Rück
Damit man auch sogleich ein Stück
Von ihnen kann genießen. —

Mit Kegelspiel erheitern sie
Die rauschverschlafnen Köpfe.
Zur Kugel dient ein Kirschenkern;
Die wachsen in der Gegend gern
So dick, wie Kirchthurmknöpfe. —

Die Gegend überhaupt ist gut,
Dieß dürft Ihr wahrlich glauben;
Bedenket nur, daß dieses Land
Zuvor im Paradiese stand
Und hierher kam auf Schrauben.

Das Feld bedarf der Arbeit nicht,
Nicht Pflügen, Eggen, Säen.
Man wünscht nur in die Erd hinein,
Und wünscht, bald möcht es zeitig seyn;
In acht Tag kann man's mähen.

Drum hat es in Amerika
Der Bauer auch am besten.
Er discutiret Tag und Nacht;
Da sind Maschinen angebracht,
Die Ochs und Schweine mästen. —

Viel Bäume einer seltnen Art
In diesem Land gerathen,
Von denen immer Jedermann
Gebackne Tauben schütteln kann
Und kalten Schweinebraten. —

Auch kommt man in Amerika
An sehr viel Zuckergruben.
Man bricht ihn nehmlich so allhier,
Wie Mauerstein in Deutschland Ihr;
Fein, streut man ihn in Stuben.

Die größten Klumpen bleiben hier,
Nach Deutschland kommt's Gekrümmel,
Kurz um, man lebt an diesem Ort,
Glaubts Brüder auf mein Ehrenwort
Wie in Jupiters Himmel. —

Von Königen weiß man hier nichts,
Und Alles darf befehlen.
Gemeinderath ist jedermann,
Und wer nur das Blaudunsten kann
Darf sich Diplome wählen. —

Für Damen ist das Klima gut,
Indem sie nie veraltern.
Bei Weibern, oft von hundert Jahr
Sieht man kein einzig graues Haar;
Nie Runzeln oder Falten. —

Die Wissenschaften pflanzt man sich
Zum Zeitvertreib im Garten.
Da strotzt auf Sand die Poesie,
In Leimenerd' Astronomie
Und gleich dabei Sternwarten.

Nur die Geschichte will allhier
Nicht tiefe Wurzel schlagen.
Dagegen kommt an jedem Ort
Sehr gut das Ammenmährchen fort
Und Alteweibersagen. — —

Und wer nicht recht bei Sinnen ist,
Kann zu Verstand hier kommen.
Wem's nun vielleicht daran gebricht,
Der scheue diese Reise nicht —
Hier wird der Wahn genommen.

mplenti sat!

4. Auswanderer-Selbstironie

Mit Zusatzstrophen zum »Amerikalied« wie mit eigenen Liedern ironisierten die Auswanderer auch selbst die übertriebenen Vorstellungen von Amerika. Ein Zeugnis dazu ist das im Mahantongo-Tal in Pennsylvanien verbreitet gewesene und dort von Auswanderern aus der Rheinpfalz und aus Südhessen gesungene Lied »Isch wollt, isch wär en Bauer«. 1875 wurde es in einem kleinen Buch mit dem Titel »'M Horn sei Buch« in Pennsylvanien veröffentlicht. Es spricht von grünen Pferden, gelben Kühen usw., von Weizenbäumen und Rote-Rüben-Bäumen und von Ungeziefer, das man mit dem Gewehr abschieße.

Isch wollt, isch wär en Bauer

1. Isch wollt, isch wär en Bauer un hätt e Bauerei,
hätt griene Geil un gääle Kieh un raaweschwaze Sei.
Isch wollt, isch hätt e Bauerei an Machadunki Griek
do deet isch Käffer schieße geh im Sießkadoffelstick.

2. Die Raawe uff de Waazebeem, der hoorisch Hinkelsfloh,
de Krautworm uff de Hickerniß, die Leis im Paschingsstroh,
die mißde all ans träwle geh, wann isch der Bauer wär.
Mit »Päris Grien« un Pulverbix ging isch iwwer se her.

3. Die Hinkel halt isch in de Kisch, de Seistall vor de Dier,
grick Rock un Hose vun Kadun un Kallers vun Babier.
Isch grick e ganz weiß Schmeerkeeskuh, en Hof voll »Ginea-Gens«,
en mäschdisch hohe Rotriebbaum un e Pätten-Ledder-Fens.

4. Isch wollt, isch wär en Bauer un hätt e Bauerei,
hätt griene Geil un gääle Kieh un raaweschwaze Sei.
Ach, wann isch doch en Bauer wär un hätt e Bauerei
un hätt e Fraa, ganz groß un dick, do wollt isch Bauer soi.

Worterklärung:

Machadunki Griek	= Mahantongo Creek
Hickerniß	= Hickorynüsse
Träwle = to travel	= verreisen, abhauen
Päris Grien = Paris Green	= Insektenvernichtungsmittel
Kadun = cotton	= Baumwolle
Kallers = collars	= Manschetten
Ginea-Gens = Guinea-Geese	= Gänseart
Pätten-Ledder-Fens = Patent-leather-fence	= Zaun mit einem Patent-Leder-Torverschluß

5. Die Mahnung der Kirche: »Bleibe im Lande . . .!«

Als in den 1830er Jahren die Auswanderung nach Amerika immer stärker zunahm, meldete sich auch die Kirche zu Wort. Der Wiesbadener lutherische Pfarrer Ludwig Wilhelm Wilhelmi rief die Reisewilligen zu treuer Pflichterfüllung gegenüber Staat, Kirche und Familie auf und rügte einen ihm zeittypisch scheinenden »Mangel an Genügsamkeit«, der vergessen gemacht habe, daß »das herrliche Land der Verheißung« im Jenseits und nicht im Diesseits liege. Seine 1834 gehaltene Predigt findet sich abgedruckt bei Karl Wilhelm Schultz (Hg.), Nassauische Prediger-Arbeiten, Erstes Jahresheft, Weilburg 1835, 2. 211-219.

Predigt
am 1sten Sonntage nach Trinitatis gehalten
von
L. W. Wilhelmi,
Kirchenrath und Pfarrer zu Wiesbaden.

Die Gnade unsres Herrn und Heilandes Jesu Christi; die Liebe Gottes, seines und unsres himmlischen Vaters, und die trostvolle Gemeinschaft des heiligen Geistes sei mit uns jetzt und immerdar! Amen.

Unter den mancherlei Zeichen der Zeit ist es euch; m. Fr., gewiß auch schon aufgefallen, daß jetzt bei so vielen Personen eine gewisse Unzufriedenheit herrscht, nicht über Einzelnes, was sie drückt, wie dieß zu alten Zeiten der Fall war, sondern überhaupt eine Unzufriedenheit mit ihrer ganzen Lage. Wo hört man nicht die mannichfaltigsten Klagen? Nicht bloß von solchen, die sich in Umständen befinden, wo es ihnen allerdings schwer wird, sich und die Ihrigen durchzubringen, also nicht bloß von solchen, denen es, um mit der Schrift zu reden, sauer wird mit ihrer Nahrung und ihrem Tagewerk, sondern auch von solchen, die äußerlich in glücklichen Umständen leben. Dabei hoffen sie von der Zukunft keine Verbesserung; sie fassen lieber den Entschluß, in einem andern Welttheile ein neues Vaterland sich zu suchen.

Ob und wie weit alle Klagen gegründet sind, kann hier natürlich nicht erörtert werden. Aber, wo irgend ein Zwiespalt im Leben sich hervorthut, da die Ausführung zu versuchen durch den Geist des Christenthums: das ist unsre Pflicht, wenn wir dem hohen Berufe nachkommen wollen, den uns der Apostel anweis't in den Worten: Habet Acht auf

euch selbst und auf die ganze Heerde, unter welche euch der heilige Geist gesetzt hat zu Bischöfen, zu weiden die Gemeinde Gottes, welche er mit seinem Blute erworben hat.
Mögen zu seiner Ehre und zum Heile der Gemeinde auch die nachfolgenden Worte gesegnet sein!
»Du siehst es, Allwissender, sie kommen aus einem Herzen, das von Parteirücksichten frei, nur das Wohl der Brüder sucht; aus einem Herzen, das auf dieser Stätte nicht im Dienste der Menschen, sondern in deinem Dienste sich fühlt. Was von Herzen kommt, laß es auch wieder zum Herzen gehen, und Früchte bringen, wie sie angenehm sind vor dir.« Amen.

Text: Ps. 37, v. 3.

Hoffe auf den Herrn, und thue Gutes; bleibe im Lande, und nähre dich redlich.

Geliebte Freunde und Zuhörer!

Zu Menschen, die mit ihrer Lage unzufrieden waren, spricht hier der Psalmist. Hoffet auf den Herrn, ruft er ihnen zu: vertrauet seiner Alles lenkenden Vorsehung; er weiß, was Jedem noth thut; und verbindet damit eine treue Erfüllung eurer Pflichten: Hoffet auf den Herrn, und thuet Gutes; bleibet im Lande, und nähret euch redlich. Diese letzte Ermahnung hat hier noch einen ganz besonderen Sinn. Wer in jenen ältesten Zeiten aus dem Lande Canaan auswanderte; den sah man an, als habe er damit auch dem Dienste Jehovas entsagt. Bei uns ist dieß freilich anders. Wir wissen: die ganze Erde ist Gottes, und überall, wo zwei oder drei sich versammeln in seinem Namen, da ist er mitten unter ihnen. Aber doch sind auch für uns diese Worte noch immer von hoher Bedeutung. Wir wollen sie benutzen zu

> einigen Ermahnungen, zunächst an die, die mit ihrer Lage im Vaterlande unzufrieden sind, und dadurch veranlaßt werden, ein andres Vaterland sich zu suchen.

Wir werden finden: dreierlei Quellen dieser Unfriedenheit giebt es; aber in jeder Beziehung bietet auch unser Text das Nöthige dar.
»Möge der Geist Gottes uns beistehen, und unsre Herzen zu stiller Andacht sammeln.«

1.

Viele von denen, die mit ihrer Lage im Vaterlande unzufrieden sind, haben den Glauben an eine Alles lenkende Vorsehung verloren. Sie sehen, wie in dem bürgerlichen Leben widerstreitende Ansichten und Forderungen hervortreten; sie sehen, wie an vielen Orten eine Spannung und Aufregung sich kund gibt, die sich länger erhält, als dieß zu andern Zeiten der Fall war; sie fürchten, es möchten dadurch noch heftige Kämpfe herbeigeführt werden, die Viele ins Unglück stürzen. Diesem Allem wollen sie ausweichen, und eine Sicherheit für ihre Person, für ihr Vermögen, für ihre Genüsse suchen, die ihnen nach ihrer Ansicht, unser Weltheil nicht darbietet.

Aber ist es denn auch so? Gewiß ist viel Uebertreibung in dem, was von solcher Spannung und den dadurch drohenden Gefahren gesagt wird. Schon die natürliche Besorglichkeit und Aengstlichkeit mancher Menschen, die Alles von der trüben Seite ansehen, ist zu solchen Uebertreibungen geneigt; aber sie werden auch absichtlich von Manchen verbreitet, die Partei genommen haben und aus dieser ängstlichen Spannung der Gemüther Vortheil suchen. Und gesetzt, es wäre so: was, m. F., könnten wir denen, die dadurch sich beunruhigt fühlen, Besseres zurufen, als die Worte unsres Textes: Hoffet auf den Herrn! Fasset Vertrauen zu seiner Alles lenkenden Vorsehung! Er ist es, der das Regiment führt auf Erden, wie im Himmel. Er schauet vom Himmel, sagt die Schrift, und siehet aller Menschen Kinder. Von seinem festen Thron, siehet er auf Alle, die auf der Erde wohnen. Er lenket ihnen Allen das Herz und merket auf alle ihre Wege. Wer auf ihn hoffet, wer zu ihm aufblicket mit dem festen Glauben, daß er die Geschicke, wie des Einzelnen, so ganzer Völker leitet, nach einem weisen, wenn auch uns in vielen Beziehungen verborgenen, Plane, der wird nicht also gleich kleinmüthig werden und verzagen. Ja wird eine solche Hoffnung, die wir auf den Allmächtigen setzen, nicht gerechtfertigt durch die Geschichte? Mit den Worten Mosis fodre ich euch auf: Gedenket der vorigen Zeiten bis daher, und betrachtet, was der Herr gethan hat an unsern Vätern! Wie oft sah es bedenklich aus! Wie oft schien Alles sich entzweien, bekämpfen, aufreiben zu wollen, und der Herr wußte es zu lenken, daß die Ordnung sich immer wieder herstellte; ja daß aus den Uebeln des Augenblicks manches Gute für die kommenden Geschlechter sich entwickelte.

Sollte Gott nicht auch an uns thun können, was er an unsern Vätern gethan hat? Ist die Hand des Herrn verkürzt, fragen wir mit dem Propheten, daß er nicht erlösen könnte, oder ist bei ihm keine Kraft, zu erretten? Sorgen wir nur, m. F., daß wir seiner Hülfe würdig seien! Mit dem Zuruf: Hoffet auf den Herrn! verbindet unser Text die Aufforderung: Und thut Gutes! denn dadurch allein werden wir der Hülfe Gottes würdig. Erfüllet nur alle Pflichten, die ihr als rechtschaffne Bürger des Staates, als Glieder der Familie, als Menschen und als Christen habt; suchet durch Wort und Beispiel Alles, was unnöthigen Hader und Zwietracht gebiert, zu entfernen; bekämpfet die Sünde, die noch immer der Leute Verderben ist, und helfet dagegen dem Guten auf; suchet den Geist der Wahrheit, der Treue, des Wohlwollens, der Gottesfurcht zu verbreiten: so werdet ihr beitragen, daß Gottes Absichten auch unter uns um so leichter in Erfüllung gehen; so tragt ihr eine Schuld an das Vaterland ab, die zu allen Zeiten den Rechtschaffnen heilig war; so handelt ihr weit edler, als wenn ihr einem Zwiespalte ausweicht, der nur in eurer Einbildung so groß, so unheilbar ist! –

Aber nicht bei Allen, die wegen ihrer Lage sich im Vaterlande beunruhigt fühlen, ist jene Besorgniß die Ursache –

2.

Bei Vielen ist es, wie sie sagen, Mangel an Erwerb, es ist der Druck der Zeit, der auf den Gewerben lastet. Sie behaupten, sich nicht ernähren zu können, und wollen deßhalb ihr Bestehen anderswo suchen. Aber ist dieses auch so ganz gegründet? Es mag sein, daß in unsern Tagen es bei der immer mehr anwachsenden Menschenmenge, bei der Entfesselung der Gewerbe von so manchem Zwang, der in früheren Zeiten darauf lastete, bei der größeren Auswahl, die jedem Bedürfenden sich darbietet, es mehr Anstrengung und Nachdenken erfordert, sich und eine Familie zu ernähren; aber gewiß hat doch auch auf diese Klagen Manches Einfluß, was nicht zu loben ist.

Vor Allem müssen wir denen, die aus diesem Grunde mit ihrer Lage im Vaterlande unzufrieden sind, zurufen: Glaubet doch ja nicht, daß das Leben je ohne Mühe und Arbeit war; auch unsre Väter haben arbeiten müssen, auch ihnen galt das Wort: im Schweiße seines Angesichtes soll der Mensch sein Brod essen. Aber die Arbeit wurde ihnen nicht so schwer. Sie waren von Jugend auf daran gewöhnt; sie schämten sich der Arbeit nicht; sie sahen es an als Etwas, das von Gott also über sie verordnet sei. Fraget die unter unseren Aeltesten, die es zu Etwas gebracht haben, und sie werden euch sagen, daß auch sie es sich haben sauer werden lassen; daß der Wohlstand, dessen sie sich nun in ihren alten Tagen erfreuen, die Frucht großer Mühe und Anstrengung ist. In unsern Tagen ist es an vielen Orten und in vielen Häusern anders. Man möchte an allen Vortheilen und Genüssen des Lebens Theilnehmen, aber auf eine leichte, mühelose Weise; man schämt sich mancher Arbeiten, als vertrügen sie sich nicht mit der höheren Bildung, die man zu besitzen wähnt. Die Kinder nehmen daran ein Beispiel, und so muß der Wunsch und das Streben, alle Vortheile und Genüsse des Lebens an sich zu reißen und doch alles Mühselige von sich fern zu halten, immer weiter sich verbreiten. Dazu kommt ein auffallender Mangel an dem, was der Apostel für jeden Menschen einen großen Gewinn nennt, nämlich an Genügsamkeit. Von Aussprüchen, wie die seit Jahrhunderten bewährten: Es ist ein großer Gewinn, wer gottselig ist und lässet ihm genügen, denn wir haben Nichts in die Welt gebracht, darum offenbar ist, wir werden auch Nichts hinausbringen, von Beispielen, wie der Apostel Paulus selbst eins gab, indem er von sich sagen konnte: Ich habe gelernt, bei welchen ich bin, mir genügen zu lassen. Ich kann niedrig sein und kann hoch sein; ich bin in allen Dingen, und bei Allem geschickt, beides, satt sein und hungern, beides, übrig haben und Mangel leiden, mag man nichts hören. Wollen wir aufrichtig sein, m. Fr., so werden wir eingestehen müssen: in dieser weichlichen Arbeitscheu und in dieser Ungenügsamkeit liegt gewiß auch ein Grund, warum man gerade jetzt so Viele über Mangel an Erwerb, über Stocken aller Nahrungsquellen klagen hört. Nähre dich redlich, sagt der Psalmist; und wer diesem Zurufe folgt, wer einen ehrlichen Erwerbszweig ergreift, ihm sein Nachdenken und seinen Fleiß widmet, dabei genügsam ist und nicht sein ganzes Herz an's Irdische hängt, sondern mit christlichem Sinn das Leben auf Erden als eine Vorbereitung auf ein ewiges ansieht, das uns nach wenigen Jahren aufnehmen wird: der, sollte ich denken, könnte auch unter uns ein, wenn nicht reichliches, doch hinreichendes Auskommen, ein ehrenvolles Bestehen noch immer finden.

Doch es gibt endlich auch solche, besonders unter den Jüngern, die weder das Eine noch das Andere, was wir bisher als Quelle angaben, mit ihrer Lage im Vaterlande unzufrieden macht, es sind vielmehr übertriebene Vorstellungen von einem Lande, das sie nur aus Erzählungen Andrer kennen, die entweder selbst zu den sich Täuschenden gehören, oder etwas noch weit Schlimmeres sind. Auch fehlt es nicht an Schriften, zum Theil von unsern besten und gelesensten Schriftstellern, die dieses Land so ausmalen, daß die Mühseligkeiten unseres Welttheils allerdings sehr dagegen abstechen.

Wohl, m. Fr., mag es Länder geben, die der Herr der Erde noch mit größern Reizen geschmückt hat, als das schöne, gesegnete Land, das wir unser Vaterland nennen. Auch mag es leichter sein, in Gegenden, die noch wenig bevölkert sind, sich ein Besitzthum zu erwerben und darauf mit größerer Freiheit zu leben, als dieß bei den tausendfachen Berührungen, in denen bei uns die Menschen mit einander stehen, möglich ist. Aber doch müssen wir die, die solche übertriebene Vorstellungen von der Herrlichkeit eines Landes haben, das sie nur von Hörensagen kennen, die besonders diese größere Freiheit im Auge haben, vor Allem daran erinnern, daß aus den tausendfachen Berührungen, aus der engen Verbindung, in der wir unter einander stehen und die allerdings der Freiheit des Einzelnen größere Beschränkungen auferlegt und auferlegen muß, als dieß dort der Fall ist, auch wieder für den Einzelnen tausend Vortheile entspringen, die er dort entbehrt. Denket nur an Kirche und Schule, an Pflege der Armen und Kranken, an Fürsorge für Wittwen und Waisen, und an die vielen Annehmlichkeiten, die aus dem geselligen Umgang hervorgehen! Dann aber werden auch alle jene Erwartungen in der Wirklichkeit gewiß nicht befriedigt werden. Sie werden schon um Vieles herabgestimmt, wenn wir bedenken, daß es kein Land der Erde gibt, wo dem Menschen Alles von selbst zufällt. Auch dort heißt es: Arbeit! auch dort heißt es: Entbehre! auch dort gibt es Herren und Diener, Arme und Reiche; auch dort findet ihr Menschen mit aller ihrer Unvollkommenheit und Sündhaftigkeit, Menschen, die sich die Freiesten der Erde nennen, und zum Theil wenigstens gegen ihre Sclaven einen Druck ausüben, der das Herz des Europäers auf das schmerzlichste verwundet. – Bleibe im Lande, sagt unser Text; es ist das Land, wo wir Kinder waren, wo unsre Väter lebten, wo unsre Freunde wohnen, woran alle Erinnerungen unsres Lebens sich knüpfen. Mag das Alles für Tausende geringfügig sein, wenn ich mein eignes Gefühl hier aussprechen darf, mir würde es nicht so sein. Ich stelle mir es als etwas sehr hartes vor, wenn man zum letztenmahl hinblickt auf das Land, dem wir von unsrer

Geburt an durch so viele Bande angehörten, in dem Gott neben manchem schlimmen, doch gewiß auch so manchen guten Tag uns gegeben hatte, nun sich hinwendet nach einer Ferne, die noch so dunkel vor uns liegt und die auch im glücklichen Falle doch immer noch lange eine Fremde uns bleiben wird.

In dieser Weise, m. Fr., glaubte ich von dieser Stätte zu euch mich aussprechen zu müssen über eine Sache, die nicht mehr bloß von Einzelnen besprochen, die fast in allen Kreisen laut verhandelt wird. Ich will damit Niemand von seinem Entschlusse abbringen, wenn er ihn wohl überlegt und nach überwiegenden Gründen gefaßt hat; vielmehr wiederhole ich: die ganze Erde ist Gottes, und überall, wo zwei oder drei sich versammeln in seinem Namen, ist er mitten unter ihnen – aber zur genauen Ueberlegung, zur Besonnenheit möchte ich dadurch alle veranlassen, in denen ein Verlangen nach Veränderung ihrer Lage sich regt; ganz besonders solche, die nicht allein stehen, an die das Schicksal von Weib und Kindern geknüpft ist.

Wir aber, m. Fr., wollen uns Alle hierdurch aufs neue ermuntert fühlen, Alles von uns fern zu halten, was Mißmuth und Unzufriedenheit in uns weckt und nährt. Wir wollen die Erde immer als das ansehen, was sie dem Christen sein soll, als ein Land der Vorbereitung, der Uebung, der Prüfung; wir wollen die Stelle, die wir in dem Ganzen einnehmen, als ein Stelle ansehen, die uns von Gott angewiesen ist nach dem Ausspruch des Apostels: Gleich wie in einem Leibe viele Glieder sind, aber alle Glieder nicht einerlei Geschäfte haben: also sind wir Viele ein Leib in Christo, aber unter einander ist Einer des Andern Glied. Wir wollen es nie vergessen, daß nicht bloß das menschliche Wissen und Thun, sondern Alles auf Erden nur Stückwerk ist, und daß wir das Vollkommene nicht in diesem oder jenem Lande, sondern droben zu suchen haben; wir wollen gerne arbeiten und Gutes thun; wir wollen dankbar genießen, was uns Gott beschieden, und eben so kindlich ergeben entbehren, was er uns versagt hat! Ja wir wollen hoffen auf den Herrn und Gutes thun! Das sind die bewährten Grundsätze, dic uns ein ruhiges und stilles Leben hier auf Erden führen lassen, und von dieser Erde uns endlich hinaufleiten in das herrliche Land der Verheissung, wo für das mühselige und beladene Herz allein Ruhe und Seligkeit zu finden ist. Amen.

6. Die schlechte Nachricht aus Amerika

Warnungen vor der Auswanderung wurden gerne mit Erzählungen unterstützt, die von Not und Elend in Amerika kündeten. Teils wurden dabei Einzelfälle verallgemeinert, teils Vorfälle auch aufgebauscht oder einfach erfunden. Eine solche Geschichte – speziell an unzufriedene Altlutheraner adressiert – stand so auch im »Deutschen Volkskalender auf das Jahr 1843« (9. Jahrgang, Berlin, S. 136-139) des Herausgebers Fr. W. Gubitz und erreichte durch das Medium Kalender eine breite Leserschicht.

Auswanderer

Ein herzzerreißend Bild, das wir vor uns haben, und doch ist's Wahrheit, ist entworfen nach einem Briefe aus Nord=Amerika. Gottlieb R** verließ mit seinem Weibe, zwei Kindern und einem Bruder unser Deutschland, seines Glaubens wegen, wie er sagte. Damit ist's aber nichts; denn ob sich auch im Bereich der kirchlichen Angelegenheiten Deutschlands – und nicht hier allein! – neuerlich wieder manche Wirren eingefädelt haben, ist's doch gewiß, daß die Deutschen überall ihres Glaubens, je innerlicher je besser und gewisser, leben können. Der Hader dreht sich ja meist nur um nebensächliche Formen, um Aeußeres, und in den wenigen Punkten, wo freilich allgemeine Menschenrechte in Rede kommen, wird durch die tapfere Kraft des Geistes die Pflicht der Gleichstellung sich allen Verhältnissen aufprägen. Das Gute fordern ist eine männliche, Befangenen und Schwachen dabei aber Geduld entgegensetzen, ist eine christliche Tugend, und männlich und christlich zugleich seyn, das führt im Frieden zum Bessern. Aber von solchen schweren Punkten, die der Lösung harren, waren Gottlieb R** und seine Familie nicht aus ihrer Heimath getrieben, etwas weniger Starrsinn, etwas mehr Nachgiebigkeit hätte ihnen viel Elend erspart, und jetzt, wo die sogenannten Alt=Lutheraner – dazu gehören diese Leute – wieder ganz ihren Ansichten dienen können, hätten sie auch in der Heimath ihren Willen gehabt. – Sie machten indeß ihre Habe zu Gelde, schifften sich ein und kamen nach einer kostspieligen und entbehrungsvollen Fahrt in Neu=York an. Dort fielen sie in die Hände eines Master John, der ihnen ein »wunderschönes und höchst wohlfeiles Grundstück in Buffelo« anpries; dabei legte er unserm Gottlieb R** so viele falsche Zeugnisse seiner Ehrlichkeit vor, daß dieser den Master einen Himmelsboten nannte, für tausend Dollars die Besitzung in Buffelo kaufte, die Hälfte der Summe sogleich als Angeld bezahlte und abreiste. Wie nun aber unser Gottlieb hinkam nach der Besitzung, lachte der Eigenthümer, Master Grant, ihn aus und erklärte: daß ihm ein Verkauf gar nicht eingefallen sey. So mußten die Betrogenen zurück nach Neu=York, hatten aber noch das Glück, daß sich ein Advokat ihrer annahm und vom Master John 450 Dollars wieder herauspreßte, 50 jedoch für sich behielt, so daß Gottlieb R** nur 400 empfing. Dafür kaufte er 50 Aecker Wald und nun sehen wir die Familie in der Wildniß angekommen, abgerissen an Kleidern, von der fürcheterlichen Hitze und Anstrengung ermattet und bei der spärlichsten Eintheilung des Mundvorraths doch schon fast ganz ohne Lebensmittel. Wo anfangen, um zu einem Dach und zu einem tragbaren Boden zu kommen? Nun, der Himmel hat sich ihrer erbarmt, denn gerade an dieser Stelle war es, wo sich plötzlich Fußtritte hören ließen; bald drang durch das Gebüsch ein stämmiger Mann und – o Freude! – auch ein Deutscher, der schon seit zwei Jahren Ansiedler in der Gegend war. Nachdem er die Unglücklichen ermuthigt und ihnen gesagt hatte, daß er sich unaussprechlich wohl fühle in dem Gedanken, deutsche Nachbarn zu erhalten, führte er sie in seine, freilich auch nur ärmliche Wohnung. Aber er richtete sich ein und gab Allen Obdach für eine sehr geringe Entschädigung, ging ihnen mit Rath und That zur Hand, half durch rasches Ausroden eines Waldtheiles noch in demselben Jahre zu einer kleinen Erndte und vor dem Winter stand auch das Häuschen fertig für die Angekommenen. Wir haben ein Paar Briefe von Gottlieb R** vor uns, die er an Verwandte schrieb; sie sind voll des tiefsten Heimwehs und er gesteht, daß sie Alle oft laut schluchzen, wenn nur der Name ihres Dörfchens genannt wird, wo sie – ja sie sagen es jetzt selbst – doch einst so sehr glücklich waren. Sein letzter Brief schließt mit den Worten: »Gedenk' ich der Wohlthaten, die ich in meinem Vaterlande gewiß war, muß ich wohl weinen, aber der Schritt ist geschehen! Gebt den Brief Jedem zu lesen, der ihn lesen mag, daß mein Schicksal zur Lehre diene. Lebt Alle wohl! Lebe wohl, mein liebes, deutsches Vaterland! Gott segne dich und die es regieren, Gott segne euch Alle! Mir aber gebe er Kraft und Frieden! – und halte mich aufrecht mit der Hoffnung einer dereinstigen Rückkehr zu euch! Amen!«

Das ist genug für den, der darüber nachdenkt, und wir setzen nur noch hinzu: Ihr Leute, die ihr nun einmal weichen wollt von dem Spruche – Bleibet im Lande und nähret euch redlich! – sorgt doch wenigstens sicherer für euch, spielt nicht so verwegen mit dem eigenen Loose und dem der

euern! Denn Gottfried R** hat wahrhaftig noch von Glück zu sagen, da so gute Nachbarn, wie er einen fand, überall, besonders aber in der Fremde, ein sehr seltenes Gewächs sind! – vor Allem jedoch setzt euch nicht Uebel in den Kopf, die nur der Wahn und die Unzufriedenheit euch als Gespenster hervorrufen, die in der Wirklichkeit bei freiem Muth und heiterm Sinn verschwinden; – laßt die bösen Einbildungen, die falschen Ansprüche auswandern, dann wird euch daheim wohl seyn!

Gtz.

7. Der Ruf nach dem Staat

Als die Auswanderungsbewegung schon in den 1840er Jahren die billigen Arbeitskräfte in der Landwirtschaft knapp werden ließ, erschien in der »Zeitschrift für die landwirthschaftlichen Vereine des Großherzogthums Hessen« (Nr. 31 vom August 1844, S. 339-342) der nachfolgende Artikel, der verlangte, die Reisewilligen »durch geeigente Vorstellungen der vorgesetzten Behörden und einflußreicher Vaterlandsfreunde« von ihrem Vorhaben abzubringen und »arbeitsscheue« Arme direkt bestimmten Arbeitgebern zuzuweisen.

Ueber den Einfluss der Auswanderungen auf die Landwirthschaft.

(Aus Rheinhessen.)

Zunehmend wird in manchen Gegenden der Mangel an männlichen Arbeitern und Dienstboten durch Auswanderungen fühlbar. Dieser Mangel ergiebt sich weniger durch die Zahl, im Verhältniß zu der Gesammtbevölkerung, als durch die Persönlichkeit der Auswanderer. Am meisten wandern unverheirathete junge Männer aus, welche in voller Kraft, Sinn und guten Willen zur Arbeit haben, und darum von solchen Familien abstammen, die durch angestrengten Fleiß etwas zu erwerben suchten, wodurch die Auswanderungskosten bestritten werden können. Alle arme und arbeitsscheue Individuen bleiben und geben selten Neigung zur Auswanderung kund; vielleicht darum, weil von Amerika oder von anderwärts, wohin gerade der Zug führt, noch keine günstige Nachrichten über Unterstützung arbeitsscheuer Leute, die sich zu den hülflosen Armen und Nothleidenden rechnen, eingegangen sind. Unter diesem Vorwande nehmen solche Leute überall Unterstützung in Anspruch oder zum Betteln ihre Zuflucht; will ihnen aber Arbeit gegeben werden, dann können sie unter allerlei Ausflüchten nicht arbeiten. Gelingt es aber je und zuweilen, diese arbeitsscheuen Leute zur Arbeit zu bringen, so geht in der Regel, neben Raffinirung auf Untreue, ihr Hauptbestreben dahin, für guten Lohn wenig und schlecht zu arbeiten. Die dermalige Unterstützung dieser Klasse von Armen, durch wöchentliche fixe Gaben, befördert mitunter ihre Arbeitsscheue noch, weil sie bestimmt darauf rechnen können und noch der Mühe überhoben werden, dem Betteln nachzugehen.

Diese Leute und insbesondere die davon abstammenden Dienstboten werden durch den wahrgenommenen Mangel an Arbeitern nur noch trotziger und veranlassen ihren Dienstherrschaften Unannehmlichkeiten und Verlegenheiten aller Art. Hierher gehört wesentlich, daß dieselben, bei der Zunahme von offenen Dienststellen, ohne alle Veranlassung aus einem Dienst in den andern laufen,* wobei schmutzige Landwirthe, die im Winter keine Dienstboten nähren und lohnen wollen, auch ihr Unwesen dadurch treiben, daß sie das Gesinde Anderer, bei eintretender Heu- und Frucht-Ernte, durch erhöheten Lohn oder sonstige Versprechungen ungeahndet verführen.
Gegen ausländische Dienstboten erwähnter Art giebt die Gesindeordnung einige Bestrafungsmittel, gegen inländische können aber nur erfolglose Entschädigungsklagen angestellt werden. Im Allgemeinen wären sonach Bestrafungsmittel für alle Dienstboten, welche böswillig und ohne Ursache ihren Dienst verlassen, und jene Landwirthe aus derselben Gemeinde, welche dieselben verführen und rücksichtslos aufnehmen, sowohl zur Beförderung der Moralität dieser Leute, als zum Nutzen und Gedeihen der Landwirthschaft sehr heilsam.
Die Landwirthschaft mancher Gegend leidet also dermalen an zwei bedenklichen Uebeln: Mangel an hinlänglichen und tauglichen Arbeitern und zunehmender Anzahl arbeitsscheuer Leute und deren Angehörigen, die ihr zur Last fallen. – Ersterem Uebel ist ohne Beschränkung der persönlichen Freiheit nicht leicht abzuhelfen, obgleich diese nützliche Klasse von Auswanderern meist von Allem entblößt und hülflos in fremden Ländern und Welttheilen ankommt und so eine sichere Subsistenz gegen eine zufällige und unsichere, verbunden mit Gesundheitsstörungen und Kämpfen aller Art, vertauscht. Nur geeignete Vorstellungen der vorgesetzten Behörden und einflußreicher Vaterlandsfreunde können hier wesentlich wirksam seyn.
Noch schwerer wird dem zweiten Uebel, durch arbeitsscheue Arme veranlaßt, abzuhelfen seyn. Wie schon erwähnt, wird durch die Verabreichung wöchentlicher fixer Gaben, ohne ein noch erfundenes Mittel, dieselben zur Arbeit zu bringen, deren Trägheit und Arbeitsscheue noch eher vermehrt als vermindert, wobei sie solche Gaben bald als ein erworbenes Recht ansprechen. Vielleicht könnte diesem Uebel wesentlich dadurch abgeholfen werden, daß die noch arbeitsfähigen Armen von den nicht arbeitsfähigen durch die Armencommission genau gesondert

* Ueber die gegen solche Subjecte bestehenden Strafbestimmungen vergleiche man die landw. Zeitschrift von 1842 S. 368 u. 369.

würden und den begütertsten oder andern Migliedern der Armenvereine, welche Arbeit geben können und Naturalien oder einen entsprechenden Werth an Geld subscribiren, nach Familien oder einzelnen Gliedern derselben, mit Ausnahme der Schulkinder beiderlei Geschlechts, in der Art überwiesen würden, daß die Zugetheilten, gegen einen von der Armencommission zu bestimmenden Tagelohn für die individuellen Arbeitskräfte, den Beitrag des Gebers nicht nur abverdienen, sondern der Geber auch noch gehalten sey, den Zugetheilten zu vollständiger Arbeit, mit Uebersteigung seiner Gabe um die Hälfte oder das Doppelte, Arbeit zu geben. Auf diese Weise würde der Geber nichts verlieren, wenn auch die geleistete Arbeit nur halb so viel werth wäre, als er dafür gegeben hat, und im günstigen Falle noch gewinnen. Nicht minder würde der große und heilsame Zweck erreicht, die arbeitsscheuen Armen, verbunden mit strengem Verbot des Bettelns und Abschneidung jeder fingirten Ausflucht wegen vorgeblichen Arbeitsmangels, indirect zur Arbeit und Moralität zu nöthigen.
Verfasser dieses hält seine Andeutungen reifer Erwägung der Regierungen und jedes Vaterlandsfreundes werth, wobei es ihn sehr freuen würde, wenn eine noch vollständigere und zweckmäßigere Ausführung erfolgte.

Im Juli 1844.

3. Amtlicher Rat

Für einen geregelten Abzug der Auswanderer hatten die Behörden zu sorgen, wobei den staatlichen Stellen daran gelegen war, daß sich die soziale Lage nicht noch dadurch verschärfte, daß Auswanderer – von Werbern, Transportunternehmern, Landverkäufern usw. betrogen – wieder zurückkehrten oder als krasse Sozialfälle in den USA auffielen und mit Schlagzeilen in der internationalen Presse bedacht wurden. Echte humanitäre Anteilnahme am Schicksal der Auswandernden war dabei auf den verschiedenen Ebenen der staatlichen Hierarchie nicht ausgeschlossen. Sie bewirkte mit, daß sich staatliche Stellen aktiv in den Auswanderungsprozeß einschalteten, Hilfestellung gaben und einen Informationsfluß einleiteten, der Amtmänner und Ortsvorstände erreichte und sich in Ratschläge an die Fortzugswilligen wie auch in Grundsätze zur Behandlung ihrer Reiseanträge umsetzte.

Dabei wurde auch mit amerikanischen Stellen kooperiert bzw. mit Hilfe von Landesvertretungen in Amerika ein Informations- und Hilfsnetz aufgezogen. Seit 1829 gab es ein amerikanisches Konsulat in Frankfurt, und seit 1833 residierte ebenda ein amerikanischer Konsul für Hessen-Kassel, der ab 1844 als Generalkonsul auch für Hessen-Darmstadt die Zuständigkeit hatte. Umgekehrt besaß Kurhessen seit 1833 einen Konsul in New York.[1] Hessen-Darmstadt hatte zunächst mit der Einrichtung eines Konsulates in den USA gezögert, sich aber dann doch den Argumenten des seit 1827 in New York lebenden Kaufmannes aus Mainz Anton Bollermann gebeugt und dessen Antrag auf Ernennung zum Konsul 1837 bewilligt, weil »bei den mehr und mehr mit Nordamerika sich unmittelbar anknüpfenden Handelsbeziehungen sowie auch wegen der noch fortdauernden Auswanderung hessischer Untertanen in jenen Weltteil« eine offizielle Vertretung in New York für nützlich erachtet wurde.[2] 1840 folgte Nassau mit einem New Yorker Konsulat.

Vor Ort regelten diese Konsulate Rechtsangelegenheiten der Auswanderer, und sie empfahlen sich auch als Anlaufstellen zur

Beratung und zur Hilfe in Notfällen. Aus der Westwanderung der Deutschen in den USA wurde entsprechend die Notwendigkeit abgeleitet, weitere Konsulate im Landesinnern zu eröffnen. Zwischen 1847 und 1863 folgten daher nassauische Konsulate in Galveston, San Franzisco, New Orleans, St. Louis, Cincinnati, Milwaukee, New Braunfels und Boston,[3] die einem New Yorker Generalkonsulat unterstellt waren. Hessen-Darmstadt berief in St. Louis und Philadelphia weitere Konsuln und vermehrte seine Konsulate noch einmal 1855 mit Vertretungen in Baltimore, New Orleans, Galveston und San Franzisco, ohne daß dabei Bollermann in New York zum Generalkonsul befördert worden wäre. Dieser hatte sich zwar – so mit einem Bericht von 1842 und verschiedenen Briefen – Mühe gegeben, beratend auf die Auswanderungsbewegung einzuwirken. Ansonsten aber hatte er sich wenig pflichtbewußt gezeigt und sich außerdem dadurch unliebsam gemacht, daß er sich auf Streiterein mit deutschen Emigranten eingelassen hatte, über die er 1854 nach Darmstadt schrieb: »Es kann einem Hohen Ministerium nicht unbekannt sein, daß die Unruhen der Jahre 1848 und 1849 eine Menge von Leuten hierher brachte von den wildesten und destruktivsten communistischen und socialistischen Grundsätzen, die aller Ordnung und allen Gesetzen feind und mit glühendem Hasse gegen die deutschen Regierungen erfüllt sind. Diesen Haß nun gegen die Consuln solcher Regierungen hier ausüben zu können, scheint ihnen ein besonderes Vergnügen zu machen . . .«.[4] Richtig daran war, daß Auswanderer in den Konsulaten nicht mehr die gleiche Botmäßigkeit, die ihnen zuhause abverlangt worden war, schuldig zu sein glaubten und nicht nachvollziehen konnten, was Bollermann einem jungen Auswanderer in seinem Büro entgegenschrie: »Sie stehen hier auf Großherzoglich Hessischem Boden!« An Konfliktfällen solcher Art war man jedoch in Darmstadt nicht interessiert, da sie diskreditierten, was mit den Konsulaten beabsichtigt worden war. Anstelle Bollermanns wurden die tüchtigen Konsuln in St. Louis und Philadelphia zu Generalkonsuln ernannt, und Bollermann demissionierte 1856. Gleichwohl dürfte Bollermanns Auftreten in Erinnerung geblieben sein und einen gewissen Argwohn gegenüber den Konsulaten und ihrer Zwitterstellung zwischen der Wahrnehmung von Landes- und zugleich Auswanderer-

interessen bestärkt haben: zu Lasten auch der Glaubwürdigkeit von Nachrichten, die von dort ausgingen. Wurde vom Auswandern abgeraten, so bestand wohl ohnehin oft der Verdacht, der Staat gönne den Auswanderern ihr besseres Fortkommen nicht und verbreite gezielte Desinformationen.
Dabei verließen sich die Regierungen und Konsulate oft ihrerseits auf Befunde, die eine einflußreiche Organisation weitergab: die Deutsche Gesellschaft der Stadt New York.[5] 1784 von ehemaligen Offizieren des Unabhängigkeitskrieges nach dem Vorbild der Deutschen Gesellschaft von Philadelphia (gegr. 1764) ins Leben gerufen, widmete sich diese Vereinigung zunächst der Bekämpfung des Redemptioner-Wesens und der »Hülfleistung nothleidender Emigranten«. Die Mitgliedschaft wohlhabender Kaufleute und mehrere Stiftungen des reichsten Mannes von New York, des Deutschen Johann Jacob Astor, boten dazu die finanzielle Grundlage, doch sah sich die Gesellschaft erst richtig gefordert, als die Auswanderungswelle der 1830er Jahre New York erreichte. 1833 gab sie erstmals einen gedruckten »Wohlgemeinten Rath« für Auswanderer heraus, mit dem die Verhältnisse in New York beschrieben und den Reisewilligen nützliche Hinweise zur Planung ihrer Auswanderung gegeben wurden. Sie sollten nicht ohne Geld erscheinen und bei Schwierigkeiten, in New York Arbeit zu finden, sofort ins Landesinnere weiterreisen. Günstige Reisemöglichkeiten wies dazu ein Beratungsbüro nach, das die Deutsche Gesellschaft 1839 im New Yorker Hafen eröffnete und mit einem Agenten besetzte, der persönlich die ankommenden Auswandererschiffe aufsuchte und sich kostenlos auch für Ratschläge sonstiger Art sowie zur Entgegennahme von Beschwerden bereit hielt. Ein Wohltätigkeitsausschuß kümmerte sich zusätzlich um arme Deutsche, die in New York City lebten. Doch trotz dieser weitreichenden Hilfsmaßnahmen bestand auch gegenüber der Deutschen Gesellschaft eine gewisse Reserve. Sie wurde verdächtigt, nicht immer uneigennützig zu handeln, sondern zugunsten von Landagenten, die Mitglied waren, Empfehlungen zum Landkauf in bestimmten Gebieten abzugeben. Außerdem wurde ihr elitärer Charakter kritisiert, und nachdem auch die Konsuln beigetreten waren – C. W. Faber als kurhessischer Konsul wirkte sogar als Schatzmeister und später Vizepräsi-

dent – und nur hochstehende Persönlichkeiten den Verwaltungsrat bildeten, glaubte man, ihr einen aristokratisch-antidemokratischen Charakter zusprechen zu müssen.[6] Doch wurde 1845 immerhin registriert, daß sich rund die Hälfte aller deutschen Ankömmlinge in New York im Büro der Gesellschaft in irgendeiner Form Rat holte.[7]

Und große Publizität erreichten auch die Veröffentlichungen der Deutschen Gesellschaft. Neben jährlichen Rechenschaftsberichten erschienen in Abständen gesonderte »Belehrungen«, in denen die Erfahrungen aus der Beratungspraxis des Vereins zusammengestellt waren. Beide Veröffentlichungsreihen enthoben die Konsuln weitgehend einer eigenen Berichterstattung. Die »Belehrungen« wurden jeweils direkt an die deutschen Regierungen gesandt und auch sonst verbreitet: nachgedruckt in Handbüchern für Auswanderer[8] und in Instruktionen, die durch Transportunternehmer verteilt wurden. Und die Jahresberichte wurden von den Konsuln ihren Regierungen geschickt und regelmäßig in der deutschsprachigen Presse veröffentlicht.[9] Warnungen vor den »Runnern« oder »Loofern« in New York – den Schleppern betrügerischer Wirte und Transporteure – kehrten in diesen Schriften regelmäßig wieder, dazu der Rat, Fahrkarten ins Inland sowie Ländereien nicht schon in Europa zu kaufen und auch nicht über englische Seehäfen auszureisen und im Spätherbst oder gar Winter in New York anzukommen.

Aus Hessen ist die Verbreitung der Ratschläge der Gesellschaft u. a. durch den Nachdruck des »Wohlgemeinten Rathes« von 1833 zu belegen, der auf Anordnung der kurhessischen Regierung zu Marburg in Form einer Extra-Beilage zum »Oberhessischen Provinzial-Wochenblatt« Nr. 13 von 1833 erschien, sowie durch die Extra-Auflage der »Belehrung« von 1841, die Schiffahrtsagent Dr. G. Strecker von Mainz aus in Umlauf setzte. Leser waren vor allem die Bürgermeister, von denen erwartet wurde, daß sie die mitgeteilten Inhalte mündlich weiter bekannt machen würden.

Anmerkungen

1 Wolf-Heino Struck, Zur dreihundertjährigen Geschichte der hessischen Auswanderung in die Vereinigten Staaten von Nordamerika, in: Hans Herder (Hg.), Hessisches Auswandererbuch, Frankfurt a. M. 1983, S. 32.

2 Brigitte Köhler, Der hessen-darmstädtische Konsul Anton Bollermann und radikale Deutsche. Ein Vorfall in New York 1854, in: Hessische Blätter für Volks- und Kulturforschung NF 17 (1985), S. 151-159, hier S. 156.

3 Struck (wie Anm. 1), S. 32f.

4 Köhler (wie Anm. 2), S. 154.

5 Siehe zu deren Geschichte und Tätigkeit Agnes Bretting, Soziale Probleme deutscher Einwanderer in New York City 1800-1860, Wiesbaden 1981 (= Von Deutschland nach Amerika, 2), S. 55-68.

6 Ebenda, S. 61.

7 Ebenda, S. 63.

8 So findet sich die 1841 herausgegebene Belehrung auch in vollem Wortlaut bei Georg Treu, Das Buch der Auswanderung, Bamberg 1848, S. 83ff.

9 Vgl. Bretting (wie Anm. 5), S. 64 (mit Beispielen).

1. Gegen planlose Auswanderung 1817

Als das schwere Hungerjahr 1816/17 Tausende von Ausreisewilligen – vor allem aus Südwestdeutschland und der Schweiz – den holländischen Seehäfen zustreben ließ, ohne daß sie über die Reisemittel für Amerika verfügten, sah sich die nassauische Regierung veranlaßt, diesen Menschenstrom zu unterbinden. Denn er regte auch in Nassau zum Auswandern an und machte andererseits das Herzogtum zum Sammelplatz von Elenden, die nicht weiterkamen oder in Holland abgewiesen worden waren. Eine gedruckte Anweisung aus Wiesbaden (Landeshauptarchiv Koblenz, Best. 441, Nr. 5106) versorgte die nassauischen Ämter mit entsprechenden Informationen und wies sie an, nur Auswanderer mit dem nötigen Reisegeld durchreisen zu lassen.

Die Herzoglich=Nassauische Landes=Regierung
an den Herzoglichen Amtmann, Herrn [. . .]

Ad Num. Reg. 14,275.

Ad Resol. celsi Minister. vom 18ten v. M. die zu ergreifende polizeiliche Maasregeln gegen die aus andern Staaten nach Amerika und Pohlen durch das Herzogthum ziehende Emigranten betr.

Seit einigen Monaten werden die hiesigen Lande, besonders die Rheingegenden, mit einer Menge unglücklicher Menschen aus fremden Staaten, namentlich aus dem Königreich Würtemberg, dem Großherzogthum Baden und der Schweiz überschwemmt, welche in der Hoffnung, einem bessern Loose entgegen zu gehen, ihr Vaterland verlassen, um nach Amerika auszuwandern.

Die meisten von ihnen sind entweder schon beim Antritte dieser so weiten Reise von allem Vermögen entblößt, und suchen sich daher durch Betteln bis zu den holländischen Häfen fortzubringen, wodurch die Unterthanen jener Gegenden, welche sie durchziehen, sehr belästigt werden, oder besitzen doch nicht die erforderlichen Summen, um die Kosten der Ueberfahrt zu bezahlen. Nach eingegangener zuverläßiger Erkundigung muß nämlich eine Person, welche von Holland nach Amerika überfahren will, wenn sie sich in einem Alter von 4-14 Jahren befindet, 85 fl. holländisch, und wenn sie älter ist, 170 fl. für Fracht und

Kostgeld entrichten. Gewöhnlich wird niemand angenommen, der solches nicht auf der Stelle erlegen kann. – Nur bei jungen, gesunden, zum Matrosendienste tüchtigen Personen traten Ausnahmen ein; man gestattet ihnen, ihre Fracht in Amerika zu zahlen, sie sind aber gehalten, sich zu einer höhern Summe zu verpflichten, und dürfen das Schiff ohne Vorwissen des Capitäns nicht eher, als bis zur erfolgten Zahlung verlassen; sie sind überdies noch verbunden, den zehnten Tag nach ihrer Ankunft in Amerika, für jeden Tag ihres längern Aufenthalts im Schiffe 12 ½ Stüber holländisch zu zahlen, und müssen sich am Ende noch glücklich schätzen, wenn der Capitän ihnen gestattet, diese Schuld als Matrosen abzuverdienen.

Nur sehr wenigen Personen ist es gelungen, sich mit den Capitäns der verschiedenen, in den holländischen Häfen liegenden – nach Amerika bestimmten Schiffe zu vereinigen, der größte Theil fiel den Einwohnern von Holland zur Last, welches Seine Majestät, den König der Niederlande veranlaßt hat, zu verordnen, daß von dem 15ten dieses Monats an allen denjenigen Personen, welche nach Amerika auswandern wollen, den Eintritt in die Königlich Niederländische Staaten nur in dem einzigen Falle gestattet seyn solle, wenn sie vorher hinlänglich angesessene Bürgen für die Zahlung jener Kosten stellen, die durch ihren Aufenthalt in den genannten Staaten verursacht werden.

Die Königlich Preussische Regierung zu Coblenz, hiedurch aufmerksam gemacht, hat ebenfalls die Verfügung erlassen, vom 3ten dieses Monats an, allen aus dem Auslande kommenden Personen, welche nach Amerika auszuwandern beabsichtigen, den Eintritt und die Durchreise durch ihren Regierungsbezirk zu verweigern, wenn sie sich nicht auf das vollkommenste ausweisen, daß sie das zur Bestreitung ihrer Reisekosten nöthige Vermögen wirklich besitzen, und die von Sr. Majestät dem Könige der Niederlande verlangte Bürgschaft stellen können. Damit nun die Herzoglichen Lande nicht ein Sammelplatz dieser Unglücklichen werden; so beauftragen Wir Sie gleichmäßig, nur denjenigen, welche sich über die eben bemerkte Erfordernisse bei Ihnen genau zu legitimiren vermögen, die Durchreise durch Ihren Amtsbezirk zu gestatten, die übrigen aber, so wie alle diejenigen, welche aus den Niederlanden wieder zurückkehren, auf der Stelle auf dem kürzesten Wege, ohne Gestattung eines weitern Aufenthalts, nach ihrer Heimath über die Grenze führen zu lassen.

Gleiche Maasregeln sind auch gegen alle nach Polen wandernde, oder von dort wieder zurückkehrende Individuen zu ergreifen, und nur dieje-

nige passiren zu lassen, welche sich durch glaubhafte Attestate auszuweisen vermögen, daß ihnen bei ihrer Ankunft daselbst eine gewisse Unterkunft zugesichert ist.
Wir beauftragen Sie schlieslich, den Hrn. Reserve=Compagnie=Chef Ihres Amtsbezirks durch Mittheilung mehrerer Exemplarien dieses Generalrescripts von den getroffenen Verfügungen in Kenntniß zu setzen, und denselben um die Mitwirkung der Reserve-Mannschaft zu ersuchen.

Wiesbaden, am 10ten Juni 1817.

2. Für eine planvolle Auswanderung 1833

Die in New York tätige »Deutsche Gesellschaft« ließ 1833 erstmals einen »Ratgeber für Auswanderer« drucken und schickte ihn in 2000 Exemplaren nach Deutschland, um aufgrund der in Amerika gesammelten Erfahrungen auf eine bessere Planung der Auswanderungsvorhaben hinzuwirken. Die deutschen Regierungen sorgten für weitere Verbreitung der Ratschläge, so auch die kurfürstliche Regierung der Provinz Oberhessen zu Marburg, die den New Yorker Text als Extra-Beilage zum »Oberhessischen Provinzial-Wochenblatt« Nr. 13/1833 (Staatsarchiv Marburg, Karton VIII B 197) herausbrachte. Eine Vorbemerkung wies die Ortsvorstände an, den Inhalt allen Reisewilligen bekannt zu machen.

BEKANNTMACHUNG
der kurfürstlichen Regierung der
Provinz Oberhessen.

Znr Ziffer 430. H. P.

Die hohe Staatsregierung, bemüht, die Zwecke der Auswanderer nach den vereinigten Staaten von Nordamerika dergestalt zu berücksichtigen, daß sie bei ihrer Ankunft in Nordamerika alsbald Rath und Unterweisung für die Wahl des Orts, sowie der dienlichen Mittel zu ihrer Niederlassung erhalten möchten, hat zu solchem Zwecke die Mitwirkung des kurhessischen Konsuls C. W. Faber in New-York in Anspruch genommen.
Von diesem ist berichtet worden, daß sich zu Unterstützung armer oder veramter deutscher Auswanderer zwar eine Gesellschaft zu New-York gebildet, von der auch er Mitglied sey, daß sich aber deren Mittel, bei der sich täglich mehrenden Zahl von Unterstützung Suchenden bald als unzureichend erwiesen und die Gesellschaft daher um leichtsinnigen Auswanderungen entgegen zu wirken, den Entschluß gefaßt habe, eine Belehrung für die Auswanderungslustigen bekannt zu machen und derselben Verbreitung in Deutschland zu verschaffen.
Nachdem nun diese Belehrung unter dem Titel: »Wohlgemeinter Rath der Vorsteher der deutschen Gesellschaft in Newyork an Deutsche, die nach den vereinigten Staaten von Nordamerika auszuwandern beabsichtigen« eingegangen ist, so wird solche in Folge eines Beschlusses des

kurfürstlichen Ministeriums des Innern vom 13ten d. M. in Nachstehendem zur allgemeinen Kenntniß gebracht und den Ortsvorständen aufgegeben, den Inhalt allen Einwohnern, besonders aber denjenigen, die nach Nordamerika auszuwandern bereits beschlossen haben oder dazu Lust tragen, bekannt zu machen.

Marburg am 25. März 1833.

Kurfürstliche
Regierung der Provinz Oberhessen.
Schönhals
vt. Bezzenberger

Wohlgemeinter Rath
der Vorsteher der Deutschen Gesellschaft in New-York
an Deutsche, die nach den vereinigten Staaten von Nord-Amerika
auszuwandern beabsichtigen.

Die unterzeichneten Vorsteher der Deutschen Gesellschaft in New-York haben die Ueberzeugung erlangt, daß dem größern Theile der zahlreichen Einwanderer von Deutschland in die vereinigten Staaten eine richtige Ansicht dessen fehlt, was sie hier zu erwarten haben, und daß die Täuschung, in welcher sich die meisten hierüber befinden, nicht nur den Nachtheil hat, daß sie so manche verleitet, vielleicht in ihren alten Tagen noch, ein ruhiges, wenn gleich ärmliches, Leben in der Heimath aufzugeben, um auf gut Glück in die Fremde zu ziehen, sondern auch sie verhindert, wenn hier angekommen, zweckmäßige Mittel zum fernern Fortkommen zu ergreifen. Der Wunsch der Gesellschaft, dem Uebel abgeholfen zu sehen, veranlaßt ihre Vorsteher, hier eine der Wahrheit gemäße Schilderung von der Lage der deutschen Emigranten in diesem Lande zu geben, und dieselben mit einigen Rathschlägen für letztere zu begleiten.

Diejenigen Einwanderer, von denen hier zu reden der Zweck ist, theilen sich in zwei Haupt- und drei Unterabtheilungen: nämlich in Begüterte und Arme, in Handwerker, Arbeitsleute und Landleute. Wir wollen uns zuerst mit der begüterten Klasse beschäftigen, worunter wir solche Leute verstehen, welche zu Hause ein kleines Grundstück besitzen, und entweder von einem Handwerk oder vom Landbau leben. Wenn nun diese, irre geleitet durch die viel versprechenden Schriften, welche ihnen der Eigennutz nicht selten in die Hände spielt, sich entschließen, mit ihren Fami-

lien die Heimath zu verlassen, so ist die erste Folge, daß sie das bis dahin betriebene Geschäft vernachlässigen müssen, um Einrichtungen zur bevorstehenden Reise zu treffen. Die Ausgaben der Familie gehen aber fort, und werden natürlich durch die nöthigen Reiseanstalten noch vermehrt. Das Grundstück und die nicht transportabeln Acker- und Handwerksgeräthschaften werden verkauft und gehen gewöhnlich unter ihrem wirklichen Werthe weg, weil sie verkauft werden müssen, und weil meistens mehrere Familien aus einer Gegend zusammen aufbrechen, wodurch die Anzahl der Verkäufer sich vermehrt, während der Käufer weniger werden. Nun wird die Reise angetreten, die in der Regel mehr kostet als man erwartet hatte, da die Reise einer Familie oft nicht berechneten Aufenthalt erleidet; auch muß das mitgenommene Geld, je nachdem man verschiedene Länder und Landschaften durchreist, oft mehrere Male umgetauscht werden, und immer ziehen die Verwechsler Vortheil von der Unkenntniß der Wechselnden. Am Orte der Einschiffung suchen die Agenten der Schiffe die höchstmögliche Passage von den Reisenden zu erlangen. In der Absicht zu sparen, bedingen sie diese ohne Beköstigung, und legen, auf eine gute Ueberfahrt von etwa 30 Tagen zählend, einen auf diese Zeit berechneten mäßigen Proviant ein. Bei einer günstigen Reise geht dies gut, dauert aber diese Ueberfahrt, wie es oft der Fall ist, 60 Tage, und noch länger, dann sind die Passagiere gezwungen, den Proviant an Bord zu kaufen, und müssen ihn oft sehr theuer bezahlen. Mit einem auf jeden Fall sehr verringerten Kapital langen sie endlich in dem Lande an, wo sie die Früchte der gemachten Aufopferungen und der erduldeten Beschwerden zu erndten hoffen.
Wir nehmen an, daß New-York der Ort sey, wo der Ankömmling landet, und wollen uns ihn selbst als einen Handwerker denken, da wir die Lage der Landleute und Tagelöhner hiernächst untersuchen werden. Unbekannt mit der Sprache und den Sitten des Landes, fühlt er sich wie verloren in dieser großen und ausgedehnten Stadt; denn New-York hat eine Einwohnerzahl von mehr als 200,000, größtentheils Kaufleute, mit dem gewöhnlichen Verhältniß von Seeleuten, Künstlern, Handwerkern, Arbeitsleuten usw., die im Allgemeinen nur Englisch sprechen. Der Fremde kann sich Niemand verständlich machen; endlich aber kommen ein Paar Deutsche an Bord, und er freuet sich, sich in der vertrauten Muttersprache angeredet zu hören. Leider aber giebt es unter den Leuten, die auf diese Weise als Dollmetscher und Vermittler auftreten, Menschen, die auf den Unkundigen warten, um unerlaubte Vortheile von ihm zu ziehen, und vor denen daher der Fremde Ursache hat, auf

seiner Hut zu seyn. Es sind zuweilen Wirthe, die die Ankommenden in ihre Häuser locken, wo sie sie durch allerlei falsche Vorspielungen so lange zu halten suchen, bis der letzte Heller aufgezehrt ist; dann bringen sie sie zur Deutschen Gesellschaft, oder stoßen sie auch ohne Weiteres auf die Straße. Wird den Leuten, so lange sie noch Geld haben, vielleicht Arbeit angeboten, so überreden solche Wirthe sie, der Lohn sey zu gering. Zuweilen verdingen sie sie wohl auch gegen einen elenden Lohn bei Handwerkern und lassen sich selbst von diesen eine tüchtige Vergütung zahlen. In beiden Fällen müssen die Ankömmlinge ihre kleine Habe zusetzen, und wenn sie dann zu spät ausfinden, daß sie hintergangen worden sind, so werden sie oft muthlos, und Gram und der Einfluß des veränderten Klimas werfen sie aufs Krankenlager und machen sie auf diese Weise der fremden Hülfe bedürftig, die sie nicht in Anspruch zu nehmen gebraucht hätten, wenn sie gleich im Anfange zweckmäßig zu Werke gegangen wären. Trifft dieses Schicksal den Vater einer zahlreichen Familie, so ist seine Lage wirklich bejammernswürdig. Nicht selten indessen fängt auch gerade dann eine Verbesserung derselben an, weil der Einwanderer, zu einer richtigen Beurtheilung seiner Stellung gekommen, dann auch zweckmäßig handeln kann. Er geht entweder nach dem Innern des Landes, nach einer Gegend, wo schon viele Deutsche sich niedergelassen haben, oder er nimmt auch eine mäßig bezahlte Arbeit an, und sucht sich durch Fleiß und Sparsamkeit so viel zu erwerben, daß er sich in der Folge entweder hier oder an irgend einem andern Orte selbst etabliren kann.

Es gehört hierher, den deutschen Handwerker damit bekannt zu machen, daß es in diesem Lande kein Zunft-Privilegium giebt. Es kann mithin ein jeder arbeiten, wie und in welchem Fache er will. Die Folge davon ist eine außerordentlich starke Konkurrenz der Arbeiter gewesen, wodurch es dahin gekommen ist, daß manche Sachen hier entweder besser oder doch auch auf eine einfachere und weniger Zeit kostende Weise gemacht werden als in Deutschland. Der von dort kommende Handwerksmann steht daher im Anfange nicht blos wegen Unkunde der Landessprache, sondern auch durch die von der seinigen abweichende Arbeitsart, im Nachtheil. Beide Schwierigkeiten sind indessen nicht unüberwindlich, und hat ein tüchtiger und fleißiger Handwerksmann sie einmal überstiegen, so kann er hier im Lande ein gutes Aus- und Fortkommen finden. Wenn nun ein solcher Handwerker nach reiflicher Erwägung aller der Schwierigkeiten, die er zu bekämpfen haben wird, dennoch den Entschluß faßt, sich mit seiner Familie in dieses Land zu

versetzen, das ihm bei seiner verhältnißmäßig noch geringen Bevölkerung auf der andern Seite auch Vortheile darbietet, so ist Folgendes der wohlgemeinte Rath, dessen Befolgung ihm die Unterschriebenen zur bessern Erreichung seines Zweckes empfehlen.
Er muß nicht nur sein baares Geld zu Rathe halten, sondern auch bei der Versilberung seines Grundstücks und anderer Habe mit der größten Umsicht zu Werke gehen, und lieber, als diese zu einer ungelegenen Zeit schlecht verkaufen, einen günstigern Augenblick abwarten, unterdessen sich aber seinem Berufe mit verdoppeltem Eifer widmen und dabei ein sparsames Leben führen; einmal, damit er wo möglich seine Mittel vermehre, und dann auch, um seine Familie an die Entbehrungen zu gewöhnen, denen sie sich späterhin vielleicht auf eine Zeit lang unterwerfen muß. Hat er sein Eigenthum ins Geld gesetzt, so muß er nach angestellter genauer Erkundigung eine Berechnung seiner Reisekosten machen, wobei ihm die dieser kleinen Schrift angehängten Anschläge einigermaßen zur Richtschnur dienen können. Der nothwendig erforderlichen Summe sollte er für außerordentliche Fälle noch ¼ des Betrages hinzulegen, damit er nicht unterwegs in Verlegenheit gerathe, und hiernächst vor der Abreise sich wo möglich bei einem, ihm als rechtlich bekannten Manne die verschiedenen Münzsorten einwechseln, deren er auf der Reise bedürfen wird. Um sich nicht durch das Mitschleppen von entbehrlichen, nur geringen Werth besitzenden, Sachen die Reise zu erschweren und zu vertheuern, sollte er nur die am Fuße genannten Gegenstände mitnehmen. Den eben daselbst verzeichneten Proviant kauft er in dem Seehafen, wo er sich einschifft. Für den ihm alsdann noch bleibenden Theil seines Vermögens sollte er entweder Französische Gold- oder Silbermünze einwechseln, oder auch sich von einem rechtlichen und sichern Banquier, etwa von dem Agenten der Paketschiffe, einen Kreditbrief auf ein hiesiges Haus geben lassen, bei welchem er das Geld erheben kann, wenn er hier angekommen ist. Auf leztere Weise entgeht er der nicht geringen Gefahr, unterwegs oder gleich bei seiner Ankunft in Amerika, des Seinigen beraubt zu werden, wie es schon so manchem Einwanderer widerfahren ist. Hier angekommen, sollte er, ohne sich auf lange Zeit zu binden, sogleich Arbeit zu erhalten suchen, wenn auch zuerst für einen geringen Lohn. In den meisten Fällen wird er wenigstens sogleich seinen Unterhalt verdienen können, und hat er sich erst mit der Sprache und Arbeitsart bekannt gemacht, so kann er auf mehr Anspruch machen. Sollte sich aber, wie es häufig der Fall ist, da auch von England, Frankreich und andern Ländern eine Menge Ein-

wanderer hier zusammen treffen, nicht alsbald Arbeit für ihn finden, so muß er ungesäumt weiter gehen, entweder nach dem Innern von Pennsylvanien oder nach dem Staate Ohio, wo viele deutsche Niederlassungen sind, und also die Aussicht auf Arbeit für ihn um so größer ist.
Jedoch auch in andern Theilen dieses Landes sind viele deutsche Niederlassungen, welche der Einwanderer leicht erfragen kann. Die Reise nach einigen jener Gegenden ist zwar weit, allein sie ist bei der allgemeinen Kommunikation durch Dampfböte und Kanäle weder sehr mühsam noch kostspielig. Es werden ihm auf derselben häufig Leute aufstoßen, die, entweder selbst träge und unthätig, nirgends fortkommen können, oder auch von Andern muthlos gemacht, auf halbem Wege umgekehrt sind, und nun auch ihn zur Rückkehr zu bereden suchen. Wir rathen ihm sich dadurch nicht irre machen zu lassen, da wir die Ueberzeugung hegen, daß der fleißige und geschickte Handwerker im Innern des Landes immer einen Platz finden wird, wo seine Arbeit ihm und seiner Familie ein gutes Auskommen sichert. Andere Sitten und Gebräuche muß er dort freilich annehmen, vielleicht auch manchen Genüssen entsagen, die ihm im Vaterlande zur Gewohnheit geworden waren; allein er kann sorgenlos leben, wenn er fleißig und sparsam ist. Je größer die Geldmittel sind, die er nach dem endlichen Orte seiner Bestimmung mitbringt, desto leichter und besser wird der Einwanderer sein ferneres Fortkommen gründen können. Er wird daher wohl thun, von seinem Gelde so wenig als nur irgend möglich auszugeben. Auch ist ihm sehr zu empfehlen, daß er auch auf der Reise ins Innere seine Baarschaft sparsam verwahre, auch allenfalls verheimliche; denn schon Viele sind, weil sie unvorsichtig waren, beraubt worden.
Begüterte Landleute haben, bis sie hier angekommen sind, natürlich ganz eben so zu handeln, wie die Handwerker. Nach ihrer Ankunft aber sollten sie sogleich, wo möglich von Schiffsbord, ins Land ziehen; und zwar entweder nach Pennsylvanien über New-Brunswick nach Easton und von da weiter, oder auch nach Ohio über Albany, Buffalo usw., bis sie eine Gegend finden, wo sie sich billig ankaufen können, oder wo sich ihnen bei schon angesiedelten Landleuten Arbeit gegen Lohn darbietet. In manchen Fällen würden sie wohl thun, die letztere nicht auszuschlagen, da sie auf diese Weise sich erst mit der von der Deutschen in mancher Hinsicht abweichenden amerikanischen Betreibung des Landbaues bekannt machen und nachher mit besserer Sachkenntniß ihr Geld zu größerem Vortheil anlegen können.
Wir kommen nun zu der armen Klasse, von der die meisten, Arbeitsleute

oder Tagelöhner, manche jedoch auch Handwerker sind. Für diese unbemittelte Klasse gilt im Allgemeinen die Hauptregel, daß nur unverheirathete rüstige junge Männer und Mädchen einwandern sollten. Wenn solche junge Männer sogleich bei ihrer Ankunft Arbeit als Tagelöhner auf dem Lande oder beim Straßenbau annehmen, in so fern sie nicht Handwerker sind oder als solche keine Beschäftigung finden können, und wenn die Mädchen sich als Dienstmägde vermiethen, so können sie fürs Erste wenigstens ihren Unterhalt verdienen. Nachdem sie die Sprache und Arbeitsart erlernt haben, können sie sich demnächst etwas erwerben, und wenn sie Sparsamkeit mit Fleiß verbinden, sich eine bessere Zukunft bereiten. Wünschen sie dann, als gute Kinder, den etwa zurückgelassenen Eltern in ihrem Alter unter die Arme zu greifen, so können sie selbige von hier aus unterstützen, oder sie können auch, wenn sie das vorziehen, die Eltern selbst zu sich kommen lassen. Alten Armen aber, oder kränklichen Personen, und auch armen Familien, gebietet die Menschlichkeit, die Auswanderung hierher zu widerrathen. Wer sich in diesem Lande nicht durch Arbeit nützlich machen kann, den stößt die fremde Welt kalt zurück, und es erwartet ihn eine traurige oft verzweiflungsvolle Lage. Oft aber geschieht es, daß der Vater und Ernährer einer armen Familie durch Kummer und das ungewohnte Klima aufs Krankenbett oder gar ins Grab sinkt, und dann ist das Loos der ohne Mittel hinterlassenen Wittwe und unmündigen Kinder in einem ihnen ganz fremden Welttheile wahrlich schrecklich.
Allen Einwanderern rathen wir, mit dem Schiffskapitain, mit welchem sie herüber kommen, jede Familie für sich, einen bündigen schriftlichen Kontrakt abzuschließen, worin der Kapitain sich verpflichtet, ihnen hinreichende Feuerung und Wasser zum Kochen ihrer Speisen, und dann auch hinreichendes Wasser zum Trinken zu geben. Sie sollten sich für jede Person einen Gallon süßes Wasser für jeden Tag ausbedingen. Sie sollten ferner ihre Passage mit Inbegriff des hier zu zahlenden Hospitalgeldes oder sonstiger hiesiger Stadtabgaben bedingen und dieses mit in den Kontrakt setzen lassen. Endlich sollten sie ihre Abreise so einrichten, daß sie während der bessern Jahreszeit hier ankommen, weswegen sie sich nicht früher als Anfangs März und nicht später als Ende Juli auf der andern Seite einschiffen müssen. Kommen sie kurz vor oder während des Winters hier an, so ist ihre Lage immer und in jeder Hinsicht schlimmer.
Wir warnen dieselben auch noch gegen alle Streitigkeiten an Bord der Schiffe untereinander und besonders mit dem Schiffsvolke, oder gar mit

dem Kapitain oder Steuermann. Gegen die Leztern sollten sie stets mit der größten Artigkeit und mit dem größten Respekt zu Werke gehen. Wenn sie glauben bedeutende Ursache zur Klage zu haben, so sollten sie es mit Bescheidenheit bei dem Kapitain anbringen. Sollten sie sich vom Kapitain selbst während der Reise beeinträchtigt glauben, so thun sie am besten, sich darüber erst nach Ankunft im Hafen ihrer Bestimmung zu beklagen und Recht zu suchen; denn an Bord des Schiffs hat ein Kapitain vermöge des Gesetzes die ausübende Gewalt; für den Mißbrauch derselben ist er jedoch nach vollendeter Reise verantwortlich.
Wir schließen diese an unsere Landsleute gerichteten Worte mit der innigen Bitte, daß doch ja Keiner von ihnen zur Einwanderung hierher schreiten möge, der nicht entschlossen und fähig ist, sich durch Thätigkeit und einen ordentlichen Lebenswandel die Liebe und Achtung der Bürger dieses Landes zu erwerben. Ohne dies darf er sich mit keiner zufriedenen Zukunft schmeicheln. Der Müßiggänger und Schwelger giebt es hier nur schon zu viele. Ihr Loos ist, wie überall, Verachtung und Elend. Die schlechte Aufführung eines Fremden aber erregt immer noch mehr Aufmerksamkeit und bereitet nicht nur ihm selbst eine sichere Strafe, sondern bringt auch noch überdies Schmach und Schande auf das Volk, dem er angehört.

Unterzeichnet:

Philip Hone, Präsident.
Kaspar Meier, Vice-Präsident,
auch Konsul der freien Hanseestadt Bremen.
C. W. Faber, Kassen-Verwalter,
auch Kurhessischer Konsul.
George Meyer, Sekretair.
George Arkularius,
David Lydig,
Jakob Lorillard,
J. W. Schmidt,
Königlich Preußischer, auch der freien Hansee-Stadt Hamburg, Konsul. } Vorsteher
D. B. Dash,
Charles Gräbe,
F. S. Schlesinger,

New-York, am 1ten Januar, 1833.

Ueberschlag der Reisekosten ec.

Nach mehrseitig eingezogenen Erkundigungen glauben wir als Richtschnur zur Berechnung der Reisekosten folgende Anleitung empfehlen zu können.

Reisekosten in Deutschland, zu Fuß oder Frachtwagen, inclusive Verzehrung:

Für Erwachsene, Jeder ¼ Thaler Pr. Ct. für die Meile.
Kinder, Jedes ⅙ Thaler Pr. Ct. für die Meile.

Von der Französischen Grenze bis nach Havre, inclusive Verzehrung, für Erwachsene 50 Francs, für Kinder 35 Francs.

Für Passage von Havre bezahlen Erwachsene ohne Beköstigung 80 bis 150 Francs die Person, Kinder unter 10 Jahren die Hälfte.

Die Packetschiffe nehmen gewöhnlich den höchsten Preiß, sind aber auch die besten, und die Passagiere werden gewöhnlich dort am besten behandelt.

Der Einkauf von Lebensmitteln erfordert ungefähr für jede Person 40 Francs, sowohl für Kinder als für Erwachsene.

Die Passage von Bremen oder Hamburg wird gewöhnlich inclusive Proviant ec. bedungen und kostet ungefähr 30 bis 40 Spanische Thaler.

Wir empfehlen in diesen Häfen den Emigranten die regelmäßig nach hier fahrenden deutschen Fahrzeuge, und sich bei diesen in der Uebereinkunft die Matrosenkost auszubedingen.

Liste mitzunehmender Gegenstände.

Die Einwanderer werden wohl thun sich zu versehen mit:

Wollkleidungsstücken für ein Jahr.

Leinenzeug und Wäsche, je nachdem es ihre Mittel erlauben, eine volle Aussteuer. Frauenkleider, nur für die Reise und einige Monate Aufenthalt hier, da die hiesige Kleidungsweise von der dortigen ganz verschieden ist.

Schuhe und Stiefeln einen guten Vorrath.

Von Allem müssen sie das Alte und Schlechte auf der Reise und vorzüglich zur See tragen, jedoch daselbst möglichst reinlich im Wechseln der Wäsche seyn, weil das zur Gesundheit beiträgt.
Von Bettzeug und Kissen sollten sie nur in der Regel so viel, als zur Reise nöthig ist, mitnehmen.
Bettstellen, so wie alle Möbeln, Wagen, Ackergeräthschaften und Werkzeuge, sollten sie nicht hierherbringen, da der Transport kostspielig ist und die Reise beschwerlich macht; auch Alles, wenn eine Familie sich erst einmal ansässig niederläßt, hier eben so gut und häufig, dem Lande und Gewerbe besser anpassend, anzuschaffen ist.

Liste einzulegender Lebensmittel.

80 Pfund gesalzenes Ochsenfleisch.
100 Pfund hartes Brod oder Schiffszwieback.
2 Scheffel Kartoffeln.
25 Pfund Reis.
25 Pfund Mehl.
1 Scheffel Erbsen oder Bohnen.
20 Pfund Zucker.
1 Pfund Thee.
3 bis 4 Pfund Kaffee.

Für die ersten Paar Tage können sie sich etwas frisches Fleisch und Gemüse einlegen, wenn ihre Umstände es erlauben, und auch Wein und sonstige Getränke, je nachdem sie im Stande sind, es zu thun; jedoch ist in dieser Hinsicht Mäßigkeit und Sparsamkeit anzuempfehlen.
Die obigen Rationen gelten für Erwachsene und Kinder, die Person; denn Kinder essen zuweilen am Bord der Fahrzeuge mehr. Bei einer Familie von 8 Personen werden jedoch 6 Rationen hinlänglich seyn.
Die Emigranten thun am besten, in Frankreich, mehrere zusammen, so viel zu kaufen, daß sie den Rückzoll genießen können, wodurch sie die Preise billiger erhalten.

3. New Yorker Rat 1841

Daß auch die Schiffsagenten für die Verbreitung der Ratschläge sorgten, die die »Deutsche Gesellschaft in New-York« wiederholt zusammenstellte, ist mit einem Merkblatt zu belegen, das 1841 Dr. G. Strecker in Mainz auflegte.

Nachstehende **Belehrung** und **Anleitung** für deutsche Auswanderer nach Nord-Amerika der lediglich in gemeinnütziger und wohlthätiger Absicht gestifteten

Deutschen Gesellschaft in New-York

glaube ich im Interesse meiner Landsleute möglichst verbreiten zu müssen und, auf den Grund der darin enthaltenen Empfehlungen, für den Weg über Havre meine Vermittlung anbieten zu dürfen.

Mainz, am 23. April 1841.

Dr. G. Strecker,

Agent der Dampfschiffahrt für den Nieder- u. Mittel-Rhein, der Dampfpacketboote zwischen Havre u. Holland und der Postschiffe zwischen Havre und New-York.

Die

Vorsteher der Deutschen Gesellschaft in New-York, an ihre Landsleute, welche nach den Vereinigten Staaten von Nord-Amerika auszuwandern beabsichtigen.

Die Vorsteher der hiesigen deutschen Gesellschaft, eines schon seit 53 Jahren bestehenden wohlthätigen Vereins, haben vor mehreren Jahren einen „wohlgemeinten Rath" an ihre deutschen Landsleute, welche nach Amerika auswandern wollen, drucken und in Deutschland vertheilen lassen. Die Gründe, welche die Gesellschaft damals ihren Landsleuten vorlegte, sind noch dieselben, allein die Verhältnisse haben sich während dieser Zeit hier im Lande bedeutend geändert. Es ist vorzüglich in den letzten 4 Jahren eine große Stockung in allen Geschäften eingetreten, und für einwandernde Professionisten aller Art haben sich große Schwierigkeiten in Hinsicht des Unterkommens bei ihren verschiedenen Gewerben gefunden, so daß hunderte derselben zu den gewöhnlichen Arbeiten an Kanälen und Eisenbahnen, um sich ihren Lebensunterhalt zu erwerben, ihre Zuflucht haben nehmen müssen. Für den Landmann, der sich Land kaufen will und kann, bestehen freilich noch dieselben Vortheile wie früher. Aber auch dieser hat sich leider oft in seinen Erwartungen und Hoffnungen betrogen gefunden, da er nicht einen richtigen Ueberschlag in Hinsicht der Transportkosten sowohl auf hier, als in's Innere des Landes, wohin er zu gehen gedachte um sich anzukaufen, vorher gemacht hatte. Die Folge davon war, daß er aus Mangel an den nöthigen Mitteln weiter zu kommen, gezwungen war, hier in New-York selbst zu bleiben. In großen Städten, wie New-York, Baltimore und Philadelphia, sind aber Miethe und Lebensmittel bedeutend theurer, als im Innern des Landes, und zugleich hält es hier für den Landmann viel schwerer Arbeit zu erhalten, weil die Arbeit, welche er versteht, hier nicht getrieben wird, und arbeitslos sind dann Mißmuth und Armuth sein Loos.

Die deutsche Gesellschaft ist weit entfernt, ihren deutschen Landsleuten von dem Auswandern nach Amerika abzurathen, ihr einziger Wunsch ist nur, ihnen mit solchen Rathschlägen an die Hand zu gehen, damit auch diese Auswanderung für sie Nutzen hat und ihre Lage verbessert, anstatt verschlimmert, wovon leider so viele traurige Beispiele der Gesellschaft vorliegen.

Die deutsche Gesellschaft hat seit 2½ Jahren eine Agentschaft in der Stadt New-York errichtet, und einen Agenten angestellt, welcher genau mit den hiesigen Verhältnissen bekannt ist, und der sich bei der Ankunft der Schiffe mit deutschen Auswanderern an Bord derselben begibt, sich nach ihrem Vorhaben erkundigt und ihnen seinen Rath sowohl für die Weiterreise, als auch zum Ankauf von Ländereien und die Wege zu ihrem ferneren Fortkommen unentgeltlich und gewissenhaft ertheilt. Alle diejenigen Einwanderer, welche diese Vorschläge und diesen wohlgemeinten Rath befolgen, haben gewiß nie Ursache gehabt dies zu bereuen; leider lassen sich aber viele neue Ankömmlinge durch schlechte eigennützige Vorspiegelungen hiesiger Wirthe und herumtreibender Deutschen, welche Makler, sowohl der hiesigen Wirthe als auch der verschiedenen Weiterbeförderungs-Comptoire sind, irre machen, befolgen den Rath des Agenten nicht, setzen sich vielen Prellereien und Betrügereien aus, und stürzen sich auf diese Weise selbst in's Unglück. Die Agentschaft der deutschen Gesellschaft ist für keinen andern Zweck errichtet worden, als für das Beste der deutschen Einwanderer zu sorgen, da diese größtentheils mit völliger Unkenntniß und mit so vielen fremden Urtheilen und Ansichten hier ankommen, weder die englische Sprache sprechen, noch sich in die von Europa so ganz verschiedenen Verhältnisse augenblicklich zurecht finden können, und daher so oft dem Betruge und der List ihrer eigenen Landsleute ausgesetzt sind; diesem vorzubeugen und unentgeltlich zu rathen und Hülfe zu leisten, wo sich eine Gelegenheit dazu darbietet, war der einzige Zweck der Gründung derselben.

Die deutsche Gesellschaft hat dann freilich auf der anderen Seite auch oft die Genugthuung gehabt, daß diese Rathschläge anerkannt und gehörig gewürdigt worden sind, und tausende von Beispielen liegen vor, wo dieser Nutzen, welchen die Gesellschaft zu leisten beabsichtigte, die wohlthätigsten Folgen für die deutschen Einwanderer gehabt hat.

Die Gesellschaft fühlt sich jetzt nicht mehr aufgefordert, ihren Landsleuten Rathschläge zu geben, auf welche Art und Weise dieselben ihre Reise von Haus aus beginnen, und in welchen Plätzen sich dieselben einschiffen sollen, nur möchte sie bemerken, daß für die Süddeutschen, Havre der günstigste und wohlfeilste Ort zum Einschiffen ist. Für die übrigen würde sie Bremen und Hamburg anrathen. In Holland sich direct einzuschiffen, ist den Einwanderern nach den Erfahrungen und Erkundigungen, welche der Agent von den Ankommenden eingezogen hat, in der Regel theurer als von den obenerwähnten Plätzen, geworden; auch sind sie oft einem längern Aufenthalt, bevor sie eingeschifft werden, längerer Ueberfahrt und häufigen Betrügereien dort ausgesetzt. In Havre haben sich die Einwanderer selbst mit Proviant zu versehen und darauf Acht zu geben, daß sie nicht übervortheilt werden, welche Klage oft geführt worden ist *). Von Bremen und Hamburg aus, werden die Auswanderer auf dem Schiffe beköstigt, und ist höchst selten eine Klage darüber eingelaufen. Die Reise **über England** und von da auf hier, ist wegen vieler geschehenen Betrügereien am wenigsten zu empfehlen.

Die vereinigten Staaten von Nord-Amerika sind ein Land, wo ausser dem Kaufmann sich alles durch Handarbeit zu ernähren hat, daher sollten Gelehrte, Theologen, Schullehrer, Kameralisten, Advocaten, Schreiber und Aerzte nicht auf hier einwandern. Ihr Loos ist in der Regel das traurigste von allen, wenn sie nicht ein Vermögen haben, wenigstens das erste ganze Jahr von ihren eigenen Mitteln leben zu können. Eben so geht es Handlungsdienern, welche nicht englisch sprechen und nicht mit besonders guten Empfehlungen an hiesige Handlungshäuser versehen sind. Allen diesen bleibt in der Regel nichts anders übrig, als an Kanälen und Eisenbahnen Arbeit zu suchen, eine Arbeit, welche robuste und daran gewohnte Körper erfordert.

Damit indessen die Einwanderer schon zu Hause einen ziemlich sichern Ueberschlag machen können, wie viel sie ihre Weiterreise von New-York aus in's Innere kostet, hat die Gesellschaft sich die Preise von den verschiedenen Weiterbeförderungs-Comptoiren hier in New-York und weiter hinein geben lassen, und diese unten bemerkt. Dies ist ein höchst wichtiger Punkt, denn Tausende haben den Ort ihrer Bestimmung, den sie sich zu Hause vorgesetzt hatten, nicht erreicht, aus Mangel an den nöthigen Mitteln dazu, und Viele würden sich vielleicht nie entschlossen haben, die Reise nach Amerika zu unternehmen, wenn sie genau mit den Kosten bekannt gewesen wären, um sie an den Ort, welchen sie zu erreichen wünschten, zu bringen. New-Orleans sollten die Einwanderer nicht als Ausschiffungsort wählen, es ist dort im Sommer sehr ungesund, und tausende Deutsche sind auf dem Missisippi von New-Orleans bis St. Louis hinauf, durch Krankheiten und sonstige Unglücksfälle um's Leben gekommen; ausserdem ist alles in allem gerechnet, auch die Reise über New-Orleans nach St. Louis nicht wohlfeiler als über New-York, über letzteren Ort aber bei weitem nicht so gefährlich.

Alle Auswanderer sollten sich so einzurichten suchen, nur von Mai bis Ende Oktober an irgend einem Punkt in den vereinigten Staaten einzutreffen. Während dieser Zeit sind alle Kanäle und Eisenbahnen fahrbar, und die Reisekosten bedeutend billiger. Später werden die ersteren geschlossen und durch Stockung in den Geschäften tritt dann auch Mangel an Arbeit und Unterkommen ein. Diejenigen Einwanderer, welche in das Innere gehen wollen, können mehrere Dollars sparen, wenn sie bei ihrer Ankunft in New-York nicht in die Wirthshäuser gehen, sondern sich sogleich mit ihren Effekten nach den verschiedenen Weiterbeförderungs-Comptoiren begeben, wozu ihnen der Agent der Gesellschaft die nähere Anweisung geben wird.

Der gewöhnliche Preis von New-York nach Philadelphia, wohin täglich des Morgens ein Dampfboot abgeht, ist auf dem Vorderdecke zwei Dollars und 25 Cents pr. Kopf.

Von Mai bis Ende Oktober Monat, können die Einwanderer sich in New-York bis nach Pittsburg als Passagiere einschreiben lassen, und bezahlen dann pr. Kopf zehn Dollars 50 Cents, Kinder unter 12 Jahren die Hälfte. Die Reise bis Pittsburg wird mit dieser Beförderung in vier Tagen gemacht. Die Passagiere haben aber keine Bagage frei, und müssen die 100 Pfund mit drei Dollars bezahlen, auch gewöhnlich 3 bis 4 Tage in Pittsburg auf ihre Bagage warten, bis diese nachkömmt. Es ist noch ein anderes Weiterbeförderungs-Comptoir von New-York nach Pittsburg hier vorhanden, auf welchem die Passagiere 50 Pfund pr. Kopf frei haben; das übrige Gepäck wird gleichfalls mit drei Dollars pr. 100 Pfund bezahlt. Diese Reise währt 10 bis 11 Tage. Ein anderer wichtiger Umstand ist noch bei der Reise über Pittsburg nach Ohio und weiter, zu erinnern, daß nämlich in den Sommermonaten oft der Wasserstand des Ohioflusses zu niedrig ist, und häufig Güter und Passagiere mehrere Wochen in Pittsburg liegen bleiben müssen. Da der Agent mit

---

*) Anmerkung. Ich mache jeden Auswanderer darauf aufmerksam, daß es vortheilhaft ist, sich wenigstens geräuchertes Fleisch, Hülsenfrüchte und Dürrobst von Hause mitzunehmen, indem dergleichen hier billiger und besser ist, als in Havre.

Uebrigens habe ich mich in Havre überzeugt, daß daselbst jetzt durch Herrn J. Barbe, Schiffsbefrachter und Special-Agent der amerikanischen Packetboote, alle Anordnungen getroffen sind, die Passagiere in jeder Hinsicht zufrieden zu stellen. Die Behandlung meiner Passagiere wird genau überwacht und ich möchte dafür bürgen, daß keine gegründete Beschwerde oben angegebener Art mehr erhoben werden wird

Dr. Strecker.

Pittsburg in Correspondenz steht, und sobald ein niedriger Wasserstand eintritt, es erfährt, so sollten alle diejenigen, welche diesen Weg einschlagen wollen, vorher bei dem Agenten darüber Erkundigungen einziehen. Da die Pittsburger Beförderungs-Comptoire an ihre verschiedenen Makler 1 Dollar bis 1 Dollar 50 Cents pr. Kopf bezahlen, so ist häufig der Fall vorgekommen, daß neu Angekommene von diesen Maklern durch falsche Vorspiegelungen verleitet worden, die Reise über Pittsburg statt über Buffalo einzuschlagen, wodurch sie oft große Umwege gemacht und einen bedeutenden Geldverlust erlitten haben. Von Pittsburg bis Cincinnati ist der Preis 4 bis 5 Dollars pr. Kopf.

Die hiesige American-Transportations-Compagnie befördert die Passagiere von New-York nach den unten benannten Orten zu den dabei bemerkten Preisen. Zuweilen fallen diese aber auch noch für einen kurzen Zeitraum niedriger aus, wenn sich Oppositions-Comptoire bilden. In der Regel können die Einwanderer aber die unten bemerkten Preise als gewöhnliche feste Preise annehmen, und ihre Berechnung darnach machen.

Von New-York nach

	Preis. Dollars	Cents		Preis. Dollars	Cents
Albany, Staat New-York,		75	Detroit, Erie See,	8	—
Utica, „ „	1	85	Mackinac, Michigan See,	12	50
Rome, „ „	2	—	Milwaukie, „ „	14	50
Syracuse, „ „	2	56	Racine, „ „	14	50
Palmyra, „ „	3	25	Southport, „ „	14	50
Rochester, „ „	3	50	Chicago, „ „	14	50
Lockport, „ „	4	10	Akron, Staat Ohio,	7	50
Buffalo, „ „	4	50	Massilon, „ „	8	—
Dunkirck, Erie See,	6	50	Dover, „ „	9	—
Erie, „ „	7	—	Roscoe, „ „	9	50
Conneaut, „ „	7	—	Dresden, „ „	9	50
Ashtabula, „ „	7	—	Newark, „ „	10	—
Grand River, „	7	—	Carroll, „ „	10	—
Cleveland, „ „	7	—	Lancaster, „ „	[illegible]	50
Black River, „	7	50	Columbus, „ „	[illegible]	[illegible]
Sandusky, „ „	7	50	Chillicothe, „ „	11	[illegible]
Toledo, „ „	8	—	Portsmouth, „	12	[illegible]

Die Reise von Portsmouth am Ohioflusse kostet bis Cincinnati 1 Dollar, bis Louisville 3 Dollars, und bis St. Louis 5 bis 6 Dollars. Ein jeder Passagier hat 50 Pfund Gepäck frei, das übrige kostet die 100 Pfund bis Buffalo 1 Dollar, bis Erie 1 Dollar 25 Cents, bis Cleveland 1 Dollar 50 Cents, und bis Portsmouth 2 Dollars. Kinder unter 12 Jahren zahlen die Hälfte, und unter 2 Jahren sind ganz frei. Es geht täglich des Abends um 5 Uhr ein Dampfschiff mit Passagieren und Gepäck nach obengenannten Orten von New-York ab.

Karten, worauf das Geschäfts-Büreau der Agentschaft bemerkt ist, werden die Einwanderer am Bord der Schiffe in Havre, Bremen und Hamburg vorfinden *); und da es der einzige Zweck dieser Anstalt ist, dem Einwanderer mit gutem Rath unentgeltlich beizustehen, und den Betrügereien, welchen er ausgesetzt ist, entgegen zu wirken, so hoffen die Vorsteher der deutschen Gesellschaft, daß man dieser Schrift im Vaterlande eine möglichst ausgebreitete Oeffentlichkeit geben wird.

Joh. Jacob Astor, Präsident.
C. W. Faber, Vice-Präsident.
Auch Kurhessischer Consul.
Friedr. Vietor, Schatzmeister.
C. H. Sand, Sekretär.
Th. Achelis, Vorsteher.
E. Unkart, do.
H. Koop, do.

L. Bierwirth, Vorsteher.
W. A. Kobbe, do.
Auch Nassauischer Consul.
F. S. Schlesinger, Vorsteher.
C. F. Grosheim, do.
Dr. H. Seuff, } Aerzte.
Dr. C. Henschel, }

New-York, den 1. Januar 1841.

*) Anmerkung. Den Namen des Agenten und die genauere Bezeichnung des Geschäftslokals in New-York finden die Auswanderer auf meinen Schiffs Accorden angegeben.

Dr. Strecker.

4. Ein Bericht Konsuls Bollermann 1842

Über die Berufsaussichten, die deutsche Einwanderer in Amerika besaßen, äußerte sich 1842 der hessen-darmstädtische Konsul Anton Bollermann in einem handschriftlichen Bericht an das Außenministerium in Darmstadt (Staatsarchiv Darmstadt, G 1, Konv. 135, Fasz. 1). Bollermann – aus Mainz gebürtig und seit 1827 als Kaufmann in New York ansässig – amtete von 1837 bis 1856 als Konsul und war kein Freund der Auswanderer. Die Berufsaussichten in den USA zeichnete er um etliche Schattierungen dunkler, als sie tatsächlich waren.

Der Großherzogliche Heßische Consul Anton Bollermann
in New York
Ein Hochlöbliches Ministerium der Auswärtigen Angelegenheiten
in Darmstadt

Betreffend die Auswanderer
nach den
Vereinigten Staaten Nordamerikas.

Die Gründe die mich dazu bewegen bey der jedes Jahr mehr zunehmenden Einwanderung in die Vereinigten Staaten von Nordamerika diesen Bericht an meine deutschen Landesleute ergehen zu laßen, mögen nicht dahin mißdeutet werden, solche von der Auswanderung abzuhalten, sondern ihnen dasjenige mitzutheilen, was solche – wenn sie diesen wichtigen Schritt unternehmen, ihren heimathlichen Herd verlaßen, von den ihnen theuren Verwandten und Freunden vielleicht auf Ewig sich trennen – von ihrer neuen Heimath zu erwarten, und mit welchen Schwierigkeiten sie zu kämpfen haben. Indem vieljährige und noch tägliche Erfahrung lehrt, daß ein großer Theil der Eingewanderten es zu spät bereut haben, durch falsche Berichte verleitet worden zu sein, und sich gerne wieder trotz der mühseligen langen Reise, nach kurzem Aufenthalte hier, in die Heimath in ihre alten wenn auch nicht ganz glänzenden Verhältnissen zurückgewünscht.
Um nun einem jeden Einwanderer einen kurzen Begriff zu geben was er seinem Berufe und Stande gemäß zu erwarten habe, habe ich solche auf folgende Weise classificirt.

1. Professionisten oder Handwerker.
2. Oconomen oder Landbauer.
3. Gelehrte, als Aerzte, Theologen, usw.
4. Künstler und schöne Wißenschaften, Mahler, Virtuosen.
5. Handlungsdiener und angehende Kaufleute im Allgemeinen.

§ 1. Professionisten

Es ist vorzüglich seit dem Jahre 1840 eine große Stockung in allen Geschäften eingetreten, und für einwandernde Profeßionisten aller Art haben sich große Schwierigkeiten in Hinsicht des Unterkommens bey ihren verschiedenen Gewerben gefunden, so daß Hunderte derselben zu gewöhnlichen Arbeiten an den Kanälen und Eisenbahnen, um sich ihren Lebensunterhalt zu erwerben, ihre Zuflucht haben nehmen müssen. Aber auch diese öffentlichen Arbeiten sind jetzt wegen eingetretenen Geldmangels größtentheils eingestellt worden. Es ist den Profeßionisten betreffend hauptsächlich nöthig zu bemercken, daß selbst der beste Meister in seinem Handwercke hier in Amerika die erste Zeit noch zu lernen hat. Indem, selbst abgesehen von dem großen Mechanismus der hier wo es nur anwendbar ist angebracht wird, selbst jede Handarbeit mit größrer Fertigkeit und Zeitersparniß, wenn auch nicht immer so solide, vollendet wird; und es bedarf ein wenig Ausdauer bevor der neue Ankömmling diese Kunstgriffe und Vortheile mitbekömt, um solche zu seinem eignen Vortheile benützen zu können.
Schneider, Schuhmacher, feine Möbelarbeiter, Instrumenten- und Orgelbauer, Kupferschmiede, Steinhauer, Cöttger, Grobschmiede (besonders wenn selbige das Pferdebeschlagen nach hiesiger Art verstehen), Wagenbauer und Gärber, sind noch diejenigen Profeßionisten die wenn selbige wenigstens noch 20 Dollar oder florin 50 bey ihrer Ankunft in der Tasche haben, um es die ersten 6 Wochen mit ansehen zu können, ihren Lebensunterhalt machen, und bey Sparsamkeit etwas vor sich bringen können. Dagegen wird es Bäckern, Brauern, Fleischern, Müllern, Destilateurs, Tuchmachern, Lein und Seidenwebern, Schloßern, Töpfern u. s. w. selten gelingen ihren Lebensunterhalt durch ihrer Profeßion zu erwerben. Auch sind keine Zünfte und Innungen in den Vereinigten Staaten vorhanden, so daß der wandernde Handwerker die in Deutschland bey Meistern üblichen Geschenke hier nicht erwarten kann, und ihm daher, wenn er ohne Arbeit bleibt, alle Wege und Mittel, selbst der Rückweg nach seiner Heimath abgeschnitten sind.

§ 2. Oconomen oder Landbauer.

Für den Landmann der sich Land kaufen will und kann, bestehen noch große Vortheile. Jedoch hat er folgendes zu erwägen, wenn er sich nicht wie so viele in seinen Erwartungen und Hoffnungen betrogen finden will. Er hat sich 1tens zu bedencken, daß das Land welches er für einen gringen Preiß ankaufen und mit Nutzen bearbeiten kann, weit entfernt von den Landungsplätzen liegt; er hat sich daher einen richtigen Überschlag von den Transport und Reisekosten, sowohl bis hierher als ins Innere des Landes, wohin er zu gehn gedenkt um sich anzukaufen vorher zu machen, damit er nicht aus Mangel an den nöthigen Mitteln weiter zu kommen gezwungen wird in New York, Philadelphia oder Baltimore zu bleiben, wo Miethe und Lebensmittel bedeutend theurer als im Innern des Landes sind. Auch hält es für den Landmann weit schwerer in diesen großen Städten, Arbeit zu erhalten, weil die Arbeit, die er versteht, hier nicht getrieben wird, und Arbeitslos in einer großen Stadt zu sein zieht Mißmuth und Armuth nach sich. – 2tens. Daß wenn er auch diesen Punkt beseitigt hat, er immer noch zu bedencken habe, daß das Land welches er mit Vortheil sich hier ankaufen kann, am besten von der Vereinigten Staaten Regierung für den gringen Preis von 1 Dollar und 25 cents oder 3 florin 7 ½ Kr. pr Acker gekauft werden kann. Jedoch ist solches noch in ganz wildem Zustande, und daß er nachdem er die weite Reise von mehrern Hundert deutschen Meilen über Gebürge Kanäle und Seen glücklich zurückgelegt hat, mit unendlichen Schwirigkeiten das erste Jahr in einer noch nicht sehr bevölkerten Landschaft zu kämpfen hat; bis er so viel Land, als er zur Erhaltung seiner Wirthschaft nöthig hat, urbar gemacht hat. Er muß auch die erste Zeit auf alle gewöhnte Ordnung und Bequemlichkeit, allen geselligen Umgang und den nöthigen Schulunterricht seiner Kinder (wenn er welche hat) verzichten. Um nun diese letztgenannten Schwierigkeiten zu meiden, kann der Landmann zwar schon theilweis urbar gemachtes Land und eingerichtete Wirthschaft kaufen allein diese werden in der Nähe der großen Städte von 20 bis 50 Dollar der Acker bezahlt, und selbst im Staate von Ohio und weiter im Westen ist der Preis 10 bis 20 Dollar der Acker. Durch diese hohen Preise gehen besonders bei jetzigen niedrigen Produckten Preis, alle Vortheile verloren. Entschließt er sich dennoch einzuwandern so tuht er am besten sobald er in New York ankömmt, sich an seinen von seiner Regierung hier bestellten Consul oder an die Vorsteher der hiesigen Deutschen Gesellschaft, oder an die des Allgemeinen deutschen Wohlfahrts Vereins

zu wenden; selbige mit seinem Vorhaben bekannt zu machen und deren Rath sowohl wegen seiner weitern Reise, als auch wegen des Ankaufs von Ländereien und der Wege zu seinen weitern Fortkommen einzuholen, der ihm gerne aufrichtig und unentgeldlich ertheilt wird.
Alle diejenigen die den ihnen ertheilten Rath benützt, haben noch nie Ursache gehabt, es zu bereuen, und immer ihren Vortheil dabey gefunden. Leider laßen sich aber viele neue Ankömmlinge durch schlechte eigennützige Vorspieglungen der Gastwirthe und herumtreibender Deutschen welche Makler sowohl der Wirthe als der verschiednen Weiterbeförderungs Comptoire sind, irre machen, befolgen den Rath ihres Consuls oder der Vorsteher der Gesellschaften nicht, setzen sich vielen Prellerein und Betrügereien aus und stürzen sich auf diese Weise selbst ins Unglück. Dahero hat sich der Allgemeine deutsche Wohlfahrtsverein hauptsächlich zum Zwecke gemacht für das Beste der deutschen Einwandrer zu sorgen, da diese größtentheils mit völliger Unkentniß und mit so vielen fremden Urtheilen und Ansichten hier ankommen, weder die englische Sprache sprechen noch sich von den in Europa so ganz verschiedne Verhältnisse augenblücklich zurecht finden können, und dahero so oft dem Betrug und der List ihrer eignen Landesleute ausgesetzt sind.

§ 3. Gelehrte.

Die Vereinigte Staaten von Nordamerika sind ein Land, wo außer dem Kaufman sich alles durch Handarbeit zu ernähren hat, daher sollten besonders Gelehrte, als Theologen, Aerzte, Schullehrer, Kameralisten, Advocaten, Schreiber, es wohl überlegen bevor selbige sich entschließen hier einzuwandern. Ihr Loos ist in der Regel das schwierigste von Allen, wenn sie nicht ein Vermögen haben das erste Jahr von ihren eignen Mitteln leben zu können, und einige Kentnisse in der englischen Sprache besitzen. Denn diese Herrn müßen die Schwierigkeiten selbst einsehen die es macht sich erst neue Bekanntschaft und Vertrauen zu erwerben. Überdies sind alle Wissenschaften und Kentnisse hier noch in ihren ersten Entstehen, die Universitäten hier kaum mit guten deutschen Gymnasium gleich zu stellen. Und werden auch alle Wissenschaften und Gelehrsamkeit nach kaufmänischen Maßstabe berechnet, das heißt, der Amerikaner zahlt nur für die Wissenschaften als sie ihm unmittelbaren und raschen Nutzen verschaffen, daher ist hier alles speculative Wissen, für den praktischen Eingeborenen verloren; und es erfordert für den deutschen Gelehrten lange Zeit sich soweit mit dem Charakter und der Erziehungsweise der hiesigen Einwohner vertraut zu machen, um durch seine Kenntnisse ihnen und sich selbst nützlich werden zu können.

§ 4. Künstler.

Von den Künstlern können höchstens Musiklehrer und Mahler ihren Lebensunterhalt hier finden. Aber auch von ihnen gilt, daß sie so viel Mittel besitzen müssen um in den größern Städten wenigstens Ein Jahr zu leben um sich Ruf und durch diesen Bekantschaft zu erwerben. Selbst unter diesen Umständen ist ihnen noch anzurathen allen Künstlerstolz zu entsagen und für irdischen Gewinn die Unsterblichkeit aufzugeben, indem die Amerikaner einen Tanz oder Marsch dem schönsten Concerte, das Bild einer elenden Caricatur dem prächtigsten Gemälde eines Raphaels vorzieht, und die Gemälde nach dem Maaßstabe bezahlt.

§ 5. Handlungsdiener und angehende Kaufleute.

Das traurigste Loos von Allen aber steht dem einwandernden Handlungsdiener bevor. Er muß sehr glücklich sein wenn er – nachdem er sich mit besonders guten Empfehlungsschreiben an hiesige bedeutende Handlungshäuser versehen, die englische Sprache correct spricht und schreibt – nach 6 Monaten ein Unterkommen finden kann. Er muß daher wenigstens 100 Dollars oder 250 florin zu seinen Kentnissen u. Empfehlungen noch bey seiner Ankunft hier besitzen, und nicht auf Bequemlichkeit und Standesmäßigen geselligen Umgang Anspruch machen. Ist er aber mit Allem oben Erwähnten nicht versehen und wagt es dennoch hier einzuwandern, so bleibt ihm würklich nichts anders übrig als zu den gröbsten und schmuzigsten Handarbeiten seine Zuflucht zu nehmen. Arbeiten welche robuste und daran gewohnte Körper erfordern. Und kan er sich dann glücklich schätzen wenn er es – nachdem er alles was er besessen, selbst seine Kleidungsstücke zugesetzt – dahin gebracht daß selbiger durch menschenfreundliche Hilfe im Zwischendeck zurückgeschickt wird. Junge angehende Kaufleute die sich in irgend einem Platze in Nordamerika etabliren wollen, thun am besten daß sie mit ihrer Baarschaft und Empfehlungsschreiben versehen wenigstens 3 Monate

sich unbeschäftiget hier aufhalten um sich mit dem hiesigen Geschäftsgange u. s. w. bekannt zu machen, und nach vorhergegangener Prüfung u. Berechnung dann erst ihre hier erworbnen und in Europa hinterlaßnen HandlungsComplexionen zu ihrem Vortheile benützen mögen. Hier wird es auch nicht an der unrechten Stelle sein, wenn ich mir erlaube sowohl den Kaufmann als jeden hier Einwandernden darauf aufmerksam zu machen, daß er sich in seiner Heimath nie verleiten laßen möge für seine mit sich führende Baarschaft auf's bloße Ohngefähr irgend eine Art von Waaren einzukaufen in der Hoffnung durch den dabey zu entstehenden Gewinn sein Capital zu vergrößern; denn Erfahrung lehrt daß demselben nur Schaden, Umstände und Zeitverlust dadurch entstehen.
Es wird auch recht überflüssig sein im Allgemeinen zu bemercken, daß für die Süddeutschen Havre, und für alle andern Bremen und Hamburg der günstigste Ort zum Einschiffen sey. Aber auch da muß der Einwandrer sehr vorsichtig zu Werke gehn, daß er nicht, von den sich gewöhnlich in der Nähe des Hafens aufhaltenden Schiffs-Maklern betrogen wird, und womöglich mit dem Eigentühmer des Schiffes oder dem Captain selbst contrahire. In Havre hat er sich selbst für die Reise zu proviantiren, welches bey den deutschen Paketschiffen nicht der Fall ist, dort wird er beköstiget, und hat sich allenfals nur kleine Erfrischungen als Citronen, dürres Obst, Weineßig u. s. w. einzukaufen. Über Holland oder England zu gehn hat die Erfahrung gelehrt ist weit kostspieliger und mit längerm Zeitaufwande verknüpft (wovon wohlhabende Reisende die mit den Dampfböten sich einschiffen wollen freilich eine Ausnahme machen). Auch ist es jedem Einwandrer zu widerrathen daß er New Orleans als Ausschiffungsplatz wählen soll, es ist dort im Sommer bis Ende November sehr ungesund, und Tausende von Deutschen sind auf dem Missisippi von New Orleans bis St. Louis hinauf durch Krankheiten und Unglücksfälle ums Leben gekommen. Außerdem ist (alles zusammen berechnet) auch die Reise über New Orleans nach St. Louis nicht wohlfeiler als über New York nur bey weitem gefährlicher. Auch hat der Einwandrer den Vortheil, daß er durch die größten und bevölkertsten Staaten Nord-Amerikas als dem Staate New York, Pensylvania, Ohio, Kentucky reiset, und schon etwas mit der neuen Heimath und deren Sitten und Gebräuchen bekannt wird. – Es ist am besten vom Monate May bis October in irgend einem Punkte der Vereinigten Staaten einzutreffen, indem nur in dieser Zeit alle Kanäle fahrbar sind, und dadurch viel an Reisekosten gespart wird. Auch tritt außer jener Zeit gewöhnlich eine Stockung in Geschäften und Mangel an Arbeiten und Unterkommen ein.

Alle Einwandrer die ins Innre gehn wollen, tuhn am besten wenn sie bey ihrer Ankunft in New York nicht in Wirthshäusern einkehren, sondern sich gleich ohne Einmischung der Makler, mit ihren Effekten zu den weiter Beförderungs Comptoir begeben.
Ackergeräthe hat der Landman nicht nöthig mitzubringen, indem er für den Betrag der Transportkosten sich hier neues Geräth anschaffen kann.
Damit der Einwandrer schon zu Hause einen ziemlich sichern Überschlag machen kann, wie viel ihm die weitere Reise von New York aus ins Innere kostet, so ist eine kleine Tabelle der Transportations Kosten hiermit beigefügt.

Von New York nach Philadelphia, pr Dampfschiff (täglich) kostet 2 Dollars	$ 2
oder 5 florin für jede Person auf dem Dach.	
Von Philadelphia nach Pitsburg gehen täglich Canalboote, die Passage für jede erwachsne Person kostet gewöhnlich 7 Dollr ohne Beköstigung	$ 7
Kinder unter 12 Jahren zahlen die Hälfte. (Nimt 4 bis 5 Tage)	
Von Pitsburg nach Cincinati pr Person 5 Dollars	$ 5
(die Zeit dieser Reise ist nicht zu bestimmen indem es auf den Waßerstand ankömt. Bey hohen Waßer 2 Tage/Hier geht es pr Dampfschiff)	
Alles Gepäcke u. s. w. muß mit 3 Dollar jede 100 £ bezahlt werden.	
Der mehr zu empfehlende Weg ist	
Von New York nach Buffalo bey Canal (nimt 9 Tage) und kostet für jede erwachsne Person 4 Dollars oder 10 flor. ohne Beköstigung	$ 4
Von Buffalo nach Cleveland pr Dampfschiff 1 Doll. 50 cts. (1 Tag)	$ 1.50
Von Cleveland nach Cincinati pr Canalboot 5 Doll. (5 Tage)	$ 5
Von Cincinati nach St. Louis auf dem Dach des Dampfschiffes (unbestimmt)	$ 5

Die Person kann im Durchschnitte 30 cents oder 45 Kr. für ihre tägliche Beköstigung rechnen.
Eine Familie bestehend aus 3 erwachsnen Personen und 3 Kindern von 4 bis 12 Jahren könen die Reise von New York nach St. Louis bey hohem Wasserstand in 3 Wochen, Beköstigung mit eingerechnet, für 100 Dollars oder florin 250 bestreiten.

Von Buffalo nach Detroit (Michigan) pr Dampfschiff (2 Tage) kostet pr erwachsne Person 5 Dollars.	$ 5
Von Buffalo bis Chicago pr Dampfschiff (5 Tage) kostet 12 Dollars.	$ 12

Der Berichterstatter findet es für nöthig nochmahls zu wiederholen, daß er weit entfernt sey, seinen deutschen Landesleuten von der Auswanderung nach Nord Amerika abzurathen, sein einziger Wunsch ist nur selbigen eine kleine und deutliche Vorstellung über dasjenige zu geben, was ihnen hier bevorsteht, damit sie sich nicht durch die vielen eitlen Vorstellungen und Vorspieglung(en) gewinnsüchtiger Freunde, irre geleitet, in ihren Erwartungen hier getäuscht finden; und wünscht nur denselben mit solchen Rathschlägen an die Hand zu gehen, damit auch die Auswanderung für sie von Nutzen sey, und sie ihre Lage verbessern mögen anstatt zu verschlimmern, wovon leider so viele traurige Beispiele angegeben werden können.

A. Bollermann

4. Private Information

Je heftiger um die Auswanderung gestritten wurde und je fragwürdiger bisweilen die amtlichen Nachrichten aus Amerika erschienen, weil sie offenbar (auch) von Fremdinteressen bestimmt waren, desto größere Bedeutung erlangte im Auswanderungsprozeß die private Information. Kein Auswanderer versäumte, sich in seinem engeren Lebenskreis nach dem Ergehen von schon früher Ausgewanderten zu erkundigen oder sich direkt von Verwandten und Freunden aus Amerika berichten zu lassen. Dadurch wurde der Auswandererbrief[1] zu einem wichtigen Informationsmittel. Sein primärer Zweck ist gewesen, die Angehörigen zuhause einer guten Ankunft zu versichern und ihnen vom weiteren Ergehen zu berichten. Und nachdem der Volksschulunterricht die allgemeine Lese- und Schreibfähigkeit gesteigert, ja sogar speziell in der Brieflehre erzogen hatte, forderten die familiären Bindungen einem jeden Auswanderer entsprechende Briefe ab, die sich mitunter – über Jahrzehnte hinweg – zu langen Briefserien addierten. Oft sind diese Briefe jedoch auch an dritte weitergereicht, im Wirtshaus vorgelesen und zum Weitererzählen ihres Inhaltes benutzt worden, und so erfüllten sie noch für die Allgemeinheit den Zweck der Aufklärung und der besonders glaubwürdigen Werbung.

Die Schreiber waren sich dessen wohl bewußt, wie sie u. a. durch die Versicherung bekundeten, nur Wahres zu berichten und nicht – wie oft andere – schöngefärbte Nachrichten in Umlauf zu setzen. Tatsächlich gab es beides. In erstaunlich vielen (auch von Hessen geschriebenen) Briefen wird vor Amerika eher gewarnt, indem von schlechten Preisen für die Erzeugnisse der Farmer, Arbeitslosigkeit in den Städten, ja Hunger und Bettel selbst in diesem Land berichtet wird. Andere Schreiben bestätigten hingegen die Fülle der von Amerika erwarteten Vorzüge und prahlten mit eigenen Erfolgen. Solche Nachrichten waren bewußt gegen die Kritiker der Auswanderung gerichtet und sollten im übrigen auch die Angehörigen beruhigen, die nicht immer mit dem Fortzug eines Sohnes, Bruders usw. einverstanden gewesen waren oder sich

Sorgen machten über dessen fernere Existenz. Man kann geradezu vom Typus des »Rechtfertigungsbriefes« sprechen, wie er etwa wiederholt in der Briefserie auftaucht, die der 1867 aus Lich ausgewanderte Heinrich Dörmer – als Metzger in New York erfolgreich – an seine Eltern gelangen ließ. »Ich war der Kühhorte [= Kühhüter] Hanns bei Euch«, schreib dieser etwa 1876, »aber jetzt spreche ich anders und kan es manchem, welcher in Deutschland mehr wehr als ich, zurathen«.[2] Gerade Dörmer aber gibt auch anschauliche Schilderungen vom Elend armer Einwanderer in New York. Zu vermuten ist, daß solche Briefe eine zwiespältige Aufnahme erfuhren, indem Personen, die die Hoffnungen der Auswanderer teilten, sogar daraus noch herauslasen, was ihrem positiven Amerikabild entsprach: etwa die Tatsache, daß die Schreiber selbst sich ja in aller Regel von den geschilderten Zuständen ausnahmen. Schlechte Nachrichten wurden vielfach schlicht ignoriert, ausgesprochene »Werbebriefe« aber um so kritikloser aufgenommen. Als solche sind Briefe zu bestimmen, die sich der Absicht verdankten, durch erfreuliche Mitteilungen weitere Angehörige und Ortsgenossen nach Amerika nachzuziehen.

Da die Behörden im 18. Jahrhundert auswanderungsfeindlich eingestellt waren und später noch Veranlassung hatten, zum Scheitern verurteilte Auswanderungsvorhaben zu unterbinden, gaben sie auf solche Werbebriefe besonders Acht. Schon 1756 war in Hessen-Kassel ein Schustergeselle einem Verhör unterzogen worden, als er nach achtjährigem Aufenthalt aus Amerika zurückkehrte und 40 Briefe von Auswanderern an ihre Verwandten im Land dabei hatte.[3] 1825 machte dann im Zusammenhang mit den oberhessischen Auswanderungsunruhen ein (nach Meinung der Behörden) gefälschter Brief aus Brasilien, der das Paradies jenseits des Ozeans in den glühendsten Farben ausmalte, in Hessen-Darmstadt von sich reden: in Gedern angekommen, war dieser Auswandererbrief nach kurzer Zeit in ganz Oberhessen in tausend Abschriften verbreitet worden, ja sogar in den Odenwald gelangt.[4] Und im gleichen Jahr beschäftigte ein ebenfalls für gefälscht gehaltener Brief aus Cincinnati, der von einem Boten aus Gießen nach Hohensolms gebracht und dort beschlagnahmt worden war, verschiedene Behörden, wobei die Akten aufschlußreiche Einblicke in das subkulturelle Informationssystem eröffnen, das sich in Verbindung mit der Auswanderungsbewegung entwickelte.[5] Unabhängig von der Liberalisierung der Auswanderung blieb die Warnung vor Werbebriefen öffentliches Thema, wobei dann gelegentlich auch von der katastrophalen Wirkung schönfärberischer Briefe zu erfahren ist. In der in Darmstadt verlegten Fachzeitschrift für das Auswanderungswesen »Der deutsche Auswanderer«[6] berichtete 1850 ein bayerischer Autor z. B. folgendes: »In Rochester traf ich eine deutsche Familie aus der Gegend von Bamberg, die mir erzählte, daß sie, durch lobhudelnde Briefe ihrer Verwandten verleitet, Hab und Gut in Bayern verkauft habe und nach Amerika gereist sei, ohne jedoch den Verwandten darüber Nachricht zu geben. Bei ihrer Ankunft in New-York fanden sie diese im tiefsten Elend, und da sie nun dieselben fragten, warum sie denn solche verlockenden Briefe nach Europa geschrieben hätten, antworteten ihnen diese, sie hätten sich geschämt ihren Landsleuten in Bamberg ihre Lage zu gestehen, und nicht geglaubt, daß jemand auf diese Briefe hin auswandern würde.«[7]

Das Beispiel – so es nicht seinerseits vom Berichterstatter übertrieben wurde – zeigt vielleicht auch, daß die Auswanderer einem gewissen Zwang zur Übermittlung guter Nachrichten unterlagen. Wohl für das ganze Jahrhundert galt, worüber sich der Camberger Auswanderer Anton Preuss in einem 1895 zu Milwaukee geschriebenen Brief an seine Eltern beklagte: daß die Leute enttäuscht seien, »wenn man von Amerika nichts gutes nach Deutschland schreibt, denn die Leute sind eben gewohnt nur Prahlereien und gutes zu hören. Dabei kommen die eigentlichen Zustände nie ans Licht«.[8] Entsprechend sind die Auswandererbriefe des 19. Jahrhunderts mit Stereotypen durchsetzt, die ein Briefschreiber an den anderen weitergegeben zu haben scheint. Der Nahrungsüberfluß in Amerika ist fast stets mit dem Hinweis unterstrichen, daß man »drei mal des Tags Fleisch« esse, und öfter auch mittels des »Hunde-Gleichnisses« betont, das sich in einem Brief von 1857 so liest: »wenn ihr nur die Woche durch hättet, was bei uns der Hund frißt«.[9] Wie diese Nachrichten und etwa auch der Hinweis auf das in Amerika alltägliche Weißbrot in Deutschland wirkten, im von den Auswanderern verspotteten armen »Kartoffelland«, kann man sich vorstellen. Und je mehr man hier unter der Unfreiheit und dem Bürokratismus litt, desto lieber las man von Amerika: »der Taglöhner hat dieselben Rechte die der Präsident hat« (1825). Oder: »Hier sind die Beamten sehr bescheiden und gelassen gegen jedermann, und man hat sie nicht zu betiteln« (1852). Die mit solchen Feststellungen fast immer verbundenen negativen Rückblicke auf Deutschland[10] – gleichfalls formelhaft – kränkten die Leser nicht, bezogen sie sich doch auf Verhältnisse, mit denen sie selber unzufrieden waren. Ihrer positiven Prospektive aber kamen am weitesten Briefstellen entgegen, die den Reichtum und die Freiheit Amerikas zugleich betonten und dann etwa lauteten: »der Bauer lebt hier, wie dort der Edelmann« (1825).

Geschönte Briefe wurden bisweilen in Amerika direkt »bestellt«, um damit Eltern, die sich der Auswanderung eines Familienmitgliedes widersetzten, umstimmen zu können. Diese zogen aber auch ihrerseits Erkundigungen ein, und wie der schon genannte Anton Preuss einmal (zu seinem starken Unbehagen) um eine persönliche Auskunft gebeten wurde, so fragten noch mehr Eltern usw. bei Drittpersonen an, wie es dem ausgewanderten Sohn (Bruder, Mann) in der Fremde tatsächlich ergehe. Entsprechend ist auch eine populäre Skepsis gegenüber den »schönen« Amerikabriefen zu registrieren, zu der sicher beigetragen hatte, daß betrügerische Werber die gleichen Bilder von Amerika entwarfen, wie sie diese Briefe zeichneten, und daß fingierte oder redaktionell überarbeitete Auswandererbriefe – wie es früher die Behörden beargwöhnt hatten – tatsächlich für die Amerika-Werbung eingesetzt wurden. Aus politischen Gründen – und mehr auf innenpolitische Wirkung rechnend – war solch ein Brief schon 1836 von politischen Flüchtlingen als Druckschrift von der Schweiz her eingeschleust worden, angeblich verfaßt von dem Auswanderer Adam Frank aus Fränkisch-Crumbach im Odenwald.[11] Um aber Reisekontrakte und Landkaufverträge an den Mann zu bringen, gaben auch Werber unter der Hand wohlklingende Briefe weiter. Später rückten Transportunternehmer Auszüge aus solchen Briefen in die Zeitungen ein, während sich die Publizistik ihrerseits befleißigte, mit Brief-Abdrucken dem Informations- (und wohl auch Unterhaltungs-)bedürfnis ihrer Leser zu genügen. Die Tendenz dieser publizierten Briefe konnte allerdings unterschiedlich sein und hing von der Einstellung der Redaktion

ab. Generell läßt sich sagen, daß ermunternden Briefen der 1850er Jahre später, nach der Reichsgründung, eher solche folgten, die den Verzicht aufs Auswandern nahelegten.[12] Aus dem vorhandenen Briefmaterial konnte ja nach gewissem Belieben ausgewählt werden, wobei der sachlichere Auswandererbrief, der Amerika weder übertrieben verherrlichte noch verketzerte, bisweilen zu kurz kam. Auch solche Briefe gab es in Fülle, und sie stärkten auf direktem Weg und zumal in Zeiten neu zunehmender Kritik an der Auswanderung das Selbstvertrauen der Reisewilligen, indem sie an deren Arbeitsbereitschaft und Tüchtigkeit appellierten, den Erfolg also nicht als zwangsläufig hinstellten. Man könnte den Typus des »Appellbriefes« konkreter bestimmen, der einen der Wirtschaftsordnung in Amerika gemäßen Optimismus so wie 1858 der Auswanderer Philipp Reichmann zu Pittsburgh verbreitete: »Ich erinnere mich noch eines Sprichwortes, das bei Euch sehr üblich ist, in dem es heißt: Der nichts hat in Europa, der hat auch nichts in Amerika; dieses lies sich aber als eine Unwahrheit zurückweißen, indem ich viele käne, die arm hier einwanderten und jetzt nicht nur wohlhabent, sondern sogar reich sind, denn laßt uns diesen Satz umkehren und sagen, der nichts ist [= taugt] in Europa, der ist auch nichts in Amerika.«[13]
Der Briefform bediente sich im übrigen auch teilweise die sogenannte »Ratgeber«-Literatur,[14] die mit einer Fülle von Amerika-Beschreibungen und Anleitungen zum »richtigen« Auswandern und Siedeln den Buchmarkt überschwemmte. Beispielgebend hatte der »Bericht über eine Reise nach den westlichen Staaten Nordamerika's« gewirkt, den der Remscheider Jurist Gottfried Duden 1829 zu Elberfeld herausgab, nachdem er von 1824 bis 1827 am Missouri erfolgreich das Farmen in Amerika erprobt hatte. Rund dreihundert deutschsprachige »Ratgeber« folgten bis in die 1880er Jahre: ausführliche Handbücher, praktische Taschenbüchlein und auch bloße Reisebeschreibungen, die sich nur als »Ratgeber« deklarierten und für den einfachen Auswanderer wenig Nutzen hatten; Werbebroschüren amerikanischer Staaten, die den Auswandererstrom speziell auf ihr Territorium lenken wollten und die kostenlos verteilt wurden, kamen hinzu. Diese Literatur war zum Teil von beträchtlichem Einfluß, was sich zumal von Dudens »Bericht« sagen läßt, der vom Missouri-Gebiet

ein so günstiges Bild gemalt hatte, daß in der ersten Jahrhunderthälfte verstärkt dorthin ausgewandert wurde. Auch die Versprengten der 1834 von Friedrich Münch und Paul Follenius nach Amerika geführten »Gießener Auswanderungsgesellschaft« (vgl. S. 174) wandten sich teilweise dorthin. Doch waren es zum wenigsten die durchschnittlichen Auswanderer, die aus diesen Schriften Rat bezogen. Vielmehr haben die Bürgermeister, Pfarrer, Lehrer und sonstigen Beamten als diejenigen zu gelten, die zu diesen Schriften griffen, die auch die periodisch erscheinenden »Auswandererzeitungen« abonniert hatten und die das Nützliche daraus mündlich an Reisewillige weitergaben.[15] Diese selbst scheuten wohl vor allem die Kosten für derlei literarischen »Luxus« und schätzten im übrigen den Informationswert der Briefe von Angehörigen und Freunden höher ein. Nur sehr selten findet man daher auch in hessischen Auswandererbriefen eine Stelle wie die folgende von 1847, die den umgekehrten Rang der Informationsquellen betont und einer Gruppe von Auswanderungswilligen in Wölfersheim das »Hand- und Reisebuch für Auswanderer« des Stuttgarters Traugott Bromme – zusammengestellt nach eigenen Beobachtungen in Amerika und 1848 zu Bayreuth schon in fünfter Auflage herausgebracht – zur Anschaffung empfahl: »sagen sie sollten auf alle Briefe nichts geben, sondern in der Buchhandlung zu Friedberg die Beschreibung von Traugott Bromme kaufen, darin finden sie, was sie wünschen und können mit Wahrheit rechnen«.[16]

Anmerkungen

1 Siehe dazu Hannsmartin Schwarzmaier, Auswandererbriefe aus Nordamerika. Quellen im Grenzbereich zwischen Geschichtlicher Landeskunde, Wanderungsforschung und Literatursoziologie, in: Zeitschrift für die Geschichte des Oberrheins 126 (1978), S. 303-369; Wolfgang Helbich (Hg.), »Amerika ist ein freies Land . . .« Auswanderer schreiben nach Deutschland, Darmstadt und Neuwied 1985 (= Sammlung Luchterhand, 541); Peter Mesenhöller, Der Auswandererbrief. Bedingungen und Typik schriftlicher Kommunikation im Auswanderungsprozeß, in: Hessische Blätter für Volks- und Kulturforschung NF 17 (1985), S. 111-124.

2 Brief des Hans Dörmer, New York, vom 25. März 1876 (Auswandererarchiv des Instituts für Europ. Ethnologie der Universität Marburg).

3 Wolf-Heino Struck, Zur dreihundertjährigen Geschichte der hessischen Auswanderung in die Vereinigten Staaten von Nordamerika, in: Hans Herder (Hg.), Hessisches Auswandererbuch, Frankfurt a. M. 1983, S. 13-62, hier S. 23.

4 Hans Richter, Hessen und die Auswanderung 1815-1855, in: Mitteilungen des Oberhessischen Geschichtsvereins NF 32 (1934), S. 49-139, hier S. 66f.

5 Vgl. den nachfolgenden Abdruck des Aktenvorganges.

6 Zu dieser Zeitschrift siehe Hans Herder (Hg.), Hessisches Auswandererbuch (wie Anm. 3), S. 187f., 195.

7 Hefner, Bilder aus Amerika, in: Der deutsche Auswanderer 4 (1850), Sp. 601 f.

8 Brief des Anton Preuss, Milwaukee, vom 10. November 1895 (Auswandererarchiv, wie Anm. 2).

9 Die hier zitierten Stellen aus Briefen des Auswandererarchivs (wie Anm. 2).

10 Zu deren Funktion für den seelischen Haushalt des Auswanderers vgl. Ina-Maria Greverus, Der territoriale Mensch. Ein literaturanthropologischer Versuch zum Heimatphänomen, Frankfurt a. M. 1972, S. 144f. – Die Doppelung negativer und positiver Aussagen belegt auch instruktiv Friedrich Krebs, Brief eines Odenwälders aus der Zeit des Hambacher Festes, in: Archiv für hessische Geschichts- und Altertumskunde NF 30 (1967/68), S. 147-149.

11 Nachfolgend abgedruckt. Dazu Hans-Joachim Ruckhäberle (Hg.), Bildung und Organisation in den deutschen Handwerkergesellen- und Arbeitervereinen in der Schweiz. Texte und Dokumente zur Kultur der deutschen Handwerker und Arbeiter 1834-1845, Tübingen 1983 (= Studien zur Sozialgeschichte der Literatur, 4), S. 127-130.

12 Ein Beispiel unten S. 376f.

13 Brief des Philipp Reichmann, Pittsburgh, vom 16. Mai 1858 an seine Schwiegereltern in Mühlhausen (Auswandererarchiv, wie Anm. 2). Dazu Xaver Frühbeis, Die Amerika-Briefe aus Mühlhausen, o. O. und o. J. (Daisenhofen 1984), S. 30f.

14 Dazu Stephan Görisch, Die gedruckten »Ratgeber« für Auswanderer. Zur Produktion und Typologie eines literarischen Genres, in: Hessische Blätter für Volks- und Kulturforschung NF 17 (1985), S. 51-70.

15 So dürfte sich auch der folgende, im Gemeindearchiv Erfelden vorhandene »Ratgeber« einer gemeinnützigen Anschaffung verdanken: Franz Joseph Ennemoser, Eine Reise vom Mittelrhein (Mainz) über Cöln, Paris und Havre nach den nordamerikanischen Freistaaten beziehungsweise nach New-Orleans, Kaiserslautern 1857.

16 Brief des Adam Jung, Marionlitti/Missouri, vom 15. April 1847, abgedruckt bei Christian Aledter, Das historische Wölfersheim, Bd. 1, Wölfersheim 1976, S. 281-296, hier S. 296.

1. Die Hohensolmser Briefaffäre 1825

Durch unlautere Werbung für die Auswanderung hellhörig geworden, mißtrauten die Behörden allen Briefen, die durch die Art ihrer Beförderung auffielen und allzu gute Nachrichten aus Amerika enthielten. Für eine Fälschung hielt so auch der preußische Polizeirat Brühl in Hohensolms ein Schreiben aus Cincinnati/Ohio, das am 21. August 1825 der Renteibote aus Gießen mitgebracht hatte, um es seinem – angeblich nicht ermittelbaren – Empfänger, dem Zimmermann Schäp in Ahrdt im Landesgebiet Hohensolms, zuzustellen. Der Polizeirat beschlagnahmte und öffnete den Brief und bat den hessen-darmstädtischen Landrat von Zangen in Gießen um Amtshilfe. Dieser führte sofort eine Untersuchung zur Herkunft des Schreibens durch, wobei gestrenge Verhöre ergaben, daß das Schriftstück mehrfach von Hand zu Hand gewandert war. Vom Renteiboten führte die Spur zum Wirt der Mäusburg bei Gießen, von diesem zu dem Gießener Schuhmacher Berg und schließlich zu einem gewissen Peter Ullrich aus Walldorf bei Heidelberg zurück, der bereits 24mal (!) zwischen Amerika und Deutschland hin- und hergereist sein sollte. Da Ullrich selbst nicht zu greifen war, blieb ungeklärt, ob der Brief tatsächlich gefälscht war und ob es in Ullrichs Besitz Gegenstücke dazu gab. Gleichwohl gab es diesbezüglich weitere Aktenvorgänge. Der Landrat von Wetzlar namens Sparre – gleichfalls von Brühl in Hohensolms alarmiert – ließ das Brühlsche Anschreiben in Kopie samt Abschriften des Amerika-Briefes bei den Bürgermeisterämtern von Atzbach, Launspach, Lützellinden und Rechtenbach zirkulieren, damit man dort »ein wachsames Auge auf dergleichen Umtriebe« habe (Hauptstaatsarchiv Wiesbaden Abt. 424 Nr. 939). Und Landrat von Zangen informierte die Provinzregierung in Gießen. Von dieser kam allerdings am 3. September 1825 die Weisung, die Sache auf sich beruhen zu lassen. Das gleiche dürfte dem übereifrigen Polizeirat Brühl mitgeteilt worden sein, nachdem er am 19. September 1825 der Regierung in Koblenz über die Affäre – und sein Zusammenwirken mit Gießen – Bericht gegeben hatte (Landeshauptarchiv Koblenz, Best. 441, Nr. 5106, 193-204).
Dieser abschließende Aktenvorgang – den indizierten Brief sowie die Gießener Verhörprotokolle abschriftlich mitenthaltend – wird anschließend publiziert. Er belegt die Bedeutung, die die Behörden der werbenden Wirkung von Briefen beimaßen, und er wirft ein Schlaglicht auf die Kommunikationsverhältnisse der Zeit, die trotz Überwachung in aller Regel funktionierten, weil ein ganzes Netz von Mittelspersonen daran beteiligt war.

Regierungs-Bezirk Coblenz
Landesgebiet Hohensolms

Hohensolms d 19t Septbr 1825

An die
Königliche Hochlöbliche Regierung
zu Coblenz
betreffend
muthmaßliche Vorbereitung zu Auswanderungen
nach Amerika

Der hiesige Renthei-Bote brachte am 21ten v. M. einen Brief von Giessen mit, welchen ich öffnete, weil aus der Addresse nicht zu entnehmen war, an wen er gehöre. Der Inhalt dieses Briefes, welchen die Anlage in Abschrift enthält, und die Äußerungen des Boten über die Art des Empfangs, erregten in mir Zweifel der Echtheit, und die Vermuthung, daß Vorbereitung zur Auswanderung hier im Spiel seyn könne. Ich machte daher dem Großherzoglich Hessischen Landrath von Zangen zu Gießen sogleich die nöthige Eröffnung und bat denselben von dem Resultat Nachforschungen mir Kenntniß zu geben.
In der Untersuchung welche der Landrath von Zangen hierauf vorgenommen hat, finde ich nicht eine Bestätigung als eine Widerlegung meiner Vermuthung, und glaube daher, Hochlöbliche Regierung, unter abschriftlicher Einsendung der vorhandenen Acten, davon Kenntnis geben zu müssen.

Der Polizey Rath
H. Brühl

[Anlagen zum vorherigen Brief Brühls an die Regierung zu Koblenz, nicht numeriert]

Copien

(1)

Der hießige Herrschaftliche Bote Krußbrachte am verwichenen Sonntag den in Abschrift angebogenen Brief mit, welchen ich öffnete, weil aus der Addresse nicht zu entnehmen war, an wen er gehöre. Die Äußerung des Boten, daß er beauftragt sey, mündlich zu bestellen, daß die Antwort in drei Tagen in Gießen seyn müsse, um frei wieder nach Amerika zu gelangen, und der Inhalt des Briefes erregten in mir Zweifel der Echtheit, und die Vermuthung, daß Verleitung zur Auswanderung hier im Spiel seyn könne. Ich vernahm daher den Boten Kruß über den Empfang des Briefes, und derselbe hat folgendes ausgesagt:

> Als er am vorigen Samstag durch Gießen nach Eich gegangen habe ihm der Wirth Ludwig Herbert auf der Mäusburg, bei welchem er stets einkehre, gesagt, daß ein Mann einen Brief aus Amerika in das Hohensolmsische habe, ihm aber denselben Morgen selbst geben wolle. Bei der Rückkehr durch Gießen des anderen Tags habe er diesen Brief daselbst vorgefunden, und der Wirth Herbert habe ihn dann gefragt, ob er den Brief erhalten, und, als er dieß bejaht, aufgetragen zu bestellen, daß die Leute, wenn sie antworten wollen, den Brief binnen 3 Tagen bei ihm abgeben müßten.

Indem ich Ew. Hochwohlgeboren zu den geeignet scheinenden weiteren Nachforschungen diese Mittheilung mache, bitte ich ergebenst mich von dem Erfolg in Kenntniß zu setzen.

Hohensolms d 23ten August 1825

Der Polizeirath
H. Brühl

(2)

Cincinnati im Staat Ohio
d 26ten Febr. 1825.

Lieber Schwager und Schwester!

Vor einigen Jahren schrieb ich Euch, habe aber keine Antwort erhalten. Ich habe daher mit diesem das Vergnügen, Euch wissen zu lassen, daß ich noch ziemlich gesund bin, obwohl ein Bruchschaden mich sehr incommodirt. Seit 11 Jahren habe ich mich verheyrathet, aber auch meine Frau ist nicht recht wohl, indem sie an der Wassersucht leidet. Das Alter rückt bei uns beiden heran und bringt natürlich manche Beschwerden mit sich. Ich hoffe daß Ihr Euch alle wohl u zufrieden finden möget. Herzlich wünsche ich, daß Ihr Euch entschließen möget, auch nach diesem Welttheil der Freiheit zu kommen, ich weiß es würde Euch gewiß hier gefallen. Man

lebt hier frey, braucht sich vor niemand zu beugen, der Taglöhner hat dieselben Rechte die der Präsident hat. Alle Lebensmittel sind, besonders in dieser Stadt sehr wohlfeil, z. B. das beste Weizenmehl Einen Thaler und 25 Cent die 100 Fleisch, die 100 2 bis 2 ½ Thaler Caffe ¼ Thaler Butter 8 bis 12 für einen Thaler und so weiter. Wenn ein einzelner Mann in einem guten Eßhause täglich 3 mal ißt und daselbst schläft, hat er wöchentlich 1 ¼ bis 1 ½ Thaler zu bezahlen. Ein jeder kann gut von seiner Arbeit leben, besonders Handwerker machen gutes Auskommen. Da in dieser Stadt, welche ungefähr 13000 Einwohner enthält, beinahe jedes Jahr 100 Häuser gebaut werden, so könnten besonders Zim[m]erleute und Tischler gute Arbeit bekommen. Gewöhnlich zahlt man einem Zimmermann ¾ bis 1 Thaler den Tag. Ein hießiger Thaler ist ungefehr einen Conventions Species Thaler. Wer arbeiten mag kann sein Auskommen und mehr als das finden und lebt frey. Wer kein eigenes Haus hat, bezahlt jährlich 1 Thaler für Weggeld, das ist seine ganze Abgabe.
Ich habe mir ein kleines Haus hierselbst bauen lassen, und obwohl wir beyde wenig arbeiten können, finden wir doch unser Auskommen. Ich bitte Euch daher lieber Schwager und Schwester kommt zu uns, recht sehr wünsche ich Euch bei mir zu sehn, und da wir keine Kinder haben, würde ich Euch mein kleines Vermögen vermachen. Große Freude sollte mirs seyn, wenn ich Euch alle nochmal wiedersehn und so Gott wollte, noch Jahre zusammen wohnen könnten. Macht mir daher diese Freude, es wird Euch nicht gereuen, das freye Amerika mit Deutschland vertauscht zu haben. Nur bitte ich lieber Schwager, mir so bald wie möglich wissen zu lassen ob Ihr kommen werdet oder nicht, da ich im letzteren Falle eine hießige Familie zu mir nehmen werde, die uns wenn wir krank werden pflegt und dafür das Unsrige erbt. Hier in der Stadt und um dieselbe sind viele Teutsche, auch haben wir hier eine teutsche lutherische Kirche, so wie hier überhaupt 12 Kirchen sind.
Nun lieber Schwager und Schwester lebt recht wohl und vergnügt, grüßet alle Freunde und bekannte und schreibt mir recht bald wieder und addressirt den Brief wie hierunter bemerkt ist. Ich empfehle Euch der Obhut des Höchsten und bin

Euer Euch liebender Bruder

für Georg Weimer.
Hier im Lande kann jeder treiben was er will und so viele Geschäfte zugleich als er will. Er kann Kaufmann, Wirth, Schuster, Schneider, kurz Alles zugleich seyn. Keine Zunftgeschichten finden hier statt. Auch das

Land ist hier sehr gut und fett, so daß das Land nicht gedüngt wird. Der Morgen dicht mit Holz bewachsenes Land kostet nur einen Thaler und einen viertel, sage 1 ¼ Thaler per Morgen. Der Bauer lebt hier wie der Edelmann! Da das Land in mehreren Jahren gewiß viel theurer werden wird, so kann keiner besser für sich und die Seinigen sorgen, als wenn er jetzt den Morgen fettes Land für 1 ¼ Thaler zu sein Eigenthum macht. Bringet noch viele Deutsche mit, wenn Ihr kommt.

To George Weimer
care of Reverend L H Meyer
Cincinnati
Staat of Ohio
Northamerica.

An
Herrn Peter Schäp
Zimmermann
Artha [d. i. Ahrdt]
Grafschaft Hohensolms
3 Stunden von Gießen

(3) betr. Auswanderung nach Brasilien [!]

Geschehen Gießen d 25ten August 1825

Auf die wegen obigen Gegenstandes, mit einem an Zimmermann Schäpp zu Erda aus Cincinnati gerichteten Brief; von dem Hochl. Polizeiamte Solms erhaltene anliegende Mittheilungen wurde sogleich vorgefordert

Der Wirth Ludwig Herbert von hier welcher juram: adm: ad dir: ver: deponirte:

Am verflossenen Freitag seye der Schuhmacher Berg von hier zu ihm gekommen, und habe ihm unter der Erzählung, daß er einen Bruder in Amerika habe u. daß Bote von daher in dem Stern dahier eingekehrt seye u. mehrere Briefe von dorther, unter andern einen solchen an Zimmermann Schäpp zu Erda, mitgebracht habe; den letzteren mit dem Bemerken übergeben, solchen dem Solmser Boten mit der Aufforderung zu behändigen, binnen 3. Tagen die

Antwort zu ihm Herbert zu bringen; worauf er Berg sie zur weiteren besorgung abholen wolle; – ein weiteres könne er über die Sache nicht anführen; und werde näheren Aufschluß der benannte Berg ertheilen. –

f. p. c. & d. mit der Auflage bei demnächst abzuleistendem Eide seine Vernehmung zu verschweigen. –

Nicolaus Berg von hier: –

Er seye von Friedberg gebürtig, sein einer Bruder wohne daselbsten, sein anderer in Philadelphia, und durch ersteren seye ein gewisser Peter *Ullrich* gebürtig aus Walldorf bei Heidelberg, der bei Michael Scheisler auf dem Römerberg in Frankfurt gewöhnlich einkehre; – u. schon öfters nach Amerika gereißt, jetzt aber seit 1819 nicht dahier anwesend gewesen seye; – an ihn gewiesen worden; – derselbe seye am verflossenen Freitag zu ihm gekommen, habe sich ohngefähr ¼ Stunde lang bei ihm aufgehalten; – und habe die Nacht von Freitag auf den Samstag im Stern dahier logirt; da ihm nun ein solcher von seinem Bruder aus Friedberg recommandirt worden seye, u. von dem in Philadelphia einen Gruß gebracht habe, so hätte er keinen Anstand genommen; – dessen Bitten ihm 2. Briefe nemlich den einen nach Laasphe auf die Post, u. den andern nach Erda an Zimmermann Schäpp zu besorgen; u. ihm zuzuführen, allenfalls an ihn ankommende Briefe ihm nach Frankfurt zu senden. – Übrigens seye Ullrich von hier nach Kirchheim [d. i. Kirchhain] gegangen, habe auf dem Rückwege ihn angesprochen, zugesagt, jedoch den Tag der Rückkehr nicht bestimmen können, ihm aber gesagt, daß er nach derselben von hier nach Friedberg, Assenheim, Bruchenbrücken und dann nach Frankfurt gehen wolle. – Da er nun dem gedachten Ullrich zugesichert habe, ihm die an ihn eingehende[n] Briefe entweder dahier bei seiner Rückreise abzugeben; – oder nach Frankfurt nachzusenden, so habe er auch in der Herbertischen Wohnung bestellt; daß allenfallsige Antworten von Erda; binnen 3. Tagen in jene zur Ablieferung an ihn gebracht werden sollten. –

Über den Inhalt fr. Briefe u. den Zweck Ullrich's Reisen, könne er keinen näheren Aufschluß ertheilen; u. bemerke nur noch, daß derselbe schon 24. mal die fr. Reise unternommen haben wolle.

f. p. c. & d., mit gleicher Weisung wie Herbert, u. mit Auflage die Ankunft Ullrich's sogleich anzuzeigen.

Der Daniel Vogt Sternwirth von hier erklärte; wie er sich erinnere, daß vor mehreren Wochen ein bejahrter Mann bei ihm übernachtet habe, den der Schumacher Berg u. dessen Sohn des Abends, u. der letztere noch einmal des Morgens besucht habe.

Andem seye es übrigens ebenfalls, daß am verflossenen Freitag Abends ein Fremder aus Amerka mit 2 – 3 Drescher [?] angekommen seye, mit welchen er in Better [?] geschlafen; u. für die er bezahlt habe; sowie er des andren Morgens mit diesen nach Marburg zu mit dem Bemerken gegangen seye, daß es ihm bei ihm dem Wirthe gut gefallen habe, u. er bei ihm auf seiner Rückreise einkehren wolle, – wann diese jedoch erfolge; u. was überhaupt der Zweck seiner Reise sey; wie auch was der Inhalt der von ihm mitgebrachten Briefe, wenn er keine Wissenschaft habe, seye; darüber könne er keinen Aufschluß ertheilen; so wie ihm auch von der Einlieferung von Briefen an jenen Fremden in seine Wohnung nichts bekannt geworden seye. –

Er erkläre sich übrigens auf seinen demnächst abzuleistenden Eid andurch bereit; von dieser Vernehmung Niemand etwas zu sagen, alle an Ullrich bei ihm eingehende Briefe einzuliefern; solches anzuzeigen; – und bemerke noch schließlich, daß des Morgends vor dem Abgange Ullrich's der Sohn des Schuhmacher Berg dahier denselben ein Paar Schuhe gebracht habe, welche solcher Tags vorher an solchen abgeliefert haben müsse. –

f. p. c. & d.

Refd.: Einstweilen f. p. schleuniger Remission hoher Regierung daher diese Acten zur allenfalsigen weiteren Maasnehmung mit unterth: Bericht einzusenden.

Zangen

(4) Gießen d 3t Septbr 1825.

Betreff:
Die Auswanderung nach Brasilien, in specie einen aus Cincinnati angekommenen Brief.

Die
Großherzogl. Hess. Regierung
der
Provinz Oberhessen
an
Herrn Landrath von Zangen dahier.

Wir können in den von Ihnen eingeschickten Actenstücken keinen Grund zu einer weiteren Untersuchung finden, und beauftragen Sie daher, die Sache auf sich beruhen zu lassen, falls Ihnen keine, eine weitere Untersuchung motivirenden Data zur Kenntniß kommen sollten, für welchen Fall wir Ihnen die eingesandten Protocolle remittieren lassen.

Für die Ausfertigung
Muth.

Dieses hohe Rescript samt dem bei mir vorliegenden Untersuchungs-Protocoll cum adjunctis theile ich dem herrn Polizeirath Brühl zu Hohensolms, gewünschter maßen, sub petito remissionis zur Einsicht mit, und unterzeichne hochachtungsvoll.

Gießen am 10t Septbr 1825.

Der Landrath
v. Zangen.

2. Politische Agitation mit Auswandererbriefen

a) *Anweisung der Preußischen Regierung zu Koblenz an den Landrat von Wetzlar vom 9. Juni 1836, auf fingierte Auswandererbriefe aus der Schweiz zu achten (Hauptstaatsarchiv Wiesbaden Abt. 424 Nr. 939).*

Nach einer Mittheilung der diesseitigen Königl. Gesandschaft zu Carlsruhe sind in dortiger Gegend neuerlich gedruckte und an die Bürgermeister adressierte, mit Postzeichen aus der Schweiz versehene Briefe eingegangen, welche angeblich aus Nordamerika von dort angesiedelten Deutschen Auswanderern an ihre Bekannten in der Heimath gerichtet werden, um diesen die Lage der Ausgewanderten als sehr glücklich, dagegen diejenige ihrer Mitbrüder im Vaterlande als bedauernswürdig darstellen, die Schuld daran den Fürsten und ihren Regierungen be[i]zumessen, und sich in dieser Tendenz auf die gehäßigste Weise nicht nur aussprechen, sondern auch zur Vernichtung des bestehenden aufzufordern. Diese Briefe werden jedoch nicht aus Amerika, sondern von den in der Schweiz sich aufhaltenden Flüchtlingen nach Deutschland befördert, in der Absicht, Unzufriedenheit zu erregen und die Unterthanen aufzureitzen.
Auf höhere Veranlassung setzen wir Sie von diesen Umtrieben mit dem Auftrage in Kenntniß, nicht allein sorgfältig zu vigiliren, die Verbreitung derartiger Schreiben, sofern sie auch in hiesigen Provinzen vorkom[m]en sollten, zu verhindern, sie von Polizei wegen unter protokollarischer Constatirung der näheren Umstände hinsichtlich des Eintreffens derselben in beschlag nehmen zu lassen, und wegen allem diesem die betreffende Behörde sofort mit Anweisung zu versehen, sondern uns auch eventuell von dem Resultate unter beilegung der Verhandlungen unverzüglich Anzeige zu machen.

Koblenz den 9ten Juny 1836
Königl. Regierung, Abtheilung d Innern
An Herrn Landrath zu Wetzlar

Abschrift circulirt bei den Herrn Bürgermeistern von Wetzlar, Atzbach, Lutzellinden, Reihtenbach, Braunfels, Aßlar und Hohensolms, zur Kenntnißnahme und Bemessung.

Wetzlar den 14t Juny 1836
Bürgermeister Wagner

b) *Daß es die gedruckten Briefe, nach denen die Preußische Regierung Koblenz fahnden ließ, tatsächlich gab, beweist das Exemplar eines Einblattdruckes, das Thomas Michael Mayer (Marburg/Lahn) ausfindig machen konnte. Danach handelte es sich um ein Flugblatt, als dessen Textvorlage ein Schreiben diente, das der Auswanderer Adam Frank aus Fränkisch-Crumbach im Odenwald 1836 in St. Louis/Missouri aufgesetzt haben sollte. Gesichert ist die Herstellung in der »Druckerei der Jungen Schweiz« in Biel im Mai 1836 und die Einschleusung der politisch brisanten Drucksache durch Baden nach Hessen.*

BRIEF

aus den Freistaaten von Nordamerika. Geschrieben von Adam Frank, gebürtig aus Fränkisch=Krumbach im Odenwalde, an seinen Vater Johannes Frank, seine Brüder Johann, Philipp und Peter Frank und an seine Verwandte, Freunde und andere brave Leute.

St. Louis im Missouri Staate
am 10. April 1836.

Lieber alter Vater, lieben Brüder und Freunde!

Will's Gott, wird Euch Alle mein Brief recht frisch und gesund in der lieben Heimath finden, so wie ich es bin mit Frau und Kind hier im Lande der Freiheit. Habe auch zu Weihnachten wieder ein klein Knäbchen bekommen und Johann Philipp taufen lassen, weil der Bruder sein Petter [Pate] sein soll. Hier geht's uns wohl und gut. Im vorigen Jahre haben wir recht gesegnete Erndte gehabt; die Gerste, der Waizen und das türkische Korn war reichlich gerathen und ich habe nach St. Louis für 170 Thaler davon verkauft. Wir haben jetzt 5 Stück Rindvieh, 2 Ochsen, 2 Kühe und ein Rind; auch ein Pferd und ein Fohlen. Es fehlt uns an nichts und wir haben bei fleißiger Arbeit ein zufriedenes, glückliches Leben. Unser Hof und Land liegt etwas ab Seit, aber um uns sind noch gute Nachbarn, meistens Ausgewanderte aus Schwaben, Hessen und Baiern, denen es Allen ganz gut geht.
Es thut mir immer recht weh, wenn ich zurück denke an die liebe, alte Heimath und an Euch, Ihr Lieben Alle. Wohl geht es mir jetzt gut und ich habe die Sorgen und die Scherereien nicht mehr, wie daheim. Doch das Herz hängt noch am Vaterlande und Ihr wißt wohl, wie nur die Noth mich

zwang, mit schwerem Herzen fortzuziehen. Aber ich weiß, wie's zu Hause aussieht und wie Ihr Alle Eures Lebens wenig froh werdet bei allem Fleiß und aller Mühe. Denn Ihr wohnt im Lande der Knechtschaft und des Druckes.

Oftmals dachte ich schon daran, als ich noch erst ein junger Anfänger und noch bei Euch war, und wie die sauer erworbenen Groschen gezehntet wurden durch die Steuerboten und Auflagen, warum der Bauersmann doch so gedrückt wird. Und wenn ich mit Holz oder Frucht in die Stadt fuhr und sah die prächtigen Palläste der Reichen und der Vornehmen, und den Glanz am fürstlichen Hofe, die schimmernden Uniformen der großen Herren, so schien es mir ganz sonderbar, daß allein dem Bauer so mühseliges Joch auferlegt sei, damit die Herren von Oben in Sauß und Brauß leben könnten. Der Bauernstand ist doch wohl der zahlreichste. Aber wie es jetzt im deutschen Lande aussieht, ist er nur da, um von den wenigen großen Herren und deren Beamten und Gesellen geschunden und geplagt zu werden. Deßwegen setzte ich auch auf das Häuschen, das mir meine Frau zubrachte, den Spruch, den Ihr wohl noch dort lesen könnt, den ich aber hier beisetze, zum Nutz und frommen Betrachtungen:

Die Fürsten woll'n haben ihren Tribut;
Die Reichen und Adlichen haben frei Gut;
Der Amtmann und der Hofrath spricht:
Ich zahle keine Steuern nicht.
Der Pfaff spricht: ich bin frei;
Der Jud' treibt die Betrügerei.
Wohl mancher spricht: ich gebe nichts;
Der Arme spricht: ich habe nichts;
Der Bauer spricht: »Daß Gott will walten,
Ich muß die Lumpen all' erhalten.«

Und wenn ich so einen hohen Herrn, vom Fürsten bis zum Polizeiknecht herab, sah, wie er hochmüthig sich geberdete und auf uns Bauern sogar stolz und verächtlich herabblickte, da wurde ich noch ganz empört und so zornerfüllt über den Mißbrauch und die Ungerechtigkeit, die unsere Heimath erfüllt.

Jetzt nun lebe ich wie ein freier Mann auf meinem freien Erbe und Eigenthume und bin getröstet in meinen Kindern – keine Sklaven zu hinterlassen. Darum trieb es mich fort von Euch und von dem verschuldeten Gütchen und dem gestrengen Herrn Amtmann, und über Land und Meer ging ich mit dem kleinen Rest meiner Habe, wie so viele tausend Landsleute, dem dunkeln Schicksale entgegen. Der Himmel führte mich in ein freies Land. Hört, wie es da ist und wie es in Deutschland nicht ist.

Hier in Nordamerika lebt ein freies Volk. Herren und Fürsten kennt man nicht; es herrscht Gleichheit aller Bürger. Das Volk wählt seine Obrigkeit selbst und zahlt keine Steuer, weil keine Fürstenhöfe, keine Höflinge und Schmarotzer, keine goldbetreßten Offiziere und Soldaten da sind. Und doch ist das Volk stark; weil jeder Mann verpflichtet ist, sein Vaterland im Fall der Noth zu vertheidigen. Also war es auch, lieben Freunde, bei unsern deutschen Vorältern, bis uns List und Verrath unter das schändliche Joch gebeugt. Dieweil in Deutschland die Fürsten und Gemeinden viele Schulden haben, sind hier in den Gemeinwesen gefüllte Vorrathskassen. Denn es herrscht ein guter Haushalt und Handel und Wandel ist unendlich lebhaft, und wer arbeiten kann und will, verdient ein schönes Stück Brod.

Aber, lieben, theuerwerthen Freunde und Landsleute! Mit Schmerz und Wehmuth denke ich an das Elend meines alten Vaterlandes. Wohl wünschte ich, daß Ihr Alle mein Glück theilen mögtet. Jedoch es geht ja nicht. Daher freut mich auch nichts mehr so recht im Herzen. Wäre ich aber noch zu Hause bei Euch, so würde ich Tag und Nacht meinen Brüdern und Landsleuten zusprechen, damit das Land erlöst werde von so schwerer Noth und Knechtschaft durch unsere starke Kraft.

Ich würde zeigen, wohin der saure Lohn unserer Mühe und Anstrengung hinwandert, wie elend und mißhandelt wir leben müssen. Zeigen wollt' ich Euch, wie stark wir sind durch Zusammenhalten und Einigkeit. Denn nur durch unsere Trennung sind unsere Dränger jetzt oben. Den Bauern wollt ich leise zuflüstern, bereit zu stehen, wenn die Sturmglocke hallt, zum Kampfe für des Landes Wohl und unsere und der Enkel Freiheit. Den Bauernsohn fragte ich: Bist Du Soldat zum Jammer Deiner Aeltern? Wirst Du drei oder sechs Jahre im bunten Rock das blinde Werkzeug Deiner Offiziere sein, die von des Landes Raube mitzehren? Gedenkst Du nicht, daß in älteren Jahren derselbe Druck Dich darniederbeugen wird? Auf! würde ich ihm zurufen, gegen die wahren Feinde Deines Landes, die Blutsauger Deines armen Volkes.

Ja, liebe Verwandte und Freunde! Nimmermehr würd' ich ruhen noch rasten, um eine bessere Zukunft uns Allen zu bereiten, daß es werden möge, wie es in Nordamerika ist und keiner mehr fortzuwandern brauchte mit schwerem Herzen. Und wenn es mich Leben, Gut und Blut

1844

Brief

aus den

Freistaaten von Nordamerika.

Geschrieben

von

Adam Frank,

gebürtig aus Fränkisch-Krumbach im Odenwalde,

an

seinen Vater Johannes Frank, seine Brüder Johann, Philipp und Peter Frank und an seine Verwandte, Freunde und andere brave Leute.

St. Louis im Missouri Staate am 10. April 1836.

Lieber alter Vater, lieben Brüder und Freunde!

Will's Gott, wird Euch Alle mein Brief recht frisch und gesund in der lieben Heimath finden, so wie ich es bin mit Frau und Kind hier im Lande der Freiheit. Habe auch zu Weihnachten wieder ein klein Knäbchen bekommen und Johann Philipp taufen lassen, weil der Bruder sein Petter sein soll. Hier geht's uns wohl und gut. Im vorigen Jahre haben wir recht gesegnete Erndte gehabt; die Gerste, der Waizen und das türkische Korn war reichlich gerathen und ich habe nach St. Louis für 170 Thaler davon verkauft. Wir haben jetzt 5 Stück Rindvieh, 2 Ochsen, 2 Kühe und ein Rind; auch ein Pferd und ein Fohlen. Es fehlt uns an nichts und wir haben bei fleißiger Arbeit ein zufriedenes, glückliches Leben. Unser Hof und Land liegt etwas ab Seit, aber wir uns sind noch gute Nachbarn, meistens auch Ausgewanderte aus Schwaben, Hessen und Baiern, denen es Allen ganz gut geht.

Es thut mir immer recht weh, wenn ich zurück denke an die liebe, alte Heimath und an Euch, Ihr Lieben Alle. Wohl geht es mir jetzt gut und ich habe die Sorgen und die Scherereien nicht mehr, wie daheim. Doch das Herz hängt noch am Vaterlande und Ihr wißt wohl, wie nur die Noth mich zwang, mit schwerem Herzen fortzuziehen. Aber ich weiß, wie's zu Hause aussieht und wie Ihr Alle Eures Lebens wenig froh werdet bei allem Fleiß und aller Mühe. Denn Ihr wohnt im Lande der Knechtschaft und des Druckes.

Oftmals dachte ich schon daran, als ich noch erst ein junger Anfänger und noch bei Euch war, und mir die sauer erworbenen Groschen gezehntet wurden durch die Steuerboten und Auflagen, warum der Bauersmann doch so gedrückt wird. Und wenn ich mit Holz oder Frucht in die Stadt fuhr und sah die prächtigen Palläste der Reichen und der Vornehmen, und den Glanz am fürstlichen Hofe, die schimmernden Uniformen der großen Herren, so schien es mir ganz sonderbar, daß allein dem Bauer so mühseliges Joch auferlegt sei, damit die Herren von Oben in Sauß und Brauß leben könnten. Der Bauernstand ist doch wohl der zahlreichste. Aber wie es jetzt im deutschen Lande aussieht, ist er nur da, um von den wenigen großen Herren und deren Beamten und Gesellen geschunden und geplagt zu werden. Deßwegen setzte ich auch auf das Häuschen, das mir meine Frau zubrachte, den Spruch, den Ihr wohl noch dort lesen könnt, den ich aber hier beisetze, zum Nutz und frommen Betrachtungen:

Die Fürsten woll'n haben ihren Tribut;
Die Reichen und Adlichen haben frei Gut;
Der Amtmann und der Hofrath spricht:
Ich zahle keine Steuern nicht.
Der Pfaff spricht: ich bin frei;
Der Jud' treibt die Betrügerei.
Wohl mancher spricht: ich gebe nichts;
Der Arme spricht: ich habe nichts;
Der Bauer spricht: „Daß Gott will walten,
Ich muß die Lumpen all' erhalten."

Und wenn ich so einen hohen Herrn, vom Fürsten bis zum Polizeiknecht herab, sah, wie er hochmüthig sich geberdete und auf uns Bauern sogar stolz und verächtlich herabblickte, da wurde ich noch ganz empört und zornerfüllt über den Mißbrauch und die Ungerechtigkeit, die unsere Heimath erfüllt.

kostete. Besser frei sterben, als elend leben und seine Kinder zu Sklaven groß zu ziehen.
Aber so kann ich jetzt, getrennt vom Vaterlande durch viele hundert Meilen, nichts mehr thun, als mit Wehmuth Eurer und Eurer Knechtschaft gedenken; ich kann nichts mehr thun, als Euch zurufen, daß die Fürsten, die Herren und Reichen, die Beamten und viele schlechte Pfaffen Eures Unglücks Urheber sind. Aber Landsleute, wenn Ihr die Kette fühlt, die Euch niederhält, so bereitet Euch still und ernstlich vor, sie zu brechen. Wenn Ihr nur wollt, so geht es schon leicht.
Viele wackere Männer arbeiten im Stillen an des Landes Befreiung. Vereinigt Euch mit ihnen treu und redlich. Wenn der Kampf beginnt, der Bauern gegen die Herren, dann deutsches Volk, stehe auf, es gilt Dein Glück, Deine Freiheit, Deine Ehre.
Gedenket mein und gebt mir bald bessere Nachricht und den Trost, daß Ihr erkannt, wie ich wahr geredet. Lebet wohl, lieber Vater, liebe Brüder, Verwandte, Freunde und Landsleute all', lebt wohl. Meine Frau und Kinder grüßen Euch herzlich.

Euer treuer
Adam Frank.

3. Ein Auswandererbrief von 1848

Mit der Liberalisierung des Auswanderungswesens stand der Verbreitung von Briefen Ausgewanderter nichts mehr im Wege, so sie sich direkter politischer Kritik enthielten. Den langen Brief, mit dem der Auswanderer Fr. Herzer 1848 aus Detroit seine Überfahrt und die Umstände seiner Seßhaftwerdung beschrieb, hielt das »Anzeigenblatt der Stadt und des Regierungsbezirkes Gießen« für so aufschlußreich, daß es ihn 1849 in zwei Teilen in der Rubrik »Buntes« seinen Lesern zur Kenntnis brachte (Nr. 63, S. 637f.; Nr. 64, S. 643f.).

Schreiben eines Ausgewanderten nach Amerika

Detroit, 31. Dec. 1848.

Lieber Bruder, Schwäger und Freunde!

Wir sind zwar arm hierhergekommen, denn keinen Cent baares Geld konnte ich mehr aufweisen, und ehe drei Wochen vergingen, hatte ich eine Schuld von 54 Dollar; jedoch hat es uns noch keinen Augenblick gereut, diesen Schritt gethan zu haben, vielmehr danken wir Gott, daß er uns so weislich geleitet hat; denn in Deutschland konnte man von so einer Schuld so bald nicht wieder loskommen, wenn man gleich Hunger und Kummer litte, Tag und Nacht arbeitete. Ganz anders ist es hier; denn in Zeit von drei Monaten war Alles bezahlt, indem ich und Fritz nur arbeiten, dabei doch einen ganz andern Tisch führen, als in Deutschland, und monatlich eine Miethe von 3 ½ Dollar zahlen. Um euch zu erzählen, wie sich Alles zugetragen und wie wir hierher gekommen sind, muß ich von vorne anfangen, euch wenigstens im Allgemeinen unsere See- und Landerlebnisse mittheilen; denn wollte ich recht ins Einzelne eingehen, so würde ich sobald nicht fertig. Unsere Seereise war im Allgemeinen eine kurze und glückliche zu nennen, denn wir hatten keine so gefährlichen, wenigstens keine lange anhaltenden Stürme, ein großes dauerhaftes, noch ganz neues Schiff von 500 Lasten Gehalt, dabei eine Schiffsmannschaft, die, vom Capitän bis zum Schiffsjungen, als Muster aufzustellen ist. Hätten wir den günstigen Wind, wie wir ihn vom Anfange hatten, behalten, so wären wir kaum drei Wochen gefahren, denn durch die Nordsee und den englischen Canal sind wir in drei und ein halb Tagen gefahren, nämlich am 19. April Abends 9 Uhr verließ uns der Lootse und wir stachen in die Nordsee bis den 23. d. M. früh, wo wir uns im Ocean befanden. Diese Nacht, vom 22. bis 23., es war die Osternacht, war die gefährlichste, denn wir hätten da Alle unser Grab finden können, indem wir mit einem andern Schiffe zusammenstießen, aber Dank der Vorsehung, daß sie uns auf ein so dauerhaftes Schiff geführt hatte; das unsrige hatte nicht einmal einen Leck bekommen, was aber aus dem andern geworden ist, kann ich nicht sagen, denn die Finsternis war zu groß und der Sturm ziemlich stark. Von da an änderte sich das Glück; der Wind, wenn wir welchen bekamen, kam gewöhnlich daher, wo wir hinwollten, und außerdem größtentheils Windstille, welche noch unerträglicher war als Sturm. Die Seekrankheit hatte meine ganze Familie ergriffen, vorzüglich meine Frau, welche während der ganzen Fahrt das Lager kaum acht Tage verlassen hatte; nur ich kann nicht sagen, wie Seekrankheit thut, ich blieb verschont davon. Mein kleiner Richard war der erste, welcher sich wieder erholte und bei mir auf dem Verdeck den ganzen Tag zubrachte; seine größte Freude war es, wenn das Schiff von den Wellen recht hoch getrieben und wieder in den Abgrund gestürzt wurde. Die mehrste Zeit brachte ich bei dem Capitän im Dominospiel zu, außerdem lugte ich fleißig nach dem Lande umher, war auch so glücklich, das erste zu erspähen, trotzdem daß mich der Capitän darüber öfters verlachte, weil ich behauptete, ich wollte doch das erste entdecken. Es war den 27. Mai gegen Mittag, als ich Land rief, worauf in einigen Minuten das ganze Verdeck von Menschen übersäet war und Alle das längstgewünschte Land sehen wollten; von da an wurde es immer lebhafter um uns, es zeigten sich immer mehr und mehr Schiffe, und noch an demselben Tage Abends 8 Uhr kam der Lootse an Bord, was die Gemüther so erheiterte, daß alle Kranken gesund wurden und ihr Lager verließen; es war ein mächtiger Jubel. Um 10 Uhr bekamen wir andern Wind, welcher für uns sehr günstig war. Das Schiff glitt dahin wie ein Vogel in der Luft. Gegen 3 Uhr früh erblickten wir die Leuchthürme in der Ferne und um 5 Uhr liefen wir in den Hafen von Newyork ein. Nur Schade, daß es so ein starker Nebel war, man konnte gar nichts sehen, bis gegen 9 Uhr, wo er verschwand und wir uns in ein Paradis versetzt glaubten und sich unsere Augen nicht satt sehen konnten; es war ein herrlicher Anblick, wir hielten dicht vor der Stadt. Eine Commission kam sogleich an Bord, das Schiff und Passagiere wurden untersucht. Alles in bestem Zustande befunden und hierauf sogleich gelandet. Ich begab mich den Nachmittag

in die Stadt und suchte Seelemann auf, wurde sehr freundlich aufgenommen; er begab sich mit mir auf das Schiff, um meine Familie kennen zu lernen; wir wurden auf den andern Tag zu ihm zu Gaste geladen, wo es von Scherz zu Ernst kam und Herrmann sich entschloß, bei ihm zu bleiben und Schuhmacher zu werden. Es wurde nun berathschlagt, wo nun hin? Ueberall wurde uns von Jedermann abgerathen, nicht nach Tennessee zu machen, indem es nicht so wäre als es ausgeschrien sei; auch Seelemann wollte haben, ich sollte mich in der Nähe von Newyork niederlassen und nicht erst das Geld verreisen, was auch das Beste für mich gewesen wäre. Allein ich ließ mir nicht rathen, ich ging mit Zörners nach Wisconsin, was uns von der deutschen Agentur ganz vortrefflich geschildert wurde, aber ich leider nicht so fand und in meinen Erwartungen sehr getäuscht wurde.
Es war am Himmelfahrtstage Abends 8 Uhr, als wir Newyork verließen und per Dampfschiff nach Albani fuhren, von da per Eisenbahn bis Buffalo und von hier wieder per Dampfschiff den Erie-, Huron- und Michigangsee befuhren, in Shebeygan, in Wisconsin landeten und die dortige Gegend besahen. Allein da wollte es mir nicht gefallen, es war noch so wüste und menschenleer; überall, wo man hinkam, noch die alten Urwälder, wo kaum ein menschlicher Fuß hindurch konnte; das Alles schreckte mich zurück, daß ich den Entschluß faßte, mich anderwärts nach Arbeit umzusehen. Ich ging mit Zurücklassung meiner Familie nach Milwauki, der Hauptstadt von Wisconsin, fand aber nirgends, was ich suchte, ließ mich aber nicht abschrecken und dachte, ist es hier nicht, so wird es doch anderswo sich fügen. Auf diese Weise wanderte ich von einer Stadt zur andern bis Chicago. Ueberall aber fand ich mich in meinen Hoffnungen getäuscht und mußte unverrichteter Sache wieder zurückkehren. Durch dieses Umherziehen und Stilleliegen ohne Verdienst wurde natürlich meine Kasse so geschwächt, daß ich mich nicht länger so halten konnte, und doch glaube ich, es war zu meinem Glücke; denn ich wäre vielleicht nicht auf den Gedanken gekommen, wieder zurückzureisen. Sowie ich bei meiner Familie wieder ankam, wurde sogleich zusammengepackt und mit dem ersten Schiffe nach Buffalo zurückgesteuert, weil ich wußte, daß dort mehrere Gerbereien seien und ich eher Arbeit finden könnte. Aber Gott hatte es anders beschlossen; wie wir vor hiesiger Stadt anlegten, um Holz und Kohlen zur Feuerung einzunehmen, kamen mehrere Deutsche auf das Schiff, unter Andern auch ein Schuhmacher, welcher mich ausfragte, woher, wohin und was für eine Profession ich hätte. Ich erzählte ihm meinen Plan, worauf er in

mich drang, daß ich hier aussteigen sollte, es wäre hier besser als in Buffalo, auch eher Arbeit zu bekommen, ja er wüßte mir sogleich welche zu verschaffen. Ich gab ihm aber darauf kein Gehör, sondern glaubte, es wären Vorspiegelungen, wie ich schon gewohnt worden war, um die neuen Ankömmlinge zu benutzen; denn von den Deutschen, welche schon eine Zeitlang im Lande sind, wird man am mehrsten betrogen. Er ließ jedoch von mir nicht ab mit seinem Zureden, trotzdem ich ihn versicherte, daß ich keinen Cent mehr aufweisen könnte, sodaß ich mit Widerwillen mich endlich bereden ließ und meine Sachen ans Land schaffte. Jedoch jetzt sollte ich meine Fahrt bezahlen, welche bis hierher 15 Dollar betrug, und hatte nur noch 9. Da wurden nicht viele Worte gemacht; meine Sachen wurden ins Wehrhaus gestellt, mit der Bedeutung, nicht eher herauszugeben, bis ich das noch Fehlende bezahlte. Ich mußte mich darein fügen und ging mit dem Schuhmacher, welcher mich in ein deutsches Kosthaus führte, wo ich auch sehr gut aufgenommen wurde. Er versprach den andern Tag wiederzukommen und mit mir nach Arbeit umzuschauen; er hielt Wort. In einer Gerberei brachte er mich unter, aber mich nur allein; natürlich konnte ich nicht so viel verdienen, als wir im Kosthause bezahlen mußten, war auch nicht so glücklich, eine Wohnung für uns auszufinden, denn diese war sehr schwierig zu erlangen, weil etwa sechs Wochen zuvor eine Feuersbrunst gegen 300 Häuser in Asche gelegt hatte, und auf diese Art bekam ich eine zweite Schuld von 17 Dollar. Endlich erlangte ich eine Wohnung; wir fingen unsere eigene Wirthschaft an, aber leider! hier sah es sehr traurig aus, weder Tisch noch Stuhl zum Essen, keine Bettstelle zum Schlafen, keinen Ofen zum Kochen, (denn diesen muß hier ein jeder Hausgenosse mitbringen, sonst kann er kein Feuer machen), das Alles mußte angeschafft werden; aber – ohne Geld und unter fremden Menschen – wo hernehmen? Doch es machte sich geschwinder, als ich glaubte, es kam nämlich ein hiesiger Gerber, welcher Leute in seine Arbeit brauchte, zu mir in meine Behausung, er verlangte mich und meinen Fritz in Arbeit; wir wurden auch bald einig, und ich versprach, zu ihm zu kommen. Als er bei dieser Gelegenheit gesehen hatte, daß ich ihn nicht konnte heißen niedersetzen, auch sonst nichts sah, wo wir unser Haupt konnten hinlegen, als auf den Boden, so kam er, als ich einige Tage bei ihm gearbeitet hatte, zu mir und sagte: »Das geht nicht an, so können Sie nicht bleiben, Sie müssen sich die nöthigen Möbel anschaffen, hier haben Sie eine Note, gehen Sie da und da hin und kaufen sich, was Sie nöthig brauchen, ich will wöchentlich nur 3 Dollar abrechnen, auf diese Art kommen Sie leicht dazu.« Ihr könnt denken, daß ich mir dieses nicht zwei Mal heißen ließ, und lief sogleich danach; in einigen Stunden war unser Logis ausmöblirt, bekam aber dadurch wieder eine Schuld von 31 Dollar; es dauerte aber, wie ich schon von vorn herein erwähnt habe, nur drei Monate, so war ich von allen Schulden wieder frei. Hieraus könnt ihr schließen, daß der Lohn hier nicht schlecht sein kann, oder glaubt ihr vielleicht, daß wir uns während dieser Zeit recht kümmerlich haben hinbringen müssen? O, da irrt ihr euch sehr; denn fragt meine Kinder, ob sie wieder nach Deutschland wollen, so werden sie antworten: nein, wir haben hier viel besseres Essen als dort, wir gehen nicht wieder hinaus! Und es ist wahr, man lebt hier viel besser, nicht einmal so theuer als dort; denn ein Faß vom feinsten Weizenmehl (es muß 196 Pfd. Mehl enthalten) kostet 4 Dollar, davon wird Brod und Kuchen gebacken und zu allem verwendet, wo Mehl nöthig ist, weil man nur eine Sorte hat, und doch haben wir gewöhnlich sechs bis sieben Wochen daran. Ebenso verhält es sich mit dem Fleisch, 100 Pfd. gutes Kuhfleisch kauft man für 2 Dollar, Ochsenfleisch für 3 Dollar, ein Schwein, worin noch das sämmtliche Schmeer ist, 100 Pfd. zu 3 bis 3 ¼ Dollar, desgl. Kaffee, Zucker und Reis beinahe nur halb so viel wie bei euch; Kartoffeln hingegen sind bedeutend theurer als bei euch, der Sack kostet nach eurem Gelde, 2 ¾ Thlr., aber wir essen auch beinahe gar keine, nur manchmal Klöße. Dasselbe kann man auch von dem Gemüse sagen, welches wir aber, so Gott will, uns kommenden Sommer selbst ziehen werden, denn wir haben einen Garten mit zu unserem Logis.

Es geht ins Unglaubliche, wie große Paläste in ganz kurzer Zeit entstehen. Ich bin erst sechs Monate hier und habe schon so manches Gebäude aus dem Schutte aufbauen sehen, welche auch bereits vor den Monaten bezogen sind. Ebenso schnell entstehen auch die Städte, z.B. Detroit war vor 15 Jahren noch ein kleiner Ort von ungefähr 200 Häusern, jetzt schon eine Stadt von 22,000 Einwohnern. Sie ist sehr regelmäßig angelegt, hat schöne, breite, schnurgerade Straßen, zwar ohne Pflaster, aber bei dem schlechtesten Wetter braucht man keinen Schuh zu beschmutzen, indem die Seitenwege mit Bohlen belegt sind. Es sind 25 Kirchen von allen Glaubensparteien hier, und der Sonntag wird heiliger gehalten als in Deutschland, an diesem Tage wird gar nichts gemacht, alle Läden sind fest geschlossen; wer sich am Sonnabend nicht mit Dem versorgt, was er braucht, kann es am Sonntag nicht bekommen. Für Schulen ist hinlänglich gesorgt. Es bestehen hier neun Freischulen, welche von der Stadtkasse erhalten und die Kinder unentgeldlich gelehrt werden, wohin

auch die meinigen gehen; es wird darin wegen der verschiedenen Glaubensmeinungen kein Religionsunterricht ertheilt, sie genießen denselben in den Sonntagsschulen in der Kirche.
Das Klima ist hier ziemlich gesund; der Sommer sehr heiß und die Vegetation sehr schnell. Die Gegend ist ganz eben, man trifft viele Meilen im Umkreise nicht einmal eine Anhöhe an, von den plagenden Muskitos ganz frei und der Boden sehr ergiebig. Die Stadt liegt für das handeltreibende Publikum sehr vortheilhaft, denn sie ist mit Neuyork und St. Louis durch Dampfschifffahrt und Eisenbahnen verbunden, und wird in Zukunft eine der ersten Städte mit werden.
Für diesmal, lieber Bruder und Freunde, muß ich meine Epistel beschließen. Ich werde nicht unterlassen euch in der Folge noch öfters Schilderungen aus meinen Erfahrungen zu machen, sobald ich die hiesigen Verhältnisse gehörig kennen gelernt habe, und euch damit nicht zur Last falle. Dieses gedenke ich aus eurem nächsten Briefe zu ersehen, auf welchen ihr mich hoffentlich nicht gar zu lange werdet warten lassen. Wir rufen euch insgesammt ein: Prosit Neujahr! zu. Möge das neue Jahr euer Glück nicht stören, sondern vermehren; möge es, was übel war im vergangenen Jahre, besser machen im künftigen; möge euch Gott noch viele frohe Neujahrstage erleben lassen und euch noch lange, lange erhalten. Dieses wünscht euch herzlich und grüßt euch tausend Mal euer euch stets liebender Bruder, Schwager und Freund

Fr. Herzer.

4. Ein Auswandererbrief von 1855

Brief der Christine Pfau, die 1845 als dreizehnjährige nach Baltimore auswanderte, vom 4. April 1855 an ihre Eltern und Geschwister in Marburg (Privatbesitz Marburg). Den Briefkopf ziert eine gestochene Stadtansicht von Baltimore. Solches Briefpapier konnten die Auswanderer auch in New York und in anderen Städten verwenden.

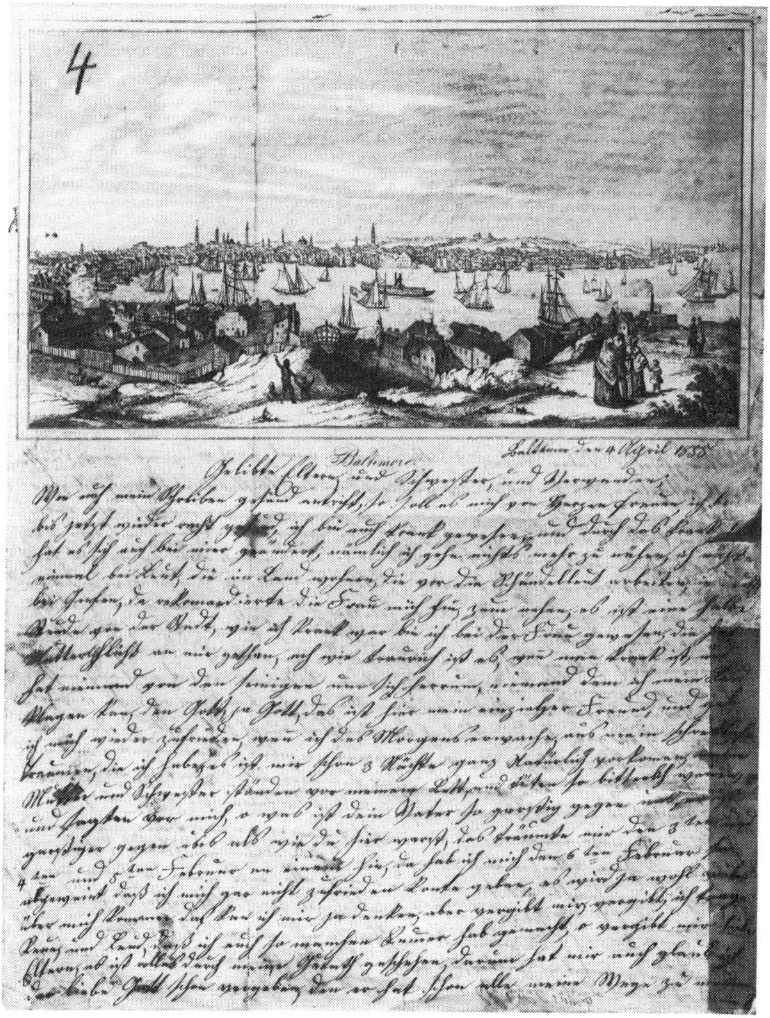

Baltimore den 4 April 1855

Geliebte Eltern und Geschwister, und Verwandte

5. Bestellte Briefe

Daß Briefe von Auswanderungswilligen in Amerika direkt »bestellt« wurden, um in der Familie die Zustimmung zum Auswanderungsentschluß zu erhalten, geht aus einem Brief hervor, den der Licher Auswanderer Heinrich Dörmer am 16. Februar 1870 nach Hause schrieb. Ein ehemaliger Nachbar hatte ihn um einen solchen Brief für seinen Bruder gebeten, doch wollte sich Dörmer nicht dafür hergeben. Er selber war damals Metzgergeselle in Hoboken/New Jersey und brachte es später in Brooklyn/New York zu Besitz und Ansehen (vgl. S. 334).

Hoboken den 16ten Februar 1870

Liebe Eltern und Geschwister!

Ich fühle mich genöthigt wieder ein paar Zeilen an Euch zu schreiben, weil ich auf den letzten Brief, welchen ich an Euch sendete noch keine Antwort erhalten habe. Dieser Brief wird nicht bei Euch angekommen sein, sonst würdtet Ihr mich schon längst in Kentniß gesetzt haben. Ich habe Euch in jenem Brief über alles in Kentniß gesetzt. Von Adam Melchior habe ich das Sacktuch und die Zettel [= Zelten, Lebkuchen?] erhalten welches mir große Freude machte. Aber die Zettel waren so hart daß man sie kaum beißen konnte.
Heute bekam ich einen Brief. Ich dachte gewiß er wäre von Euch; als ich ihn öffnete, war er von Philipp Förster (Orgelbauer) u. G. Wolf. Dieser Brief hatte diesen Inhalt wie folgt. Einige Neuigkeiten von der Eisenbahn und von Katharina Jung, welches mich sehr erschreckte als ich es laß. Der Hauptinhalt ist, ich will dir mittheilen daß mein Bruder Heinrich Förster, der Rothkopf nach Amerika machen will, sein Vater war sehr dafür. Er hat ihm schon seine Entlaßung besorgt er kann also fort machen nach belieben. Aber kürzlich hat sein Vater einige Briefe aus Amerika bekomen, welche nicht gut von Amerika lauteten, und ihm sank der Muth seinen Sohn Heinrich fortzulaßen. Deshalb möchte ich dich in meines Bruders Namen bitten, sobald du einen Brief an uns schreibst wirst du einen Brief an meinen Bruder Heinrich beilegen und wirst dem Brief ongefähr folgenden Inhalt geben. Soweit ich gehört habe, willst du nach Amerika wozu ich dir Glück wünsche, komme nur nächstes Frühjahr und laße es dir nicht lang sein wer hier arbeiten will,

der findet Arbeit und verdient auch sein schönes Geld natürlich ein schlechter Mensch bleibt hier auch schlecht, wie in Deutschland und es erwartet dich unfehlbar dein Heinrich Dörmer. Darum liebe Eltern will ich Euch in Kenntniß darüber setzen. Ich will davon nichts wißen es ist gegenwärtig eine schlechte Zeit, trotzdem braucht Ihr Euch weiter keine Gedanken über mich zu machen. Es wird wohl beßer sein, wenn Ihr ihm ein paar Zeilen schreibt nach Eurer Meinung; als käm es von mir. Ihr müßt es natürlich ein wenig versiegeln. Aber mich so bald wie möglich darüber in Kenntniß zu setzen möchte ich Euch bitten. Sonstige Neuigkeiten sind keine besondern. Viele Grüße an alle Verwandten und bekannten

besonders Grüßt Euch

Euer Sohn u. Bruder
Heinrich

6. Briefe an einen Bürgermeister

Daß selbst Bürgermeister nicht ausschließlich der offiziellen Auswandererinformation und -propaganda vertrauten, sondern von Landsleuten ungeschminkte Berichte haben wollten, zeigen zwei Briefe im Gemeindearchiv Erfelden von 1878 und 1884 an den damaligen Ortsbürgermeister Schäfer. Wohl um Auswanderungswilligen guten Rat geben zu können, hatte dieser zuerst den einstigen Erfeldener Philipp Peter Rothmann angeschrieben, der 1849 als zwanzigjähriger mit seinem Onkel nach Clay Center/Kansas gegangen war. Und bevor 1883 oder 1884 Adam Roth nach Clay Center folgte, hatte er diesem mündlich das Versprechen abgenommen, über die Arbeits- und Siedlungsmöglichkeit jener Gegend zu berichten. Dies blieb nicht ohne Auswirkungen auf das Auswanderungsverhalten der Erfeldener, die mehrfach Clay Center zum Ziel nahmen.

Clay Center Jan. 20/1878

Hochgeehrter Herr Bürgermeister,
Ihren Brief vom 13ten Decbr 1877 habe ich am 17ten Januar erhalten, meine Erstaunung und Freude wieder einmal von Erfelden zu hören war groß, zudem daß dieser Brief von Ihnen gewesen ist, und nicht von meinen Verwanten doch das wird schon kommen; nun zur Antwort fon Ihrem hochgeschätzten Briefe die Erste Frage wo ist Clay Center Kansas, es ist 120 Meilen fon dem Missury Fluß westlich nach dem Kansasfluß haben wir 30 Meilen der Republican fliest an unserer Statt vorbei und 30 Meilen fon hier fließt derselbe mit dem Smoky Hill Fluß zusammen und dan bilden beide den Kansas wir wohnen hier eigentlich in der Mitte fon Amerika wir haben eine Eisenbahn die sogenannte Junction City and Fort Kaerny Bahn werden aber in aller nähe eine Bahn fon Leavenworth hierher bekommen und dan noch eine fon Neubreska [= Nebraska] welche dan uns Verbindung geben wird fon dem Eusersten Norden nach dem [fernen] Mexiko im Süden das wird dan die Einzige Eisenbahn sein die direkt fom Norden nach Süden durch die Mitte von Amerika geht, von dieser Bahn bin ich einer von den 12 Direcktoren.
[. . .]
wier haben hier 15 guten Läden und noch etliche andere, Ludwig hat ein Geschäft for sich angefangen, Vater eigenet 3 gute Häuser in der Statt und thut gans gut damit; so weid mit der Antwort.
[. . .]

Nun muß ich Ihnen auch etwas fon mir selbst schreiben [. . .] im Jahre 1856 habe ich mich Verheuratet meine Frau ist von Blankenau 3 Stundte von Fulda geborne Traut [. . .] in den ersten 13 Jahren ging es uns ärbärmlich Elend aber wier haben es geduldich getragen [. . .] ich baute uns ein Haus in Clay Center wo wir jetzt wohnen, hier halten wier ein Gasthaus und Stallung ich kan 30 Pferde in meinem Stall aufnehmen wier thun ganz gute Geschäfte damit und möchte ich gerne sehen wen einer von Erfelden hier wäre und ein Teil von unserem Land würde bebauen wir haben jetzt 220 Aker wofon 35 Aker Wald ist das übrige könte alles gebaut werden bis jetzt haben wier blos 106 Aker unterm Pflug aber diesen Sommer werde ich noch 40 Aker dazu thun; ich möchte gerne eine gute Magd haben und auch einen guten Knecht. Sind Sie so gefälligst und Schüken Sie mir wo möglich beide wir bezahlen einen guten Lohn so daß Sie in ganz kurzer Zeit sich können selbständig einrichten. [. . .]
Vater und ich schüken Ihnen hier unser Bild das können Sie einem jeden zeigen der es sehen will aber es gehört Ihnen, hier nochmals unseren gemeindtschaftlichen Gruß an alle Bekanten und Verwanten und haubtsächlich an Sie und Familie

zeigen [= zeichne] ich Achtungsfoll
Ihr Freund
Philip Rothman

Clay Center Jun 16/84

Geehrter Herr Bürgermeister!
Da ich Ihnen versprochen habe bei meiner Abreise von Erfelden zu schreiben so will ich Ihnen einiges Mittheilen. Die Gegend hier ist sehr schön und die Ernte sieht sehr gut aus Waizen und Roggen das Land hatt einen sehr hohen Preiß und wird jeden Tag theuerer. Waldung gibt es hir gar nicht es ist alles Ackerland und das ist zum Theil gut und auch schlechtes dabei. hir in dieser Gegend wird kein Mist gefahren auf das Land sondern die Leute fahren in ans Ufer von Bächen und Flüßen und lassen ihn fort schwemmen so ist es hir in dieser Gegend aber das Land ist noch neue vieleicht kommt die Zeit daß die Bauern auf Dünger müssen. ein großer Unterschied zwischen Deutschland und hir. die Ernte ist beinahe reich bis mein Brief an Sie kommt so wird überall Waizen abgemacht und das Alles mit der Maschine. Ich wahr letzte Woche forth und habe Land betrachtet welches nicht weit von einer Stadt liegt und

werde es auch noch diese Woche kaufen. Ich war schon 150 M[e]ilen weiter westlich dort sieht es noch wild aus da brennen die Wisen 50 bis hundert M[e]ilen ab denn das viele alte düre Graß das Feuer brennt manchmahl so schnell als das beste Pferd laufen kann da ist Lebensgefahr dabei wenn das dürre Graß anfangt zu brennen. Letzte Woche habe ich ein Waizenfeld gesehen welches 3000 Thausend Acker oder Morgen groß ist da werden ungefähr 20 Maschine angestellt welche Alles in kurzer Zeit abmachen.

Herr Bürgermeister!
Solten vieleicht Leute noch von Erfelden oder aus der Gegend nach Amerika reisen so ist es mit denen die keine Mittel haben sehr schlecht im Sommer ist zwar zu thun aber im Winter vor diese Leute als [= wie] in Deutschland denn alles ist theuer was draußen eine Mark kostet das kostet hir schon einen Dollar und noch mehr da können Sie urtheilen wie es hir ist vor arme Leute und der Hauszins ist sehr hoch 2 kleine Zimmer und Küche kosten Hauszins den Monat von 8 – bis 10 Dollar das muß der Mann schon verdinen sonst wird er auf die Straße gejagt. Leute die alles müßen kaufen hir in Amerika sind viel beßer auf deutschem Boden denn Sie bringen niemahls mehr so viel zusammen daß sie diesen [= den deutschen Boden] sehen können. Vieleicht sind noch Leute in Erfelden welche sich durch hiesiche Laffen weiß machen [lassen] was sie hir könnten verdienen sie werden es bereuen wenn es zu spät ist rathen sie jedem ab der keine Mittel hatt denn auf den großen Lohn welche sie durch hiesiche werden weiß gemacht sollen sich die Leute nie verlassen es sind schon mehrere hir in dieser Gegend wenn die heute krank sollen werden so geht es ihnen schlecht! Bleibe ihm Vaterland und ernähre dich redlich!
es ist schon oft vorgekommen daß die eignen Landsleute hir die größten Betrüger sind an den frischen deutschen welche von draußen kommen denn die sprechen schön ins Gesicht aber hinter Rücken sind sie Fagabunden.
Herr Bürgermeister. Clay Center ist nahe 2 Thausend M[e]ilen von New York also beinahe das Mittelpunkt von Amerika. Ich will vor dießmahl schlißen und hoffe daß mein Brief Sie Alle die kanze Familie und Freundschaft Gesund antrifft.
Grüßen Sie meine Mutter und Bruder Philipp Roth und alle Freunde welche nach mir fragen.

Es grüßt Sie
Adam Roth

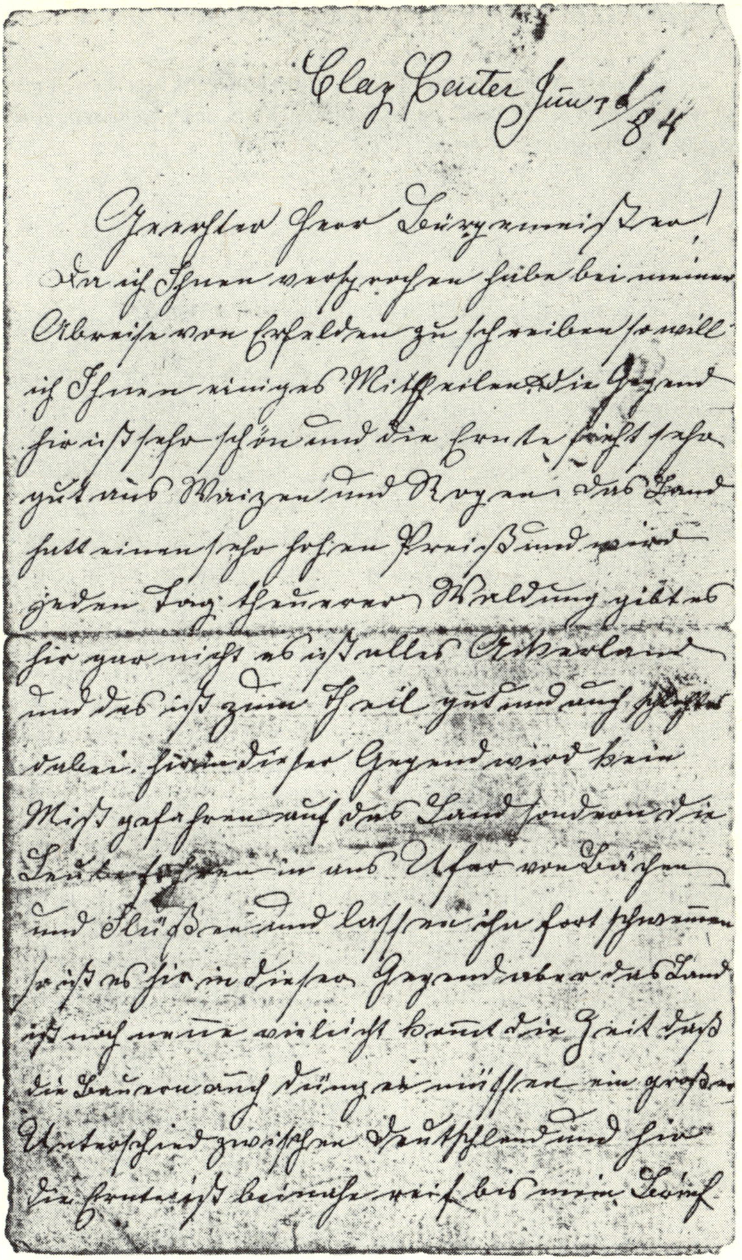

Clay Center Juni 1/84

Geehrter Herr Bürgermeister!
Da ich Ihnen versprochen habe bei meiner
Abreise von Eschelden zu schreiben so will
ich Ihnen einiges Mittheilen. Die Gegend
hier ist sehr schön und die Ernte steht sehr
gut, aus Weizen und Roggen, das Land
hat einen sehr hohen Preiß und wird
jeden Tag theuerer. Waldung gibt es
hier gar nicht es ist alles Ackerland
und das ist zum Theil gut und auch schlecht
dabei. Hier in dieser Gegend wird kein
Mist gefahren auf das Land sondern die
Leute fahren ihn ans Ufer von Bächen
und Flüßen und lassen ihn fort schwemmen
so ist es hier in dieser Gegend aber das Land
ist noch neu vielleicht kommt die Zeit daß
die Bauern auch düngen müssen ein großer
Unterschied zwischen Deutschland und hier
die Ernte ist beinahe reif bis mein Brief

7. Agenten- und Propagandistenunfug in Preußen und Hessen

Trotz des Verbots der Anwerbung von Auswanderern traten doch immer wieder Propagandisten auf, deren Schicksal dann das gleiche sein konnte, das die in Darmstadt gedruckte Zeitschrift »Der deutsche Auswanderer« (Nr. 13, Sp. 207f.) 1847 von zwei verhafteten Werbern berichtete.

Ein Schneider vom Hundsrücken, der wegen Verleitung zur Auswanderung von dem Zuchtpolizeigerichte in Koblenz zu einem Monat Gefängnisstrafe verurtheilt worden war und dagegen appelirt hatte, ist von der Appelskammer des Landgerichts mit noch größerer, aber wohlverdienter Strenge behandelt und seine Strafe zu sechs Monaten verschärft worden. Möchte dieses Beispiel auf jene Menschen, welche sich in neuester Zeit aus »Seelenverkäufereien« ein Geschäft machen (indem sie ohne alle Berufung zur Auswanderung antreiben und die durch sie dafür Gestimmten an wirkliche Auswanderungsagenten um die Summe von 4-5 Thaler für den Kopf verkaufen), einen möglichst erschreckenden Einfluß ausüben. –

Vor 6-8 Wochen kam ein Unteragent des Auswanderungsgeschäftes (wenn ich nicht irre, von Bingen) nach Wöllstein oder Wörrstadt, kehrte in einem Wirthshause ein, forderte Wein, schmähte über die Hessische Regierung, die neuen Gesetze, den Druck der Zeit, die hohen Steuern, erregte dadurch die Aufmerksamkeit der anwesenden Gäste, überredete drei Männer zur Auswanderung nach New=York à 57 fl. per Kopf und fuhr weiter. Er wurde später festgenommen, wonach sich ergab, daß er dieses Geschäft der Aufhetzerei und Seelenverkäuferei an verschiedenen Orten bereits mit dem glänzendsten und klingendsten Erfolge betrieben hatte. Diese Thatsachen fallen schwer in die Waagschale! Ceterum censeo: Das »schlechte« Agentenwesen muß vernichtet werden und an seine Stelle unter dem Schutze der Regierungen freie Nationalvereine treten. Wir hoffen, die Zeit ist nahe.

8. »Ratgeber«-Literatur

a) *Titelblatt von Traugott Bromme's »Hand- und Reisebuch für Auswanderer« (5. Aufl. Bayreuth 1848), das auch von hessischen Auswanderern geschätzt wurde.*

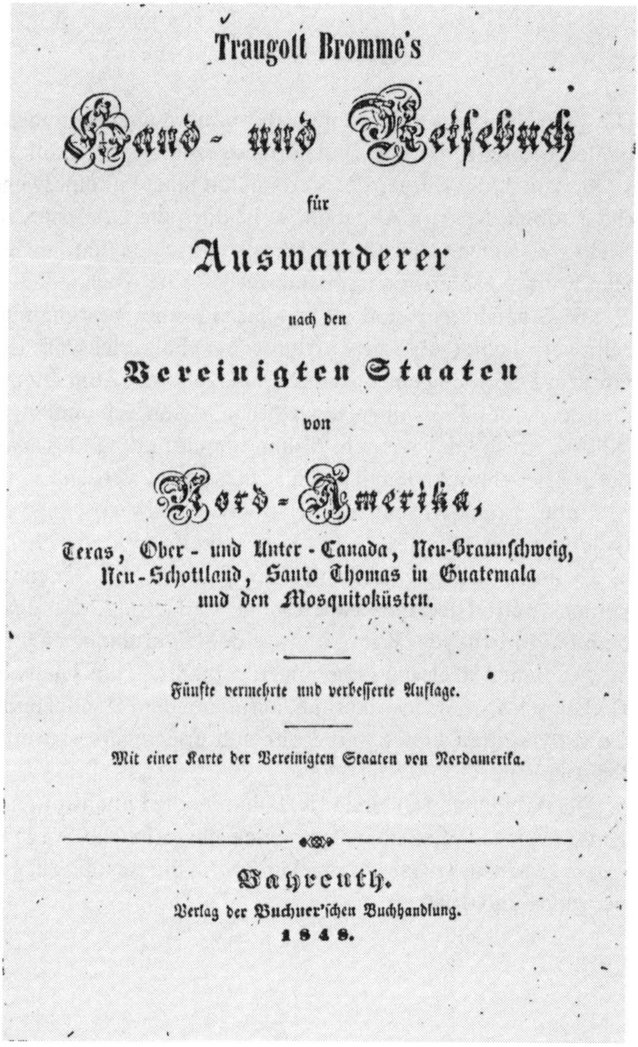

Traugott Bromme's

Hand- und Reisebuch

für

Auswanderer

nach den

Vereinigten Staaten

von

Nord-Amerika,

Texas, Ober- und Unter-Canada, Neu-Braunschweig,
Neu-Schottland, Santo Thomas in Guatemala
und den Mosquitoküsten.

Fünfte vermehrte und verbesserte Auflage.

Mit einer Karte der Vereinigten Staaten von Nordamerika.

Bayreuth.
Verlag der Buchner'schen Buchhandlung.
1848.

b) *Amerika galt den Auswanderern als das »Land der Freiheit« schlechthin. Die gedruckten »Ratgeber« suchten zu präzisieren, welche Freiheiten tatsächlich erwartet werden konnten, so auch das Handbuch »Die Vereinigten Staaten von Nordamerika« (Berlin 1853) des Gottfried Menzel, der selber in den USA gewesen war. Vgl. den folgenden Textauszug (S. 347):*

Was hat Nordamerika für Deutsche Gutes und Wünschenswerthes?

Dieses große Land bietet seinen Bewohnern anerkennungswerthe Vortheile, die hier ganz ungeschmälert aufgezählt werden sollen:

1. Sind auch die Bürger der Vereinigten Staaten keineswegs, wie Manche glauben, frei von Abgaben, so ist doch die Grundsteuer sammt der Viehtaxe, welche der Landwirth zu entrichten hat, nicht hoch, und Handwerker zahlen von ihrem Gewerbe keine Abgaben.
2. Die Staatsbürger sind zwar während eines bestimmten Alters zur Miliz verpflichtet, aber sie wird außer dem Falle eines Krieges nur selten, etwa zur Dämpfung eines Tumultes, aufgeboten. Zum regulären Militärdienste werden Freiwillige angeworben, deren sich immer genug finden, weil sie gut bezahlt werden. Militäreinquartierung darf verfassungsmäßig in Friedenszeit Niemanden ins Haus gelegt werden.
3. Unbeschränkte Freiheit für Handel und Gewerbe, Jagd und Fischerei ist Jedermann gestattet. Ueber Preßfreiheit vergl. Nr. 29.
4. Es besteht kein Unterschied des Ranges; die Benennungen »Vornehme« und »Niedrige« haben keine Bedeutung; der Beamte hat vor dem Landwirthe, der Kaufmann vor dem Fuhrmanne nichts voraus.
5. Nordamerika als ein Land mit fruchtbarem, zum Theile noch wüstem Boden, schwacher Bevölkerung, aufblühendem Handel und allgemeiner Gewerbefreiheit bietet weit mehr und ergiebigere Erwerbsquellen als Deutschland.
6. Die Arbeit hat dort einen viel höheren, die Lebensmittel einen niedrigeren Werth; daher im Allgemeinen die peinliche Sorge um den täglichen Lebensunterhalt, Mangel und Noth die Bevölkerung weit weniger bedrohen und drücken.

5. Organisation

Wer zur Auswanderung entschlossen war, hatte sich aufgrund der bestehenden Gesetze und Verordnungen (siehe S. 47) um die individuelle Erlaubnis seines Vorhabens zu bemühen und bei den Behörden zwei wichtige Dokumente zu erwirken: eine beurkundete »Entlassung aus dem Untertanenverband« und einen Reisepaß.[1] Der hierzu vorgeschriebene Instanzenweg begann beim Bürgermeister, wo Antrag auf Auswanderung zu stellen war und Angaben zur Person gemacht werden mußten, ebenso wie zu den Gründen für den geplanten Fortzug. Es interessierte besonders, ob der Antragsteller noch im militärpflichtigen Alter war, ob er unversorgte Verwandte zurücklassen würde und wie seine Vermögenslage generell beschaffen war. Mit entsprechenden Bemerkungen des Bürgermeisters versehen, ging dann der Antrag – falls nicht gleich abgelehnt oder aufgrund abratenden Einwirkens gegenstandslos geworden – an das Kreisamt weiter, wo er geprüft wurde, wo gegebenenfalls Rückfragen erfolgten und wo die öffentliche Bekanntmachung des Vorhabens veranlaßt wurde. (Teilweise besaßen hierzu auch die Bürgermeisterämter die Zuständigkeit). Lag keine Militärpflicht vor oder konnte von dieser aufgrund einer geschlossenen Familienauswanderung abgesehen werden, und hatten sich aufgrund der Bekanntmachung in der Zeitung auch keine Gläubiger gemeldet, so wurde der Aktenvorgang der Regierung überstellt. Von dort wurden dann im Zustimmungsfall die Entlassungsurkunde und der Reisepaß über das Kreisamt an den Bürgermeister zurückgereicht, der sie dem Auswanderer aushändigte. Teilweise waren auch die Kreisämter zur Ausfertigung von Reisepässen befugt, die das ungehinderte Passieren der Grenzen gestatteten und ohne Entlassungsurkunde übergeben wurden, wenn nur ein vorübergehender Aufenthalt in Amerika geplant war. Denn mit besagter Urkunde verlor der Auswanderer alle Rechte und Ansprüche im Land. Andererseits aber brauchte er diese, um nicht auch noch fortwirkenden Pflichten zu unterliegen.

Indessen gingen nicht alle Auswanderer den Amtsweg. Wer

Schwierigkeiten befürchten mußte und wer zumal den langen und harten – eine geplante Auswanderung in den besten Lebensjahren verzögernden – Militärdienst scheute,[2] ging heimlich außer Landes, wobei manche auch die Überlegung leitete, heimlich wieder zurückkehren zu können, falls es mißlingen würde, in Amerika Fuß zu fassen. Wandernde Handwerksgesellen nützten dazu ihren speziellen Reisepaß aus, um an die See zu kommen, und auch sonst fanden sich immer wieder Mittel und Wege für die heimliche Auswanderung: trotz verschärfter Grenzkontrollen und von Nachbarstaaten erbetener Amtshilfe. In den Hafenstädten wurde ohnehin nicht viel nach Papieren gefragt: eine Lässigkeit, mit deren Propagierung man in Holland und Frankreich sogar Auswanderer anzuwerben versuchte. Denn die Beherbergung und Beförderung von Auswanderern hatte sich zum lukrativen Geschäft entwickelt.
Wer heimlich auswanderte, hatte indessen auch meist den Nachteil, ein drittes wichtiges Schriftstück zu entbehren: einen Überfahrtsvertrag oder »Schiffs-Accord«, der ihm einen Platz auf einem Auswandererschiff sicherte. Zwar konnte man einen solchen Vertrag auch noch im Hafen abschließen: bei den Reedern bzw. den Schiffsmaklern, an die die meisten Reeder der Atlantik-Linien die Beschaffung von Passagieren verpachtet hatten. Doch kostete dies Zeit und Geld, das in teuren Wirtshäusern beim Warten auf einen Schiffsplatz unnütz ausgegeben werden mußte. Dem regulären Auswanderer wurde deshalb mit gutem Grund geraten, sich schon zuhause einen »Accord« mit genauer Angabe des Termins der Einschiffung zu besorgen. Dazu konnte er eines der Büros aufsuchen, das Hauptagenten der Reeder oder Schiffsmakler in allen größeren Städten unterhielten. Mit zunehmender Auswanderungsbewegung saßen jedoch bald auch Unteragenten dieser städtischen Büro-Inhaber in Kleinstädten, ja selbst auf den Dörfern. Ein Netz von Schiffahrtsagenturen überzog das Land, und immer mehr Personen, die an der Auswanderung verdienen wollten, sorgten dafür, daß die Auswandererschiffe voll wurden. Dabei kam es auch immer wieder zu Betrugsfällen. Kleine Agenten wirtschafteten durch überhöhte Transportkosten in die eigene Tasche, und vor Ort getroffene Vereinbarungen wurden in den Seehäfen oder schon auf dem Weg dorthin nicht eingehalten. Die

Behörden sahen sich daher zur polizeilichen Überwachung des Agentenwesens veranlaßt. Und strenge Verordnungen folgten. Hessen-Darmstadt machte damit als erster deutscher Staat den Anfang, indem es 1846 das Gewerbe des Auswanderungsagenten konzessionspflichtig machte und weitere Bestimmungen folgen ließ, die 1847 in einer Verordnung zum Agentenwesen zusammengefaßt wurden.[3] Kurhessen folgte 1853 mit einer entsprechenden Verordnung.[4] Haupt- wie Unteragenten hatten fortan eine Kaution zu stellen, mit deren Hilfe Schadensfälle geregelt werden konnten. Die Unteragenten hatten nach § 5 der kurhessischen Verordnung die volle Haftung für die Erfüllung der Verträge, deren Gestaltung ebenfalls die Verordnung vorschrieb, zu übernehmen und sich jeder Anstiftung zur Auswanderung zu enthalten, was auch die Beschäftigung umherreisender Werber (§ 15) ausschloß.

Mit der Haftbarmachung der Unteragenten versuchte man auch, dem Betrug zuvorzukommen, der in den Seehäfen eingerissen war, besonders in den holländischen. Während nordhessische Auswanderer schon vor 1850 Bremen zur Einschiffung bevorzugten, lag es für solche aus Nassau und Hessen-Darmstadt näher, auf Rheinschiffen Rotterdam anzusteuern und von hier bzw. von Antwerpen oder Le Havre aus auf See zu gehen. Auch der Umweg über den englischen Hafen Liverpool wurde aus preislichen Gründen nicht gescheut. Zielstrebig baute jedoch Bremen seine Stellung als Auswanderungshafen aus[5] und setzte dabei auch Hamburg ins Hintertreffen, wo die Reedereien erst verspätet den Nutzen erkannten, der aus der Auswanderungsbewegung zu ziehen war.[6] 1832 verpflichtete eine Verordnung des Bremer Senats die Reeder der Stadt, die Schiffe, die Auswanderer beförderten, mit ausreichendem Proviant zu versehen. In den westeuropäischen Häfen mußten die Auswanderer hingegen noch selbst ihre Lebensmittel mitbringen. Und während Hamburg noch im gleichen Jahr eine Bestimmung erneuerte, truppweise reisende Auswanderer an der Stadtgrenze zurückzuweisen, eröffneten bremische Schiffsmakler bereits die ersten Schiffsagenturen im Binnenland. 1851 folgte dann die Gründung des Bremer Nachweisungsbüros für Auswanderer, das den Ankömmlingen preisgünstige Unterkünfte usw. vermittelte. Damit war den Vorzügen, deren sich Bremen als Verschiffungsort rühmen konnte, ein neuer hinzugefügt. Immer mehr Auswanderer – auch aus Hessen – strebten über Bremen in die USA, und Hamburg, das ab 1837 seine Einstellung zum Auswanderungswesen geändert und 1851 ebenfalls ein Nachweisungsbüro eröffnet hatte, gelang es nicht mehr, Bremen seinen Rang als größtem deutschen Auswanderungshafen streitig zu machen. Für alle Auswanderungshäfen zusammen aber konnte gelten, »daß die Möglichkeit, die überschüssige Bevölkerung an Nordamerika abzugeben, [. . .] etwa seit 1830 so weit geregelt [war], daß die Verkehrsorganisation ein plötzliches Anschwellen der Auswanderung ebenso leicht verkraften wie einen plötzlichen Rückgang der Auswanderung überstehen konnte«.[7]

Im Konkurrenzkampf mit den holländischen und französischen Reedern war die erste bremische Schiffsagentur tief im Binnenland 1831 in Frankfurt a.M. eröffnet worden. Schon 1834 inserierte auch zu Friedberg Ch. Hecht als »Agent der Schiffsangelegenheit von Bremen nach Nordamerika«. Weitere Agenturen siedelten sich um diese Zeit in Hanau, Darmstadt, Gießen, Hersfeld, Rudolstadt und Nordhausen, ferner in Nordbaden, in Stuttgart und in Nürnberg an.[8] Um 1850 hatten die Bremer Makler auch mehrere Agenten in Marburg sitzen, und 1853 empfahl sich G.A. Wicke in Kassel per Anzeige im »Wochenblatt für die Provinz Oberhessen« als amtlich bestätigter Hauptagent der Provinz zur Vermittlung von Fahrten ab Bremen, aber zugleich auch ab Hamburg nach nord- und südamerikanischen Häfen sowie nach Australien.[9] Unteragenten beschäftigte Wicke in Frankenberg und in Ziegenhain.

Das Zentrum des mit Rotterdam, Le Havre und Liverpool verbundenen Transportwesens war hingegen Mainz, wo in der 1840er Jahren der rührige Dr. G. Strecker als »Agent der Dampfschifffahrt für den Nieder- und Mittel-Rhein, der Dampfpacketboote zwischen Havre und Holland und der Postschiffe zwischen Havre und New-York« wirkte. Von einem amerikanischen Unternehmen, das regelmäßig Auswanderer von Le Havre nach New York und New Orleans beförderte, wurde Strecker 1845 durch Washington Finlay ersetzt, einen wegen seiner Geschäftspraktiken umstrittenen Ausländer, der als Haupt- und Spezialagent jenes

Unternehmens für ganz Deutschland einen entschiedenen Konkurrenzkampf mit Bremen aufnahm und Unteragenten in Frankfurt, Bingen, Darmstadt, Bensheim, Beerfelden, Höchst, Gießen, Marburg, Alsfeld, Fulda, Gelnhausen sowie in 57 (!) ferneren Städten und Ortschaften berief.[10] Um 1852 wurde diese Hauptagentur von der Firma Christie Heinrichs und Comp. weitergeführt[11] und scheint immer noch floriert zu haben. Entsprechend verwundert es nicht, in den Biographien hessischer Auswanderer auch noch nach 1850 die Angabe zu finden, sie seien über Le Havre ausgewandert,[12] während andere den billigeren Transport über Liverpool nach New York bevorzugten. Zu dessen Vermittlung erbot sich 1852/53 Heinrich Zitz in Mainz, und für das Haus Th. Schnitger in Liverpool war in den 1860er Jahren Carl Racké als Mainzer Generalagent tätig, der zusätzlich Fahrten ab Le Havre vermittelte.
Bremen war jedoch seinerseits nach Mainz vorgestoßen und war dort um 1850 mit dem Agent G. H. Paulsen vertreten. Und endgültig wurde es auch für ganz Hessen zum Hauptauswanderungshafen, nachdem die Main-Weser-Bahn 1850 Frankfurt mit Kassel und 1852 mit Hannoversch-Münden verband. Dadurch konnte nun mühelos dieser Weserhafen erreicht und auf ein Dampfboot nach Bremen umgestiegen werden, wie sie seit 1843 (Gründung der Weser-Dampfschiffahrt AG mit Sitz in Hameln) regelmäßig auf der Weser verkehrten. Ab 1847/48 hatte auch die Möglichkeit bestanden, von Köln aus die Bahn nach Minden zu benutzen und hier auf ein Weserdampfboot zu gehen, doch lag es für die Hessen, die Köln ebenfalls schon mit Dampfschiffen erreichen konnten, näher, die Fahrt bis nach Rotterdam fortzusetzen bzw. in Köln auf die Bahn nach Le Havre umzusteigen.[13] In noch älterer Zeit – vgl. das Tagebuch des Heinrich Haas von 1831[14] – hatte man gar durch ganz Hessen bis zur Weser ein Fuhrwerk gebrauchen müssen, wie es auf wesentlich kürzerer Strecke die Auswanderer an den nächsten Rheinhafen nach Worms, Mainz, Gernsheim oder Bingen brachte. Für diesen ersten Teil der Reise hatten die Auswanderer übrigens selbst zu sorgen, indem sie einen Fuhrmann anheuerten oder sich von Verwandten fahren ließen. Für Bauern mit Pferden warf die Auswanderung dadurch einen willkommenen Nebenverdienst ab. Die Kelsterbacher, Rüsselsheimer, Ginsheimer und

Erfeldener nahmen indessen einen Nachen und fuhren auf dem Main bzw. Rhein zum Verschiffungshafen.[15] Erst ab dort hatten die Agenten für alles weitere zu sorgen, wie es in die »Schiffs-Accorde« mithineingeschrieben war. Vor Einführung der Dampfschiffahrt verkehrten auf den Flüssen gewöhnliche Rhein- bzw. Weserkähne.
Zwischen 1840 und 1860 hatten Erwachsene mit vertraglichen Reisekosten in Höhe von 70 bis 100 Gulden zu rechnen, bei Buchung einer Passage im Zwischendeck eines Auswandererschiffes, und zwar eines Seglers. Ab 1847 wurden von Bremen aus zwar auch schon Dampfschiffe über den Atlantik eingesetzt.[16] Doch waren diese noch teurer, wenn auch längerfristig – wegen kürzerer Fahrtdauer – rentabler. Kinder unter zehn Jahren zahlten weniger, doch um 1850 meist immer noch Dreiviertel des vollen Fahrpreises. Wanderte eine mehrköpfige Familie aus, so kamen dadurch Kosten in beträchtlicher Höhe zusammen, und nur selten war es möglich, aus dem Verkauf aller Habe auch noch die 100 Gulden zu erlösen, die zur Mitnahme als Startkapital angeraten wurden. Ja, oft fehlte Reisewilligen sogar das Fahrgeld selbst. In solchen Fällen wurde gelegentlich in die Gemeindekasse gegriffen, denn da die völlig Mittellosen ohnehin auf Gemeindekosten unterhalten werden mußten, schien es billiger, sie nach Amerika abzuschieben, als lebenslänglich im Ort zu versorgen. Auch straffällig Gewordenen gab man gerne das Reisegeld, um sie für immer los zu werden.[17] So liegt im Stadtarchiv Lich eine Sammelliste von 1848/49 für die Überfahrtskosten, die man dem Konrad Reuß – wegen Brandstiftung im Marienschloß inhaftiert – zu bezahlen gedachte, und ebenda weist ein Aktenvorgang aus, daß man 1869 auch die Auswanderung des Konrad Hisgen, der sich mit der Aussetzung eines Kindes strafbar gemacht hatte, öffentlich betrieb.[18] Dies sind Einzelfälle, zu denen sich in anderen Archiven die Gegenbeispiele finden.
Mit einem Schlag wollte sich 1846 die hessen-darmstädtische Gemeinde Groß-Zimmern ihrer Armen entledigen.[19] Sie legte im Rathaus eine Liste auf, in die sich alle eintragen konnten, die auf Gemeindekosten nach Amerika wollten. Nicht weniger als 675 Personen – fast ein Viertel der Einwohnerschaft – meldeten sich. Meist völlig mittellos, wurden sie aus der Gemeindekasse sogar

mit Hemden, Strümpfen, Schuhen usw. versorgt. Dann schaffte ein Darmstädter Agent truppweise diese Armen nach Liverpool, wo sie äußerst schlecht behandelt wurden. Zumal auf der Überfahrt nach New York hatten sie große Not zu leiden. Die letzten Groß-Zimmerner kamen im Dezember 1846 in New York an, wo sie mittellos, hungernd und frierend im Hafen liegen blieben. Noch nie waren hier Hilfsbedürftige in so großer geschlossener Zahl angekommen, und die Empörung hierüber machte in der internationalen Presse Schlagzeilen und ließ in Amerika fragen, wer einer Regierung das Recht gegeben habe, »ihre Gefängnisse an den Küsten eines zivilisierten Landes auszuleeren«.[20]
Andere Gemeinden betrieben gar die Selbstauflösung. Das im »Wetterauer Volksblatt« (siehe S. 57) bedichtete Wernings im hohen Vogelsberg hatte damit den Anfang gemacht. Bis 1840 mit einer Gesamtverschuldung von 22500 Gulden belastet, waren die Einwohner einem Aufruf des Lehrers Wilhelm Reifschneider gefolgt und hatten sich sämtlich zur Auswanderung entschlossen. Aus dem Verkauf aller Immobilien, besonders der Grundstücke, an den Grafen von Solms-Laubach wurde so viel erlöst, daß die Schulden getilgt und die Reisekosten bestritten werden konnten,[21] und im »Allgemeinen Intelligenzblatt der Großherzoglich Hessischen Zeitung« vom 7. Mai 1841 zeigte dann ein Inserat den bevorstehenden Fortzug von 59 Familienvorständen und Einzelpersonen an. Insgesamt handelte es sich um 156 Personen vom Säuglings- bis ins Greisenalter von 89 Jahren, die auf einem schwedischen Schiff von Bremen aus New Orleans erreichten.[22]
Als auch Niederfischbach bei Katzenelnbogen aufgelöst wurde, mußte trotz Verkaufs des Gemeindewaldes der Herzog von Nassau noch 500 Gulden zu den Reisekosten zuschießen.[23] Die stattliche Summe von 6000 bis 8000 Gulden für die Auswanderung nach La Plata in Argentinien erbat sich 1856 eine Gruppe von 23 Bürgern bzw. 106 Gesamtpersonen zu Camberg in Nassau von ihrer Gemeindeverwaltung: trotz blumigen Appells an die Nächstenliebe und Fürsorgepflicht der Gemeindeoberen[24] jedoch, wie es scheint, erfolglos, auch wenn im gleichen Jahr eine größere Anzahl von Cambergern tatsächlich nach Südamerika ging. Wurden Dörfer nicht ganz aufgelöst – wie etwa auch Sespenrod im Westerwald[25] und Seehof bei Lorsch –, so verließ doch mitunter die

halbe Einwohnerschaft ihren Ort, was für Wippenbach und in etwa auch für Wenings bei Wernings geltend zu machen ist.
Eine geschlossene Wiederansiedlung in Amerika war dabei nicht beabsichtigt, es sei denn, der »Texasverein« (siehe S. 174 f.) hatte – wie im Falle von Niederfischbach – die Hand im Spiel. Sehr im Gegensatz dazu organisierten die Anführer der separatistischen »Gemeinschaft der wahren Inspirierten«, die seit dem frühen 18. Jahrhundert im Isenburgischen bei Büdingen vertreten war, u. a. auf der Ronneburg saß und sich 1817/18 neu formiert hatte, die Auswanderung ihrer Mitgläubigen gerade zu dem Zweck einer Reintegration der Gemeinschaft. Nach Schwierigkeiten mit der hessen-darmstädtischen Regierung und internen Spannungen war 1842 der Auswanderungsbeschluß gefaßt worden. Im folgenden Jahr erwarb man bei Buffalo im Staat New York Gelände für die geschlossene Ansiedlung und gründete Eben-Ezer, von wo aus 1855 auf größere Ländereien im Staat Iowa umgezogen wurde. Mit den sieben Dörfern Amana, East Amana, Middle Amana, High Amana, West Amana, South Amana und Homestead entstanden dann dort die bis heute bestehenden »Amana-Colonies«: deutschsprachig geblieben, durch diszipliniertes Gemeindeleben gekennzeichnet und wirtschaftlich erfolgreich.[26]

Anmerkungen

1 Vgl. hierzu auch Gerhard Raiß in: Hans Herder (Hg.), Hessisches Auswandererbuch, Frankfurt a. M. 1983, S. 264-266.
2 Zum Thema »Auswanderung und Militärpflicht« siehe besonders Kurt Günther, Beiträge zum Problem der kurhessischen Auswanderung im 18. und 19. Jahrhundert, insbesondere nach Nordamerika, in: Zeitschrift des Vereins für hessische Geschichte und Landeskunde 75/76 (1964/65), S. 489-538, bes. S. 521-533, 537.
3 Dazu Hans Richter, Hessen und die Auswanderung 1815-1855, in: Mitteilungen des Oberhessischen Geschichtsvereins NF 32 (1934), S. 49-139, hier S. 115 f.
4 Veröffentlicht in: Sammlung von Gesetzen für Kurhessen, Jahr 1853, Nr. III, S. 11-14.
5 Rolf Engelsing, Bremen als Auswanderungshafen 1683-1880, Bremen 1961 (= Veröffentlichungen aus dem Staatsarchiv der Freien Hansestadt Bremen, 29).
6 Dazu Birgit Gelberg, Auswanderung nach Übersee. Soziale Probleme der Auswandererbeförderung in Hamburg und Bremen von der Mitte des 19. Jahrhun-

derts bis zum Ersten Weltkrieg, Hamburg 1973 (= Beiträge zur Geschichte Hamburgs, 10), bes. S. 10f.

7 Engelsing (wie Anm. 5), S. 101.

8 Vgl. Engelsing (wie Anm. 5).

9 Wochenblatt für die Provinz Oberhessen 1853, Nr. 36, S. 1038.

10 Nach dem »Verzeichniß der Agenturen« auf Seite 12 von Finlays Werbeschrift »Spezial-Agentur der Postschiffe zwischen Havre & New York« (1845). Zu Finlay vgl. auch Herder (Hg.), Hessisches Auswandererbuch (wie Anm. 1), S. 193.

11 Vgl. C. L. Fleischmann, Wegweiser und Rathgeber nach und in den Vereinigten Staaten von Nord-Amerika, Stuttgart 1852, S. 16.

12 Vgl. Walter Heil, Auswanderungen nach Amerika im vorigen Jahrhundert, dargestellt am Beispiel Ludwig Wilhelm Müller aus Bad Vilbel-Massenheim, in: Bad Vilbeler Heimatblätter 19 (1979), S. 3-12. Siehe auch in vorliegendem Buch S. 267 den Auszug aus der Lebensgeschichte des 1853 ausgewanderten Friedrich Daab aus Groß-Bieberau.

13 Vgl. Herder (Hg.), Hessisches Auswandererbuch (wie Anm. 1), S. 194.

14 Veröffentlicht in vorliegendem Band S. 215-236.

15 Raiß (wie Anm. 1), S. 266.

16 Hamburg folgte ab 1850. Siehe Gelberg (wie Anm. 6), S. 48-50.

17 Dazu Günter Moltmann, Die Transportation von Sträflingen im Rahmen der deutschen Amerikaauswanderung des 19. Jahrhunderts, in: ders. (Hg.), Deutsche Amerikaauswanderung im 19. Jahrhundert. Sozialgeschichtliche Beiträge, Stuttgart 1976 (= Amerikastudien/American Studies, 44), S. 147-196.

18 Stadtarchiv Lich, Konv. 4, Fasz. 4 und 6.

19 Siehe Richter (wie Anm. 3), S. 110-112, sowie Brigitte Köhler, Die große Auswanderung im Jahre 1846, in: Groß-Zimmern, Klein-Zimmern. Beiträge zur Entwicklung in Vergangenheit und Gegenwart, Groß-Zimmern 1976, S. 94-103.

20 Zitiert nach Richter (wie Anm. 3), S. 113.

21 Siehe ebenda, S. 102.

22 Zum weiteren Verlauf dieser Gruppenauswanderung siehe unten S. 250.

23 Vgl. den Erinnerungsbericht des Philipp Diefenbach aus Niederfischbach, S. 42-44. Dazu Herbert, Fischbach – ein untergegangenes Dorf, in Herder (Hg.), Hessisches Auswandererbuch (wie Anm. 1), S. 253-261.

24 Siehe den nachfolgenden Abdruck des Gesuchs.

25 Dazu Ludwig Wüst-Wiesbaden, Sespenrod – ein ausgewandertes Westerwälder Dorf, in: Herder (Hg.), Hessisches Auswandererbuch (wie Anm. 1), S. 322-324.

26 Friedrich Simon, Die Inspirierten im Isenburgischen, in: Archiv für Hessische Geschichte 9 (1861), S. 385-435; Lothar Döring, 100 Jahre Deutsche aus dem Büdinger Land in Amana/USA, in: Büdinger Geschichtsblätter 3/4 (1959/61), S. 49-50; Gottlieb Scheuner, Inspirations-Historie. Erster Theil, Amana 1884; Heinrich Seemann, Kommunismus auf deutsch-amerikanisch. Eine Sekte wurde zur Aktiengesellschaft. Bericht über Amana, in: Herder (Hg.), Hessisches Auswandererbuch (wie Anm. 1), S. 100-107.

1. Schiffsmakler und Agenten

Vollmacht des Bremer Schiffsmaklers J. H. Buschmann vom 17. August 1849 für Heinrich Jost in Schlechtenwegen zum Abschluß von Überfahrtsverträgen.

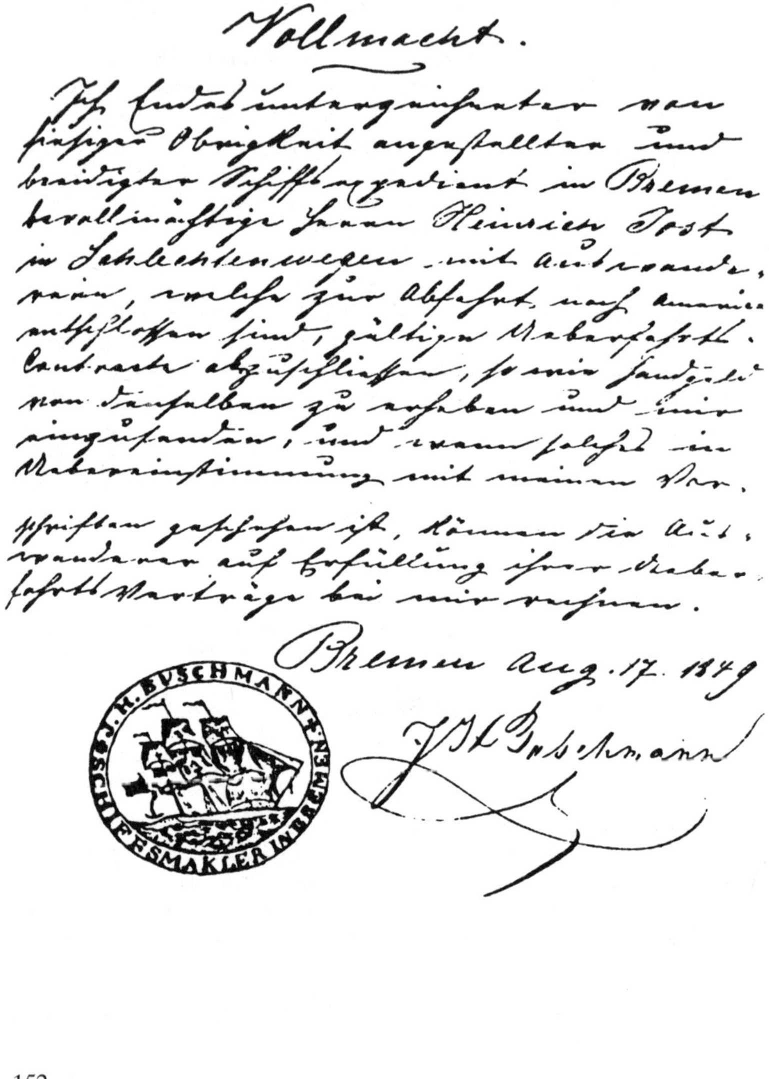

Vollmacht.

Ich Endesunterzeichneter von hiesiger Obrigkeit angestellter und beeidigter Schiffsexpedient in Bremen bevollmächtige Herrn Heinrich Jost in Schlechtenwegen, mit Auswanderern, welche zur Abfahrt nach America entschlossen sind, gültige Ueberfahrts-Contracte abzuschließen, sowie Handgeld von denselben zu erheben und mir einzusenden, und wenn solches in Uebereinstimmung mit meinen Vorschriften geschehen ist, können die Auswanderer auf Erfüllung ihrer Ueberfahrtsverträge bei mir rechnen.

Bremen Aug. 17. 1849

J H Buschmann

2. Warnung vor Hamburg, Hull und Liverpool

Bremen pries sich als günstigster Auswanderungshafen an und fand dabei diplomatische Unterstützung, wie ein Bericht des Königlich-Bairischen Ministerresidenten vom 26. März 1839 aus Bremen zeigt. Auszugsweise ging er den Bürgermeistern u. a. in der Rhön zu und bildete dort die Grundlage, Reisewillige vor einer Fahrt ab Hamburg bzw. ab einem englischen Seehafen zu warnen (Stadtarchiv Tann, Abt. XI, Abschnitt 4, Konvolut 8, Fasz. 13).

Auszug
aus dem Berichte des königl. Minister Residenten
zu Bremen vom 26.en Maerz 1839

Die Deutsche Auswanderung

Ueber Hamburg mögen den deutschen Auswanderern manche Rücksichten zur Warnung dienen. – Einmal sind es Hamburger Schwindler / worunter Juden /, welche durch eine lügenhafte, prahlerische Ankündigung in vielen Blättern Deutschlands den Passagieren weiß zu machen suchen, »daß sie sich bey einer Fahrt über Hamburg, Hull und Liverpool nach den vereinigten Staaten besser und wohlfeiler stünden, als bey einer Fahrt über Bremen.«
Leider sind schon viele arme Deutsche das Opfer der Leichtgläubigkeit an solche Vorspiegelungen geworden, und kamen aus England als Bettler zurück, oder aus denen, die noch in England weiter reisen konnten, mußten manche das letzte Stück ihrer Kleidung und Wäsche zu einem Spottpreise verkaufen, oder sonst viel opfern, daß ihnen die als so billig vorgespiegelte Reise um fast mehr als die Hälfte theurer kam, als wozu sie hier von Bremen aus nach dem eigentlichen Platz ihrer Bestimmung in Amerika hätten kommen können.
Zweitens wird eine Verpflegung von Passagieren durch Fuhrleute in folgender Weise betrieben. Pfiffige, geldgierige Fuhrleute machen den mitunter leicht zu überredenden Auswanderungslustigen weiß, daß sie durch ihre Bekanntschaften in Hamburg und hier in den Stand gesetzt seyen, ihnen billigere Ueberfahrtspreise zu verschaffen, als wozu man bey den hiesigen Schiffsmäcklern anzukommen im Stande wäre. Diese Fuhrleute machen dann zu einem in der Regel höhern Preis, als welcher

hier curant existiert, einen Accord mit den Auswanderern und bringen selbige dann je nach ihrer Convenirung nach Hamburg oder hieher.
Die Convenienz ist bey ihnen wieder durch zwey Sachen bedingt, daß nämlich Hamburger und die hiesigen Spürhunde der Fuhrleute auf erhaltene Nachricht, daß dieselben mit einem Transport von Passagieren unter Weges sind, denselben nach Hannover die Nachricht geben, ob in Hamburg oder hier viele Frachtgüter nach dem Oberlande zu verladen sind, und ob in Hamburg oder hier augenblicklich mehr Schiffe nach Amerika in Ladung liegen, die mit einander konkurriren, hiernach richtet dann der Fuhrmann seinen Weg, unbekümmert darum, wie die Passagiere behandelt werden, und nach welchem Platze sie kommen, wenn sie dieselben nur billiger als angenommen unterbringen können.
Wenn man den Weg über Hamburg, Hull und Liverpool für deutsche Auswanderer offen und frei tadeln muß, so bekräftigen dieses folgende Gründe und die Erfahrung.
Der Passagier hat erstens eine dreimalige, stets kostspielige Umladung zu beschaffen,
1) ladet er seine Effecten und Proviant in Hamburg aufs Huller Dampfboot, mit dem auch er *auf dem Verdeck* mit Frau und Kind in jedem Wetter übergehen muß.
2) In Hull angekommen, muß er Hals über Kopf auf seine Kosten auf ein Canal-Boot gehen, mit welchem er in der Regel wieder unter freiem Himmel nach Liverpool abfährt.
3) In Liverpool angekommen, muß sich der arme Auswanderer in ein Logis verfügen, unbekannt mit Sprache und Sitte, von den Engländern verächtlich obendrein behandelt, muß er vielleicht 8 ja selbst oft 14 Tage bis 3 Wochen auf seine Kosten theuer zehren, 4 mal so theuer als in Deutschland. Wird er nun am Ende eingeschifft, so kommt der Passagier, welcher vielleicht nach seinen Verwandten und Freunden [in den] Staaten Pensylvanien und New-York muß auf ein Schiff nach New-Orleans, und wer nach Westen als Ohio, Missouri oder Indiana will, wird, weil es die billigste augenblickliche Gelegenheit ist, nach New York eingeschifft. Ein Passagier schrieb vor einigen Wochen darüber folgendes: »Nachmittags fing man an, uns ins neueingedungene amerikanische Schiff Constitution einzupacken: denn keinen andern Ausdruck kann ich bey dieser Umladung gebrauchen. Achtzig englische oder irrländische Passagiere waren schon einquartiert, keinen andern Platz, als das etwa halbe unbewohnte Zwischendeck, wollte der Capitain für Passagiere, Bagage und die Lebensmittel bewilligen, dadurch wurde also der für uns übrig gebliebene

Theil des Zwischendecks so angefüllt und die Bettstellen so verpallisadirt, daß kein Platz mehr zum Athemschöpfen den Passagieren übrig blieb. Männer und Frauen wehklagten über diese Behandlung und beschlossen einstimmig, sich an die Behörde zu wenden. Da der folgende Tag ein Sonntag war, so fanden die Klagenden nur taube Ohren, und verschlossene Officien. Am Montag Morgen kündigte der Capitain von der Constitution den Passagieren an, er werde noch an demselben Morgen aus dem Dock nach der See fahren. Zeit war da nicht zu verlieren, und nach vielen Hin- und Hergehen erlangten die Passagiere vom englischen Agenten der Emigration-Office, die jedoch nur eigentlich für Auswanderer nach den brittischen Collonien etablirt ist, und sich wenig um Ausländer bekümmert, daß dieser einen von seinen Leuten an Bord schicke, um sich von den Beschwerden zu überzeugen. Dieser Mann überzeugte sich auch nur zu bald von dem unerhört engen Raum, weil er durchaus keinen Platz fand, sich umzudrehen, und seine Messung wahrzunehmen. Er erklärte sofort, daß der nöthige Raum den Passagieren fehle, jedoch, da die den Raum beengenden Lebensmittel und Bagage den Passagieren gehören, so möchten sie sich deshalb mit dem Capitain wegen einen andern Platz im Unterraum abfinden. Der amerikanische Capitain erwiederte hierauf mit Bestimmtheit, daß er nur den übrig gebliebenen Theil des Zwischendecks vermiethet habe, und nichts weiter einräumen könne, das Schiff sey außerdem unten gäntzlich mit Steinkohlen angefüllt, und wenn er von diesen welche ausladen ließe, so würde er die gesamte Bagage und die Fässer mit den Lebensmitteln als Extrafracht betrachten und dieses von den Passagieren bezahlt nehmen.«

Mit den Passagieren, welche sich Fuhrleuten anvertrauen, ist es leicht der Fall, daß, wenn die Passage-Preise auf einen höhern Stand gegangen als wozu sie mit den Leuten accordirt haben, sie diese im Stich lassen, und mit ihrem Geschirr auf und davon fahren, oder um ihre Verbindlichkeit dem Namen nach zu erfüllen, die Passagiere mit irgend einem Schiff mit guten oder schlechten Capitain und nach irgend einem Platze, unbekümmert darum, ob es den Passagieren zu ihrem Zwecke paßt, engagieren.

Ueber dem Hamburger Verschleppungs-Unwesen schreibt ein respektabler Hamburger Schiffsmäckler folgendes: »Angehend den angefragten J.G.M. kann ich nur sagen, daß dieser ein Israelit ist, mit dem ich mich in Geschäftshinsicht nicht anders abgeben würde, als wenn ich baares Geld vorliegen hätte. Schon seit längerer Zeit treibt er mit noch ein paar andern Gefährten in dem Transport von Passagieren ein Anwesen, worauf die Polizey auch bereits von Seiten unserer Rhederei aufmerksam gemacht worden ist wenn gleich die bürgerlichen Verhältnisse es in unserem Freistaat mit sich bringen, daß manchen Uebeln der Art nicht so fort entgegen zu wirken ist. Wahr ist es übrigens, daß Dampfschiffe für 10 fl. Passagiere nach Hull befördern welches Veranlassung gegeben hat manchen Inländer auf diesem Wege zu leiten wie solche Menschen aber nachdem von Hull aus oft weiter kommen, dafür bietet sich durch jenen Juden hier durchaus keine Sicherheit dar, und so ist es denn nicht auffallend, daß, wie ich höre, bereits mehrere dergleichen durch solche Vorspiegelungen getäuschte Menschen als Bettler zurück gekommen sind.«

3. Regelung des Agentenwesens

Veröffentlichung der kurhessischen Verordnung zum Agentenwesen von 1853 in der »Sammlung von Gesetzen ec. für Kurhessen«.

11

Sammlung von Gesetzen ꝛc.

für Kurhessen.

Jahr 1853. — Nr. III. — Februar.

Verordnung
vom 22sten Februar 1853,
die Agenten zur Vermittelung des Transportes von Auswanderern betreffend.

Von Gottes Gnaden Wir **Friedrich Wilhelm** der Iste, Kurfürst ꝛc. ꝛc.

ertheilen, zur Beseitigung der mannigfachen Uebelstände, welche bisher aus dem Mangel einer jeden Beaufsichtigung der zur Vermittlung des Transportes von Auswanderern im Kurstaate thätigen Agenten entstanden sind, nach Anhörung Unseres Gesammt-Staatsministeriums, folgende Verordnung:

§. 1.

Der besonderen polizeilichen Ueberwachung sollen Unternehmungen unterstellt seyn, welche auf Vermittelung des Transportes von Auswanderern gerichtet sind und soll Niemand sich dergleichen Geschäften unterziehen dürfen, der nicht zuvor eine Erlaubniß der betreffenden Regierung (Regierungs-Commission) ausgewirkt hat.

§. 2.

Wer um diese Gestattung nachsucht, hat

1) anzugeben, über welchen Seehafen oder über welche Seehäfen, wenn der Geschäftsbetrieb sich über mehrere erstreckt, der Nachsuchende zu befördern beabsichtigt;

2) durch eine amtlich beglaubigte Vollmacht desjenigen Schiffsrheders oder Befrachters, welcher die Ueberschaffung aus dem betreffenden Seehafen nach einem anderen Welttheile vermitteln soll, nachzuweisen:

   a. daß er befugt ist, in dessen Namen und Auftrag Ueberfahrts-Verträge abzuschließen oder durch Unter-Agenten abschließen zu lassen,

   b. daß der Vollmachtgeber die in solchen Verträgen für ihn vom Haupt-Agenten oder von dessen Unter-Agenten übernommenen Verbindlichkeiten zu erfüllen versprochen hat, sowie

   c. daß der Vollmachtgeber die ausgestellte Vollmacht für alle bis dahin durch den Agenten abgeschlossenen Ueberfahrts-Verträge als gültig und wirksam anerkennt, so lange er nicht der Behörde, bei welcher die Vollmacht (§. 3) gegen Schein zu hinterlegen ist, den Widerruf derselben angezeigt haben wird;

3) darzuthun, daß der Vollmachtgeber einen guten Ruf genießt und ausreichende Mittel zur Erfüllung der erwähnten Vertrags-Verpflichtungen besitzt.

§. 3.

Die nach §. 2 beizubringende Vollmacht ist im Original und in zweifacher amtlich beglaubigter Abschrift dem Gesuche beizulegen, und, wenn sie in einer fremden Sprache abgefaßt ist,

(Ausgegeben zu Cassel am 23sten Februar 1853.) 3

4. Ein Auswanderungsgesuch 1855/56

Ein Auswanderungsgesuch besonderer Art reichte um die Jahreswende 1855/56 eine Gruppe von 23 Camberger Einwohnern bei ihrer Stadt ein. Entschlossen, nach La Plata in Argentinien auszuwandern, appellierten sie an den mildtätigen Sinn des Bürgermeisters und seiner Räte, ihnen und ihren Angehörigen – insgesamt 106 Personen – durch Gewährung der Reisemittel den Fortzug zu ermöglichen. Erhofft waren 6000 bis 8000 Gulden, und da man fest mit deren Bewilligung gerechnet zu haben scheint, zeigten am 26. Februar 1856 im »Amts-Blatt für die Amtsbezirke Idstein, Langenschwalbach, Nastätten, Usingen und Wehen« (Nr. 17, S. 3) 20 Personen – davon elf mit den Antragstellern identisch – ihre Absicht an, nach Südamerika gehen zu wollen. Tatsächlich war die Gemeinde bereit, das geforderte Geld durch Kreditaufnahme bei der Landesbank bereitzustellen, hatte sie doch ein Interesse daran, längerfristig ihren Armenfonds zu entlasten. Der Bezirksrat zu Idstein versagte jedoch die Genehmigung und machte so das Gesuch von 1855/56 – das die helfende Hand eines Geistlichen vermuten läßt – wirkungslos. Erst nach 1858 dürften einzelne Auswanderungswillige doch noch nach Süd- oder Nordamerika gegangen sein. (Gesuch im Stadtarchiv Bad Camberg).

GESUCH
der zum auswandern Gesonnen Bürger und
Familien dahier.

Da wir uns nun fest entschlossen haben, unser Vatterland zu verlassen weil wir zum Theil für Erb und eigen Eltern und Kinder der Gemeinde zur Last und Versorgung unterliegen müssen und auch zum voraus zu sehen ist das all unssre nachkommen derselben gefahr ausgesetzt sind, den die Familien wachsen und die zeitlichen Gütter weigen, da ihr unsre Herrn nun gesetzt seit über das zeitliche Eigentum der Gemeinde so seit ihr aber auch gesetzt als Bürgermeister und Rähte über uns also ihr seit verwalter über Tode und Lebendige geschöpffe, ehrt ihr nun die Totten mehr als die Lebendigen so werdet ihr das Gelt und den Walt am Leben erhalten und uns und unsre Kinder Töten, und was wird das nitzen da ihr doch die Toden nicht zum Leben erwäcken könnt, dann habt ihr nichts gethan für die zeit und die Ewigkeit. Drum wolan ihr Brüder macht einen andren Tausch, gebt den Todt für das Leben fürchtet euch nicht ich

fürchte mich auch nicht zu Wasser und zu Land und dan wird uns Gott Helffen das wir nicht gegenseitig streiten sondern in Frieden von einander scheiden denn das Sprichwort lautet ent gut alles gut.
Da wir nun als Verwalter über uns und unsre Kinder gesetzt sind welches lebendige Geschöpfe und Kinder Gottes sind werden wir auch für sie streiten. Nun Urtheilen sie meine Herrn über beiten Streit zum Tot oder zum Leben, so ergin[g] es auch Cristus in der Schönsten Blüte seines Lebens trückte ihn die Last der Welt nieder.
Da wir nun in zwei Klassen getheilt Reich und Arm, Groß und klein, so sind wir bey den kleinen gezählt. Nun versteht sich von selbst ein kleines Kind brauch[t] so kein groses Stück Brod als das Grosse und damit wollen wir auch zufrieden sein aber doch satt sonst schreit das Kind.
Da ihr nun die Verwalter und Regirente Herren des Gemeinde Eigentum seit so bitten wir euch als Gemeinde Kinder unter dessen Schutz wir noch stehen um die Nöthigste bedürftnisse zur Reisse da wir uns aus eichnen mittel nicht helffen können, bringt dem Herrn ein freies Op[f]er den daran hat er wolgefallen und last das Volk ziehen in Frieden.
Die unter Schriften und Nahmen der Auswandrer werden auf der andren Seitte folgen.

5. Der Auswanderungsentschluß

»Hessische Auswanderer« ist dieser Stahlstich eines unbekannten Künstlers von etwa 1860 betitelt. Er zeigt eine Auswandererfamilie mit »Schiffs-Accord«, Landkarte und »Ratgeber«-Literatur, die allerdings kaum in einfachen Häusern vorhanden war. Letzte Zweifel scheint der Schiffsagent (?) im Hintergrund ausreden zu wollen.

6. Entlassung aus dem Untertanenverband

Das Bürgermeisteramt Erfelden erhält am 18. Mai 1852 Nachricht, daß der Ehefrau des Peter Lang – willens nach Amerika zu gehen – die Entlassung aus dem großherzoglich-hessischen Untertanenverband erteilt worden ist (Gemeindearchiv Erfelden).

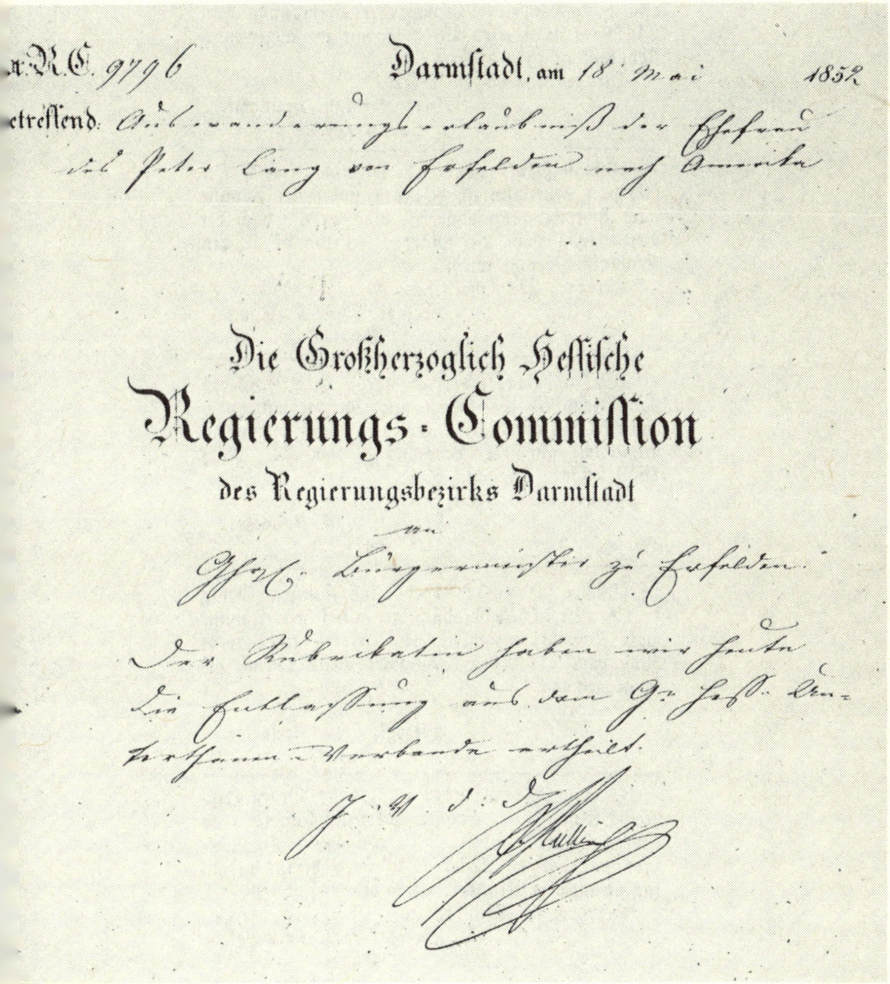

Nr. R.C. 9796 Darmstadt, am 18. Mai 1852

Betreffend. Auswanderungserlaubniß der Ehefrau des Peter Lang von Erfelden nach Amerika

Die Großherzoglich Hessische
Regierungs-Commission
des Regierungsbezirks Darmstadt

an

Gr. Bürgermeister zu Erfelden.

Der Rubrikatin haben wir heute die Entlassung aus dem Gr. Hess. Unterthanen-Verbande ertheilt.

F. d. d. D.

7. Die öffentliche Bekanntmachung

a) *Auswanderer-Anzeigen im »Kreisblatt für den Kreisamtsbezirk Herborn« Nr. 20 vom 11. Mai 1852, S. 94. Solche Anzeigen waren gesetzlich vorgeschrieben und füllten die Spalten aller Amts- und Lokalblätter.*

(690)b [Offenbach.] Hermann Wetz 2r von Offenbach ist gesonnen mit seiner Familie nach Amerika auszuwandern. Gemäß der Verordnung vom 24. März 1849 wird dieses hiermit zur allgemeinen Kenntniß gebracht.

Herborn, 22. April 1852.

Herzogl. Naff. Kreisamt.
Knisel.

---

(691)b [Fellerdilln.] Johann Heinrich Debus von Fellerdilln ist gesonnen mit seiner Familie nach Amerika auszuwandern, was hiermit nach der Verordnung vom 24. März 1849 zur öffentlichen Kenntniß gebracht wird.

Herborn, 22. April 1852.

Herzogl. Naff. Kreisamt.
Knisel.

---

(692)b [Breitscheid.] Jacob Heinrich Georg von Breitscheid beabsichtigt mit seiner Familie nach Amerika auszuwandern. Es wird dieses hiermit in Beziehung auf die Verordnung vom 24. März 1849 bekannt gemacht.

Herborn, 22. April 1852.

Herzogl. Naff. Kreisamt.
Knisel.

---

(693)a [Breitscheid.] Jost Heinrich Georg 1r von Breitscheid beabsichtigt mit seiner Familie nach Amerika auszuwandern. Nach der Verordnung vom 24. März 1849 wird dieses hiermit bekannt gemacht.

Herborn, den 8. Mai 1852.

Herzogl. Naff. Kreisamt.
Knisel.

---

(694)a [Breitscheid.] Johann Georg Hild von Breitscheid ist gesonnen mit seiner Familie nach Amerika auszuwandern. In Gemäßheit der Verordnung vom 24. Märr 1849 wird dieses hiermit zur öffentlichen Kenntniß gebracht.

Herborn, 8. Mai 1852.

Herzogl. Naff. Kreisamt.
Knisel.

---

b) *Die beabsichtigte geschlossene Auswanderung der Werningser wurde im »Allgemeinen Intelligenzblatt der Großherzoglich Hessischen Zeitung« vom 7. Mai 1841, S. 617, ebenso bekannt gemacht, wie die zahlreichen Einzelauswanderungen der Zeit.*

1601) [Büdingen.] Edictalladung. Nachstehende Einwohner von Wernings beabsichtigen nach Nordamerika auszuwandern, als:

1) Johannes Gleiber mit Familie,
2) Konrad Acker II. do.,
3) Konrad Kümmel do.,
4) Henrich Kümmel do.,
5) Ludwig Alberts Wittwe,
6) Philipp Koch mit Familie,
7) Philipp Gleiber do.
8) Johannes Gleiber II. do.,
9) Philipp Gleibers Wittwe,
10) Nicolaus Herchenröder mit Familie,
11) Johannes Hilger do.,
12) Ernst Schenk do.,
13) Georg Schenk do.,
14) Konrad Schenk do.,
15) Johannes Koch do.,
16) Konrad Koch do.,
17) Johannes Lohfink do.,
18) Heinrich Lohfink,
19) Caspar Rück mit Familie,
20) Philipp Rück do.,
21) Georg Rück do.,
22) Konrad Rück do.,
23) Johannes Acker I.,
24) Konrad Gleiber mit Familie,
25) Christian Scheuermann do.,
26) Henrich Gierhard do.,
27) Philipp Dahmer do.,
28) Johannes Acker II. do.,
29) Heinrich Reutzel do.,
30) Konrad Gleibers Wittwe do.,
31) Heinrich Schweitzers Wittwe do.,
32) Christian Dahmer do.,
33) Konrad Acker I. do.,
34) Johann Sander do.,
35) Heinrich Rück do.,
36) Christian Mack do.,
37) Konrad Rück I. do.,
38) Konrad Eidmann do.,
39) Andreas Rück,
40) Elisabetha Mäser mit Familie,
41) Anna Marg. Becker ledig,
42) Konrad Rück I.
43) Johannes Dahmers Wittwe mit Familie,
44) Reinhard Herrmann do.,
45) Konrad Gierhard do.,
46) Margaretha Gerlach do.,
47) Konrad Rück II.,
48) Katharina Rück,
49) Wolf Ernst Reun mit Familie,
50) Georg Holl do.,
51) Johannes Holl do.,
52) Konrad Wehl,
53) Philipp Winter mit Familie,
54) Heinrich Volp,
55) Margaretha Gerhard, ledig, mit Familie,
56) Andreas März,
57) Christian Lohfink,
58) Schullehrer Reifschneider mit Familie,
59) Katharina Mäser,

Alle diejenigen welche Forderungen oder sonstige Ansprüche an diese Leute, oder die Heimathsrechte nach Wernings zu haben glauben, werden hierdurch aufgefordert, solche in Zeit 3 Monaten bei Gr. Landgericht dahier, resp. bei der unterzeichneten Behörde geltend zu machen, gegenfalls die Entlassungsurkunden ertheilt werden sollen.

Büdingen, den 20. April 1841.

Der Großh. Hess. Kreisrath des Bezirks Büdingen.
Hofmann.

8. Der Reisepaß

Vom Kreisrat Ziegenhain am 26. April 1834 ausgestellter Reisepaß für den Dachdeckermeister Christoph Knauer und Familie zu Neukirchen für freie und ungehinderte Reise nach den Freistaaten von Nordamerika (Staatsarchiv Marburg).

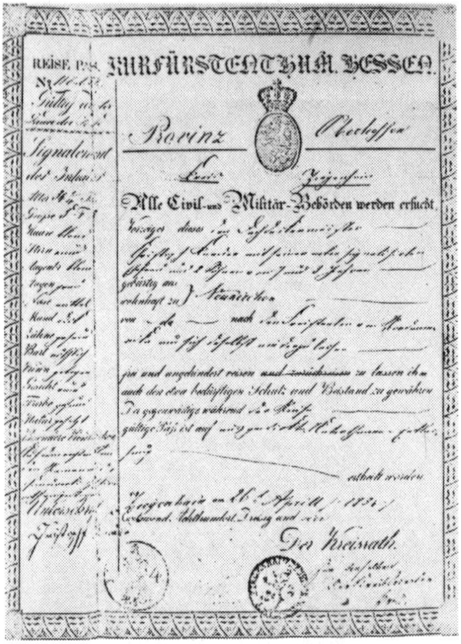
REISE PASS
KURFÜRSTENTHUM HESSEN
Provinz Oberhessen
Alle Civil- und Militär-Behörden werden ersucht
wohnhaft zu Neukirchen
frei und ungehindert reisen und zurückreisen zu lassen, ihm auch den etwa bedürftigen Schutz und Beistand zu gewähren
Der gegenwärtige während der Reise
gültige Paß ist
erhalt worden
Ziegenhain am 26. April 1834
Der Kreisrath

9. Der »Schiffs-Accord«

Überfahrtsvertrag oder »Schiffs-Accord« für den Zimmermann Ludwig Schmidt von Waldgirmes und sechs weitere Personen dieses Ortes, ausgefertigt am 12. August 1851 in Gießen durch den dortigen Unteragenten des Mainzer Hauptagenten G. H. Paulsen für die Fahrt von Mainz über Rotterdam nach London und von dort nach New York. Die Fahrt kostete zusammen 381 Gulden. Da die Auswanderer teilweise Analphabeten waren, unterschrieben sie mit vier Strichen. (Heimatmuseum Waldgirmes).

№ 190.

Schiffs-Accord.

Controle-Nummer Nro. 15. **der Agentur.**

Im Namen und Auftrag meiner Vollmachtgeber, der Herren **Baring, Brothers & Comp.** und **Phillipps, Shaw & Lowther**, Agenten der 16 regelmäßigen Postschiffe zwischen London und New-York, hat der Unterzeichnete, zur Beförderung von Auswanderern gehörig concessionirte Haupt-Agent, **G. H. Paulsen**, in Mainz ansässig, für welchen dessen ebenfalls concessionirter mitunterschriebener Unteragent hier handelnd aufgetreten ist, mit dem Inhaber dieses

Ludwig Schmidt, Zimmermann von Waldgirmes

nachstehenden Vertrag abgeschlossen, kraft welchem Ersterer verpflichtet ist, nachbenannte 7 Auswanderer und zwar:

Ludwig Schmidt, Zimmermann 22 Jahr alt
Andreas Bernhard, Schreiner 35 "
Catharine Koch 27 "
Christine Hartmann 24 " von Waldgirmes
Anna Maria (margarethe) Schmidt 42 "
Elisabethe Schmidt deren Kind 21 "
Christine Schmidt do. 3

bestehend in 6 Erwachsenen über 12 Jahren und 1 Kinder unter 12 Jahren, sowie — Säugling — unter 1 Jahr, zusammen 7 Person— von Maynz nach London und von da durch das den obengenannten Herren Baring, Brothers & Comp. und Phillipps, Shaw & Lowther in London zur Verfügung stehende, in Quittung 1 genau bezeichnete Packetschiff, welches durch den ebenfalls daselbst genannten Capitän geführt wird, unter nachstehenden Bedingungen nach New-York zu befördern.

§. 1. Die Auswanderer erhalten zur Fahrt von Maynz bis London die nöthigen Billete für den dritten Platz der Dampfschiffe, und werden durch einen Conducteur bis London begleitet.

§. 2. Auf den Dampfschiffen und Eisenbahnen, so wie während des Aufenthalts in Rotterdam welcher an diesem Orte höchstens einen Tag dauern darf, bis zur Ankunft in London haben die Auswanderer sich selbst zu beköstigen und zu beherbergen.

In London angekommen, werden die Passagiere von ihrer Ankunft daselbst bis zum Abgange des für sie bestimmten Schiffes, höhere Gewalt, (force majeure) nicht ausgenommen, frei und zwar auf Kosten des Unterzeichneten in einem von der Linie eigends dazu eingerichteten Locale beherbergt und beköstigt.

§. 3. Jeder Erwachsene genießt Transportfreiheit für zwei Zentner und jedes Kind einen Zentner Reiseeffekten vom Rheinhafen Maynz bis London. Die Fracht für das Uebergewicht auf dieser Strecke, wird den Auswanderern mit fl. — 36 kr. per Zentner besonders berechnet. Von London bis New-York alles bei sich führende Reisegepäck, vorausgesetzt, daß es nicht 20 Cubickfuß für die erwachsene Person und 10 Cubikfuß für ein Kind übersteigt, sonst müssen für jede 40 Cubickfuß fl. 12 Ueberfracht in London nachbezahlt werden. Dagegen werden die Effekten auf und von den Dampfschiffen, Eisenbahnen und in das Seeschiff auf Kosten des Unterzeichneten gebracht. Jedes einzelne Effekten-Colli muß mit dem Namen der Auswanderer und der Aufschrift „über London nach New-York" bezeichnet sein.

§. 4. Alle Kosten und Gebühren, welche den Auswanderern an den Grenzzollstätten für den freien Durchzug ihrer Personen, so wie ihrer Effekten berechnet werden, sind von dem Agenten, resp. Schiffsbefrachter zu tragen.

§. 5. Auf Verlangen der Auswanderer, werden deren Effekten während der Seereise zu dem von ihnen deklarirten Werthe im Betrage von fl. sage Gulden gegen See- und Feuergefahr versichert, wofür eine Assecuranz Prämie à Prozent im Ganzen fl. , kr. sage Gulden Kreuzer dem unterzeichneten Agenten besonders bezahlt sind. Im Falle der Beschädigung oder des gänzlichen Verlustes der versicherten Effekten durch See- oder Feuergefahr, wird der vorstehend declarirte Werth von dem Herrn in New-York dem Accordanten oder dessen Bevollmächtigten baar vergütet.

§. 6. Die contrahirenden Agenten übernehmen ferner dem Auswanderer gegenüber die ausdrückliche Verpflichtung:

a. daß demselben während der ganzen Seereise nach einer am 1. Oktober 1849 erlassenen Parlaments-Acte der englischen Regierung, wöchentlich von dem Capitän auf dem Schiffe 10½ ℔ Brodstoffe per erwachsene Person, Kinder die Hälfte, welche in Schiffszwieback, Mehl und Reis, so wie 4 Loth Thee und 1 ℔ Zucker bestehen, ausgetheilt und frei geliefert werden.

b. daß die Auswanderer die erforderlichen Plätze, Bettstellen, Raum in der Küche zum Kochen, gutes und genügendes Trinkwasser, Holz und Licht, so wie nöthigenfalls Apotheke auf dem angewiesenen Schiffe erhalten;

c. daß die Auswanderer für den Transport ihrer Effekten außer der im §. 3 festgesetzten Fracht für etwaiges Uebergewicht, nichts weiter zu entrichten haben;

d. daß das bei der Ankunft in Amerika zu entrichtende sogenannte Kopf- und Spitalgeld in dem in §. 9 festgesetzten Ueberfahrtspreise begriffen ist und die Auswanderer von dessen Entrichtung befreit sind;

e. daß die Auswanderer für jeden Tag, um welchen die bestimmte Abfahrt von Rotterdam ohne ihre Schuld verzögert wird, 49 Kreuzer für die Person über 10 Jahre und 28 kr. für ein Kind von 1 bis 10 Jahren unweigerlich erhalten. Diese Entschädigung wird ohne allen Vorbehalt zugesichert und geleistet, mag die Verzögerung durch die Schuld des Agenten, des Rheders, resp. Befrachters, oder durch Zufall, höhere Gewalt nicht ausgenommen, herbeigeführt worden sein;

f. daß die Auswanderer während der Seereise hinreichende Beköstigung erhalten, sofern dieselbe von dem Agenten, resp. Schifförheder übernommen worden ist;

g. daß die Auswanderer und deren Effekten auch in dem Falle um den bedungenen Ueberfahrtspreis nach New-York gebracht werden, wenn das betreffende Schiff auf der Reise durch irgend einen Unfall an der Fortsetzung verhindert werden möchte.

h. daß der Agent in Beziehung auf diesen Vertrag vor den Großherzoglich Hessischen Gerichten Recht zu geben habe und im Voraus auf Einreden, die auf etwaige spätere im Auslande geschlossene, den Bestimmungen der Großherzoglich Hessischen Verordnung vom 25. Januar 1851 zuwiderlaufende Verträge gegründet werden möchten, Verzicht leiste.

§. 7. Das erforderliche Bettzeug, so wie Koch- und Trinkgeschirr haben sich die Auswanderer selbst zu stellen.

§. 8. Bei unrichtigen Angaben des Alters der Kinder oder der Personenzahl hat der betreffende contrahirende Auswanderer den vollen Fahrpreis eines Erwachsenen für jede unrichtig angegebene Person auf derjenigen Station unbedingt nachzuzahlen, wo die Unrichtigkeit entdeckt wird. Für den dadurch entstehenden etwaigen Aufenthalt hat alsdann der Accordant keine Rechtsansprüche auf Entschädigung.

§. 9. Die Eingangs genannte Person welche alle Bedingungen dieses Vertrags kenn und anerkenn verpflichte sich dagegen und jedenfalls vor der Abreise zu bezahlen:

1) An Ueberfahrtsgeld für 6 erwachsene Person	fl. 336 —	kr.
" " " 1 Kind von 1 bis 12 Jahre	" 45 —	"
2) Für den übrigen Seeproviant, außer den Brodstoffen, bestehend in 15 ℔ Fleisch, 4 ℔ Butter, 20 ℔ Erbsen oder Bohnen, 2 Quart Essig und 3 ℔ Salz	"	"
Im Ganzen	fl. 381 —	kr.

sage mit Worten Dreyhundert und Ein und Achtzig Gulden —

worauf bei Abschluß dieses Accordes der in Quittung Nro. 1 bemerkte Betrag quittirt und Inhaber auf das in derselben Quittung bemerkte Schiff eingeschrieben wurde.

§. 10. Dieser Vertrag kann nicht einseitig abgeändert und zu keiner Zeit, namentlich aber nicht auf der Reise durch Abschluß eines neuen Vertrags in gültiger Weise aufgehoben werden. Derselbe kann daher auch von keinem Theile weder gekündigt noch auf andere als die darin namentlich angeführten Personen übertragen werden, widrigenfalls der Verletzende aller darin bedungenen Rechte und Ansprüche verlustig und zum vollen Ersatz des dadurch entstandenen Schadens verpflichtet ist. Wird nach der Unterzeichnung dieses Vertrags von den Auswanderern ein neuer Ueberfahrts-Vertrag, mit einem anderen Agenten oder Schiffsbefrachter abgeschlossen, so sind dieselben verpflichtet, an den unterzeichneten Agenten zwei Drittheile des in §. 9 bedungenen Ueberfahrtsgeldes, als Entschädigung zu entrichten.

So geschehen, doppelt ausgefertigt, von den Contrahenten unterzeichnet und jedem Theile ein Original-Exemplar eingehändigt.

Giessen am 12ten August 1851.

Unterschrift des Auswanderers:

Ludwig Schmitt

+++ für Andr. Bernhardt

[illegible]

+++ für Margarethe Bertmann

+++ für Anna Maria Schmidt und deren jüngste Kinder

Im Namen und Auftrag der Eingangs genannten Herrn Agenten:
Der concessionirte Haupt-Agent

G. H. PAULSEN.

Für denselben dessen concessionirter Unter-Agent:

Jean Gertia

Quittungen.

1) Auf nebenstehenden Accord als erste Abschlagszahlung fl. 65, — kr., sage Sechzig fünf Gulden — Kreuzer richtig empfangen, wogegen Inhaber auf das am ~~16~~ [illegible] l. J. von London nach New-York abfahrende Packetschiff [illegible], Capitain [illegible] eingeschrieben ist, am 27. September in Mainz und am 30. September in Rotterdam eingeschifft wird.

Giessen den 12 ten August 1851.

Jean Gertia

Der gegenwärtige Vertrag wurde diesseits geprüft und mit den gesetzlichen Vorschriften übereinstimmend befunden.

Giessen ~~Mainz~~, den 12 ten August 1851.

Die Großh. Hess. ~~Auswanderungs-Inspektion~~ Regierungs-Commission [illegible]

10. Die Geschäftsvollmacht

Der Auswanderer Johannes Gerhard von Bauerbach erteilt am 27. März 1855 seinem Vater Heinrich Gerhard Generalvollmacht für alle geschäftlichen Angelegenheiten, die in seinem Namen noch zu regeln bleiben. Von der Möglichkeit, ein solches Schriftstück aufsetzen und amtlich beglaubigen zu lassen, wurde öfter Gebrauch gemacht, konnten so doch vor allem in eintretenden Erbschaftsfällen die Interessen des Auswanderers wahrgenommen werden.

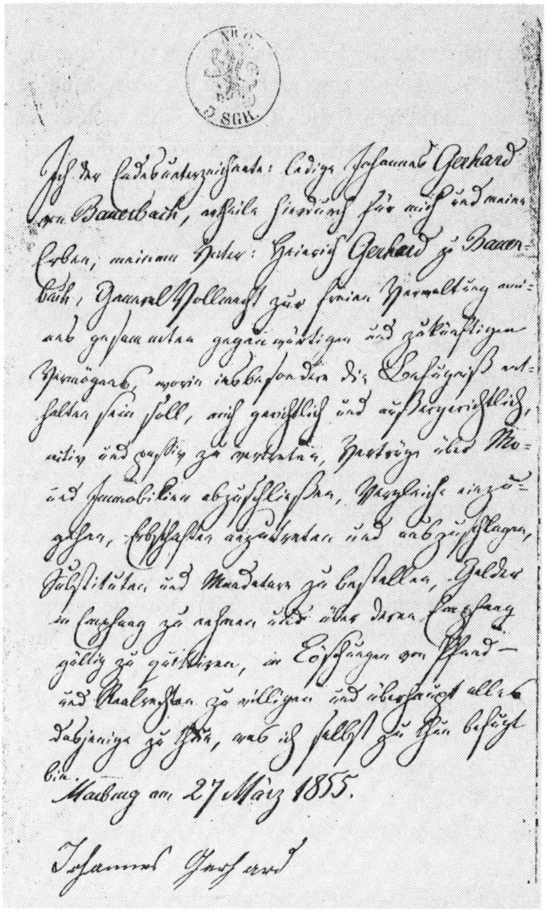

3 SGR.

Ich der [illegible]: ledige Johannes Gerhard von Bauerbach, ertheile hiedurch für mich und meine Erben, meinem Vater: Heinrich Gerhard zu Bauerbach, Generalvollmacht zur freien Verwaltung meines gesammten gegenwärtigen und zukünftigen Vermögens, wovon insbesondere die Hofraithe enthalten sein soll, auch gerichtlich und außergerichtlich activ und passiv zu vertreten, Verträge über Mobilien und Immobilien abzuschließen, Vergleiche einzugehen, Erbschaften anzutreten und auszuschlagen, Substituten und Mandatare zu bestellen, Gelder in Empfang zu nehmen und über deren Empfang gültig zu quittiren, in Löschungen von Pfand- und Realrechten zu willigen und überhaupt alles dasjenige zu thun, was ich selbst zu thun befugt bin.

Marburg am 27 März 1855.

Johannes Gerhard

11. Agentenwerbung

a) *Anzeige im »Wochenblatt für die Provinz Oberhessen« Nr. 14 vom 3. April 1852, mit der sich Generalagent G. A. Wicke, Kassel, für prompte Beförderung seiner Kunden verbürgte und vor zu spätem Abschluß von Überfahrtsverträgen warnte.*

ZUR NACHRICHT
für die Eltern oder die Verwandten
der durch mich beförderten
Auswanderer

Da mehrseitig die Besorgniß gehegt wird, daß die Passagiere wegen des sehr großen Andrangs nicht alle expedirt seien, so mache ich hiermit zu deren Beruhigung die Anzeige, daß meine sämmtlichen Passagiere, selbst die, welche sich durch die Ueberfüllung des Dampfbotes verspätet hatten, prompt expedirt wurden und am bestimmten Tage nach See segelten und sich jetzt längst in hoher See befinden.
Außerdem bemerke noch, daß mein Bremer Haus hinlänglich mit Schiffen versehen ist, und somit alle die von mir angenommenen Passagiere auf eine sehr rasche Beförderung fest rechnen können und nicht zu befürchten haben, daß sie liegen bleiben.
Bei meiner kürzlichen Abwesenheit in Bremen und Bremerhafen hatte ich auch Gelegenheit, den Jammer und das Elend solcher Familien zu sehen, welche auf geradehin ohne Contract nach Bremen gegangen waren; oft schon mit geringen Mitteln mußten sie 14 Tage bis 4 Wochen auf eigene Kosten liegen bleiben, da der Andrang derjenigen, welche sich vorher durch Contract gesichert hatten, zu bedeutend war. Manche dieser Familien konnten, da sie während der Zeit viel verzehrten, das Passagegeld nicht mehr zusammenbringen, und werden theilweise verarmt zur Last ihrer Gemeinde in die Heimath zurückkehren.
Von einem Familienvater ist es unverantwortlich, seine Frau und Kinder einer solchen Gefahr auszusetzen, und rathe ich jedem Auswanderer, zumal in diesem Jahre, sich zeitig durch Contract zu sichern, und zwar bei reellen und gewissenhaften Agenten, und nicht bei solchen aus Amerika zurückgekehrten Deutschen, welche sich auch oft von Dorf zu Dorf herumtreiben und Leute zur Auswanderung aufmuntern, sich ½ bis 5 Thaler als Kopfgeld zahlen lassen, und dann oft damit verschwinden, wie bereits im vorigen und diesem Jahre Fälle vorgekommen sind.

Ein jeder Ortsvorstand sollte hierauf streng achten, denn solche Betrogenen fallen gewöhnlich ihrer Gemeinde zur Last.

Kassel im April 1852.

G. A. Wicke,
General=Agent für Kurhessen,
am Wall, Holländische Straße=Ecke Nr. 843.

b) *Agenturanzeigen aus dem »Wochenblatt für die Provinz Oberhessen« 1853 (Nr. 8, S. 208), wie sie ständig in allen Zeitungen erschienen.*

87.

Regelmäßige Packetschifffahrt
zwischen **Bremen** und **Amerika.**

Lüdering & Comp., Schiffsrheder, Kaufleute und Consuln in **Bremen**
befördern am 1. und 15. Tage jeden Monats mit großen dreimastigen Schiffen erster Classe direct nach **New-York, Baltimore, New-Orleans** und **Galveston** Auswanderer zu billig festgesetzten Preisen bei vollständigster freier Beköstigung. — Wechsel, gleich bei Vorzeigung zahlbar, werden auf alle bedeutende Plätze Amerikas ausgestellt; Waaren dahin prompt spedirt. — Feste Passage-Contracte können sowohl bei ihnen als bei ihren Herren Agenten abgeschlossen werden, in

Frankenberg bei Leopold Duysing.

343.

Special-Agentur
zur Beförderung von Auswanderern nach Amerika
von G. H. Paulsen in Mainz
über **New-York, Baltimore, Philadelphia** und **New-Orleans**

zu den billigst festgesetzten Ueberfahrtspreisen auf regelmäßig abgehenden, großen, schön und bequem eingerichteten, dreimastigen, amerikanischen Postschiffen. —

Es findet jede Woche am Sonntag früh eine Expedition von Mainz statt. — Die Auswanderer werden durch einen zuverläßigen Conducteur bis Liverpool begleitet, und von der Ankunft bis zur Einschiffung frei logirt und beköstigt.

Das Nähere ertheilt auf portofreie Anfragen der Agent desselben

Marburg den 24. Januar 1853.

J. H. G. Römheldt.

274.

Agentur
zur Beförderung von Auswanderern nach
Nord- und Süd-Amerika und Australien

über Hamburg, Bremen, England und Frankreich, mit Hinweisung auf alle im Interesse der Auswandernden vorkommenden Fälle, womit ich durch meine mehrmaligen Reisen nach Nord-Amerika bekannt zu werden Gelegenheit hatte.

Carl Möller, Hofstadt, Marburg.

c) *In Schweinsberg machte das Gasthaus »Zur Stadt New York« mit seinem Namen darauf aufmerksam, daß der Inhaber Christian Klötz zugleich als Agent für den »Norddeutschen Lloyd« in Bremen fungierte und ständig Überfahrtsverträge vermittelte (Ausschnitt aus einer Postkarte von etwa 1895).*

d) *Danksagung von Auswanderern, die Agent Zumben in Frankenberg als Reklame für sein Unternehmen in das »Wochenblatt für die Provinz Oberhessen« vom 18. März 1854 (Nr. 11, S. 307) einrücken ließ.*

627. **Danksagung.**

Wir die unterschriebenen Auswanderer sagen unserm Agent Herrn Stadtrezeptor Zumben in Frankenberg unsern herzlichsten Dank für seine gute Besorgung. Alles was Herr Zumben uns versprochen hat, ist treulich gehalten, wir fahren mit dem schönen großen Dreimaster Anna Delius, ist ein gutes Schiff und freundlicher Capitän; unser Hauptagent Herr Wicke aus Cassel begleitete uns bis aufs Seeschiff und sorgte allenthalben für unser Unterkommen.

Allen unsern Landsleuten rathen wir, welche auswandern wollen, bei Herrn Zumben Akkord zu machen.

Den 5. März fahren wir in See von Bremerhafen, wir haben jeden Tag gute Kost.

Lieber Schwiegervater und M. Boshamer, wir Caspar und Heinrich Beyer grüßen Euch und Alle viel tausendmal, sagen Sie Herrn Zumben, er möchte meine Angelegenheit auch so gut besorgen, wie er mich besorgt hat.

Bremerhafen an Bord des Dreimasters Anna Delius, Capt. Hattendorf.

Johannes Mathenius und Frau. Caspar Beyer. Heinrich Beyer. Justus Anneberg. Conrad Greif. Conrad Hein. Dorothea Keil. Johanna Buttersack. Anna Catharine Golik und im Namen ihrer andern Landsleute.

7

12. Die Main-Weser-Bahn

Der Ausbau der Bahnverbindung zwischen Frankfurt und der Weser lenkte die hessischen Auswandererströme vollends nach Bremen. Wie der am 14. September 1850 im »Wochenblatt für den Bezirk Marburg« (Nr. 37, S. 683) abgedruckte Fahrplan der Main-Weser-Bahn zeigt, konnte damals immerhin schon bis Kassel gefahren werden, von wo Zug V Anschluß nach Karlshafen und somit an die Weser-Dampfschiffahrt hatte.

Zweite Beilage zum Wochenblatt für den Bezirk Marburg.

№ 37. Sonnabend den 14. September. 1850.

1262. **Fahrplan der Main-Weser-Bahn**

im Anschluß an die Fahrten der **Friedrich-Wilhelms-Nordbahn**, der **Thüringer Bahn**, und weiter nach **Leipzig**, **Magdeburg** und **Berlin** einerseits, so wie anderseits an die der **Main-Neckarbahn**, der **Großh. Badischen Bahn** bis **Basel**, der **Taunusbahn**, der **Hanauer Bahn**; ferner der **Weser-** und **Rhein-Dampfschifffahrt** ꝛc. ꝛc.

Vom 25. August 1850 anfangend bis auf weitere Bestimmung.

Von Cassel nach Frankfurt.

Stationen.		II. Uhr	II. Min.	IV. Uhr	IV. Min.	VI. Uhr	VI. Min.	VIII. Uhr	VIII. Min.
		Vormittags				Nachmittags			
Cassel	Abgang	—	—	8	10	2	15	5	5
Guntershausen	"	—	—	8	45	2	50	5	35
Gensungen	"	—	—	9	8	3	14	6	—
Wabern	"	—	—	9	26	3	34	6	20
Borken	"	—	—	9	43	3	52	6	37
Zimmersrode	"	—	—	9	55	4	5	6	49
Treysa	"	—	—	10	20	4	32	7	16
Neustadt	"	—	—	10	38	4	53	7	36
Kirchhain	"	—	—	11	8	5	23	8	8
Marburg	Ank.	—	—	11	30	5	45	8	30
				Nachm.					
	Abg.	8	—	12	30	5	55	—	—
Fronhausen	"	8	25	12	55	6	20	—	—
Lollar	"	8	37	1	7	6	32	—	—
Gießen	Ankunft	8	50	1	20	6	45	—	—
		(*		(**		†)		†)	

Stationen.		2. Uhr	2. Min.	4. Uhr	4. Min.	6. Uhr	6. Min.	8. Uhr	8. Min.
		(†				*)		**)	
Friedberg	Abgang	5	35	8	52	1	30	6	40
Niederwöllstadt	"	5	48	9	5	1	43	6	53
Großkarben	"	5	57	9	14	1	52	7	2
Dortelweil	"	6	3	9	20	1	58	7	8
Vilbel	"	6	13	9	30	2	8	7	18
Bonames	"	6	23	9	40	2	18	7	28
Bockenheim	"	6	35	9	52	2	30	7	40
Frankfurt	Ankunft	6	40	9	57	2	35	7	45

Von Frankfurt nach Cassel.

Stationen.		1. Uhr	1. Min.	3. Uhr	3. Min.	5. Uhr	5. Min.	7. Uhr	7. Min.
		Vormittags				Nachmittags			
Frankfurt	Abgang	5	45	9	—	2	35	6	48
Bockenheim	"	5	52	9	7	2	42	6	55
Bonames	"	6	5	9	20	2	55	7	8
Vilbel	"	6	15	9	30	3	5	7	18
Dortelweil	"	6	22	9	37	3	12	7	25
Großkarben	"	6	28	9	43	3	18	7	31
Niederwöllstadt	"	6	39	9	54	3	29	7	42
Friedberg	Ankunft	6	50	10	5	3	40	7	53
		(*		(**		(***		†)	

Die durch **) und ††) angedeuteten Verbindungen werden durch Post- resp. Omnibusfahrten vermittelt.

Stationen.		I. Uhr	I. Min.	III. Uhr	III. Min.	V. Uhr	V. Min.	VII. Uhr	VII. Min.
		(†		*)		**)		***)	
Gießen	Abgang	—	—	11	5	3	—	7	45
Lollar	"	—	—	11	20	3	16	8	—
Fronhausen	"	—	—	11	32	3	28	8	13
				Nachm.					
Marburg	"	4	30	12	4	4	—	8	35
Kirchhain	"	4	55	12	29	4	25	—	—
Neustadt	"	5	25	12	59	4	54	—	—
Treysa	"	5	50	1	22	5	18	—	—
Zimmersrode	"	6	10	1	42	5	38	—	—
Borken	"	6	22	1	54	5	50	—	—
Wabern	"	6	42	2	17	6	12	—	—
Gensungen	"	6	55	2	30	6	25	—	—
Guntershausen	"	7	25	3	—	6	55	—	—
Cassel	Ankunft	7	50	3	25	7	20	—	—

6. Auswanderungsvereine

Ging die Auswanderungsbewegung im allgemeinen von der Bevölkerung selber aus und ließ dem Auswanderer die Freiheit, seine eigenen Ziele zu verfolgen, so gab es doch auch wiederholt Versuche, Reisewillige zusammenzufassen und dem Plan einer geschlossenen Neuansiedlung dienstbar zu machen. Die Absichten dabei waren verschiedenartig. Sie hatten jedoch eine Tendenz gemeinsam: das Bestreben, den Ausgewanderten die nationale Identität zu erhalten und jenseits des Meeres einen deutschen Bruderstaat zu gründen. Da Deutschland keine Kolonien besaß, steigerte sich mit der Auswanderungsbewegung ein gewisses Bedauern über den ständigen Verlust deutscher Volksteile an fremde Länder. Und da die Vereinigten Staaten von Amerika bis 1890 ein noch offener Staatenbund waren und einen deutschen Glied- oder Nachbarstaat zuzulassen schienen, boten sie kompensatorischen Hoffnungen das große Ziel. Solche Hoffnungen regten sich quer durch Deutschland und inspirierten die Gründer von Auswanderungsvereinen, die sich der Organisation einer entsprechend planmäßigen Amerika-Auswanderung annehmen wollten. Wirkliche Bedeutung aber erlangten nur die Initiativen, die von hessischem Boden ausgingen.

Dies ist schon für die 1833 gegründete »Gießener Auswanderungsgesellschaft«[1] geltend zu machen, die auf der politischen Linken angesiedelt war. Sie orientierte sich an dem Plan, den bereits 1819 Karl Follen und die Gießener Schwarzen – eine freiheitlich gesonnene Studentenverbindung – gehegt, doch zwangsläufig aufgegeben hatten: in Amerika mit jungen deutschen Revolutionären einen Idealstaat zu gründen. Nach dem Hambacher Fest 1832, aber auch unter dem Eindruck der antiliberalen Reaktion nach 1830, hielten Follens Bruder Paul, Hofgerichts-Advokat in Gießen, und dessen Schwager Friedrich Münch, Pfarrer aus Niedergemünden, diesen Plan neu für spruchreif. 1833 ließen sie eine Druckschrift mit dem Titel »Aufforderung und Erklärung in Betreff einer Auswanderung im Großen aus Deutschland in die nordamerikanischen Freistaaten« ausgehen, in der es heißt: »daß nach unserem Plan überall in Deutschland, wo Auswanderungslustige sich finden, einzelne Vereine oder Gesellschaften gestiftet werden sollen, welche alle unter sich wieder in Verbindung stehen und nebeneinander sich anbauen [. . .], bis das von uns ausersehene Land (nämlich das sog. Gebiet Arkansas [. . .]) nach und nach ganz mit Deutschen bevölkert sein wird«. Diese Deutschen sollten in Amerika vor allem die Freiheit finden, während Paul Follenius von einem Zeitgenossen und Freund zugeschrieben wurde, daß bei ihm »der deutschthümliche Zweck« nur »gleichsam zur Entschuldigung für seine Entfernung vom Vaterlande« hinzugekommen sei.[2]

Die Gießener Gesellschaft – als erster der erhofften Vereine ins Leben getreten – warb auch mit Versammlungen – so nachweislich in Butzbach im »Frankfurter Hof« – für ihr Anliegen bzw. für die Beteiligung von Auswanderern, und schon im März 1833 – noch vor Herausgabe der Druckschrift – hatte sie die ersten 140 bis 160 Siedlungswilligen mit dem jungen evangelischen Pfarrer Gustav Klingelhöffer übers Meer schicken können.[3] Follenius und Münch folgten 1834 mit weiteren Interessenten, doch war die erste Gruppe durch Seuchen stark dezimiert worden und hatte sich selbständig in Illinois usw. zerstreut. Gemeinsam mußte man feststellen, daß sich Arkansas – das noch kein Staat der Union und deshalb so anziehend gewesen war – für die geschlossene Niederlassung nicht eignete: es war – wie auch andere Gebiete – schon weitgehend mit freien amerikanischen Siedlern unterschiedlicher Herkunft durchsetzt. So scheiterte das Gießener Projekt an organisatorischen Unzulänglichkeiten und an den Realitäten. Die Auswanderer zerstreuten sich, und Follenius und Münch wurden Farmer in Missouri: wegen ihrer akademischen Bildung als »latin farmers« belächelt; doch Münch war erfolgreich als Publizist und als in der Sklavenfrage engagierter Politiker.[4]

Die Fehler der Gießener suchte im folgenden Jahrzehnt der »Texasverein« zu vermeiden, indem er sich den noch relativ unerschlossenenen Staat Texas zum Ziel nahm, hier vorweg ein Siedlungsgebiet erwarb und danach trachtete, von dieser Basis aus das unabhängige Land zu einem deutschen zu machen.[5] Dabei war jedoch nicht an ein freiheitliches Neu-Deutschland, sondern an eine Art Kolonie gedacht, denn im »Texasverein« – eigentlich

»Verein deutscher Fürsten, Grafen und Herren zum Schutz deutscher Einwanderer in Texas« oder auch »Mainzer Adelsverein« – hatten sich im April 1842 zu Biebrich deutsche Hochadelige unter dem Protektorat des Herzogs von Nassau zusammengefunden, die sich die Vermehrung eingesetzten Kapitals, auch die Befriedigung einer gewissen Abenteurerlust und als Rückwirkung zuhause die Bekämpfung dessen versprachen, was sie als das »furchtbarste aller Ungetüme, den Kommunismus« fürchteten. Trotz kleiner Teilerfolge endete jedoch auch dieses Unternehmen teilweise katastrophal und ohne sein Endziel zu erreichen. Denn das erworbene Land lag im vorerst unzugänglichen Indianergebiet des westlichen Texas, was erst realisiert wurde, als schon Hunderte von angeworbenen Siedlern im texanischen Hafen Galveston lagen und auf Weitertransport warteten. Gegen Zahlung von 300 Gulden waren freie Überfahrt und 320 acres Land versprochen worden. Aber erst nachdem es Prinz Carl von Solms-Braunfels gelungen war, am oberen Guateloupe-Fluß, in einem halbwegs sicheren Siedlungsgebiet, neues Land anzukaufen, konnte dort 1845 die Zuteilung von wenigstens 10 acres erfolgen und die Siedlung »Neu-Braunfels« gegründet werden.[6] Ottfried Freiherr von Meusebach aus Dillenburg, der bald darauf den Prinzen als neuen Generalkommissar des »Texasvereins« mit Sitz in Mainz ablöste, kaufte 100 km nordwestlich weiteres Gebiet hinzu und brachte mit den dortigen Comanchen-Stämmen am 1. März 1847 ein Friedensbündnis zustande, das es erlaubte »Friedrichsburg« (Fredericksburg) zu gründen.[7] Bis 1847 waren aber durch den Verein mehr als 7000 Personen – darunter übrigens auch zwei Drittel der Einwohner des aufgelösten Dorfes Niederfischbach[8] – ins Land gebracht worden, die zu großen Teilen unversorgt in Zelten kampieren mußten, unter der großen Hitze litten und Seuchen ausgesetzt waren. Wer überlebte, machte sich selbständig. Von Meusebach legte resignierend sein Amt nieder, der »Texasverein« erklärte sich 1847 für zahlungsunfähig und wurde 1861 aufgelöst. Gutschreiben durfte er sich immerhin, Texas bekannt gemacht und einem Auswandererstrom, der auch nach 1847 nicht abebbte, die Richtung gewiesen zu haben. Um 1850 lebten schon 35 000 Deutsche in dem Unionsstaat gewordenen Land und nutzten die vorhandenen wirtschaftlichen Möglichkeiten in eigener Initiative.[9]

Mit den Vereinsprojekten hatte es gleichwohl noch immer kein Ende. 1848 wurde von bürgerlichen Auswanderungstheoretikern in Frankfurt a. M. ein »Nationalverein für deutsche Auswanderung und Ansiedlung« gegründet, der zum Zweigverein eines 1849 in Berlin gegründeten »Vereins zur Zentralisierung deutscher Auswanderung und Kolonisation« wurde und eine Darmstädter Auswanderergruppe übers Meer führen wollte.[10] Das Scheitern des »Texasvereins« vor Augen, fanden sich jedoch nicht genügend Kapitalgeber, und so blieb es – wohl zum Glück für die Reisewilligen – bei einem unausgeführten Plan.

Anmerkungen

1 Siehe Hans Richter, Hessen und die Auswanderung 1815-1855, in: Mitteilungen des Oberhessischen Geschichtsvereins NF 32 (1934), S. 49-139, hier S. 92; Wolf-Heino Struck, Die Auswanderung aus Hessen und Nassau in die Vereinigten Staaten, in: Naussauische Annalen 89 (1978), S. 78-114, hier S. 91 f.; Charles van Ravenswaay, The Arts and Architecture of German Settlements in Missouri, Columbia und London 1977, S. 37-43.

2 Gustav Körner, Friedrich Münch und die Gießener Auswanderungsgesellschaft, in: Hans Herder (Hg.), Hessisches Auswandererbuch, Frankfurt a. M. 1983, S. 91-97, hier S. 93.

3 Zum Schicksal dieser Gruppe siehe Hella Hübsch und Ruth Rector, Auswanderer nach Arkansas (USA) 1833. Auf der Suche nach Namen und Herkunftsorten einer deutschen Reisegesellschaft, in: Hessische Familienkunde 16 (1982), S. 118-120.

4 Vgl. auch Friedrich Münch, Erinnerungen aus Deutschlands trübster Zeit. Dargestellt in den Lebensbildern von Karl Follen, Paul Follen und Friedrich Münch, St. Louis und Neustadt a. d. H. 1873; ders. Gesammelte Schriften, St. Louis 1902.

5 Dazu Wolf-Heino Struck, Die Auswanderung aus dem Herzogtum Nassau (1806-1866), Wiesbaden 1966 (= Geschichtliche Landeskunde, IV), S. 50-71, sowie ders. (wie Anm. 1), S. 95 f.; Harald Winkel, Der Texasverein – ein Beitrag zur Geschichte der deutschen Auswanderung im 19. Jahrhundert, in: Vierteljahrsschrift für Sozial- und Wirtschaftsgeschichte 55 (1968), S. 348-372; Inge Auerbach, Auswanderung aus Kurhessen 1832-1866, in: Hessische Blätter für Volks- und Kulturforschung NF 17 (1985), S. 19-50, hier S. 24; Theodore Gish, Carl, Prince of Solms-Braunfels, First Commissioner-General of the Adelsverein in Texas: Myth, History and Fiction, in: Yearbook of German-American Studies 16 (1981), S. 79-87.

6 Siehe auch Oscar Haas, History of New Braunfels and Comal County, 1844-1946, Austin/Texas 1968.

7 Ethel Hander Geue, New Homes in a New Land. German Immigration to Texas 1847-1861, Baltimore 1982, S. 18; James Patrick McGuire, The German Texans, San Antonio 1970, S. 14 f.

8 Siehe Herbert, Fischbach – ein untergegangenes Dorf, in: Herder (Hg.), Hessisches Auswandererbuch (wie Anm. 2), S. 253-261, mit zeitgenössischen Schilderungen der Zustände in Texas.

9 Dazu Terry G. Jordan, German Seed in Texas Soil. Immigrant Farmers in Nineteenth-Century Texas, Austin und London 1966.

10 Winkel (wie Anm. 5), S. 354 f.

1. Ein Lied Friedrich Münchs

Seinen Entschluß, am Missouri ein besseres Deutschland zu schaffen, bekräftigte Friedrich Münch 1834 auch mit einem Lied, das sich abgedruckt findet in seinen 1902 in St. Louis/Missouri herausgebrachten »Gesammelten Schriften«.

Auswanderungslied.
1834.

Auf in muthigem Vertrauen,
Fest und brüderlich vereint!
Vorwärts, vorwärts laßt uns schauen,
Am Missouri Hütten bauen,
Wo der Freiheit Sonne scheint.

Vaterland, das mich geboren,
Lebe wohl, ich scheide nun.
Glück und Freude war verloren, –
Tyrannei, du seist verschworen!
Will in freiem Lande ruhn.

Ihr vom alten Vaterlande,
Seht, wir gehen euch voran.
O zerbrecht auch eure Bande,
Kühn entreißet auch der Schande –
Folgt, o folget unsrer Bahn.

Deutsche Kraft und deutsche Treue –
Ueber Meere flieh'n sie hin.
O so blühe denn auf's Neue,
Deutsche Kraft und deutsche Treue,
Am Missouri sollt ihr blühn!

2. Was aus den Gießenern in Amerika wurde

Wie sich die Teilnehmer am Auswanderungsprojekt der »Gießener Auswanderungsgesellschaft« in Amerika zerstreuten, wie sie sich aber gleichwohl wirtschaftlich behaupteten und politisch bewährten, findet sich in den Lebenserinnerungen »Länger als ein Menschenleben in Missouri« beschrieben, die Gert Göbel – ein Nachfahre eines Gießeners Auswanderers – 1877 in St. Louis/Missouri herausgab (S. 9-16). Besonderes Lob findet dabei Friedrich Münch, den die Missouri-Deutschen als »Papa Münch« verehrten.

Die erste Abtheilung dieser Gesellschaft hatte eine sehr unglückliche Reise; auf dem Schiffe brachen die Blattern aus und Mancher fand ein nasses Grab auf dem Meeresboden; in Neu Orleans wurden diese Auswanderer durch das gelbe Fieber und auf der Fahrt den Mississippi herauf nach St. Louis durch die Cholera in bedauerlicher Weise decimirt. Als die zweite Abtheilung in den ersten Tagen des Septembers in St. Louis ankam, hatten sich die Reste der ersten Abtheilung schon zerstreut. Einige hatten sich schon in Illinois angekauft und Andere suchten noch nach einer Heimath; Mehrere waren in Missouri geblieben und waren in die Nähe von St. Charles gerathen; Paul Follenius war am weitesten westlich gezogen und hatte sich in der Nähe der Farm des Dr. Duden in Warren Co. niedergelassen; Friedrich Münch folgte ihm und kaufte sich ganz nahe bei ihm an, und in den engen Thälern des Lake Creeks und Femme Osage Creeks waren die Gießener überall verzettelt. Einige Wenige, darunter mein sel. Vater, wurden nach Franklin Co., auf der Südseite des Missouri, verschlagen, und so viel ich weiß, nur Einer, Apotheker Brühl von Frankfurt a.M., gerieth nach Südost Missouri an den Apple Creek in der Nähe von Cape Girardeau. Auf diese Weise wurden, wenn man so sagen kann, Atome von Intelligenz in einem weiteren Kreise um den kleinen Kern eines Deutschthums herum in St. Louis verstreut. Diese Atome aber zogen andere an, und da die Nachzüge von Jahr zu Jahr zunahmen, so waren bald außerhalb St. Louis in den Counties St. Charles, Warren, Fanklin und Gasconade ziemlich zahlreiche sogenannte lateinische Settlements zu finden. Fast um dieselbe Zeit und von da in immer größeren Massen kamen Landsleute aus allen Gauen von Deutschland und der Schweiz, die für alle Gegenden, in denen sie sich niederließen, ein sehr werthvolles Contingent zur Civilisation bildeten.

Der Zustrom von Einwanderern wurde mit der Zeit so stark, daß die Deutschen in St. Louis in Verbindung mit ihren Landsleuten in den oben genannten Counties das numerische Uebergewicht erlangten, so daß diese Gegend wohl mit Recht der älteste Kernpunkt des Deutschthums in Missouri genannt zu werden verdient. Aber es ist nicht mehr als billig, zu erwähnen, daß jetzt auch die Deutschen in sehr vielen anderen Counties eine imponirende Stellung einnehmen, nicht allein ihrer Zahl wegen, sondern hauptsächlich ihrer durchschnittlichen Rechtschaffenheit und ihrer Befähigung in geschäftlicher und industrieller Beziehung halber.
Glänzend aber bewährte sich die moralische, so wie die physische Kraft eines geschlossenen Deutschthums beim Ausbruch des Rebellions-Krieges. Ohne die Hülfe der Deutschen hätte Gen. Nathaniel Lyon nicht die Rebellen in Camp Jackson (10. Mai 1861) sammt und sonders gefangen nehmen können. Die Heimwehr-Compagnien (homeguards) in den Counties waren unabhängige Organisationen und standen nicht unter dem Befehl von Bundes-Offizieren, aber die freudige Bereitwilligkeit dieser Compagnien, die in überwiegender Zahl Deutsche waren, die Eisenbahnen zu besetzen, ermöglichte es dem Gen. Lyon, die Rebellen bei Boonville anzugreifen und zu schlagen. An Gen. Lyon hat die Nation einen Patrioten von seltener Reinheit leider viel zu früh verloren; er starb am 10. August 1861 auf dem Schlachtfeld am Wilsons Creek den Heldentod.
Auch in der Politik, in der Lösung der welthistorischen Sclavenfrage ergriffen die Deutschen Missouris die Initiative. Aus allen Counties, in welchen sie politisches Gewicht hatten, wurden zuverlässige Emancipationisten in die Legislatur von 1862 geschickt, aber auch die Counties im Südwesten und Nordwesten des Staates, in denen das loyale amerikanische Element das herrschende war, sandten tüchtige Männer in diese Legislatur. Weder vorher noch nachher waren die Deutschen so zahlreich im Senat und im Repräsentantenhause vertreten als in der Periode von 1862 bis 1868 und auch Papa Münch, der Führer der zweiten Abtheilung der Gießener Gesellschaft, zählte zu diesen alten Senatoren und er gehörte nicht zu den Unbedeutendsten.
Der Umfang dieses kleinen Werkes erlaubt es nicht, die Namen aller der Deutschen zu erwähnen, welche durch ihre Achtung gebietende und consequente Haltung ihren Landsleuten mit einem guten Beispiel vorangingen. Viele von ihnen führten nur ein stilles Familienleben, haben aber niemals Gelegenheit oder Lust gehabt in die Oeffentlichkeit zu treten.

Andere wurden nur periodenweise, hauptsächlich durch politische Verhältnisse in das öffentliche Leben gedrängt, entsprachen aber dann meistentheils dem Vertrauen und den Erwartungen, welche ihre Mitbürger in sie gesetzt hatten; jedenfalls aber verdient Friedrich Münch, der unter dem Namen »Far West« allgemein bekannt ist, einer etwas eingehenderen Erwähnung. Dieser würdige Mann ist wohl der Unermüdlichste unter seinen Landsleuten, welche sich die Aufklärung und das Wohl ihrer Mitmenschen in jeder Beziehung zur Lebensaufgabe gemacht haben; seine ausdauernde Thätigkeit hat nun schon länger als vierzig Jahre gewährt und der hohe Siebziger hat noch heute die Feder nicht niedergelegt.

Schon sehr bald nach seiner Niederlassung am Lake Creek in Warren Co., im Jahr 1834, fing er seine literarische Thätigkeit an und wurde Mitarbeiter an mehreren Monatsschriften und den bedeutenderen deutschen Zeitungen; da er in den ersten Jahren seines stillen Farmerlebens noch nicht viele Erfahrungen über Missouri aus eigener Anschauung gemacht haben konnte, so behandelte er in seinen frühesten Schriften meist Fragen, welche auf die politischen Zustände in Deutschland und auf verschiedene Wissenschaften Bezug hatten, aber sobald er sich in den hiesigen politischen Verhältnissen einigermaßen orientirt hatte, trat er dem Institut der Sclaverei sehr entschieden entgegen und erwarb sich dadurch allerdings die Sympathien und die Achtung fast des gesammten Deutschthums, keineswegs aber die Popularität unter der durchschnittlichen amerikanischen Bevölkerung.

Den Interessen der Landwirthschaft widmete er ebenfalls zahlreiche Aufsätze, aber seine Thätigkeit in dieser Richtung kam erst mit den ersten Anfängen des Weinbaues in rechten Schwung und sein Buch über die Weincultur geht jetzt seiner vierten Auflage entgegen.

Ebenso war er ein eifriger Beförderer deutscher Einwanderung und hat jedenfalls durch viele Aufsätze und Broschüren, welche durch ganz Deutschland verbreitet sind, viel dazu beigetragen, die Aufmerksamkeit von Auswanderern auf unseren Staat zu richten, und er ist schon seit vielen Jahren eines der thätigsten Mitglieder der Staats-Behörde zur Beförderung der Einwanderung. Im Jahre 1856 nahm er wirklich activen Antheil auf dem Feld der Politik; damals bereiste er mit dem allbekannten deutschen Patrioten Friedrich Hecker den Osten der Union und befürwortete in öffentlichen Ansprachen die Wahl von J. C. Fremont zum Präsidenten der Ver. Staaten.

Beim Ausbruch der Rebellion war mein alter Freund Friedrich Münch schon zu bejahrt, um selbst Waffen zu tragen, aber dennoch hat er für die Sache allgemeiner Menschenrechte ein schweres Opfer gebracht, denn ein hoffnungsvoller Sohn starb auf dem Schlachtfelde am Wilsons Creek einen rühmlichen Tod.

Im Herbst 1862 wurde Münch in den Staats-Senat gewählt, und während seiner vierjährigen Amtszeit stand er unerschütterlich auf der Seite des Rechts und der Humanität und war ein entschiedener Feind von Corruption und Verschwendung der öffentlichen Gelder, er stand auch wegen seiner strengen Consequenz in seinen politischen Ansichten nicht allein bei seinen Freunden, sondern auch bei seinen politischen Gegnern in hoher Achtung. Seit dem Jahr 1866 lebt er still und zurückgezogen in seinem Tusculum auf seiner alten Farm, die er einem seiner Söhne übertragen hat. Trotz seiner hohen Jahre ist er noch immer geistig und körperlich rüstig und rastlos thätig, entweder in seinem Weinberg oder an seinem Schreibtisch.

Dieser verdienstvolle Mann hat jedenfalls ein sehr ereignißvolles Leben hinter sich; er mag viele traurige Erfahrungen und bittere Enttäuschungen erlebt haben, aber viele seiner edlen und menschenfreundlichen Bestrebungen haben auch ihr erwünschtes Ziel erreicht und es bleibt nur zu wünschen, daß er sich noch viele Jahre dieser schönen Erinnerungen freuen möge.

Lange vorher, ehe der Kanonendonner auf dem Kriegs-Schauplatze verstummt war, berief die Legislatur im Winter von '63 auf '64 nach schweren parlamentarischen Kämpfen eine Convention zusammen, deren Hauptaufgabe es war, Missouri von der Sclaverei zu befreien. Auch in dieser Convention waren die Deutschen stark vertreten. Ein Deutscher, der würdige Arnold Kreckel, jetzt Richter im westlichen Distrikt des Ver. Staaten-Gerichtshofes, war Präsident jener Constituante und er unterzeichnete am 11. Januar 1865 die Ordinanz, welche die Sclaverei in Missouri für alle Zeiten für aufgehoben erklärte. Die Zeit von dem Ausbruch der Rebellion bis zur Aufhebung der Sclaverei und dem Wiederaufbau der Union war für Missouri eine politische Glanzperiode, die nicht so bald von einer zweiten verdunkelt werden wird und es bleibt nur noch zu erwähnen, daß mehrere Mitglieder der alten Gießener Gesellschaft und ihre unmittelbaren Nachkommen in dieser ereignißvollen Zeit sehr eifrige Beförderer der guten Sache gewesen sind.

3. Ein Vertrag mit dem »Texasverein«

Einwanderungsvertrag, den Peter Sames aus Wehrdorf bei Braunfels am 22. September 1845 mit dem »Vereine zum Schutz deutscher Einwanderer in Texas« für sich und seine Familie abschloß (Historisches Archiv der Stadt Wetzlar).

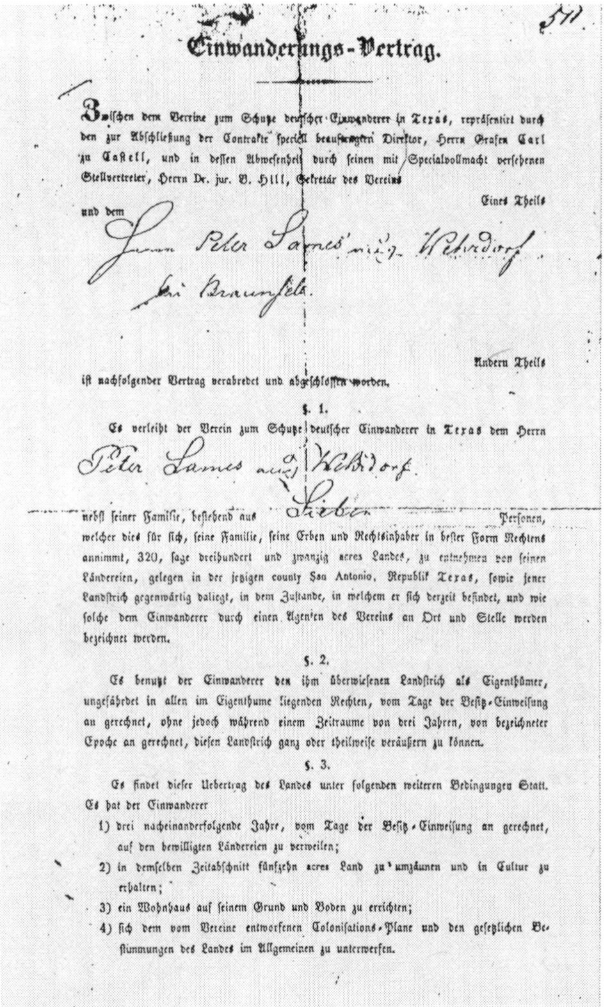

Einwanderungs-Vertrag.

Zwischen dem Vereine zum Schutze deutscher Einwanderer in Texas, repräsentirt durch den zur Abschließung der Contrakte speciell beauftragten Direktor, Herrn Grafen Carl zu Castell, und in dessen Abwesenheit durch seinen mit Specialvollmacht versehenen Stellvertreter, Herrn Dr. jur. B. Hill, Sekretär des Vereins

Eines Theils

und dem Herrn Peter Sames aus Wehrdorf bei Braunfels.

Andern Theils

ist nachfolgender Vertrag verabredet und abgeschlossen worden.

§. 1.

Es verleiht der Verein zum Schutze deutscher Einwanderer in Texas dem Herrn Peter Sames aus Wehrdorf nebst seiner Familie, bestehend aus Sieben Personen, welcher dies für sich, seine Familie, seine Erben und Rechtsinhaber in bester Form Rechtens annimmt, 320, sage dreihundert und zwanzig acres Landes, zu entnehmen von seinen Ländereien, gelegen in der jetzigen county San Antonio, Republik Texas, sowie jener Landstrich gegenwärtig daliegt, in dem Zustande, in welchem er sich derzeit befindet, und wie solche dem Einwanderer durch einen Agenten des Vereins an Ort und Stelle werden bezeichnet werden.

§. 2.

Es benutzt der Einwanderer den ihm überwiesenen Landstrich als Eigenthümer, ungefährdet in allen im Eigenthume liegenden Rechten, vom Tage der Besitz-Einweisung an gerechnet, ohne jedoch während einem Zeitraume von drei Jahren, von bezeichneter Epoche an gerechnet, diesen Landstrich ganz oder theilweise veräußern zu können.

§. 3.

Es findet dieser Uebertrag des Landes unter folgenden weiteren Bedingungen Statt. Es hat der Einwanderer

1) drei nacheinanderfolgende Jahre, vom Tage der Besitz-Einweisung an gerechnet, auf den bewilligten Ländereien zu verweilen;
2) in demselben Zeitabschnitt fünfzehn acres Land zu umzäunen und in Cultur zu erhalten;
3) ein Wohnhaus auf seinem Grund und Boden zu errichten;
4) sich dem vom Vereine entworfenen Colonisations-Plane und den gesetzlichen Bestimmungen des Landes im Allgemeinen zu unterwerfen.

§. 4.

Die betreffenden Landes-Vermessungskosten fallen dem Einwanderer zur Last, der Verein aber legt dieselben vor: es haften für diesen Vorschuß sowohl, als alle andern dem Einwanderer durch den Verein etwa gemachten Vorschüsse, die umsonst bewilligten Ländereien und die darauf aufgeführten Gebäude und Vorrichtungen als Pfand, bis zur gänzlichen Abtragung der Schuld.

§. 5.

Gegenwärtiger provisorischer Erwerbstitel wird in Texas selbst durch eine von der texanischen Regierung ausgestellte, auf den Namen des Einwanderers lautende, definitive Eigenthums-Urkunde, umgetauscht, und zwar drei Jahre nach der Besitz-Einweisung, und wenn die oben festgesetzten Bedingungen von Seiten des Einwanderers erfüllt worden sind.

§. 6.

Bei nicht pünktlicher Erfüllung obiger Bedingungen durch den Einwanderer, verliert derselbe seine Rechte auf gegenwärtige Verleihung, und es fallen die auf den vom Vereine ihm verliehenen Ländereien aufgeführten Gebäulichkeiten, so wie die Ländereien selbst dem Vereine als Entschädigung anheim.

Gegenwärtiger Vertrag soll pflichtgemäß und treu von den Contrahenten in allen Punkten gehandhabt und beobachtet werden, was dieselben anmit durch eigenhändige Namensunterschrift geloben.

So geschehen Bremen, den 21 September 1845

Peter Sarnes

Verein zum Schutz deutscher Einwanderer in Texas

Im Namen und Auftrag der Direktion des Vereins zum Schutze deutscher Einwanderer in Texas.

Dr. [illegible]

Consulate of the Republic of Texas for the port of Bremen.

These are to certify, that appeared before me Mr. Peter Sarnes and made oath, that the whole content of the aforegoing agreement was well comprehended and consented by him, and both parties signed the same in my presence.

Done in Bremen, this 22 of September 1845

CONSULATE OF TEXAS BREMEN

Wm. Fehrmann
Vice Consul of the Republic of Texas

4. Der Zug nach New Braunfels

Von der texanischen Küste zogen die vom »Texasverein« geworbenen Siedler mit Ochsenwagen ins Landesinnere, wie es dieser Holzstich »Deutsche Einwandrer auf dem Zuge nach Neu Braunfels« bei Rudolf Cronau (»Drei Jahrhunderte deutschen Lebens in Amerika«, Berlin 1909) zeigt.

5. New Braunfels

Die 1845 gegründete Siedlung New Braunfels wenige Jahre nach der Niederlassung der ersten Siedler (nach einer Ansicht in der Fürst zu Solms-Braunfels'schen Rentkammer Braunfels).

6. Das neue Grant-Gebiet des »Texasvereins«

Die Skizze verdeutlicht die Lage des neuen Grant-Gebietes, das Freiherr von Meusebach 1847 für den »Texasverein« erwarb und wo Fredericksburg gegründet wurde.

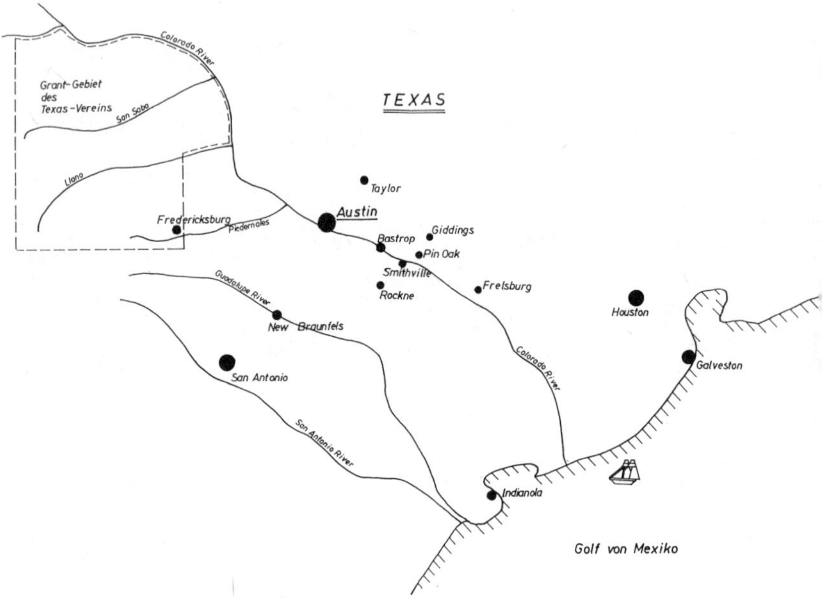

7. Der Vertrag mit den Comanchen 1847

Das am 1. März 1847 mit den Comanchen-Stämmen geschlossene Friedensbündnis wurde am 9. Mai 1847 mit dem Vertrag anbei besiegelt (Fürst zu Solms-Braunfels'sche Rentkammer Braunfels). Das in deutscher und in englischer Sprache ausgefertigte Schriftstück – abgebildet ist die deutsche Version – trägt die Unterschrift des Freiherrn von Meusebach sowie die Kreuze, mit denen die Häuptlinge der Comanchen und der Delawaren gegenzeichneten. Der Vertrag gilt in den USA heute als »the only one made by whites and Indians in Texas which was kept rigorously on both sides« (McGuire, »The German Texans«, San Antonio 1970, S. 14).

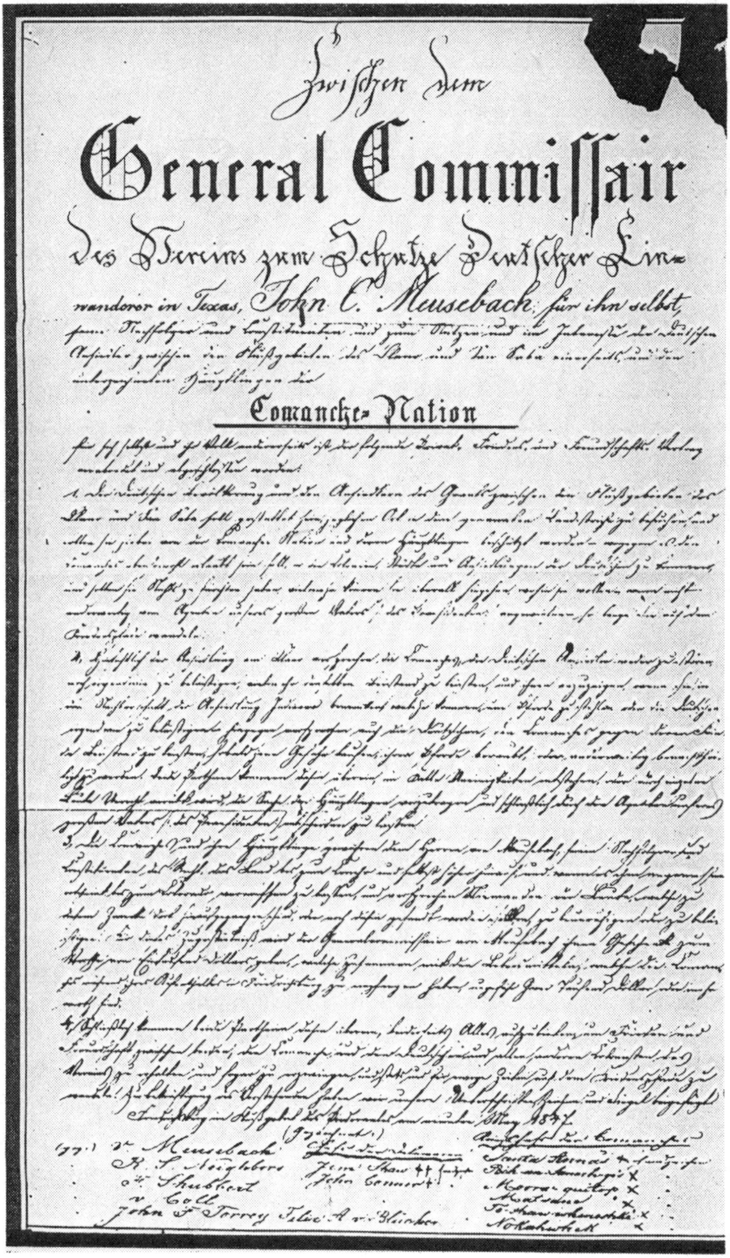

Zwischen dem

General Commissair

des Vereins zum Schutze Deutscher Einwanderer in Texas, John O. Meusebach, für ihn selbst,

Comanche-Nation

7. Der Abschied von daheim

Für den einzelnen Auswanderer, der für immer nach Amerika zu gehen beabsichtigte, bedeutete die Auswanderung den Aufbruch in ein neues Leben: vergleichbar anderen Lebensstationen, an denen Altes zu Ende ging und Neues begann. Für junge und besonders optimistisch gestimmte Auswanderer lag der Vergleich mit der Verheiratung nahe: so wie in der Ehe, so sollte ja auch in Amerika ein selbständig zu führendes Leben beginnen, das man sich zwar nicht pflichtfrei, aber doch unabhängig und noch in anderen Hinsichten besser und schöner vorstellte. Diese positive Prospektive wurde von den Alterskameraden und all denen geteilt, die ebenfalls auszuwandern beabsichtigten. Nahen Angehörigen aber, die – aus welchen Gründen auch immer – zurückbleiben mußten, drängte sich ein anderer Vergleich auf: derjenige mit dem Sterben. Nicht ohne Grund enthält das »Amerikalied« die tröstenden Verse: »Wir ziehen ja nicht aus der Welt / Auch dort ist unser Himmelszelt«. Denn realistischerweise war der Verlust von Personen zu beklagen, mit denen es kein Wiedersehen auf Erden gab. Mochte auch durch Briefe der Kontakt erhalten bleiben: Besuche von Auswanderern in der alten Heimat blieben die große Ausnahme, auch wenn sie brieflich immer wieder angekündigt wurden.

Für die Davonziehenden und für die Zurückbleibenden hatte der Aufbruch nach Amerika daher große persönliche Bedeutung, der in Abschiedsritualen Ausdruck gegeben wurde.[1] Aus dem 18. wie aus dem 19. Jahrhundert ist bezeugt, daß die jungen Burschen und Mädchen eines Dorfes ihren auswandernden Kameraden oder Kameradinnen einen festlichen Auszug gestalteten, analog zur Verabschiedung heiratender Mitglieder aus ihrer Gruppe. Nachdem man an einem der Vorabende noch einmal gemeinsam im Wirtshaus gefeiert hatte, traf man sich erneut, wenn der Fuhrmann das Gepäck auflud. Den Auswanderern wurden Blumen überreicht oder ans Kleid gesteckt, und dann ging es mit Musik und unter dem Abschießen von Freudenschüssen zum Dorf hinaus. Anschaulich ist dies etwa in den Jugenderinnerungen von Gotthard und Johann Adam Schaff aus Nordeck im Lumdatal beschrieben. Als 1851 insgesamt vier Burschen aus Nordeck auswanderten, waren beim Aufbruch »fast die ganze Burschenschaft des Dorfes« sowie die Mädchen mit Sträußen von Rosen, Nelken und Vergißmeinnicht zugegen, und eine große Gesellschaft gab bis zur Gemarkungsgrenze, ja zum Teil bis nach Gießen, das Geleit.[2]

Auch in Hessen ertönte bei solcher Gelegenheit immer wieder das »Amerikalied« mit dem Anfangsvers: »Jetzt ist die Zeit und Stunde da«.[3] Den Text dazu hatte 1830 der badische Lehrer Samuel Friedrich Sautter in Anlehnung an das »Kaplied« Daniel Friedrich Schubarths geschrieben und in seinen »Sämtlichen Geschichten des armen Dorfschulmeisters« (Karlsruhe 1845) zum Druck gebracht. Auf verschiedene Melodien gesungen und mit Zusatzstrophen erweitert, war das Lied bald in ganz Deutschland im Umlauf, traf es doch genau die gehobene Stimmungslage der Auswanderer bzw. erhöhte die Stimmung in erwünschtem Sinne, indem es eine glückliche Überfahrt und Ankunft ausmalte, variantenreich ein Bild von den paradiesischen Zuständen jenseits des Meeres entwarf und den Auswanderern anheimstellte, mit Gott- und Selbstvertrauen in die Zukunft zu blicken: »Wir trinken noch ein gut' Glas Wein / und lassen Deutschland Deutschland sein!« So wurde es zum Hauptträger der positiven Prospektive der Auswanderungsbewegung.[4]

Den Behörden waren freilich die öffentlichen Freudenbezeugungen alles andere als willkommen. Scheute man nicht mehr deren werbenden Effekt, so empfand man sie doch als indirekte Kritik an den heimischen Verhältnissen und den dafür Verantwortlichen. Auch hatte man nach allzu ausgiebigen Zechgelagen gewisse »Polizeiwidrigkeiten« zu fürchten, die im »Freiheitsrausch« und unter dem Einfluß von Alkohol verübt wurden: als Revanche für Hartherzigkeiten, die beim Eintreiben von Schulden, bei der Einziehung Militärpflichtiger, beim Abstrafen von Holzfreveln, Felddiebstählen und Wilddiebereien begangen worden waren. 1825 gab es im Zusammenhang mit den oberhessischen Auswanderungsunruhen einen ausdrücklichen Erlaß der hessen-darmstädtischen Regierung von Starkenburg, vor Ort für die Verhinderung »polizeiwidriger Scandale und Bachanalien«

zur sorgen.[5] Mäßigend dürften später Pfarrer und Bürgermeister auf die Auswanderer eingewirkt haben, wobei ihnen gewiß zustatten kam, daß zunehmend auch das Geld für Abschiedsfeiern fehlte und die Massenauswanderung dem Fortzug von einzelnen einen Teil der öffentlichen Beachtung raubte.

Unberührt blieb von dieser Entwicklung der familiäre Abschied, der in der Regel ein trauriger war. Daß der Verlust von Familienmitgliedern als hart empfunden wurde, hing dabei auch mit der Tatsache zusammen, daß das alte Familiensystem zugleich ein Versorgungssystem war, zu dem schon Kinder durch Arbeit ihren Beitrag leisten mußten und das andererseits Alten und Kranken – nach Sitte und Recht – Schutz und Hilfe gewährte. Eltern verloren deshalb durch den Fortzug eines Sohnes oder einer Tochter auch eine Stütze ihres Alters, was den Auswandernden durchaus bewußt war. In ihren Briefen aus Amerika entschuldigten sie sich oft, die Eltern allein zurückgelassen zu haben, und sie appellierten an die zurückgebliebenen Geschwister, den Eltern doch nur ja Gutes zu tun und sich der Liebe zu erinnern, die sie selbst als Kinder genossen hatten. Selbstverständlich lagen solchen Briefen auch immer kleine Geldgaben bei. Beim Abschied aber waren wechselseitig Zeichen der Verbundenheit erwartet und gegeben worden, deren tieferer Sinn es war, ein Scheiden im familiären Einverständnis zu bekunden. Es gab das Weinen und Klagen in der Abschiedsstunde, aber auch das Treue-Versprechen des Auswanderers, das Segnen seitens der Eltern und der Austausch von Geschenken in der Familie. So übergab 1850 zu Rimhorn im Odenwald ein Mann seinem auswandernden Enkel noch etwas Geld, ein Säckchen Dörrzwetschgen und ein neues Gebetbuch, das er in Ehren halten sollte,[6] während 1852 ein Auswanderer zu Wieseck seinem Bruder ein Geschenk machte, von dem dieser nach Amerika berichtete: »den Pfeifenkopf den du mir bei Langgöns schenktest rauche ich dir noch immer zum Andenken«.[7]

Die engen Familienbindungen legten dem Auswanderer auch einen letzten Gang zum Friedhof nahe, um dort von den verstorbenen Verwandten Abschied zu nehmen. Für den Vogelsberg erlangte dabei die Kirche auf dem »Totenkippel« bei Meiches im Kreis Schotten besondere Bedeutung, waren doch um dieses alte Pfarrheiligtum die Familiengräber aller Dörfer im Umkreis gelegen.[8] Von den jeweiligen Gräbern füllte man zur Mitnahme nach Amerika Erde in Säckchen: ein auch andernorts belegter Brauch, zu dem gesagt worden ist, daß er als pränostalgische Reaktion der Angst entsprungen sei, die erhoffte neue Heimat nicht finden zu können und dann im Tode »auf ewig« heimatlos zu sein.[9] Da die Erde, die der Auswanderer mitnahm, ihm ins eigene Grab folgen sollte, könnte der Brauch aber auch bedeutet haben, daß er im Tod wieder mit seiner Familie vereint sein wollte: indem er symbolisch mit ihr das Grab teilte.

War dem Auswanderer schon ein Erfüllen ursprünglicher, ans Bleiben gebundener Pflichten nicht möglich, so doch die Treue zu gemeinsamen Werten. Fordernd trug dies auch die Kirche an ihn heran, wobei sich bei den speziellen Abschiedsgottesdiensten für Auswanderer Gelegenheit bot, Mahnungen auszusprechen und vor allem die Treue zum gemeinsamen Glauben einzufordern. Von der evangelischen Kirche wurden Auswanderergruppen in der Regel mit einem Abschiedsgottesdienst mit Abendmahl, gegebenenfalls mit Konfirmation der Kinder, entlassen, versehen mit Bibel, Katechismus und Gebetbuch.[10] Dies war im übrigen der einzige Versuch, von institutioneller Seite auf den Auswanderer-Abschied einzuwirken und ihm »Würde« zu geben. Die Ermahnungen der Geistlichen und Kirchenräte ließen nicht selten »viele Tränen fließen« – so schon für 1834 bezeugt, als in der lutherischen Stadtkirche zu Homburg 26 Auswanderer aus Homburg, Kirdorf, Dillingen und Seulberg verabschiedet wurden.[11] Auf weniger Gegenliebe aber stieß offenbar die »große Betrübnis«, die sich doch auch gelegentlich vor den Häusern der Auswanderer ausbreitete, wenn in der Stunde des Aufbruchs das halbe Dorf zusammenlief und aus dem Auszug ein trauriges »letztes Geleit« machte. Solchen Trauerszenen in aller Öffentlichkeit entzog man sich zum Teil bewußt, wie einem alten Schlüchterner Gewährsmann in Erinnerung blieb, der angab: »Die Abreise erfolgte des schweren Abschieds halber stets in der Nacht«.[12]

1 Dazu Peter Assion, Abschied, Überfahrt und Ankunft. Zur brauchtümlichen Bewältigung des Auswanderungsverlaufs, in: Hessische Blätter für Volks- und Kulturforschung NF 17 (1985), S. 125-150.

2 Gotthard Schaff und Johann Adam Schaff, Unser Stammbaum, zusammengestellt und unseren Nachkommen und Verwandten hinterlassen, Chicago 1906, S. 32.

3 Hessische Aufzeichnungen siehe u. a. bei Heinrich Weber, Die Storndorfer Volkslieder, in: Hessische Blätter für Volkskunde 9 (1910), S. 1-125, hier S. 98; Bernhard Martin, Alte Lieder aus dem Hinterland, Biedenkopf 1964, S. 19, Nr. 7; Heinrich Künzel und Friedrich Soldan, Großherzogthum Hessen, 2. Aufl. Gießen 1893, S. 695.

4 Dazu Ina-Maria Greverus, Der territoriale Mensch. Ein literaturanthropologischer Versuch zum Heimatphänomen, Frankfurt a. M. 1972, S. 140-146.

5 Die Großherzogliche Hessische Regierung der Provinz Starkenburg an sämmtliche Landräthe der Provinz. Vierseitiges gedrucktes Faltblatt vom 16. März 1825.

6 Ella Gieg, Mit Gulden, Dörrzwetschgen und einem Gebetbuch. Vor über 100 Jahren: Auswanderungswelle in die Neue Welt, in: Odenwälder Wochenblatt/ Darmstädter Echo vom 5. August 1982, S. 11.

7 Brief des Johann Deibel, Wieseck, vom 3. Oktober 1852, an seinen Bruder in Saginaw/Michigan (Auswandererarchiv des Instituts für Europ. Ethnologie der Universität Marburg).

8 O. Schulte, Die Totenkirche von Meiches, ein altes Bauernheiligtum in Oberhessen, in: Hessische Blätter für Volkskunde 3 (1904), S. 81-98. Dazu Assion (wie Anm. 1), S. 133.

9 Greverus (wie Anm. 4), S. 182 f.

10 Inge Auerbach, Auswanderung aus Kurhessen 1832-1866, in: Hessische Blätter für Volks- und Kulturforschung, NF 17 (1985), S. 19-50, hier S. 22.

11 Gerta Walsh, »Nun ist die Zeit und Stunde da, wir ziehen nach Amerika . . .«, in: Alt-Homburg 27 (1984), Nr. 2, S. 25-28, hier S. 27 – Zu einem Abschiedsgottesdienst, der 1845 für eine Gruppe von Texas-Auswanderern auf deren besonderen Wunsch gehalten wurde, siehe Ernst Henn, Johann Heinrich Petri in Breitscheid wandert nach Texas aus, in: Hans Herder (Hg.), Hessisches Auswandererbuch, Frankfurt a. M. 1983, S. 237.

12 Alfred Kühnert, Gezwungen und freiwillig über den Atlantik, in: ders., Erlittene Geschichte. Bergwinkel-Studien, Schlüchtern 1980, S. 164-195, hier S. 172. Auch bei Herder (wie Anm. 11), S. 286-307.

1. Das Amerikalied

Das sogenannte »Amerikalied« ist auch vielfach in Hessen aufgezeichnet worden. Die folgende Variante (mit der Nummer A 1271 vorhanden im Deutschen Volksliedarchiv Freiburg i. Br.) stammt aus Hörgenau im Vogelsberg und ist mit folgender etwa 1920 geschriebener Bemerkung des Einsenders versehen: »Eine 80jährige Frau von Hörgenau sagte, daß dies Lied von den Auswanderern, wenn sie übernachteten, abends in ihrer Wirtschaft gesungen worden sei.«

Jetzt ist die Zeit und Stunde da,
wir reisen nach Amerika.
Die Wagen stehn schon vor der Thür,
mit Weib und Kind marschieren wir.

Und alle, die mit uns verwandt,
die reichen uns die Freundeshand,
ihr Lieben, weinet nicht so sehr,
wir sehen uns nun und nimmermehr.

Sobald das Schiff am Ufer schwimmt,
da waren wir hinein bestimmt,
wir fürchten keinen Wasserfall,
der liebe Gott ist überall.

Und als wir kamen nach Bremen an,
da heißt's, ihr Brüder tret heran
ihr Freunde weinet nicht so sehr,
wir sehn uns nun und nimmermehr.

Und als wir auf dem Meere sind
da wird ein Liedchen angestimmt,
viel tausenden, den geht es gut,
das tröstet uns und gibt uns Mut.

Und als wir kamen nach Baltimore,
da strecken wir die Händ hervor
und rufen aus: Viktoria,
jetzt sein wir in Amerika.

In Amerika, da ist gut sein,
da gibts brav Bier und Branntewein
der ist schon gut, er bringt uns all
ein frischen Mut.

Jetzt kamen wir zur Wüst hinein,
da heißts hier muß gearbeit sein
der Müßiggang thuts nicht allein,
da heißts, hier muß gearbeit sein.

Amerika ist ein warmes Land
das macht die Landkart uns bekannt,
das ist für arme Leut ein Glück,
da brauchen sie kein Unterrück.

Dort droben auf dem Oberwald
da gehet ja der Wind so kalt.
Die Chaussee zieht da kreuz und quer
wir wohnen auf dem Vogelsberg.

2. Der Aufbruch

Das Aufladen des Gepäcks der Auswanderer und das Besteigen der Fuhrwerke, die zum nächsten Rhein- oder Weserhafen brachten, waren immer ein auffälliges Ereignis und sind so auch von Ludwig Richter dargestellt worden (loses graphisches Blatt, Privatbesitz Peter Mesenhöller, Köln/Marburg).

Die Auswanderer.

3. Treue-Gelöbnisse

Beim Abschied war das gegenseitige Versprechen treuen Gedenkens obligatorisch, und auf höherem Bildungsniveau verschriftlichten einzelne Auswanderer dieses Treue-Gelöbnis, indem sie Freunden ins Poesie-Album schrieben, »daß die Freundschaft keinen Wechsel kennt« und für alle ein Wiedersehen im Himmel in Aussicht stehe. Umgekehrt gaben auch Zurückbleibende solche Verse den Auswanderern nach Amerika mit. Das hier abgebildete Albumblatt gestaltete der Offenbacher Gottfried Schömbs 1853 für den auswandernden Freund Julius Dauber aus der Pfalz (Privatbesitz Roland Paul, Kaiserslautern).

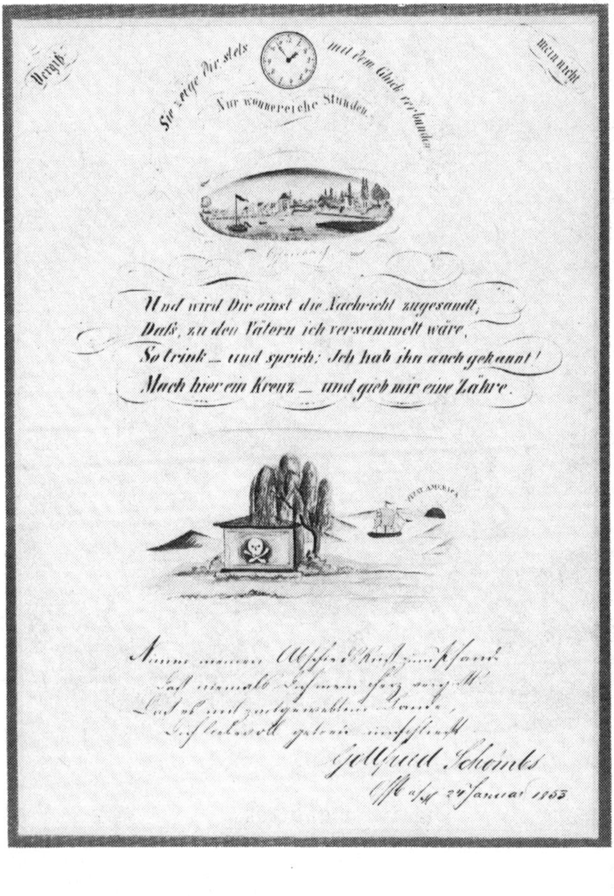

8. Die Überfahrt

Von Deutschland nach Amerika zu gehen, das hieß für den Auswanderer, soziale Bürden abzuwerfen, aufzubrechen in eine bisher nur vom Hörensagen gekannte Welt und die Realisierung großer Hoffnungen näherrücken zu sehen. Zwischen der alten und der neuen Welt lagen für ihn aber auch das Heraustreten aus allem Gewohnten, der zeitweilige Verlust der sozialen Identität, die Seereise mit der Gefährdung der nackten Existenz und insgesamt das Wagnis eines Abenteuers, von dessen gutem Ausgang keiner sicher sein konnte. All das Genannte mußte durchgestanden werden, und der Auswanderertransport war keineswegs so organisiert, daß dies dem Auswanderer erleichtert worden wäre, trotz bemühter Perfektionierung in rechtlicher und technischer Hinsicht. Vielmehr hatten die Reisenden allen Grund, sich als Objekte zu empfinden, an denen vor allem die Möglichkeit des Ausnutzens und Verdienens interessierte. Für die Reeder waren sie eine Fracht, mit der Handelsschiffe, die früher leer nach Amerika gefahren und erst dort (Import-) Güter geladen hatten, auch auf dem Hinweg zu den amerikanischen Häfen profitabel gemacht werden konnten. Daran verdiente dann auch noch der dörfliche Unteragent, während daneben die Wirte von Auswanderer-Herbergen, die Verkäufer von Reise-Utensilien, die Fuhrleute, die Unternehmer des amerikanischen Inlandtransportes und ihre Agenten, die Geldwechsler, die Landverkäufer usw. aus der Auswanderungsbewegung Profite zogen, die keineswegs immer reell waren. Handfester Betrug kam hinzu, und auch Diebereien und Widerwärtigkeiten, die einzelne Auswanderer ihren Mitreisenden zufügten. Als sich etwa 1852 Heinrich Georg – ein »Achtundvierziger« – von Langenaubach nach Amerika aufmachte, mußte er erleben, wie seiner Reisegruppe schon in den überfüllten Gasthäusern unterwegs heimlich das Gepäck geplündert wurde, wie sich die Auswanderer an Bord gegenseitig das Trinkwasser stahlen und einige Diebe ihren Landsleuten sogar an ihr Geld gingen.[1] Nach der Anteilnahme, die den Auswanderern beim Abschied zuhause zuteil geworden war, mußte dann das, was sie unterwegs

und auf den Schiffen erlebten – hier auch durch die Grobheit der Matrosen –, besonders schockierend für sie sein.
Übernachtungsstationen am Rhein waren Mainz, Koblenz, Köln und Nijmegen und an der Weser gewöhnlich Holzminden, Hameln, Minden und Nienburg. Schon die Anreise zu den Seehäfen war ein mehrtägiges Unternehmen, wenn auch die Dampfschiffahrt gegenüber früher, als fünf- bis zehntägige Fahrten auf der Weser die Regel gewesen waren,[2] die Reisedauer auf etwa zwei bis drei Tage verkürzt hatte. Danach hielten dann Rotterdam bzw. Bremen die Auswanderer einige Tage fest. Wer von Rotterdam nicht direkt auf See ging, hatte den Weitertransport nach Antwerpen oder Le Havre abzuwarten, der mit Seglern bzw. früh auch schon mit Dampfschiffen erfolgte. In Bremen mußten hingegen flache (ab 1858 von einem Dampfer geschleppte) Kähne eingesetzt werden, um die Auswanderer über die versandete Wesermündung nach Bremerhaven zu bringen, und dies kostete noch einmal zwei bis drei höchst unbequeme Tage Fahrzeit.[3] Der Tag der Einschiffung wurde dann letztlich nach den Windverhältnissen festgelegt, auch wenn zuvor feste Abfahrtstage genannt worden waren. Daher sammelten sich oft große Menschenmassen in Bremerhaven wie in den westeuropäischen Seehäfen an. Um das Beherbergungsproblem zu lösen, wurde in Bremerhaven 1849/50 ein Auswandererhaus erbaut, in dem 1500 bis 2000 Personen Unterkunft und Verpflegung finden konnten.[4] Washington Finlay hingegen empfahl die Abfahrt von Le Havre, die er als Mainzer Hauptagent vermittelte, schon 1845 durch verkürzte Anfahrts- und Verweilzeiten: Rheindampfer brachten seine Kunden in zwei Tagen von Mainz nach Rotterdam, wo erstmals übernachtet wurde. Sofort am nächsten Tag ging es per Dampfer nach Le Havre weiter, wo nach höchstens zwei bis drei Tagen amerikanische Postschiffe bestiegen werden konnten, für deren regelmäßige Abfahrt viermal im Monat ganzjährig gebürgt wurde.[5] Doch machte bald schon die Übersee-Dampfschiffahrt einen längeren Aufenthalt in den Häfen sowieso überflüssig.
Für die Atlantik-Überquerung hatte die große Mehrzahl der Auswanderer die billigste Passage gebucht: im Zwischendeck der Schiffe zwischen Oberdeck und Laderaum. Oft nur provisorisch für die Aufnahme von Reisenden eingerichtet und aus Profitgrün-

den überfüllt, fanden sich die Auswanderer hier zu Hunderten auf engstem Raum zusammengedrängt. Eine Beschränkung der Passagierzahlen erwirkte erst das amerikanische Passage-Gesetz von 1847, das vorschrieb, jedem Auswanderer mindestens 14 Quadratfuß Fläche zur Verfügung zu stellen.[6] Das entsprach etwa der Größe eines Bettes, und übereinander gestellte enge Schlafkojen beließen pro Person die Hälfte der genannten Fläche als Zwischenraum. Das Bettzeug (Matratze, Kopfkissen, Decken) hatten die Auswanderer selbst mitzubringen, und in älterer Zeit auch ihren Reiseproviant sowie ihr Eß- und Kochgeschirr. Nur das Trinkwasser und das Holz zum Kochen von Kartoffeln, Reis, Nudeln usw. wurden gestellt. Ab 1832 gab es jedoch schon auf bremischen Schiffen Verpflegung aus der Schiffsküche, und später enthoben auch die Atlantik-Linien der anderen Seehäfen die Auswanderer der Verpflichtung, vor der Reise ausreichend Brot zu rösten, spätestens im Hafen Kartoffeln usw. zu kaufen und auf der Fahrt vor wenigen kleinen Kochöfen Schlange zu stehen. Doch war die Schiffskost – trotz großspuriger Werbung – meist alles andere als gut und bekömmlich. Harter Zwieback, halbgare Kartoffeln und verdorbenes Pökelfleisch waren an der Tagesordnung, und eine Auswanderin aus Oberndorf im Roßgrund schrieb 1847 von ihrer Überfahrt: »Der Kaffee war wie Spülwasser, die Kost wie Schweinefutter.«
Dadurch verstärkte sich noch das körperliche Unwohlsein, das fast jedem Reisenden die Seekrankheit bescherte. Auch waren schwere Stürme auszuhalten, verbunden mit dem Gebot, tagelang im ungelüfteten Zwischendeck auszuharren. Diesen Strapazen war nicht jeder Auswanderer gewachsen, zumal wenn er schon unterernährt oder krank an Bord gekommen war. So gehörten zum Alltag der Amerikafahrer auch ständige Todesfälle unter den Mitreisenden, und fast in jedem Tagebuch ist wenigstens einmal beschrieben, wie ein Verstorbener ins Segeltuch eingenäht und nach einer bewegenden Rede des Kapitäns oder sonst einer geeigneten Person im Meer versenkt wurde.[7] Zahlen liegen dazu aus Hamburg vor. In den Jahren 1854 bis 1858 waren auf den Hamburger Schiffen 1,8% der Passagiere gestorben, und in Einzelfällen gab es – wenn gar Seuchen ausbrachen – noch ungleich mehr Todesopfer. Auf dem Hamburger Segelschiff »Leibniz« starben

z. B. im Winter 1867/68 von 544 Passagieren 108 an der Cholera.[8] Sämtliche Auswanderer aber waren verloren, wenn es schweren Schiffbruch oder einen Schiffsbrand gab. 1883 sank der Dampfer »Cimbria« mit mehreren hundert Menschen, nachdem er vor Borkum mit einem englischen Kohledampfer kollidiert war.
Todesfurcht, Verlassenheitsängste und erste Reue über den Auswanderungsentschluß begleiteten entsprechend die Auswanderer auf ihrer Reise, und es gab Gefühlsausbrüche wie schon nach der Ausfahrt aus dem Hafen, wenn »der letzte schmerzvolle Augenblick« gekommen war und »Europas Küste als schmaler, blauer Nebelstreif in's Meer« sank.[9] Es gab aber auch die Stunden, in denen die Auswanderung erneut als Akt der Freude, der befreienden Erlösung empfunden wurde. Gesang und laute Hurra-Rufe brachten diese Stimmung beim Ablegen der Schiffe zum Ausdruck, und es wird berichtet, daß in den Häfen und auch an Deck sogar lustige Tanzszenen beim Klang einer Fiedel, einer Gitarre oder einer Ziehharmonika nichts Ungewöhnliches waren. Eine junge Marburgerin schrieb 1845 nach Hause: ». . . so wie es windstill war, so wurde als bis die Nacht 2 Uhr getanzt, wir hatten 4 Musikanten, und alles tanzte mit.«[10] Und eine Auswanderin aus Elmshausen bezeugte 1847 genauso: »Wenn es schöne Tage waren, da ist gesungen und getanzt worden.«[11] Den Einzelnen, der sich zeitweise verloren glauben mußte, fingen Gesang und Tanz in der Auswanderer-Gemeinschaft auf, die gruppendynamisch ihren Fernoptimismus lebendig erhielt, auch über Krisen hinweg, und sich mit den fröhlichen Bordszenen einen Ausgleich verschaffte für lange Stunden dumpfer und bewegungsarmer Langeweile.
Religiöse Gruppen hielten auch Bibelstunden ab, hörten Stehgreifpredigten ihrer Anführer und sangen geistliche Lieder.[12] Im Kontrast zum sonstigen Treiben der Auswanderer und zur Gleichgültigkeit bzw. Grobheit des Schiffsvolkes erlebten dies dann manche Beobachter als seltsame Nachbarschaft von »Sündern und Heiligen«. Suchten sie selber eine sachlich-vernünftige Haltung zu wahren, so nutzten sie die langen Tage bereits zum Erlernen der englischen Sprache, wozu sie die gedruckten »Ratgeber« und auch spezielle Sprachlehren für Auswanderer zu Hilfe nehmen konnten.

Je nach der Gunst der Seewinde nahm die Überfahrt bis New York fünf bis acht Wochen und diejenige nach New Orleans und Galveston acht und mehr Wochen in Anspruch. Dampfschiffe brauchten nur ein Drittel der durchschnittlichen Reisezeiten und kamen ab 1847/50 von Bremen und Hamburg aus zum Einsatz: dauerhaft aber erst durch den Norddeutschen Lloyd in Bremen (gegr. 1857) bzw. durch die HAPAG, die »Hamburg-Amerikanische Packetfahrt-Actien-Gesellschaft« (gegr. 1847), die sich fast ganz auf das Auswanderergeschäft konzentrierte und ab 1856 kontinuierlich Dampfschiffe einsetzte. Der Auswanderer konnte fortan zwischen dem billigeren Segel- und dem teureren Dampfschiff wählen.[13] Entsprechende Passagen vermittelten, wie bisher, die Agenten, wobei der Norddeutsche Lloyd in den 1870er Jahren durch den Mainzer Generalagenten Ed. Humann vertreten war. Doch verbilligte sich allmählich auch die Dampfschiffahrt wegen größerer Rentabilität. Um 1880 kostete eine Amerikafahrt mit dem Dampfer nur noch die Hälfte des früher Üblichen, nämlich 100 Mark oder 30 Taler pro Person, und so wurde um diese Zeit der Verkehr von Auswanderer-Segelschiffen eingestellt.

Anmerkungen

1 Ulrich Löber, Von Langenaubach nach Milwaukee, in: Heimatjahrbuch für den Dillkreis 4 (1961), S. 140-146, hier S. 143 f.

2 Vgl. die nachfolgend veröffentlichten Tagebücher des Heinrich Haas (1831) und des Daniel Guengerich (1833).

3 Birgit Gelberg, Auswanderung nach Übersee. Soziale Probleme der Auswandererbeförderung in Hamburg und Bremen von der Mitte des 19. Jahrhunderts bis zum Ersten Weltkrieg, Hamburg 1973 (= Beiträge zur Geschichte Hamburgs, 10), S. 28.

4 Ebenda, S. 28 f.

5 Siehe Finlays Werbeschrift »Spezial-Agentur der Postschiffe zwischen Havre und New York« (1845).

6 Dadurch verdoppelten sich allerdings auch die Überfahrtspreise, was nicht ohne Rückwirkungen auf die Auswanderung blieb. Siehe Brigitte Köhler, Ursachen und Wirkung des amerikanischen Passage-Gesetzes (1847), in: Beiträge zur Erforschung des Odenwaldes und seiner Randlandschaften II. Festschrift für Hans H. Weber, Breuberg-Neustadt 1977, S. 467-478.

7 So z.B. bei Heinrich Georg, siehe Löber (wie Anm. 1), S. 145. Ebenso im Tagebuch des Daniel Guengerich (1833), woraus der betreffende Auszug nachfol-

gend veröffentlicht ist. Bildlich ist eine Auswandererbestattung auf See bei Friedrich Gerstäcker, Nach Amerika!, Leipzig 1855, wiedergegeben.

8 Günter Moltmann, Das Risiko der Seereise. Auswanderungsbedingungen im Europa-Amerika-Verkehr um die Mitte des 19. Jahrhunderts, in: Festschrift für Eberhard Kessel zum 75. Geburtstag, München 1982, S. 182-211.

9 Hermann Allmers, Marschenbuch. Land- und Volksbilder aus den Marschen der Weser und Elbe, 3. Aufl. Oldenburg und Leipzig 1891, S. 291.

10 Peter Schwinn, »Man hat hir ein schönes Leben«. Eine Marburger Auswanderin schildert ihre Ankunft in der Neuen Welt (1845), in: Hessische Heimat 33 (1983), S. 104-108, hier S. 106.

11 Brief der Johanna Kaffenberger, Dayton/Ohio, vom 21. Oktober 1847 an ihre Eltern, abgedruckt in: Bergsträßer Anzeiger Nr. 9/1984.

12 Zum Singen von Kirchenliedern usw. vgl. auch Franz Joseph Ennemoser, Ein Reise vom Mittelrhein (Mainz) über Cöln, Paris und Havre nach den nordamerikanischen Freistaaten, Kaiserslautern 1857, S. 41 f.

13 Dazu Gelberg (wie Anm. 3), S. 48 f.

1. Die Auswandererkiste

Die Auswanderer waren gehalten, nur wenig Gepäck mitzunehmen. Das Nötigste an Wäsche und an Nahrung barg eine eigens vom Schreiner angefertigte Kiste, die stark sein und ein festes Schloß haben mußte. Durch Rückwanderer – oder wenn in einem Sterbefall die Habe eines Auswanderers zurückgeschickt wurde – kamen solche Kisten bisweilen auch wieder nach Deutschland zurück. Das hier abgebildete Stück aus Staden (jetzt im Wetterau-Museum Friedberg) wanderte durch den Norddeutschen Lloyd Bremen um 1890 zweimal über den Ozean.

2. Die Fahrt zum Seehafen

Schon an Rhein oder Weser ging es – bevor das Eisenbahnnetz voll ausgebaut war – aufs (Dampf-) Schiff. Ein Holzstich zeigt, wie das Gepäck verladen und begleitenden Angehörigen ein letztes Lebewohl gesagt wurde. Er erschien 1847 in »Der deutsche Pilger durch die Welt. Ein unterhaltender und lehrreicher Volkskalender für alle Länder deutscher Zunge« (6. Jahrgang, Stuttgart, Frontispiz).

3. Von Waldeck nach Bremen

Am 9. Mai 1833 brach der Müller und mennonitische Geistliche Jakob Schwartzentruber mit Familie von der Galgenmühle bei Mengeringhausen in Waldeck nach Pennsylvanien auf. Sein damals zwanzigjähriger Stiefsohn Daniel Guengerich hielt den Reiseverlauf in einem Tagebuch fest, das sich in amerikanischem Privatbesitz (Mrs. Parkelson, Baldwin/Wisconsin) erhielt und bisher nur in englischer Übersetzung publiziert wurde (Amos Gingerich, »The Fred and Sarah [Yoder] Schwartzendruber History«, Privatdruck o.O. 1958, S. 29-37). Der nachfolgende erste Teil des Originals gibt ein anschauliches Bild von der üblichen Fahrt nach Bremen. Im Tagebuch ist dann weiter beschrieben, wie es am 1. Juni ins Meer ging und nach ungewöhnlich langer Fahrt – bedingt durch häufige Windstille – erst am 11. August Baltimore erreicht wurde. Die Familie ließ sich zuerst in der Glades Amish-Siedlung in Pennsylvanien nieder und wanderte 1840 nach Maryland, in die Gegend von Grantsville weiter.

Am 9ten May 1833 haben wir die große Reise angetreten. Wir wollten schon Morgens früh um 8 Uhr abfahren; aber durch das viele Abschiednehmen und sonstige Hindernisse wurde die Abfahrt verzögert bis 2 Uhr Nachmittags. Aber jetzt fuhr der Wagen mit der Mutter, den Kindern und dem Gepäck ab, und zog durch Mengeringhausen, wo Ihnen von der Menge Neugierigen, die da standen und in den Fenstern lukten, noch ein sehr verbindliches Lebewohl u. glückliche Reise zugerufen worden ist! Man kann sich dies auch leicht denken, wenn man so lange in einem solchen vertrauten Verkehr als wir in der Galgenmühle mit den Leuten gestanden hat, und nun vielleicht auf immer Abschied nimmt, daß dies ein großes Aufsehen erregen muß.
Durch die späte Abfahrt nun wurden wir verhindert, denselben Tag unserm Plan gerecht noch weit zu fahren und mußten deshalb in Breuna schon Einquartirung machen. Ich war aber nicht dabei, sondern war mit dem Johannes Roth auf das Stück gegangen, um daselbst den daselbst Versammleten die Nachricht von unserer Abreise zu bringen. Den folgenden Morgen gingen wir früh vom Stück auf die Siegebbach zu, als wir dahinkamen, wurde gleich aufgeladen und abgefahren, und wir gingen über die Wilhelmshöhe nach Cassel, um daselbst bei unserm Wagen zu kommen. Auf dem Siegenhof kamen wir mit den drei Wagen zusammen, und fuhren denselben Tag nämlich den 10ten Mai nach Münden und

kamen abends 4 Uhr dort an. Hier glaubten wir uns an dem folgenden Tag sogleich einschiffen zu können, da wir doch schon einigermaßen Schiffsleute ausgemacht hatten. Aber wie sehr hatten wir uns getäuscht! da wir bis den folgenden Dienstag dort liegen mußten. Wir haben noch ein Schiff für 100 Rthl. gemiethet, dessen Inhaber, Herr Staake, ein redlicher Mann ist. Wir gingen aufs Schiff am 13ten noch Abends spät und fuhren den folgenden Morgen mit 48 Personen beizeiten ab. Wir waren noch nicht weit gekommen als ein so dicker Nebel auf der Weser entstand, daß wir uns vor Anker legen und den Nebel erst etwas verziehen lassen mußten. Die Weser ist kein ganz guter Fluß zu beschiffen. Sie hat verschiedene Stellen, wo sie so flach fließt, daß das Schiff auf den Grund stößt, wieder andere wo sie so tief ist, daß die Schiffer mit ongefähr 20 Fuß langen Stangen kaum den Grund erreichen können; noch andere wo sie so langsam fließt daß sich das Schiff kaum fortbewegt, noch andere wo sie so hart fließt, daß die Schiffer bey aller ihrer gewaltigen Anstrengung kaum im Stande sind das Schiff von Felsen und krummen Bänken abzuhalten, damit es nicht zerscheitere oder sich festsetze. Als der Nebel vorbey war, wurde abgefahren, und die Fahrt ging auch sehr gut von Statten, daß wir denselben Tag noch Beverungen erreichten, wo wir bei einem hannöverischen Dorfe, welches Beverungen gegenüber liegt, übernachteten. Des anderen Morgens, nämlich den 15ten, wurde früh aufgebrochen und die Fahrt gieng an diesem Tage auf das Beste.

Wir waren um 10 Uhr schon bey Höxter und fuhren bey Holzminden, wo wir wieder anhalten mußten, vorbey und erreichten Abends spät die Stadt Hameln, wo wir noch denselben Abend einkehrten. Wir hatten nun würtembergische Gesellschafft von 18 Personen auf unserem Schiffe, wobey eine schwangere Frau war, welche in dieser Nacht von einem todten Knäblein glücklich entbunden wurde. Dies verursachte uns des anderen Morgens, nämlich den 16ten, gerade auf Christi Himmelfahrt einen großen Aufenthalt, denn das Begräbniß des Kindes mußte erst bestellt sein, und dieß währte so lange, daß wir ungefähr um zehn Uhr erst abfahren konnten. Gegen Mittag hatten wir etwas Sturm und musten deshalb eine Weile stillhalten. Der Nachmittag aber und besonders der Abend war der vergnügteste, den Ich auf der Weser zugebracht habe. Wir hatten einige Passagiere welches lustige Menschen waren und uns angenehmen Spaß machten, vergnüglich aber ergötzten mich durch Ihren Gesang die vielen Nachtigallen deren es überhaupt an der Weser viele gibt; aber gerade an diesem Abend fuhren wir an einem so angeneh-

men Walde hin, wo diese Lieblingsvögel so sehr angenehm sangen, daß ich fast noch ganz allein auf dem Verdeck blieb, um Ihnen zuzuhören. Es waren gegen Abend etwas kühl, und die übrigen machten sich fast alle unter das Zelt aber die angenehme Abendkühlung und die schöne Gegend mit den reitzendsten Gegenständen vieler Ergötzlichkeiten hielten mich so fest, die freie Abendluft zu genießen, da wir des Tages doch viele Hitze ausgestanden hatten, daß ich mich nicht eher unter das Zelt wagte bis wir zu Vlotho, einem preußischen Städtchen, Abends spät anlangten, welches wir noch besuchten, und bey demselben übernachteten. Den 17ten erreichten wir beizeiten die Stadt Minden, welche wir erst besuchten, und uns dann wieder aufmachten. An diesem Tage begegneten uns weiter keine Merkwürdigkeiten als einige Schiffe, deren wir aber alle Tage zu sehen bekamen und die schönen großen Viehherden in der ebenen Gegend, die wir aber des warmen Wetters wegen nicht alle so genau anstaunen konnten, da wir uns viel unten aufhalten mußten, um etwas Kühlung zu erhalten. Diesen Abend erreichten wir keine Stadt, sondern mußten im freien Felde bei einer großen Viehweide liegen bleiben. Den 18ten fuhren wir früh ab und kamen noch ehe wir alle aufgestanden waren durch Nienburg. Wir hatten erhofft, denselben Tag noch Bremen zu erreichen, aber des stürmischen Wetters wegen konnten wir nicht weit kommen. Auch trafen wir hier Stellen an in der Weser, wo sich die Schiffer sehr in Acht nehmen mußten, wenn sie nicht mitsamt uns hineingeschleudert sein wollten. Sie mußten daher so oft uns Schiffe begegneten die Anker drei-, viermals werfen, damit sie das jenseitige Ufer und eine günstige Stelle erreichten, und hierdurch wurden wir sehr aufgehalten daß wir diesen Tag nicht weit kommen konnten. Den folgenden Morgen nämlich den 19ten oder Sonntag vor Pfingsten wurde zwar früh aufgebrochen, aber wir hatten den ganzen Tag mit ungünstigem Winde zu kämpfen und konnten daher Bremen nicht erreichen. Aber den 20. vormittags um 10 Uhr kamen wir hier an und werden auch nicht früher von hier abfahren können bis auf den 28. dieses Monats, weil noch nicht alle Passagiere, welche mit auf unser Schiff kommen, dahier angekommen sind. So gut wir auch glaubten unsere Schiffsangelegenheiten besorgt zu haben, so gieng es uns doch gerade wie jeden anderen auch.
Da wir doch so frühzeitig das Draufgeld dem Schiffer gesandt hatten, und fast einen beständigen Briefwechsel mit den Schiffseignern unterhielten, glaubten wir uns zuverlässig gleich nach unserer Ankunft hier einschiffen zu können; aber es gieng hier eben so wie zu Münden auch. Je größer die Auswanderungs Gesellschaften sind und je häufiger sie hier ankommen,

ingleichen je länger die Schiffer sie hier aufhalten können; desto lieber ist es den Bremer Wirten und Kaufleuten; weil sie Zeit ihres Hierseins so viel mehr einkaufen und verzehren, zuzeiten auch mit dem Ueberfahrtsgelde aufsteigen müssen. Bremen ist eine sehr lebhafte Handelsstadt, und es ist hier wohlfeiler zehren als man wohl glaubte; jedoch ist derjenige hier am angenehmsten, welcher das meiste Geld auszugeben hat.
Am 28ten Abends spät schifften wir uns noch ein und fuhren auch noch ab, aber stürmischen Wetters und widrigen Windes wegen konnten wir das Ende der Stadt nicht einmal erreichen. Am 29ten Morgens früh wurde abgefahren, aber wir konnten nur zur Ebbezeit fahren, weil uns zur Flutzeit nicht allein das Wasser, sondern auch der Wind entgegenkam. Am 30ten war es sehr stürmisch, weshalb sich das häßliche Uebel ich meine die Seekrankheit bei vielen Passagieren, und bei mir fast am allerersten einfand. Am 31ten Morgens vor Tage ehe wir aufgestanden waren, hatte sich ein anderes Kahnschiff losgerissen und war so nahe an unseres gekommen, daß es die Schiffer von einem gewaltigen Stoße nicht mehr ganz abhalten konnten. Sie hatten fast alle geschlafen und ehe sie noch herbei kamen gab es so ein derben Stoß, daß die Anker Kette zerriß, nun waren beide Schiffe der Gewalt des Stromes überlassen, worüber der Schiffer des anderes Kahnes ein großes Weheklagen anfing, wobei er sich die Haare raufte. Unser Schiffer aber hatte den größten Schaden dadurch denn der Anker war verlohren, als wir im Haven angekommen waren, fuhren zwei Schiffer zurück um ihn wieder aufzusuchen, aber vergebens. Um 8 Uhr morgens langten wir nach langem Harren glücklich im Bremer Haven, Karlstadt genannt, an, und luden vormittags unsere Sachen noch ein. Gegen Abend, wurde noch aus dem Haven gefahren, damit in der Nacht abgefahren werden könnte. Juni den 1ten um 2 Uhr Morgens wurden die Anker gelichtet und mit sehr günstigen Winde abgefahren. Den ganzen Tag hatten wir so schönes Wetter und so guten Wind, daß wir alle 4 Stunden 5 Meilen zurücklegten. Die größten Merkwürdigkeiten, welche uns an diesem Tage zu Gesicht kamen, waren sehr viele vielleicht über 50 Schiffe, worunter auch wohl 5 oder noch mehr Dampfschiffe waren, und Fische, welche unser Kapitän von einem Fischer kaufte, worunter der Kabiliau der größte war, der 25 Pfundt schwer war.

4. Die Auswandererschiffe

Ursprünglich ausschließlich – und bis um 1880 noch vereinzelt – brachten Segelschiffe die Auswanderer über den Atlantik. Ein Holzstich, der 1849 in der »Leipziger Illustrirten Zeitung« erschien, zeigt die Einschiffung in Bremerhaven.

5. Das Beherbergungsgewerbe

Zwischen der Ankunft im Seehafen und der Ausfahrt des Schiffes lagen fast immer mehrere Tage Aufenthalt. Entsprechend blühte das Beherbergungsgewerbe. Das Foto zeigt das Logierhaus von Meyer & Co. in Hamburg, Theerhof, im Jahr 1868 (Staatsarchiv Hamburg).

6. In Bremerhaven

Das Leben und Treiben der Auswanderer – auch der hessischen in ihren typischen Trachten – beobachtete in Bremerhaven Mitte des 19. Jahrhunderts der Schriftsteller und Kulturhistoriker Hermann Allmers (1821-1902). In seinem erstmals 1858 in Gotha aufgelegten »Marschenbuch. Land- und Volksbilder aus den Marschen der Weser und Elbe« gab er davon Bericht. Der nachfolgende Auszug ist der 3. Auflage des »Marschenbuches« (Oldenburg und Leipzig 1891, S. 286-291) entnommen.

Zwischen dem Matrosengewimmel waren es lange Zeit vornehmlich die deutschen Auswanderer, welche unsere Blicke fesselten. Zu allen Stunden des Tages sah man sie mit Weibern und Kindern in zahlreichen Gruppen am Hafen, meistens müßig schlendernd und gaffend, oder auf Kisten und Ballen gelagert und dem ganzen Hafengetribe einen eigenen Charakter verleihend.

Niedersachsen, Hessen und Franken bildeten die größere Menge derselben; mitunter erschienen auch Böhmen, Mähren, Pfälzer und Schwaben, so daß man doch manche interessante Volkstracht erblickte, namentlich bei den Frauen, unter denen die kleinen, spitzen und hinten mit schwarzen Flatterbändern behängten hessischen Mützen, die rothen Kopftücher, die weißen Hemdärmel und hellgrünen Röcke der fränkischen Frauen am meisten hervorstachen. – Die Männer, namentlich die jüngeren, sind oft abenteuerlich und phantastisch gekleidet. Sie wollen, wie es scheint, ein gewisses Bewußtsein der Unabhängigkeit, der Losgebundenheit von Zucht und Sitte zur Schau tragen und sich im rücksichtslosen Behagen ihrer Individualität spiegeln. Sie wissen, hier kennt sie Keiner; Keiner kümmert sich um sie; Keiner weiß von ihrer Geschichte; sie haben sich losgerissen von Allem, was ihnen in der Heimath nahe stand. Das Scheideweh ist längst überwunden, es sind Wochen vergangen, seit sie ihre Heimathberge zum letztenmale schauten und nur mit einem Fuße noch stehen sie im Vaterlande. Dieses Gefühl macht die meisten völlig gleichgültig, ja selbst fröhlich und guter Dinge. Doch zuweilen sieht man, wenn man die Schaar durchwandelt, auch einen thränenschweren Blick und ein Antlitz, in dessen gramvollen Zügen die Geschichte einer trüben Vergangenheit, ein Stück aus der Leidensgeschichte des deutschen Volkes geschrieben steht.

Alles Leben und Treiben der Auswanderer concentrirte lange Zeit sich in

dem mächtigen, im Jahre 1849 vom bremischen Architekten Müller erbauten Auswanderungshause, und es war hochinteressant, diesem interessanten und großartigen Gebäude eine Stunde zu widmen. Eine Menge Uebelstände und Mißverhältnisse war die dringende Veranlassung zu seiner Errichtung. Mit der in den letzten Jahrzehnten sich beispiellos mehrenden Auswanderermenge, die in Bremerhaven sich einschiffte, wuchsen auch die Klagen derselben über alle möglichen Prellereien und Betrügereien, denen sie während ihres Aufenthaltes daselbst, der sich oft durch allerlei Umstände auf Wochen und Monate hinausdehnte, preisgegeben waren. Viele Einwohner, Krämer und Wirthe waren ja mit ihrem ganzen Verdienste einzig und allein auf die Auswanderer angewiesen und gingen daher mit einer nicht geringen Habgier hartherzig und raffinirt darauf los, auch den letzten noch geretteten Pfennig den armen, unbekannten Heimathlosen abzuzwacken, daß wohl manche ihr Vaterland mit tiefstem Herzensfluch verlassen haben mögen. –
Da faßte denn endlich ein hier wohnender Schiffsspediteur – Georg Claußen war der Name des wackern Mannes – den Plan, durch ein großes Etablissement allen Klagen und aller Unbill kurzweg ein Ende zu machen und den Scheidenden die letzten Tage im Vaterlande durch das wohltuende Gefühl der humansten Aufnahme und der redlichsten Behandlung zu versüßen. [. . .]
Das Gebäude, nicht am Hafen, sondern etwas zurückliegend, umgibt von drei Seiten einen inneren Hof, vor welchem sich nach der Straße zu eine innen offene Pfeilerhalle mit gewölbtem Thorweg herzieht. [. . .] Gleich im Untergeschoß des linken Flügels eine Küche, in der ein Dampfapparat für 3500 Mann Essen zu liefern bestimmt und ein gar vortreffliches, so daß mancher arme Auswanderer wohl schwerlich je solch kräftige Suppe, so gut zubereitetes Gemüse, so fettes Fleisch und dicken Speck vom heimischen Herd genossen haben mag. An gleicher Stelle des andern Flügels dann der Raum für das Gepäck der Auswanderer, unentgeltlich hierher gebracht, aufbewahrt und an Bord geschafft, ebenso hier Speiseräume für Matrosen und Hafenarbeiter.
Im Erdgeschoß dann rings um den innern Hof herum das Anmeldungscomptoir und die Geschäftszimmer, das Hospital, die Speiseräume, der Schenksaal, die Wohnung der Beamten und Aufseher, die Zimmer des Predigers und Arztes. In den beiden Stockwerken ferner die eigentlichen Logier-, Schlaf- und Waschräume durch neuere Einrichtungen zur Reinlichkeit und Bequemlichkeit der 2000 Auswanderer, die das Haus zugleich beherbergen kann. [. . .]

Meine Besuche dieses Hauses gehören zu den interessantesten Erinnerungen meines Lebens und manche Stunde schon trieb ich mich umher unter dem bunten Gewimmel, das von unten bis oben seine Räume füllte, mischte mich unter die Gruppen der Männer und Frauen, frischen Burschen und rosigen Mädchen, redete freundlich mit ihnen und fragte sie wohl mit Freiligrath:

> O sprecht warum zogt ihr von dannen,
> Das Vaterland hat Wein und Korn,
> Der Schwarzwald steht voll schöner Tannen,
> Im Spessart klingt das Hirtenhorn? –

Da hab' ich denn manch tiefen Blick in's Menschenherz gethan, war's nun in ein hoffnungsfreudiges oder in ein armes, halb verzweifelndes, und oft Niegeahntes hab' ich vernommen.

Gern auch folgte ich ihnen zum Hafen und sah still ihrer Abfahrt zu. Wenn ein Schiff voll Auswanderer aus dem Hafen legt, lockt solch ein Schauspiel fast immer eine Menge Schauender herbei. Wohl mag einem wehmüthig um's Herz werden, wenn man ihnen zusieht, wie sie oft so unbegreiflich gleichgültig und stumpfsinnig der dunklen Zukunft entgegengehen, oder mit fröhlichem Leichtsinn die Winde eifrig drehen und das Schiff mit Stangen fortstoßen helfen vom deutschen Ufer, und gar ein gellendes »Juchhe nach Amerika!« rufen, daß es einem durch die Seele schneidet. –

Und doch ist solches Gebahren eigentlich ein sehr begreifliches. Die schmerzliche Trennungsstunde, das Scheiden von der engeren Heimath ist ja vorbei und vielleicht vergessen. Ob sie nun auch noch diesen Ort verlassen müssen, kann ihnen gleichgültig sein, und der letzte schmerzvolle Augenblick ist ja noch nicht gekommen. Der erscheint erst, wenn Europa's Küste als schmaler, blauer Nebelstreif in's Meer sinkt und nichts als Luft und Wasser die Dahinziehenden umfängt. Die Schiffer erzählen, daß in diesem Augenblick selten ein Auge trocken bleibt, ja Manche in heftiges Weinen ausbrechen. –

7. Die Seewege nach Nord- und Südamerika

Landkarte von 1849 (Sammlung Hümmerich, Berlin) mit eingezeichneten Schiffsrouten und Angaben zur jeweiligen Reisedauer. Auf der Höhe von New York ist zu lesen: »nach u. von Bremen u. Hamburg mit Segel in 28-30 Tagen, mit Dampfer in 14-16 Tagen«.

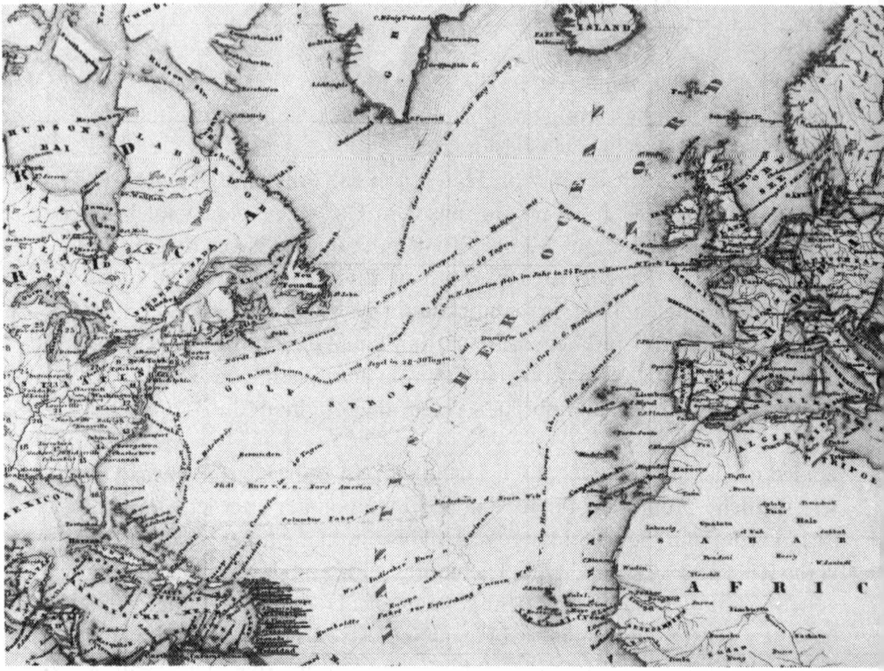

8. Das Tagebuch einer Reise von Habitzheim nach Baltimore

Am 3. Juni 1831 brach Heinrich Haas aus Habitzheim im damaligen Landratsbezirk Breuberg (Hessen-Darmstadt) mit seiner kurz zuvor angetrauten Ehefrau Regina, seinen Eltern, einem Onkel und zwei weiteren Personen nach Amerika auf. Er entstammte einer alteingesessenen Bauernfamilie in Habitzheim, war jedoch zum Lehrer ausgebildet worden und wohl mit jenem Schulvikar gleichen Namens identisch, der von 1826 bis 1830 in Langen-Brombach wirkte (W. Diehl/O. Praetorius, »Hassia Sacra« 12 [1951], S. 31). Dies erklärt den teilweise recht gelehrten Charakter seines Tagebuches, das er – mit peniblen Angaben zum Kurs des Schiffes, die er dem Logbuch des Kapitäns entnahm – auf der Reise führte. Auch war er wohlhabend. Immerhin 500 Gulden Vermögen gibt das Auswanderungsregister des Landratsbezirks Breuberg für ihn an. So reiste er ab Bremen nicht im Zwischendeck, sondern in einer Kajüte, wo er sogar auf seinem mitgenommenen Klavier spielen konnte. Gleichwohl macht auch sein Tagebuch die Umstände einer Auswanderung anschaulich. Es erhielt sich in englischer Übersetzung mit dem Titel »Diary of a Voyage from Habitzheim in the Grand-Duchy of Hessen to Baltimore in North America, kept by Heinrich Haas 1831« im Archiv der New York Historical Society und ist für die nachfolgende Wiedergabe durch Peter Mesenhöller (Köln/Marburg) ins Deutsche zurückübersetzt worden. Was aus der Familie Haas in Amerika wurde, ist unbekannt.

Tagebuch

einer Reise von Habitzheim im Großherzogtum Hessen
nach Baltimore in Nord-Amerika.
Von Heinrich Haas. 1831

Kapitän: Markus Markusen, ein gebürtiger Holländer, verheiratet in Amsterdam und Vater von acht Kindern; er ist 35 Jahre alt.
Erster Offizier: Johann Koch aus Bremen, ledig, 28 Jahre alt.
Zweiter Offizier: Jap. [?] Jakob Orkesen, ein Däne, Schwager des Kapitäns; ungefähr 25 Jahre alt.

Bremen östlich Greenwich	8° 47′
Baltimore westlich Greenwich	76° 55′
	85° 42′

Bremen, Breitengrad	53° 41′ 45″
Baltimore, Breitengrad	39° 22′
	14° 19′ 45″

1831. 3. Juni.
Drei Uhr morgens. Abreise aus meinem Heimatland. Trauriger Abschied von all meinen Geliebten. Mit mir gehen:

1) Georg Haas I.
2) Anna Maria, geborene Balduss, geboren in Richen; meine Eltern.
3) Joh.[ann] Heinrich Haas, geboren am 13. September 1802, heiratete am Ostermontag 1831 [= der Schreiber selbst]
4) Regina, Erstgeborene und älteste Tochter des Bürgermeisters Heinrich Wetterhahn von Habitzheim.
5) Katharina Meyer, Waise, dritte Tocher von Georg Meyer II aus Habitzheim, der bei einem Unfall auf dem Nachhauseweg von Darmstadt ums Leben kam.
6) Anna Maria Balduss, Tocher des Valentin Balduss, Bruder meiner Mutter, der in Richen wohnt.
7) Johs. [= Johannes] Vonderheit aus Lengfeld.

Um sechs Uhr morgens kommen wir in Darmstadt an. Herr Metz, Leiter der Heyer'schen Buchhandlung, schenkt mir die werten »Stunden der Andacht« und überreicht mir ein Paket für Elise Kleber in Amerika.
Um halb neun kommen wir in Frankfurt an und reisen auf Vilbel, wo wir übernachten.

Am Vierten
verlassen wir Vilbel und erreichen Friedberg. Die Fuhrwerke, die uns bislang begleitet haben, fahren nun zurück; mit ihnen mein lieber Vetter Heinrich Haas, fünfter Sohn des Peter Haas I, dessen Frau die Schwester meiner Mutter ist und der Fuhrmann des ersten Wagens war. Der zweite Wagen wurde von meinem lieben Schwager Friedrich Wetterhahn gelenkt; bei ihm ist Konrad, Sohn des Bruders meines Vetters und 14 Jahre alt.

Valentin Dörr ließ Joh.[ann] Dörr II für sich fahren, während sein zweites Fuhrwerk von Joh.[ann] Haller gelenkt wurde. In Valentin Dörrs Gesellschaft sind: er selbst, seine Frau, sechs Kinder: Elise, Clara, Valentin, Johs. [= Johannes], Heinrich, Peter und Georg Rapp, Sohn des gleichnamigen verstorbenen Stadtschreibers. Ebenfalls Peter Heil aus Großzimmern und der Sohn des Jakob Laulich aus Schafheim. Insgesamt 18 Leute.
Um drei Uhr verlassen wir Friedberg und reisen auf Großenlinden, wo wir die Nacht verbringen.

Am Fünften
reisen wir durch Gießen, wo ich mich von meinem Lehrer Krössmann, Professor daselbst, verabschiede; er schenkt mir 20 Franken in Gold.
In Sichertshausen, an der kurhessischen Grenze, wird all unser Gepäck versiegelt, nur das Nötigste für drei Tage bleibt uns.

Am Sechsten
reisen wir durch Marburg und kommen in Kälben [= Cölbe] an.

Am Siebten erreichen wir Obernorff.

Am Achten
kommen wir um zwei Uhr in Münden an und finden dort Unterkunft bei Kapitän Finke aus Bremen, der pro Person 1 Thaler und 4 Groschen Preußisch berechnet.

Am Neunten
versteigern wir unsere Pferde; ich bekomme 30 Thaler und Valentin Dörr 60. Wir bringen unser Gepäck an Bord und fahren gegen vier Uhr ab.

Vom Zehnten bis Fünfzehnten.
Wir gleiten auf der Weser entlang auf Bremen in einem bequemen Schiff. Wir fahren an Holzmünden [= Holzminden], Hammeln [= Hameln], Preußisch Münden [= Minden], Limburg [Nienburg?] und Hayn [= Hoya?] vorbei. Herr Finke ist sehr freundlich zu uns und kann besonders empfohlen werden. Wir schlafen an Bord, dürfen die Küche benutzen und erreichen so Bremen gesund und glücklich am Morgen des Fünfzehnten. Wir buchen unsere Überfahrt beim nordamerikanischen

Konsul und dem Agenten Traube und zahlen 75 fl. pro Person. Ich zahle so 300 Thaler für unser sieben. Wir verabschieden uns von unserem guten Kapitän Finke und seinen Männern. Unser Gepäck wird auf eine Barke umgeladen, die uns

Am Sechzehnten
nach Brake bringt, wo wir sofort an Bord des schönen neuen Dreimasters *Alexander* gehen, dessen Herr Kapitän Markusen ist, ein Holländer, der ausgezeichnet Deutsch spricht. Ich schreibe an meinen Schwiegervater.

Am Siebzehnten
kann unser Schiff wegen ungünstiger Winde nicht segeln.

Am Achtzehnten, Samstag,
um halb sieben Uhr morgens, holen wir mit dem Südwind Anker; die Segel sind gesetzt. Schnell steuern wir dem Meer zu, das wir während der Nacht erreichen.

Den Neunzehnten, Sonntag,
starker Wind; die meisten Passagiere sind seekrank.

Am Zwanzigsten, Montag,
ist das Wetter ruhig. Wir haben Gegenwind. Den kranken Passagieren geht es besser. Die Zahl der Passagiere ist nun von 161 um 1 Person gestiegen. Ein Sohn wurde dem Johann Wetzlar aus Schlierbach geboren; er wird den Namen des Schiffes bekommen. Der Kapitän hat die Passagiere in Gruppen von jeweils zehn Personen aufgeteilt, die ihre tägliche Schiffsration erhalten. Zwei der Gruppen werden kochen und den Abwasch besorgen. Wir sehen Seemöven, eine von ihnen schwimmt auf den Wellen.

Einundzwanzigster, Dienstag,
Gegenwind; das Meer ist ruhig, der Himmel klar. Unser Ziel: die Kanaldurchquerung. Gegen Abend nähert sich ein englisches Fischerboot und bietet Fisch an; vier Männer sind an Bord des Schiffes und sie bestimmen unsere Position auf 30 englische Meilen östlich Yarmouth. Wir sehen ein Dutzend Schiffe in der Entfernung. Heute bekamen wir zum ersten Male Bier.

Zweiundzwanzigster, Mittwoch.
Um neun Uhr nähert sich ein englisches Fischerboot; der Kapitän kauft Fisch.

Dreiundzwanzigster, Donnerstag.
Der Himmel ist klar, das Wetter ruhig und angenehm. Das Schiff bewegt sich kaum. Um die Mittagszeit sehen wir die Küste von Dover und um zwei Uhr die französische Küste bei Calais. Der zweieinhalbjährige Sohn des Wilhelm Barth aus Hainbach stirbt.

Vierundzwanzigster, Freitag.
Das Wetter hat sich geändert. Starker Ostwind. Das Schiff schaukelt auf den Wellen. Fast Alle sind seekrank. Meine Regina ist ein besonders schwerer Fall. Am Nachmittag wird der Sarg des gestern verstorbenen Kindes vorsichtig zu Wasser gelassen; der Leichnam wird auf See begraben. Es regnet. Mir ist kalt.

Fünfundzwanzigster, Samstag.
Wind und Wetter wie gestern. Gegenwind im Kanal; wir segeln entlang der englischen Küste, die immer in Sicht bleibt. Bei Nacht kann man die englischen Leuchttürme sehen.

Sechsundzwanzigster, Sonntag.
Der Wind hat seit heute Morgen nach Norden gedreht, das Wetter bleibt gleich. Bislang sind mein Vater und ich noch nicht seekrank gewesen. Mutter geht es besser, Regina immer noch nicht.

Siebenundzwanzigster, Montag.
Alles wie gestern. Wir sehen die Isle of Wight und befinden uns vor Havre de Grave.

Achtundzwanzigster, Dienstag.
Nordwind. Wunderbar ruhiges Wetter. Den Seekranken geht es besser. Vor zwei Tagen wurde mein Klavier in die Kabine gebracht. Ich spiele gewöhnlich während der Mahlzeiten. Ich verbessere mich ein wenig.

Neunundzwanzigster, Mittwoch.
Wie gestern; wir befinden uns gegenüber den Lizard-Bergen.

Dreißigster, Donnerstag.
Starker und kalter Nordwind. Wir segeln schnell.

Erster Juli, Freitag.
Vormittags. Wir haben den Atlantischen Ozean erreicht. Wir sehen viele Fische von Karpfengröße. Vielleicht sind das Haifische. Der Wind ist günstig.

Zweiter, Samstag.
Vormittags; es regnet leicht. Der Westwind ist stärker geworden, wir müssen nicht mehr so stark kreuzen. Nachmittags ist der Himmel klar, der Wind bleibt gleich. Wir sehen einen englischen Zweimaster. Versuch, mit dem Kapitän des Schiffes zu sprechen, keine Verständigung möglich. Wir nehmen an, daß er aus Amerika kommt, aus Jamaica.

Dritter, Sonntag.
Vormittags warm. Wind Süd-West. Wir treffen auf ein englisches Kriegsschiff, eine Fregatte. Sie kommt von Westen, befiehlt uns, beizudrehen und fragt, woher wir kommen und wohin wir segeln. Nach entsprechender Auskunft segelt sie schnell weiter, da der Wind günstig ist.

Vierter, Montag.
Morgens Westwind und Regen. Zudem ist es kalt. Nachmittags dreht der Wind auf Süd-West und der Himmel wird klar. In der Ferne erkennen wir vier Schiffe, die von Westen nach Osten zu segeln scheinen.

Fünfter, Dienstag.
Vormittag. Gegen Mittag wenig Wind. Die Taue werden von den Matrosen festgezurrt, einige repariert. Letzte Nacht, gegen zwei Uhr morgens, ging ich an Deck und sah einen Lichtstreifen am nördlichen Horizont. Am Rande war er sehr schmal, wurde aber um seinen Zenit breiter. Links davon sah ich einen weiteren, nur nicht so klar. Da es sehr kalt war und ich bereits sehr fror, konnte ich nicht länger an Deck bleiben, um zu schauen. Es war das Polarlicht. Nachmittags wurde der Wind stärker und gegen Abend blies er aus Süd-West. Mit ihm kam kalter Regen.

Sechster, Mittwoch.
Westwind stärker. Hohe See, der Himmel ist bedeckt, die Luft kalt. Wir segeln 9 Knoten (6 deutsche Meilen) in der Stunde. Die 4- oder 5jährige

Tochter von Herrn Appel aus Raibach starb heute morgen. Gegen Abend Regen, der Himmel ist bedeckt. Meine Regina heute wieder seekrank.

Siebter, Donnerstag.
Heute Nacht wurden wir durch eine heftige Brise aus Norden aufgeschreckt; alles, was nicht festgebunden war, rollte durcheinander. Da dieser Sturm unerwartet kam und drei Segel an jedem Mast aufgetakelt waren, wurden die obersten fortgerissen. Wir eilten an Deck und halfen, die Segel einzuholen. Das war gegen zwei Uhr morgens; danach gingen wir wieder zu Bett. Heute Morgen ist der Himmel klar mit nur wenigen Wolken. Der Wind bläst erfrischend von Nord-West. Im Westen sehen wir ein Schiff, das die gleiche Richtung zu nehmen scheint wie wir. Es kommt tatsächlich von Hamburg und segelt nach New York, doch kann es mit uns nicht mithalten. Gegen Abend sehen wir es nur noch schwach am Horizont. Um halb vier wird das tote Kind auf See begraben. Meine Regina fühlt sich besser und blieb heute den ganzen Tag an Deck. Wir bemerken ein weiteres Schiff im Norden. Fast jeden Tag sehen wir Vögel und Fische. Heute sah ich eine Möve.

Achter, Freitag.
20 Tage auf See. Westwind, Himmel bedeckt, kalt. Wir sehen vier Schiffe.

Neunter, Samstag.
Wenig Wind, manchmal ist der Himmel dunkel, manchmal hell.

Zehnter, Sonntag.
Unverändert. Bei Tagesanbruch sehen wir ein Schiff, das mit uns segelt.

Elfter, Montag.
Starker Wind. Alle Segel sind gesetzt.

Zwölfter, Dienstag.
Der vierundzwanzigste Tag. Mein Namenstag. Starker günstiger Wind. So günstig war er die ganze Fahrt über nicht. Behalten wir ihn bei, sind wir bald in Baltimore; wir haben jetzt wohl die Hälfte der Strecke zurückgelegt. Ein Sohn von Nikl. [= Nikolaus] Wolf aus Raibach, der, ohne seine Überfahrt bezahlt zu haben, an Bord kam und sich bis jetzt

versteckt hielt, wird entdeckt. Herr Wenzel aus Kurstadt sprach mit Wolfs Bruder und tat so, als ob er über die ganze Angelegenheit Bescheid wisse, gar dabei geholfen habe. Er unterrichtete den Ersten Offizier, der dann die Meldung an den Kapitän weiterleitete. Der Vater wurde sofort zum Kapitän gerufen und um eine Erklärung gebeten. Er wird all sein Gepäck in Baltimore verkaufen müssen, um die Überfahrt für seinen Sohn, die sich auf 40 Thaler in Gold oder 80 Rhein-Thaler beläuft, bezahlen zu können. Heute gab der Vater sein schriftliches Versprechen, dies auch zu tun. Ich und Jost aus Babenhausen, Schneider von Auerbach und Valentin Dörr waren Zeugen. Letzte Nacht sahen wir entfernt ein Tier, eine Art Wal, mit langem grauen Rücken, das Wasser hoch in die Luft blies. Heute Nachmittag sahen wir eine Gruppe dieser Fische rechts von unserem Schiff schwimmen. P. S. für Sonntag, den 10.: Jede Gruppe der Passagiere erhielt 1 ½ Flaschen Wein vom Kapitän.
Alle sind böse auf Wenzel, sogar die Matrosen, weil er den blinden Passagier verraten hat. Sie suchen ihn auf jede erdenkliche Art zu schikanieren.

Dreizehnter, Mittwoch.
Wenig Wind, veränderlich.

Vierzehnter, Donnerstag.
Schönes Wetter, der Wind wechselt immer noch. Zum ersten Mal sahen wir fünf Fische, die um unser Schiff herum schwammen. Der Kapitän versuchte, einen von ihnen zu fangen. Zu diesem Zweck benutzte er ein Instrument, das aus Haken besteht, dergestalt zusammengesteckt, daß 8 Haken das untere Ende bilden. Die ganze Oberfläche ist im Durchmesser etwa einen Fuß groß; an der Spitze befindet sich ein »Ohr«, ähnlich dem am Griff einer Mistgabel, an das ein Stock von 8-10 Fuß Länge befestigt wird. Unter dem »Ohr« befindet sich ein besonderer Ring, durch den eine 20-30 Fuß lange Leine gezogen und etwa drei Fuß oberhalb des »Ohrs« am Stock befestigt wird. Die Person, die nun dieses Instrument bedient, nimmt das Ende der Leine, das aus dem »Ohr« ragt, und wirft es ins Wasser, möglichst in die Nähe des Fisches. Genau das tat unser Kapitän. Aber unglücklicherweise verfing sich nur einer der Haken im Nacken des Fisches und bevor wir ihn an Bord ziehen konnten, hatte er sich losgewunden und wir sahen ihn nicht wieder. Ich fürchte, daß er ohnehin gestorben ist, da er sehr stark blutete. Bald darauf sahen wir dieselbe Art Fische in noch größerer Zahl. Die Matrosen nannten sie

»halbegone« [?]. Sie schwammen dem Schiff nach, doch konnten wir sie zu unserem Leidwesen nicht fangen, da sie entweder nicht nahe genug an das Schiff herankamen oder zu tief unter der Wasseroberfläche schwammen. Das Meer war sehr ruhig und bewegte sich nur leicht. Diese Fische waren schlank und etwa 4-10 Fuß lang. Dem Ersten Offizier nach wiegen einige von ihnen über 300 Pfund. Abends trafen wir 2 Schiffe, von denen das erste aus Philadelphia kam und nach Liverpool segelte.

Fünfzehnter, Freitag.
Heute haben wir kaum Wind und das Meer ist ruhig. Rechts von uns segelt ein Schiff mit Ziel Baltimore, dem wir aber Vorsprung aberlangen, obwohl es 8 Tage vor uns Bremen verließ. Der Kapitän heißt Groh oder Grau. Links segeln drei Schiffe und rechts ein weiteres, auf dem vielleicht Herr Büchler aus Zimmern und Herr Topf sind. Es bleibt leider zu weit entfernt. Wir sehen einige Vögel, die etwas größer als Raben sind, schwarz oder doch zumindest grau mit langen Flügeln; sie fliegen überall um das ganze Schiff herum. Heute konnte ich zum ersten Mal Längen- und Breitengrade dem Logbuch entnehmen. Das Ergebnis ist:

19. Juni:	53° 56′ nördl. Breite,	5° 45′ östl. Länge
20. Juni:	53° 12′ nördl. Breite,	4° 49′ östl. Länge
21. Juni:	52° 40′ nördl. Breite,	3° 24′ östl. Länge
22. Juni:	51° 56′ nördl. Breite,	2° 31′ östl. Länge
23. Juni:	51° 10′ nördl. Breite,	1° 40′ östl. Länge
24. Juni:	50° 27′ nördl. Breite,	0° 45′ östl. Länge
25. Juni:	50° 44′ nördl. Breite,	0° 30′ östl. Länge
26. Juni:	50° 28′ nördl. Breite,	0° 11′ westl. Länge
27. Juni:	50° 21′ nördl. Breite,	1° 12′ westl. Länge
28. Juni:	50° 20′ nördl. Breite,	2° 38′ westl. Länge
29. Juni:	49° 39′ nördl. Breite,	4° 23′ westl. Länge
30. Juni:	48° 37′ nördl. Breite,	7° 52′ westl. Länge
1. Juli:	47° 53′ nördl. Breite,	11° 3′ westl. Länge
2. Juli:	47° 50′ nördl. Breite,	12° 7′ westl. Länge
3. Juli:	47° 45′ nördl. Breite,	12° 9′ westl. Länge
4. Juli:	47° 52′ nördl. Breite,	15° 2′ westl. Länge
5. Juli:	47° 52′ nördl. Breite,	16° 8′ westl. Länge
6. Juli:	47° 2′ nördl. Breite,	19° 46′ westl. Länge
7. Juli:	47° 0′ nördl. Breite,	22° 41′ westl. Länge

8. Juli:	47° 20′ nördl. Breite,	24° 10′ westl. Länge
9. Juli:	48° 22′ nördl. Breite,	25° 38′ westl. Länge
10. Juli:	48° 39′ nördl. Breite,	27° 2′ westl. Länge
11. Juli:	47° 55′ nördl. Breite,	28° 46′ westl. Länge
12. Juli:	47° 39′ nördl. Breite,	32° 36′ westl. Länge
13. Juli:	47° 0′ nördl. Breite,	35° 10′ westl. Länge
14. Juli:	46° 36′ nördl. Breite,	36° 52′ westl. Länge

Erster Meridian Greenwich, einige Meilen von London. Ich muß hervorheben, daß der Kapitän und seine Offiziere ihre Beobachtungen und Berechnungen sehr geheim halten. Die Berechnung des Breitengrades erfolgt jeweils um zwölf Uhr mittags. Um sechs Uhr abends beobachten sie den Stand der Sonne mit ihren Instrumenten, wahrscheinlich zur Bestimmung des Längengrades.

Sechzehnter, Samstag.
Am Fünfzehnten: 46° 11′, nördl. Breite, 38° 31′ westl. Länge; heute: 45° 56′ nördl. Breite, 39° 52′ westl. Länge. Sehr wenig Wind. Nichts besonderes passierte.

Siebzehnter, Sonntag.
45° 37′ nördl. Breite, 40° 35′ westl. Länge. Südwind, etwas stärker als gestern. Warm. Wein.

Achtzehnter, Montag.
45° 26′ nördl. Breite, 38° 39′ westl. Länge. Wind wie gestern, 8 Knoten; Himmel bedeckt. Regina muß sich übergeben.

Neunzehnter, Dienstag.
31. Tag auf See. 44° 56′ nördl. Breite, 40° 51′ westl. Länge. Wind stärker. Wolken.

Zwanzigster, Mittwoch.
32. Tag auf See. 47° 52′ nördl. Breite, 42° 47′ westl. Länge. Die Luft ist drückend und der Wind stärker, deshalb hohe See.

Einundzwanzigster, Donnerstag.
51° 3′ nördl. Breite, 46° 48′ westl. Länge. Dichter Nebel ist überall um uns; ein feiner Nieselregen deutet eine nahende Sandbank an. Frühmor-

gens rollte eine hohe Welle über Deck, die bis in den Laderaum und das untere Deck schlug. Wir alle erschraken heftig, da wir in unseren Doppelbetten an der Steuerbord-Seite schliefen, hinter dem großen Mast, wohin das Wasser auch drang. Es wäre wohl direkt über die Betten geflossen, wäre ich nicht aufgesprungen und hätte es mit einem Eimer aus der Kabine geschöpft. Abends sahen wir zwei Schiffe. Eines von ihnen kam sehr nahe heran, ohne sich jedoch mit uns in Verbindung zu setzen.

Zweiundzwanzigster, Freitag.
51° 56′ nördl. Breite, 47° 51′ westl. Länge. Dichter Nebel und Nieselregen. Alles fühlt sich feucht an, nichts mehr scheint trocken. Da wir Westwind benötigen, müssen wir kreuzen. Gestern nahmen wir Kurs Nord-West bis 11 Uhr abends. Danach Kurs Süd bis 1.30 heute nachmittag. Von da ab wechselten wir wieder auf Nord-West-Nord. Der Kurswechsel verlief auf folgende Weise: hatten wir z. B. Westwind und der Kurs war südlich, wurden die Enden der Segel nach Steuerbord zurückgezurrt, so daß sie nicht entgegen, vielmehr in Fahrtrichtung standen; wollten wir nordwärts segeln, wurde genau das Gegenteil getan und das Schiff drehte bei. Allerdings kann man den Kurswechsel nur dadurch feststellen, daß diejenige Schiffsseite, die vorher in die Wellen hineinragte, jetzt hoch über ihnen steht. Nehmen wir nördlichen Kurs und haben Westwind, so hebt sich die Backbord-Seite. Unser Kapitän sagt, daß dichter Nebel hier das ganze Jahr über herrscht. Weiter westlich löst er sich von selber auf. Bei gutem Wetter können wir innerhalb dreier Tage hindurch sein, andernfalls es bis zu zehn Tagen und mehr dauern kann. Regina ist immer noch seekrank.

Dreiundzwanzigster, Samstag.
45° 21′ nördl. Breite, 49° 12′ westl. Länge. Wetter wie gestern, dichter Nebel und Nieselregen. Der Wind kommt von Westen. Heute morgen um drei Uhr wechselten wir den Kurs, wir segeln jetzt südwärts. Regina immer noch wie gestern. Auf der gesamten Reise hatten wir bislang nur vier oder fünf warme Tage, ansonsten herrschte nur Kälte. Wegen des dichten Nebels muß die ganze Zeit ein Matrose Wache halten, um eine Kollision zu verhindern, die das Ende unseres Schiffes bedeuten würde. Um der extremen Wärme in der Kabine bei Nacht zu entgehen, ging ich, unzulänglich bekleidet, an Deck und habe mir so eine empfindliche Erkältung zugezogen. Gestern und heute wurden die leeren Fässer wie-

der mit Meerwasser gefüllt, um den richtigen Ballast wiederzuerlangen. Heute warfen wir wieder das Lot aus, ohne aber auf Grund zu stoßen.

Vierundzwanzigster Juli, Sonntag.

Nördl. Breite	45° 21′	
	0° 33′	
	44° 48′	
Westl. Länge	53° 17′	49° 12′

So jedenfalls war es im Logbuch zu lesen. Allerdings verstehe ich den Eintrag noch nicht recht. Nebel und Wind sind gegen uns. Regina fühlt sich besser. Heute hatten wir wieder Wein. Um Mitternacht und um die Mittagszeit wechselten wir den Kurs. Gegen Mittag wurde wieder das Lot ausgeworfen, doch obwohl der Faden 70 Klafter [?] lang ist, konnten wir nicht auf Grund stoßen. Meine Erkältung scheint abzuklingen.

Fünfundzwanzigster Juli, Montag.
Dichter Nebel und Regen. Heute nachmittag stießen wir bei 40 Klafter [?] auf Grund. Weiße Kieselsteine. Am Abend 30 Klafter [?]. Kurswechsel auf Nord-West.

Sechsundzwanzigster Juli, Dienstag.
Am Vormittag dichter Nebel und Regen, nachmittags kam die Sonne hervor. Nach sechs Tagen zum ersten Mal wieder Sonne. Wir versuchen zu fischen, fangen aber nichts. Dabei ist diese Gegend bekannt für ihre reichen Fischgründe. Der Wind bläst immer noch von Westen. Das Schiff nimmt Kurs Süd-West-Süd. Lot wie gestern.

Siebenundzwanzigster Juli, Mittwoch.
Dies ist unser 39. Tag auf See.

Nördl. Breite	44° 44′	Westl. Länge	57° 18′
	0° 13′		2° 9′
	44° 57′		59° 27′
Beobachtet	44° 46′		52° 57′

P. S. für Dienstag:

Nördl. Breite	44° 6′	Westl. Länge	54° 51′
	0° 43′		2° 27′
	44° 44′		57° 18′
Beobachtet	44° 44′		50° 48′

Entfernung 114 [Meilen], allgemeiner Kurs: 68°, Süd und West. Am Mittwoch Gewittersturm, frische Winde und Nebel. Kurswechsel um 8 Uhr. Das Lot stößt um 12 (Uhr) bei 37 Faden auf Grund. Um 4 Uhr sehen wir eine Brigg, die östlich segelt, die Luft ist jetzt klar. Um 6 Uhr kam ein unerwartet heftiger Wind auf, der um 8 Uhr das Mars-Segel einreißt. Der Kapitän ist besorgt. Es stürmt die ganze Nacht über und der Kapitän muß wachen. Er weist die Männer an, sich nicht zu entkleiden, damit sie im Notfall sofort helfen können. Ich will hier vermerken, daß wir nur 10 von regulär 18 Matrosen an Bord haben, wir also alle beim Segelsetzen und kreuzen helfen müssen.

Achtundzwanzigster Juli, Donnerstag.
Der 40. Tag.

Westl. Länge	59° 27′	Nördl. Breite	44° 46′	
	1° 53′		0° 50′	gewechselt
	61° 20′		45° 36′	
Beobachtet	54° 50′		45° 37′	

Die Nacht verlief einigermaßen ruhig. Morgens ist der Wind immer noch sehr stark. Eine kräftige Bö brach die »Flonthorn« [Spitze?] des Mars-Segels.

Neunundzwanzigster Juli, Freitag.
Der 41. Tag.

Westl. Länge	61° 20′	Nördl. Breite	45° 37′	
	0° 36′		0° 19′	gewechselt
	61° 56′		45° 18′	
Beobachtet	55° 26′		45° 25′	

Vormittags wenig Wind und helles klares Wetter. Am Nachmittag wird der Wind stärker und Nebel kommt auf. Gegen Abend starker Wind und hohe See.

Dreißigster Juli, Samstag.
42. Tag auf See.

Westl. Länge	61° 56′	Nördl. Breite	45° 25′	
	1° 4′		0° 30′	gewechselt
	63° 0′		45° 12′	
Beobachtet	56° 30′			

Bei Tagesanbruch dichter Nebel, der sich gegen 7 Uhr auflöst, gefolgt von schönem warmem Wetter. Kein Wind. Zwei kleine Fässer treiben an unserem Schiff vorbei. Der Erste Offizier glaubt, daß ein Fischernetz an einem von ihnen befestigt ist und nimmt ferner an, daß sie sich irgendwo von der amerikanischen Küste losgerissen haben. Man munkelt, dem Buchbinder Wilhelm Götz aus Darmstadt seien 25 fl. aus seiner Kassette gestohlen worden.

Einunddreißigster Juli, Sonntag.
Der 43. Tag.

Westl. Länge	63° 0′	Nördl. Breite	45° 12′
	1° 17′		0° 2′
	64° 17′		45° 14′
Beobachtet	57° 47′		44° 43′

Letzte Nacht war der Himmel klar und voller Sterne, wir konnten das Polarlicht sehen. Leichter Wind. Um 10 Uhr wechseln wir den Kurs von Süden auf Nord-West. Heute morgen scheint die Sonne und wir haben starken und kühlen Wind. Nachmittags bleibt der Wind gleich, doch kommen Nebel und Regen auf. Wieder haben wir Wein. Frische Winde und dichter Nebel.

Erster August, Montag.
Der 44. Tag auf See.

Westl. Länge	64° 17′	Nördl. Breite	44° 42′
	0° 55′		1° 31′
	63° 22′		45° 11′
Beobachtet	57° 7′		43° 28′

Allgemeiner Kurs: 23° von Süden und Osten. Entfernung: 100 [Meilen]. Vormittags ist der Himmel bedeckt und die Luft warm; nachmittags Regen, der Wind steht gegen uns.

Zweiter August, Dienstag.

Westl. Länge	63° 22′	Nördl. Breite	43° 10′
	0° 7′		0° 29′
	63° 29′		42° 45′
Beobachtet			42° 45′

Allgemeiner Kurs: 10° von Westen und Süden. Letzte Nacht um 2 Uhr wurden wir herausgerufen, um das Schiff auf süd-westlichen Kurs wechseln zu helfen – der Wind hatte gedreht. Frühmorgens war es absolut windstill und das Wetter klar und warm. Heute morgen ließ ich mich mit einer Strickleiter die Backbord-Seite hinab und fing mit einem Haken ein Seetier, das auf der Wasseroberfläche trieb. Es sah aus wie eine luftgefüllte Blase, nur ein wenig länglicher und mit einer Öffnung versehen. Es hat die Form einer Birne und die Größe einer Hand, ist mit Luft gefüllt und seine Farben schillern wie ein Regenbogen; es trieb auf dem Wasser und mehrere Fäden von Armlänge hingen an ihm herab ins Wasser. Ein kleiner Fisch von etwa 1 Fuß Größe und der Dicke meines Fingers schwamm vergnügt um es herum. Er war von braunblauer Farbe und hatte lange Flossen. Die Matrosen nannten das birnenförmige Tier »Windbeutel«, und als ich es an Deck brachte, stach einer von ihnen es mit einer Nadel, worauf es in sich zusammenfiel. Nachmittags sahen wir ein Schiff.

Dritter August, Mittwoch.
Der 46. Tag auf See.

Westl. Länge	63° 29′	Nördl. Breite	42° 43′
	1° 50′		0° 4′
	65° 27′		42° 59′
Beobachtet	59° 12′		

Allgemeiner Kurs: 81° von Süd und West. Entfernung 88 [Meilen]. Wir sehen ein amerikanisches Schiff, das die Signalfahne AA gehißt hat. Kurswechsel um 2 Uhr nachts. Wenig Wind. Um 4 Uhr morgens ist der Himmel bedeckt. Um 8 Uhr starker Wind und klares und angenehmes Wetter.

Vierter August, Donnerstag.
Der 47. Tag.

Westl. Länge	65° 27′	Nördl. Breite	42° 55′
	3° 29′		0° 24′
	68° 56′		43° 11′

Allgemeiner Kurs: 81°. Entfernung 115 [Meilen]. Frisches klares Wetter; Meer und Wind werden unruhiger.

Fünfter August, Freitag.
Der 48. Tag.

Westl. Länge	68° 56′	Nördl. Breite	60° 45′
	2° 33′		2° 38′
	72° 34′		63° 23′
Beobachtet	71° 39′		63° 23′

Allgemeiner Kurs: 82° von West und Süd. Entfernung: 117 [Meilen]. Himmel bedeckt.

Sechster August, Samstag.
49. Tag.

Westl. Länge	71° 34′	Nördl.Breite	63° 23′
	0° 35′		– –
	72° 9′		63° 58′

Entfernung: 50 [Meilen]. Der Himmel ist dunkel verhangen; Regen und wechselnder Wind.
4-8 Uhr Freitag. Wie gewöhnlich spiele ich Klavier während der Mahlzeit. Nach dem Essen geht der Kapitän zu seiner Kabine, sagt im Vorbeigehen dem Zweiten Offizier, daß das Barometer auf »Sturm« steht und eilt dann hinaus. Wir folgen ihm sofort nach. Der Himmel war dunkel und die Luft ruhig. Das Meer aber verhielt sich sehr seltsam. Alle Vorsichtsmaßnahmen wurden getroffen, und so warteten wir den Sturm ab. Die Wellen schlugen hoch und höher und waren gegen sechs Uhr turmhoch. Wie riesige Berge erschienen sie uns, mit tiefen Abgründen dazwischen; so steil waren die Wellen, daß das Schiff auf Heck zu stehen

schien, erklomm es eine von ihnen. Hatte es einen Abgrund glücklich passiert, so schien es direkt in den nächsten zu stürzen. Während der ganzen Zeit rührte sich der Wind kaum; das Toben der Wellen hielt bis 8 Uhr an, als die Wellen sich zu weiten begannen. Wir dachten, daß entweder ein fürchterlicher Sturm in unserer Nähe ausbrechen würde, oder aber der Sturm sei bereits vorüber und wir hatten nur dessen Ausläufer zu spüren bekommen. Die ganze Nacht hindurch und noch am Samstag hatten wir hohe See. Dann wurde es still.

Siebter August, Sonntag.
Der 50. Tag auf See.

Westl. Länge	72° 9′	Nördl. Breite	41° 40′
	0° 49′		0° 17′
	72° 58′		41° 26′
Beobachtet	64° 49′		41° 21′

Entfernung: 40 [Meilen]. Gegen 4 Uhr morgens kommt leichter Nordwind auf, der aber ostwärts dreht und stärker wird. Bleibt der Wind, können wir hoffen, in einer Woche Land zu erreichen. Schönes Wetter. In dieser Ruhe bemerken wir Strudel, die wir dem Strom, der hier durch das Meer fließt, zuschreiben.

Achter August, Montag.
Der 51. Tag auf See.

Westl. Länge	72° 58′	Nördl. Breite	41° 21′
	3° 44′		1° 13′
	76° 42′		40° 8′
Beobachtet	68° 31′		40° 8′

Entfernung: 186 [Meilen]. Allgemeiner Kurs: 67°, Süd und West. Der Himmel ist bedeckt; starker Ostwind; etwas zu stark heute morgen. Hohe See.

Neunter August, Dienstag.
Der 52. Tag auf See.

Westl. Länge	76° 42′	Nördl. Breite	40° 2′
	3° 34′		57′
	80° 16′		39° 5′
Beobachtet	72° 5′		39° 16′

Entfernung: 176 [Meilen]. Schönes warmes Wetter. Der Wind ist kühl und kommt von Süden. Der Kapitän mißhandelt seinen Kabinen-Aufwärter sehr heftig in meiner Gegenwart, und alles nur wegen eines kleinen Mißgeschicks. Er hatte einen Korb voller Flaschen zu nahe an die Treppe gestellt, so daß der Kapitän darüber stolperte.

Zehnter August, Mittwoch.
Der 53. Tag auf See.

Westl. Länge	80° 16′	Nördl. Breite	39° 16′
	2° 8′		0° 42′
	82° 24′		38° 34′
Beobachtet	74° 13′		38° 31′

Entfernung: 108 [Meilen]. Sehr wenig Wind. Das Wetter ist angenehm und morgens warm. Wir sehen einige kleine Schiffe. Der Kapitän gerät in Streit mit zwei Offizieren und vergißt sich derartig, daß er dem Ersten Offizier ins Gesicht schlägt. Das gesamte Deck wird mit peinlicher Sorgfalt gereinigt.

Elfter August, Donnerstag.
54. Tag auf See.

Westl. Länge	82° 24′	Nördl. Breite	38° 31′
	2° 21′		0° 16′
	82° 45′		38° 15′
Beobachtet	74° 34′		38° 15′

Entfernung 23 Meilen. Kein Wind, doch um halb elf Uhr morgens zieht ein heftiger Gewittersturm auf, der ein wenig Wind aus Nord-Nord-West bringt. Letzte Nacht um 10 Uhr maßen wir 30 Faden, um 12 Uhr 29, um 4 Uhr 25 und um halb sechs 18 Faden Tiefe. Der Resonanzboden meines Klaviers hat sich wegen der extremen Feuchtigkeit gelöst.

Zwölfter August, Freitag.
55. Tag auf See.

Westl. Länge	82° 45′	Nördl. Breite	38° 15′
	0° 18′		0° 40′
	82° 27′		37° 35′
Beobachtet	74° 16′		37° 40′

Entfernung: 42 Meilen. Nachmittags um 3 Uhr nähern wir uns einem amerikanischen Zweimaster, der vor 5 Tagen Boston verließ und nach Baltimore segelt. Der Kapitän kommt an Bord und verbringt zwei Stunden mit uns. »Nernes Duxbury« wird die Brigg genannt. Abends haben wir starkes Wetterleuchten.

Dreizehnter August, Samstag.
56. Tag auf See.
Bei Tagesanbruch starker Wind. Gegen 7 Uhr kommt ein Lotsenboot näher, doch der Kapitän akzeptiert den Lotsen nicht. Um neun erscheint ein weiteres Boot. Der Lotse, ein hochgewachsener, stark gebräunter Amerikaner, kommt an Bord und übernimmt das Schiff. Er ist ein schweigsamer, aber freundlicher Mann. Er hat einige Äpfel bei sich, wohl aus diesjähriger Ernte, und verteilt sie unter die Kinder. Um 10 Uhr flaut der Wind ab, der Himmel ist bedeckt und es ist sehr heiß. Der Name des Lotsenbootes ist »Seliner Baltimore« Nr. 36. Nachdem der Lotse an Bord gekommen war, verschwand das Boot.

Vierzehnter August, Sonntag.
57. Tag auf See.
Heute ist der vierte Tag ohne jeglichen Wind. Nur wer lange Zeit auf See verbrachte und gegen ungünstige Winde ankämpfte, gegen Schwierigkeiten, Entbehrungen, Not und Gefahren, nur der wird verstehen, wie entmutigend und quälend es ist, eine solche Windstille kurz vor Erreichen des Zieles zu ertragen. Wir liegen vor der Einfahrt zur Chesapeke Bay. Wir wollen an Land, können es aber nicht erreichen. Haben wir einmal ein wenig Wind, so scheint die Nacht uns um die kurze Strecke zurückzuwerfen, die wir am Tage gewonnen haben. Wirklich, ein kleiner Sturm wäre erträglicher, als das. Heute haben wir gar die Sicht auf Land verloren. Nachmittags um 4 Uhr bemerken wir zwei Schildkröten. Sie scheinen ein Paar zu sein; sie schwimmen an unserem Schiff vorbei. Eine ist grau, die andere gelb mit grauen Flecken. Sie scheinen 3 Fuß lang und

2 Fuß breit zu sein. Ich sitze am Heck und schaue traurig auf die ruhige See. Eine warme Brise kommt von Süden und sofort versucht der Lotse, die Segel danach auszurichten. Der Wind wird ein wenig stärker. Der Erste Offizier kommt zu mir und sagt, daß gute Hoffnung auf stärkeren Wind in Kürze bestände. Und es geschah wirklich so. Nach einer Stunde waren alle Segel gesetzt und das Schiff glitt ruhig voran.
Der Lotse hatte den Mast mindestens zehn Mal an diesem Tag erklommen, um nach Land Ausschau zu halten. Nun kommt er herunter und sagt dem Kapitän, daß es in Sicht sei. Obwohl er Englisch sprach, konnte ich ihn doch verstehen. Schmidt, Leilich, Christian und ich laufen zum Bug und – welche Freude! Zur Linken sehen wir Cape Henri, zur Rechten Cape Charles. Gott sei Dank, jeder an Bord freut sich nun, mit Ausnahme von Nicolaus Jost aus Babenhausen. Die schönen Tage sind nun für ihn vorbei, an denen er mit Geld und Schmeicheleien alles bekam, was er wollte. Nun sah er sich in der Lage, hart arbeiten zu müssen, um Frau und drei Kinder zu ernähren. Der Wind ist immer noch günstig und wir gelangen in die Bucht. Wir sehen Wälder zu beiden Seiten des Schiffes. Das Gefühl ist unbeschreiblich, wie wir das schöne Land voller Bäume und kleiner Rodungen hier und dort sehen, auf denen Häuser stehen.

Fünfzehnter August, Montag.
58. Tag.
Kein Wind. Wir kommen nur langsam voran.

Sechzehnter August, Dienstag.
59. Tag.
Wie gestern.

Siebzehnter August, Mittwoch.
60. Tag.
Wie gestern. Ich gerate in Streit mit dem Kapitän, der uns beschuldigt, über das Essen und seine Behandlung uns gegenüber geklagt zu haben. Er will eine Beschwerde gegen mich in Baltimore einreichen, nur weil ich auf seine Frage »Ist mein Essen gut?« antwortete: »Es ist, wie es ist.«

Achtzehnter August, Donnerstag.
61. Tag.
Wie gestern. Wir werfen jetzt jedesmal Anker, wenn der Wind sich gegen ein Uhr legt, um so zu vermeiden, daß das Schiff zurückgetrieben wird. Gegen sechs oder sieben Uhr nachmittags kommt die Flut auf und mit ihr der Wind, so daß wir Anker lichten können. Gestern badeten wir im Meer.

Neunzehnter August, Freitag.
62. Tag.
Der Wind ist ein wenig stärker geworden. Gegen 5 Uhr sehen wir die Türme von Baltimore. Auf einem Vorgebirge, wo sich die Bay teilt, stehen zwei große Leuchttürme. Hier kamen 1814 40000 Soldaten der englischen Armee an Land und wurden von den Amerikanern geschlagen. Um halb acht erreichen wir die Einfahrt des Hafens, können aber nicht einlaufen, da die Sonne untergegangen ist. Wir gehen vor Anker.

Zwanzigster August, Samstag.
63. Tag.
Die Anker werden gelichtet. Es gibt Festungen zu beiden Seiten und ein Matrosen-Hospital zur Linken. Endlich, um halb elf, geht unser Schiff nach einer langen und schwierigen Seereise von 63 Tagen vor Anker. Bevor noch endgültig Anker geworfen wird, kommt ein kleines Boot mit einem Amerikaner, der nach unserer Fracht fragt. Er fuhr sofort wieder um, gefolgt von einem Arzt, der jede Familie untersuchte. Keiner war krank an Bord. Der Kapitän begleitete dann den Arzt in seinem kleinen Boot. Wir lichten Anker und legen an. Da jeder von uns für gesund befunden wurde, dürfen wir an Land gehen. Wir tauschen unsere schmutzige Kleidung gegen frische ein. Wir warten nicht einmal das Mittagessen ab, das gerade zubereitet wird, sondern eilen in die Stadt, um zu schauen und Essen wie Brot, Früchte und Bier einzukaufen. Diese Nacht schlafen wir an Land in der Wirtschaft eines Deutschen mit Namen Süffermann. Unsere Habe wird an Land gebracht. Der Zoll läßt uns all unsere Kisten öffnen, um zu sehen, ob wir neue Waren haben; danach werden sie an Land getragen. Ich miete einen Wagen, der meine Habe für ¼ Dollar zur Gastwirtschaft bringt. Ich verhandle mit dem Wirt über Essen und Unterkunft für sechs Personen, er berechnet 41 Cents pro Person. Am Abend besuchen wir die Märkte, die sehr hell sind.

Zweiundzwanzigster August, Sonntag.
Wir besuchen die deutsch-lutherische Kirche am »shot-tower« [?]. Auf dem Rückweg klagt meine liebe Regina über Leibschmerzen. Sie hatte ein wenig Suppe gegessen, bevor wir in die Kirche gingen; die schmerzhaften Anfälle halten an bis zum Abend; wir geben ihr einige Tropfen und Kräuter-Tee. Seit wir hier sind, ist Johannes Rapp uns mehr als ein guter Freund geworden. Er zahlt immer für unsere Getränke, sogar gegen unseren Willen. Ich soll ihm schreiben und dann will er zu uns kommen. Der Schmied Leilich hat bei einem deutschen Schmied etwa anderthalb Stunden von hier Arbeit gefunden.

Am 5. September,
um halb sieben Uhr morgens, verlassen wir Baltimore und reisen auf Philadelphia mit dem Dampfer »Holloway«. Wir erreichen das Boot ein wenig zu spät. Ich zahle gerade den Wagen, als das Schiff abzulegen beginnt. Mein Vater kommt, mich zu rufen, verirrt sich und muß zurückbleiben, da er nicht mehr an Bord springen kann, als er schließlich den Weg gefunden hat. Ich selbst konnte gerade noch an Bord gehen.

9. Im Zwischendeck

Vom Treiben der Auswanderer im Zwischendeck der Schiffe – das sie wegen schlechten Wetters oft tagelang nicht verlassen durften – gibt dieser Holzstich eine Vorstellung (enthalten in: »Deutsches Flottenbuch oder das Neue illustrirte Seemannsbuch«, Leipzig 1875, S. 199).

10. Von Diez nach Texas

Daß auch Zwischendeckspassagiere gelegentlich ein Reisetagebuch führten, beweist dasjenige von der Auswanderung der Familien Stengler, Hankammer und Kranz, die 1845 – vom »Texasverein« angeworben – von Diez nach Texas gingen. Das von einem Schreiber, der als Einzelperson anonym geblieben ist, geschaffene Dokument erhielt sich in Privatbesitz zu Anahuac in Chambers County in Texas. In diesem County in Küstennähe – wo es heute noch einen kleinen Ort namens Hankamer gibt – waren die genannten Familien ansässig geworden, nachdem sie eine beschwerliche Fahrt von Rotterdam über Antwerpen nach Galveston hinter sich gebracht hatten.

Beschreibung der Reiss von Dietz nach Texas Ao 1845

Wier sint den 21ten Ocdober 1845 mit Furmann Strack von Dietz nach Coblentz gefahren. Da Sint wier den Ersten gefahren bies nach Neuheusel. von Enterschhausen mach[t] noch mit der Heinrich Speier und der Johs. Heitrich den 22ten Sint wihr von Neuheußel nach Koblenz Gefahren und da draffen wier in Erenbreitenstein den Daniel [. . . . .] wier kamen des Morgens um 9 Uhr in Koblenz an. da draffen wir daß Fridericken. von da Sint wihr abgefahren auf dem Dampfbot mit nahmens Lutwig. Des Nagmitag um 3 Uhr wo daß Fridericke mitgefahren ist bies nach Neuwiedt wo wihr des Nachmitags um 8 Minute vor 5 Uhr abschiedt Genommen haben und wier Sint noch Gefahren bies Kölln wier saßen zu schief übernacht in abgelegenheit bies den 23ten des Morgens um 7 Uhr da Sint wie von da abgefahren bies nach Nimwegen. da Sint wihr des Abent angekomen. von dem Damschif ist der banet in Disseldorf abgegangen und wolde kochent wasser vor Kaffe hollen welges man Auf dem Damschief noch nicht Bekomen konten wier hetten es Gerne Bezalt sie gaben uns aber nicht. Der Banet Ferfelde daß Damschief und kam erst den 24ten des Abents in Rotterdam bei uns. wir Fuhren den 25ten des Morgens um 6 Uhr von Nimwegen ab und kamen des mitags um 2 Uhr in Rotterdam an wo wihr Stilligen mußten bies den 27ten des Morgens um ½ 3 Uhr. Der Wilhelm wehre uns da beinah verunglückt und wehr ins Wasser gefallen aber der Libe Gott hat hibey gewagt [= gewacht] und hat in geschützt. wir Logierden in Rotterdam bey sehr Braffe Leude mit nahmen L. Stg. Kohn in der Strasse mit nahmen Gihiedamschen Hus No. 85 wo wihr verzert haben 14 fl. und 5 Stüben. wir Fuhren den 29ten des Morgens um ½ 3 Uhr von Rotterdam ab und kamen des Mitags um 2 Uhr in Antwerb an wo wihr Stilligen Mußten bies den 31ten Ocdober. Da Sint wihr auf daß Sechelschief gekomen mit namen Harriet. Dieses ist den 31ten Ocdober 7 aus dem haffen gekangen und Fuhr den 2ten November des Morgens von Antwerben ab. dan sint wihr gefahren bis nach Flißingen. da haben wihr vor Anker gelegen. von da sint wir den 4ten des Morgens um 9 Uhr auf Die volle seh gekomen wo wier nichts zu sehen bekamen wie lauder Wasser. Des Nachts vom 4ten auf den 5ten Starb dem Dobrier auß andruf bey Sachs Goda ein Kint welges den 5ten ins Wasser gekomen ist welches seine Grabstelle wahr. Des Nachts vom 5ten auf den 6ten kam dem Jacob Heiderich von Steinbrück aus dem amt Dillenburch seine Frau inß Kintbet und bekam Eine Tochter. Da wahr zum Glück auch eine Amme von Reh im Amd Rennerod. Da wihr bekamen des Nachts vom 5ten auf den 6ten ein sehr heftigen Sturm sodaß wier glaubten wihr weren alle verloren. aber durg die Hülfe Gottes sint wihr geretet worden. wihr hatten vom 6ten bies den 8ten gutes Wetter, den 8ten des Abents drat witter ein Heftiger Sturm ein welger noch Heftiger als wie der vom 5ten auf den 6ten.

Die Nacht vom 8ten auf den 9ten dießes wahrn meine Schreckligste nacht Die ich in meinem Leben gehabt habe. Der Windt dobte so daß wihr alle Augenblick mit dem dem Schiff Glaubten zu Grunde zu gehen. Dan die Wellen schlugen alle auf daß Schiff und daß Wasser kam mit Gewald unten in die Kojitten nach unsern Schlafstetten so daß wih nicht unten in den Betten bleiben konnten. meinne Kinder welge unten lagen habe ich alle raufbringen Müssen. Diese Nacht ging mit der Hülfe Gottes Glücklich vorüber, der Sturm hatte sich aber noch nicht Gantz Gelegt er wahr aber nicht mehr so heftig als wie die Nacht. Der Sturm Dauerte bies den 12ten D. M. Da bekamen wier Guden Wind und dauerte bies 4 [. . . . . . .]. Es starb dem Martin Schubach von Erbach bey Eberbach im Herz[ogtum] Nassau, vom 14ten auf den 15ten des Nachts ein Kindsöhnchen. Dieses kam den 15ten ins Wasser.

wiehr lagen vom 19ten bies 23ten Tod vor Sechel so daß wier den Tag kaum 3 Stunden zurücklegt. Diese wintstille hilt aber gott sei dank nicht länger an, wir bekamen den 23ten November Guden wint. Diesser hilt an bies den 7 Decber. wier kamen den 7ten Decbr. an den Inseln Sant Adonie vorbei. Disses wahr das erstemahl Daß wir Gottes Erdboden zu

sehen bekamen. wier wahr aber noch zirka 5 Stunde Dafon Entverndt. wir hatten da schohn eine Große Freude daß wie[r] doch schohn einmahl wieder drockenes Land zusehen bekamen. Diese Inseln bestant aus 2 vohrgebürge u. dan in Flachlant, wihr haben sie aber nicht lenger als den 1 Tag gesehen. so war sie uns verschwunden.
wieh[r] bekamen den 14ten Die Insel Cuba und Canb Sant Antoni [zu sehen] welgel in einem Schöhnen Flaglande Bestand worauf Sich Schöhne Waldungen Bildeten. Den 11ten Bekamen wihr die Insel Portorico zu sehen welge in Hochlant Bestant worauf sich Schöhne Waldungen Bildeten. wihr Passiertten von 8ten bies den 14ten des Morgens den Mehrbusen von Mexiko und sint wihr in den Golf Strohm gekommen. Dießer Strohm wahr aber nicht so beteutent starck bies den 18ten. auf dem Golf Strom Bekamen die meißten die Sekrankheit wieder. Den 23ten des Morgens um 9 Uhr wurde unser schieff zirka 6 Meillen von Kalfeston [=Galveston] vor Anker gelegt.
und den 24ten fuhren unser Kabitän und der 2 Steuerman und 3 Maten nach Kalfeston [=Galveston].

11. Ein Toter an Bord

Fast immer gab es während der Seereise Todesfälle zu beklagen. So enthält auch das Tagebuch des Daniel Guengerich von 1833 (siehe S. 205) im zweiten Teil die Schilderung eines Auswandererbegräbnisses auf hoher See.

Am 24ten am Johannis Tag hatten wir etwas besseren Wind aber zu wenig, er kam aus Norden her. An diesem Tag starb ein Passagir welcher schon krank auf unser Schiff kam. Die Gesellschaft zu welcher er gehörte waren 7 Personen aus Sachsen Meiningen und er schrieb sich Hofgerichtsadvokat Nitz.
Am 25. Juny des Morgens [. . .] guten Wind [. . .] um 10 Uhr wurde der Todte in ein Stück Segeltuch geschlagen, ein guten Theil Backsteine zu den füssen gebunden das der Leichnam zu grunde ging, da nun der Leichnam sollte ins Wasser geworfen werden, wurde er auf ein bret gelegt, da that der Kapitän eine schöne rede, so bedenklich das viele weinten, das der Mensch Gott so oft beleidigte mit seinem Thun, das wir alle verlohren wehren wan uns Gott so gleich strafen würde nach unserm verdienen, aber der gnädige Gott der uns erhält durch seine barmherzigkeit – kaum die rede zu ende war, wurde der Leichnam mit den Füssen zuerst in das Wasser geworfen von dem bret wo er auflag. darnach wurde ein Lied gesungen und so war die begräbniß geendigt.

12. Brandgefahr

Nicht nur der Schrecken schwerer Stürme, sondern auch die Furcht vor einem Schiffsbrand begleitete die Auswanderer über den Atlantik. Und dies nicht grundlos, gab es doch wiederholt schwere Brandunglücke: so 1858, als die »Austria« auf der Fahrt von Hamburg nach New York Feuer fing und von 542 Reisenden nur 89 gerettet werden konnten. Unvergeßlich blieb dem Groß-Bieberauer Friedrich Daab, der 1853 auswanderte, ein gerade noch verhindertes Brandunglück. Er berichtete später in seiner Lebensgeschichte davon, die am 12. August 1929 in der Zeitung »Belleville Daily News/Democrat« veröffentlicht wurde. Nachfolgend ein übersetzter Auszug.

Am Pfingstsonntag, einem stürmischen Tag, wurde uns das Kochen nicht gestattet. Einer der Reisenden, der sich nicht wohlfühlte, wollte sich einen Topf Kaffee auf einer Spirituslampe kochen. Während er dabei beschäftigt war, inspizierte ein Matrose die Quartiere. In der Absicht, die Lampe zu verstecken, bedeckte er sie mit seinen Betten. Diese fingen Feuer, und der Schrei »Feuer« brachte die Passagiere in Aufruhr. Der Matrose raffte das brennende Bettzeug zusammen, stürzte die Treppe hinauf und warf es über Bord und verhütete so Feuersbrunst und Zerstörung des Schiffes. Dieses Ereignis entfesselte einen plötzlichen Tumult, den ich nicht vergessen werde – ein Tollhaus wäre dagegen eine Gebetsversammlung gewesen. Der Schuldige wurde zur Strafe an den Mast gebunden, bis er bewußtlos wurde, und fand keinerlei Mitleid.

13. Das Cimbria-Lied

Am 19. Januar 1883 sank bei Borkum der deutsche Auswandererdampfer »Cimbria«, nachdem er im Nebel mit dem englischen Kohleschiff »Sultan« zusammengestoßen war. Mehrere hundert Menschen kamen ums Leben, darunter auch zwei junge Auswanderer aus Espa. Erschüttert schrieb die Espaer Pfarrersfrau Lydia Schmittborn daraufhin ein Gedicht, das durch ihr Dienstmädchen als »Cimbria-Lied« in Umlauf kam und in ganz Hessen durch Landgänger, Lohnschnitter, Dreschmaschinenarbeiter usw. populär gemacht wurde. In den »Hessischen Blättern für Volkskunde« (9 [1910], S. 98) findet es sich mit folgenden Versen:

Zwei Brüder wollten wandern
Wohl nach Amerika,
Sie zogen mit viel andern
Wohl auf der Cimbria.

Der erste Tag war helle,
Dann stieg der Nebel auf;
Die Schiffer fuhren langsam
Den vorgeschriebnen Lauf.

Doch plötzlich sah man's blinken
Zur Seit' ein helles Licht!
»Ihr Lieben, wir versinken,
Die Cimbria, sie bricht!«

Der Bruder sprach zum andern:
»Wenn du gerettet wirst,
So ziehe in die Heimat
Und grüße sie von mir!«

Der Bruder aber schweiget,
Sein Mund war schon verstummt,
Da zogen die Gewässer
Die beiden in den Grund.

Nun hat's ein End mit diesen,
Die hier versunken sind.
Lebe wohl, du mein Feinsliebchen,
Lebe wohl, auf Wiedersehn!

9. New York und die Weiterreise

Daß eine Massenauswanderung nach Nordamerika stattfinden konnte, war selbstverständlich nur möglich, weil die Vereinigten Staaten ihrerseits an Aus- bzw. Einwanderern interessiert waren. Von den alten Neuengland-Staaten aus, die sich 1776/83 die Unabhängigkeit erkämpft hatten, nahm die Union Zug um Zug die westwärts gelegenen riesigen Gebiete in Besitz, gliederte sich dort neue Staaten an und schob die »frontier« – die Westgrenze zum Indianerland – bis 1890 an den Pazifik vor. Die Ureinwohner wurden gegen ihren Willen – blutige Kämpfe und betrügerische Machenschaften waren nicht selten – in Reservaten zusammengedrängt. In die von Unionstruppen »gesäuberten« Gebiete aber wurden Einwanderer aus Europa gerufen, deren Leistungswille und Können die neuen Staaten wirtschaftlich hochbringen und den Wohlstand der gesamten USA vermehren sollten. Entsprechend großzügig war die amerikanische Einwanderungspolitik in der sogenannten »Open Door Era« von 1776 bis 1881. Der Bund überließ die Einwanderung der einzelstaatlichen, städtischen und privaten Initiative und Reglementierung. Als Bundesgesetze gab es nur das Passage-Gesetz von 1847 mit einem Vorschaltgesetz von 1819 und ein 1875 erlassenes Verbot der Einwanderung von Prostituierten und Kriminellen. Einzelstaatliche Gesetze schlossen seit 1826 verschiedentlich die Einwanderung mittelloser Personen aus, waren aber gegen Personen, die bereits im Land waren, nicht strikt anwendbar. So stiegen die Einwandererzahlen ständig an, wobei unter den weit über 2 Millionen Einreisenden, die in jedem Jahrzehnt zwischen 1850 und 1880 gezählt wurden, die deutschsprachigen Einwanderer nach den englischsprachigen die zweitgrößte Gruppe stellten.

Die meisten Auswanderer wurden über New York – das »Tor zur Neuen Welt« – ins Land geschleust. Dies war nicht immer so gewesen. In älterer Zeit waren die Häfen von Boston, Baltimore und Philadelphia mindestens ebenso wichtig, und New Orleans und Galveston behielten für die Einwanderung ins südliche Mississippi-Gebiet bzw. nach Texas Bedeutung. Schon 1818 wurde jedoch zwischen New York und Liverpool die erste fahrplanmäßige Verbindung zwischen der Neuen und der Alten Welt eingerichtet, und 1825 wurde der Eriekanal fertiggestellt, der es in weiterer Verbindung mit dem Hudson ermöglichte, von New York an der Hudson-Mündung günstig in den Westen des Landes zu gelangen. Die Stadt wurde damit zum Haupthandelsplatz an der Ostküste und auch zum Haupteinwanderungshafen.[1] Und wie in den europäischen Seehäfen, so profitierten dann von der Auswanderungsbewegung nicht nur das Schiffahrts-, sondern auch das Beherbergungsgewerbe, das binnenländische Transportwesen mit seinen Agenten, der Kleinwarenhandel usw.

Die Auswanderer blieben dabei willkommene Objekte des Profits und der Ausbeutung. Sogenannte »Runner« standen massenweise im Hafen bereit, um die Ankömmlinge in Gasthäuser mit Wucherpreisen abzuschleppen, zu sonstigen Profiteuren zu führen, sie beim Geldwechseln zu betrügen und ihre Rat- und Hilflosigkeit in völlig ungewohnter, fremdsprachiger Umgebung auszunutzen, wo dies nur irgend möglich war. Dies war mit ein Grund für die Deutsche Gesellschaft der Stadt New York (siehe S. 79), 1839 im Hafen ein Beratungsbüro einzurichten. Doch wurden die Einwanderer oft schon abgefangen, noch ehe sie sich zu diesem Büro durchgefragt hatten. Und auch nur eine Minderheit hatte den Vorzug, von bereits früher ausgewanderten Verwandten oder Freunden abgeholt und betreut zu werden. Meist traf man sich erst wieder im Binnenland und fand in New York allenfalls einen hinterlegten Brief mit etwas Geld vor. Auch nach Deutschland geschriebene Briefe rieten, wie man sich in New York zu verhalten hatte. Zusätzlich empfahlen die gedruckten »Ratgeber« für Auswanderer reelle Gasthäuser wie dasjenige »Zur Stadt Hanau« in der Libertystraße oder den »Hambacher Hof« in der Greenwichstraße.[2] Mit ungleich mehr Erfolg schlichen sich jedoch vor Ort die »Runner« – als Deutsche auf deutsche Ankömmlinge angesetzt – ins Vertrauen der Einwanderer.

Da Staat und Stadt New York schon aus geschäftlichen Gründen am guten Ruf des Hafens interessiert waren, Sozialfälle zu öffentlichen Lasten vermeiden und die Einwanderung in die Union unterstützen wollten, gingen sie seit Ende der 1840er Jahre gegen das Schwindlergeschäft vor. 1847 wurde die Behörde der »Commissioners of Emigration of the State of New York« errichtet, in der sechs ehrenamtliche Mitglieder, vom Gouverneur für sechs Jahre ernannt, zugunsten der Einwanderer tätig wurden.[3] Widerstand seitens der Geschäftswelt ermöglichte den »Commissioners« zuerst nur eine Beratung und Unterstützung, wie sie auch die Deutsche Gesellschaft anzubieten hatte. Doch gelang es ihnen 1855, an der Südspitze von Manhattan ein ehemaliges Vergnügungs- und Opernhaus zu pachten und hier »Castle Garden« einzurichten: ein von den »Runnern« abgeschirmtes Landedepot, das hinfort alle Einwanderer zu passieren hatten, ehe sie in die Stadt entlassen wurden. Von den in nächster Nähe eingelaufenen Schiffen oder speziellen kleinen Schleppern an Land gebracht, wurden die Ankömmlinge in der großen Rundhalle von »Castle Garden« registriert und für die Einwanderungsstatistik examiniert, um dann an zwölf verschiedenen Schaltern alle nur denkbaren Auskünfte und Hilfen erlangen zu können.[4] Unterkunft wurde ihnen in lizensierten Boarding-Häusern nachgewiesen, und wer noch Nachricht von Verwandten oder Bekannten abwarten wollte, konnte auch im Depot wohnen, Vorräte einkaufen und sich in einer Küche sein Essen selbst zubereiten.

Mit mehr Grund als früher konnten sich nach der Einrichtung von »Castle Garden« die Auswanderer auf die Landung in New York freuen. Doch hatte nach der langen strapaziösen Überfahrt immer auch schon der Anblick von Land Freuden-Szenen ausgelöst. Kam New York in Sicht, so lief, wer nur irgend konnte, an Bord und sang die Freuden- oder religiösen Danklieder mit, die intoniert wurden, während am Ufer zur Begrüßung Kanonenschüsse abgefeuert wurden. Das steigerte die Stimmung noch einmal beträchtlich: »Als wir die Stadt Newjork sahen, glaubten wir wir kämen in das Himmelreich«, schrieb 1847 eine Auswandererin aus Elmshausen an ihre Eltern.[5] Ungute Erinnerungen an die Überfahrt flogen zusammen mit den Matratzen und dem Eßgeschirr über Bord, von denen die Auswandererschiffe gesäubert werden mußten.[6] Für die Ausschiffung zog man dann seine besten Kleider an, hatte aber noch den Besuch des »Medical Officers« abzuwarten, der Kranke – und im Seuchenfalle die ganze Auswanderergesellschaft – zur Quarantänestation auf Staten Island verwies. Diese Kontrolle wurde jedoch meist sehr lasch gehandhabt, so daß in der Regel schon am nächsten Tag »Castle Garden« betreten und nach wenigen Stunden verlassen werden konnte. Dabei suchten dann »viele [. . .] nach einem guten Omen für die Zukunft beim ersten Betreten des gelobten Landes in der neuen Welt«.[7] Wohlstand und Freiheit, die dabei erhofft wurden, verhieß den Ankömmlingen seit 1886 auch die mächtige Freiheitsstatue vor Manhattan. »Castle Garden« aber wurde 1892 von den Einwanderungshallen auf Ellis Island abgelöst, als die Union die (nun strengere) Kontrolle der Einwandererströme übernahm.

Bahn- und Schiffahrtslinien verbanden New York mit dem Binnenland, und die »Commissioners« sorgten dafür, daß Einwanderer, die bereits ihren Bestimmungsort kannten, von »Castle Garden« samt Gepäck und ohne weiteren Aufenthalt zu den Bahnhöfen und Abfahrtsstellen der Kanalboote gebracht wurden. Nicht wenige aber hatten New York für einen längeren Aufenthalt ausersehen und mieteten sich hier ein, um als Handwerker oder Arbeiter erst das Geld zu verdienen, das ihnen zu Grundbesitz im Binnenland verhelfen sollte. Zusammen mit altansässigen Deutschen und mit Einwanderern, die gegen ihre ursprüngliche Absicht in der Stadt hängenblieben, bildeten sie die »Deutsche Kolonie« New Yorks.[8] Bis 1860 wuchs diese auf ca. 118000 Personen an und stellte immerhin 15% der Bevölkerung Manhattans, wobei sich durch nachbarschaftliches Zusammenwohnen schon seit den 1840er Jahren ein »Little Germany« östlich von Bowery und Fourth Avenue bis zum East River herausgebildet hatte. Es konzentrierten sich hier Läden und Handwerksbetriebe deutscher Inhaber, und auch deutsche Werft- und Hafenarbeiter wohnten in diesem als sauber und ordentlich beschriebenen Viertel. Deutsche Wohngegenden ähnlichen Gepräges gab es außerdem in Brooklyn sowie drüben in New Jersey in Jersey City und in Hoboken; letzteres besaß 1855 sogar einen deutschen Bürgermeister. Am nördlichen Stadtrand von New York City hatten sich jedoch auch Deutsche angesiedelt, denen es nicht gelungen war, wirtschaftlich Fuß zu fassen: berufslos ins Land gekommen, deshalb gegen Krisen weniger gesichert, zum Teil Opfer von Betrugsfällen oder familiären Schicksalsschlägen. Ihnen blieb nicht erspart, in Baracken zu hausen und sich als Lumpensammler und Gelegenheitsarbeiter durchzuschlagen: verachtet wie sonst nur die armen

Iren in New York und für die Anti-Auswanderungspropaganda in Deutschland als abschreckendes Beispiel dienend.
Was die Bewohner von »Little Germany« betraf, so zeigten sie neueren Untersuchungen zufolge ein Mobilitätsverhalten,[9] das im Prinzip demjenigen der Durchreisenden glich. Während es nur einer Minderheit gelang, in Manhattan Grundbesitz zu erwerben, nutzten andere die Jahre in New York, um ein kleines Vermögen zusammenzusparen und dann der verlockenden Devise zu folgen: »Go West!« Denn im Westen war für weniger Geld mehr zu bekommen, vor allem eine Farm, von der auch Handwerker und Arbeiter träumten. Außerdem lockten die großen Städte im mittleren Westen – Detroit, Chicago, Milwaukee – mit Verdienstmöglichkeiten, die dem übervölkerten New York in Krisenjahren fehlten, und sie zogen mit eigenen »little Germanies« Einwanderer auf den Spuren schon früher dorthin gegangener Deutscher an.[10] Je nach den Umständen verstärkte sich dann noch der binnenländische Einwandererstrom, der ständig die Hauptrichtung nach Norden bzw. Westen nahm. Von New York ging es mit dem Dampfer den Hudson hinauf bis Albany, wo auf die Eisenbahn nach Buffalo umgestiegen wurde. Ein neues Schiff brachte die Einwanderer von hier über den Eriesee nach Erie, Cleveland oder Detroit, und dank des Kanaldurchstichs konnten von Detroit aus auch der Huron- und Michigansee durchschifft werden, um Wisconsin oder Illinois mit ihren Städten und Siedlungsgebieten zu erreichen.[11] Auf dem kürzeren Landweg half um 1850 auch schon die Eisenbahn von Cleveland/Ohio nach Detroit und Chicago weiter.[12] Wer aber ins Missouri- und südliche Mississippi-Gebiet wollte, der hatte von Chicago mit der Bahn nicht weit nach Peoria und konnte von hier stromabwärts bis St. Louis und weiter fahren, statt die weite Anfahrt nach New Orleans in Kauf nehmen und von hier den Mississippi hinauffahren zu müssen. Auf dem beschriebenen Weg war zur Jahrhundertmitte St. Louis von New York aus in immerhin schon sechs Tagen zu erreichen: eine Zeit, die allein schon für eine Seereise nach New Orleans zusätzlich zu veranschlagen war.
Und doch hatte New Orleans den Vorzug wärmeren Klimas, was für die Spätherbst- und Wintermonate Bedeutung hatte, wenn die Nordwest-Route durch Eis und Schnee behindert wurde. Geben die Briefe und Lebenserinnerungen hessischer Einwanderer

immer wieder Bericht von der Fahrt über Albany und Buffalo ins Binnenland, so fehlen aus dem genannten Grund doch auch nicht die Nachrichten, die einen Gebrauch der Route über New Orleans bezeugen. Als kollektives Beispiel seien die Werningser aus dem Vogelsberg angeführt (vgl. S. 149). Am 8. Oktober 1842 mit dem schwedischen Schiff »Mimer« aus Bremerhaven ausgefahren, erreichten sie am 2. Dezember 1842 den Hafen von New Orleans. Ein Raddampfer brachte die Gruppe dann auf dem Mississippi ein großes Stück flußaufwärts, ehe Eismassen die Weiterfahrt unmöglich machten. Es ging dann mit Planwagen weiter, bis St. Louis am 26. Dezember erreicht war. Von hier aus zerstreuten sich die Werningser als Siedler in Illinois, besonders um die Städte Waterloo und Columbia.[13] Briefkontakt mit der alten Heimat bestand noch bis um die Jahrhundertwende.

Endgültig abgeschlossen war der Akt der Einwanderung erst mit dem Erwerb des amerikanischen Bürgerrechts. Diese Möglichkeit bestand für jeden Einwanderer nach fünfjähriger Wartezeit, vorausgesetzt, er hatte sich kontinuierlich auf dem Boden des Landes aufgehalten und nicht gegen die Gesetze verstoßen. Als Antragsteller wurde er dann auf die Verfassung der Vereinigten Staaten vereidigt, wobei er ausdrücklich auch jedweder Bindung »to every foreign prince, potentate, state or sovereignty whatever« abschwören mußte, speziell der Bindung an seinen früheren Landesherrn. Eine notariell ausgefertigte Urkunde bescheinigte ihm dies sowie den Eintrag ins Bürgerregister seines Wohnortes.

Anmerkungen

1 Agnes Bretting, Soziale Probleme deutscher Einwanderer in New York City 1800-1860, Wiesbaden 1981 (= Von Deutschland nach Amerika, 2), S. 1 f.

2 F. A. Bauer, Taschenbüchlein für Auswanderer, Augsburg 1854, S. 27.

3 Dazu Bretting (wie Anm. 1), S. 72-80.

4 Ebenda, S. 75.

5 Brief der Johanna Kaffenberger, Dayton/Ohio, vom 21. Oktober 1847 an ihre Eltern, abgedruckt in: Bergsträßer Anzeiger Nr. 9/1984.

6 Vgl. dazu den anonym abgedruckten Bericht: Ueber Liverpool nach Castle Garden, in: Die Gartenlaube Nr. 33, 1866, S. 526-529.

7 Ebenda, S. 528.

8 Dazu das Kapitel »Die Deutschen in New York City« bei Bretting (wie Anm. 1), S. 81-120.

9 Ebenda, S. 84 f.

10 Agnes Bretting, »Little Germanies« in den Vereinigten Staaten, in: Zeitschrift für Kulturaustausch 32 (1982), S. 423-428.

11 Vgl. den Brief des Fr. Herzer, Detroit, vom 31. Dezember 1848, abgedruckt in: Anzeigenblatt der Stadt und des Regierungsbezirkes Gießen 1849, Nr. 63, S. 637 f.; Nr. 64, S. 643 f. (Wiederabgedruckt in vorliegendem Band S. 127-132). Und siehe auch den nachfolgend veröffentlichten Auszug aus den Lebenserinnerungen des Friedrich Daab aus Groß-Bieberau zu dessen 1853 erfolgter Auswanderung.

12 Vgl. unten S. 289 f. den Brief des Philipp Deibel. Saginaw, vom 15. August 1852 an seine Verwandten in Wieseck.

13 Vgl. Heinrich Listmann, Ein ganzes Dorf verläßt die Heimat. Das ausgegangene Dorf Wernings im südlichen Vogelsberg, in: Hessische Heimat. Aus Natur und Geschichte, Nr. 23/14. 11. 1981, S. 89 f.

1. Castle Garden, New York

Von »Castle Garden«, dem 1855 eröffneten Einwanderungszentrum von New York, gibt Ernst von Hesse-Wartegg (»Nord-Amerika, seine Städte und Naturwunder, das Land und seine Bewohner«, 2., verbesserte und vermehrte Auflage, Leipzig 1888, S. 6f.) folgende Beschreibung:

Castle-Garden [. . .] wurde zu einem wohlthätigen, unter strenger Aufsicht stehenden Zufluchtsort der Einwanderer, die mit den Verhältnissen des Landes noch nicht vertraut, früher nur zu häufig der gemeinsten Spekulation und Uebervortheilung professioneller Betrüger zum Opfer fielen. Und die Stadt war von der Wichtigkeit dieses Institutes so durchdrungen, daß sie das alte Gebäude, nachdem es im Ausstellungsjahre 1876 niedergebrannt war, sofort wieder in derselben Weise aufbauen ließ.

Die Einwanderer werden hier nach ihrer Landung sofort unter den Schutz der Beamten einer wohlthätigen Gesellschaft genommen und erhalten Kost und Quartier für die erste Nacht unentgeltlich. Im Innern des großen Gebäudes befindet sich ein Post- und Telegraphenbureau. Alle Geldsorten der Welt werden hier in amerikanische Greenbacks (so nennt man die Dollarscheine ihrer grünen Rückseite halber) umgewechselt, und den Emigranten Eisenbahnfahrbilletts nach allen Theilen der Vereinigten Staaten zu ermäßigten Preisen verkauft. Diejenigen, welche sich Newyork zum ersten Aufenthalte wählen, erhalten Adressen von billigen, soliden Boardinghäusern, wo sie Kost und Wohnung um wenige Dollars per Woche nehmen können. Ein Dienstversorgungs-Bureau für Emigranten beiderlei Geschlechts sorgt nach Thunlichkeit für ihre Unterbringung in irgend einer Beschäftigung, und es wird mit einem Worte Alles aufgeboten, um diesen zukünftigen Bürgern der neuen Welt die Gründung ihrer Existenz zu erleichtern, und sie zu nützlichen Mitgliedern jener großer Commune heranzuziehen. –

Wohl verunglücken Viele, und mochten sie auch glücklich über das Weltmeer gekommen sein, so scheitern und ertrinken sie doch in den Wogen des Lebens, die jenseits des Atlantiks so stürmisch auf- und niedergehen. Die meisten aber kommen durch Arbeit und Ausdauer zu Geld und Gut. Aller Anfang ist schwer, und merkwürdigerweise haben sich gerade in Amerika die größten Reichthümer aus den kleinsten Anfängen entwickelt, und vielleicht die Hälfte der Besitzer jener Prachtbauten der fünften Avenue, die Eigenthümer von Millionen, gingen aus jenem runden, alten, hölzernen Thurmbau hervor, der den Namen Castle-Garden führt.

a) *»Castle Garden« im Bild: das Äußere. Holzstich bei Ernst von Hesse-Wartegg (a.a.O., Vorsatzblatt).*

b) *»Castle Garden« im Bild: das Innere. Holzstich bei Ernst von Hesse-Wartegg (a.a.O., S. 7).*

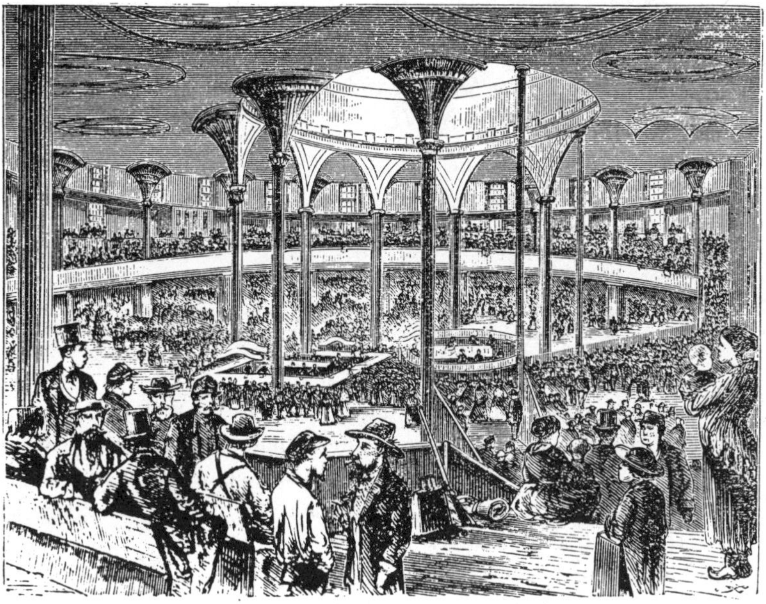

2. Die Vorzüge von »Castle Garden«

Um den schlechten Ruf des Einwanderungshafens New York zu verbessern und dem »Runner«-Unwesen das Wasser abzugraben, schickten die »Commissioners of Emigration« schon 1855 – im Eröffnungsjahr von »Castle Garden« – ein Memorial an verschiedene europäische Regierungen, das die Vorzüge des neuen Einwanderungszentrums auflistete. Deutschland erreichte der folgende gedruckte Text (Staatsarchiv Bremen 2–P. 8. B. 8. C. 1. a. Bd. 2, Nr. 117):

Regeln und Bestimmungen
für die Geschäftsführung
in dem zur Landung der Einwanderer bestimmten
Depot im Castle Garden

1. Alle hier ankommenden Einwanderer sollen bei ihrer Landung an dem erwähnten Landungsplatze genau examinirt werden, um solche auszufinden, wofür eine besondere Bürgschaft gefordert werden kann und solche, welche in Folge ihres Gesundheitszustandes der Pflege in einem Hospital bedürfen.
2. Der zu diesem Zweck angestellte Beamte hat über das Resultat dieser Untersuchung ein Protokoll aufzunehmen und sofort dem Mayor der Stadt in seiner Office Bericht abzustatten.
3. Dieser Beamte hat ebenfalls eine Liste derjenigen auszufertigen, welche der Pflege in einem Hospital bedürfen und hat deren sofortige Beförderung in das geeignete Hospital zu veranlassen.
4. Ehe die Einwanderer den eingezäunten Landungsplatz verlassen und sich zerstreuen, soll jeder Einwanderer, resp. jedes Haupt einer Familie, in geeigneter Weise über ihren Bestimmungsort, über die Reiseroute, die er sich allenfalls gewählt, sowie über seine Mittel zur Bestreitung der Reisekosten befragt werden. Alles dieses soll in geeigneter Weise notirt werden, und
5. soll den Partheien Rath und Auskunft in den einzelnen Fällen ertheilt werden, wie sie es wünschen oder nöthig zu haben scheinen.
6. Weder ein Beamter noch sonst irgend Jemand darf in Bezug auf denselben Bestimmungsort eine Reiseroute vor einer anderen vorzugsweise empfehlen, eben so wenig in Betreff des Ankaufs der Reisetickets

eine Office vor einer anderen in dem Landungsdepot; und zwar bei Strafe, daß er von dem eingezäunten Depot ausgeschlossen, resp. entfernt wird, unbeschadet der sonstigen Strafen, in die er dem bestehenden Staatsgesetz nach wegen unbefugter Anwerbung von Einwanderern verfällt.

7. Gleich nach der stattgehabten Untersuchung und Befragung soll jeder Passagier mit hinreichendem Wasser versehen werden, um sich zu reinigen.

8. Das Innere des Gebäudes, sowie die Gallerien und die damit in Verbindung stehenden Promenaden sind zur freien Benutzung der Einwanderer bestimmt, bis sie fertig sind wegzugehen.

9. Diejenigen Einwanderer, welche sich entschlossen haben, in der Stadt New-York oder in deren nächsten Umgebung zu bleiben, dürfen das Depot bei der Landseite verlassen, sobald sie sich gehörig gereinigt haben.

10. Die Kosten für das Ueberbringen des Gepäcks von den betreffenden Passagierschiffen nach dem Emigrantendepot soll von den Schiffseignern, dagegen die Fortschaffung des Gepäckes von diesem Depot zu dem Platze in der Stadt, von wo der Einwanderer seine Weiterreise antritt, soll von den Eigenthümern der betreffenden Beförderungslinien, wobei die Passage bezahlt ist, getragen werden. Diejenigen Emigranten, welche in der Stadt New-York bleiben, müssen die Kosten der Fortschaffung ihres Gepäcks vom Depot selbst bestreiten.

11. Die Eigner der verschiedensten Reiserouten sind angewiesen, alle Emigranten, die im Emigrantendepot ihre Tickets genommen haben, mit ihrem Gepäck zu Wasser nach dem Abfahrtsplatz, frei von allen Kosten, zu schaffen. In keinem Falle ist die Fortschaffung vom Depot per Land gestattet, es sei denn, daß die Fortschaffung per Wasser durch Eis gänzlich unmöglich ist; in allen Fällen haben die Eigner der Beförderungslinien die Kosten zu tragen.

12. Das Gepäck soll, bevor es durch die Eigner der betreffenden Reiseroute vom Depot fortgeschafft wird, gewogen und jedes Stück mit dem Bestimmungsort und einer Nummer für alle Stücke des einzelnen Passagiers bezeichnet werden und es soll ein besonderer Schein dem Passagier gegeben werden, der die Nummer seines Gepäckscheins, die Anzahl der Stücke, das Gesammtgewicht und die Kosten der Fracht nach dem Bestimmungsort darthut. Dieser Schein muß von einem besonderen Agenten der Eigner der Reiseroute als Empfangsschein für das Gepäck unterzeichnet sein.

13. Niemand soll als Clerk, Billetverkäufer oder Dolmetscher oder in irgend einer anderen Eigenschaft in einer Office innerhalb der Umzäunung beschäftigt werden, sofern er nicht vorher den Commissioners vorgeschlagen und von denselben angenommen worden ist. Eine solche Anstellung oder Genehmigung kann übrigens zu irgend einer Zeit zurückgenommen und die betreffende Person entlassen werden.
14. Die Comitee im Emigrantendepot hat die Macht, einen jeden Beamten oder Gehülfen der Commissioners, sowie jeden Clerk oder Gehülfen der im Depot stationirten Officehalter wegen Verletzung der Gesetze zu suspendiren und temporär die sich ergebenden Vakanzen für die Commissioners zu besetzen, sowie die von anderen Partheien gemachten Ernennungen zu genehmigen, vorbehaltlich des Consenses der Commissioners of Emigration.
15. Keinem licensirten Emigrantenrunner ist unter irgend einem Vorwand der Eintritt in das Depot gestattet.
16. Niemand darf in die Umzäunung ohne besondere Erlaubniß des dienstthuenden Beamten zugelassen werden, ausgenommen die Beamten, Gehülfen und Emigranten. Es soll ein Buch gehalten werden, worin die Namen der zugelassenen Personen, sowie die Zeit der Zulassung, eingetragen wird.

Office der Commissioners of Emigration
New-York, den 13. Juni 1855.

3. Erste Eindrücke von New York und Amerika

1852 reiste Karl Welcker (1832-1861) – von der gescheiterten Revolution 1848/49 enttäuscht – mit einer Gruppe von elf Personen von Rotterdam über Liverpool nach New York. Er war der Sohn des Pfarrers von Ober-Ofleiden und gab mit dem nachfolgenden Brief seinen Angehörigen einen ersten Bericht von New York und den hier gebotenen Arbeitsmöglichkeiten sowie von sonstigen Eindrücken in Amerika. Welcker zeichnete sich durch große Mobilität und Anpassungsbereitschaft aus. Froh, den repressiven Verhältnissen in Deutschland entronnen zu sein (»wenn ich wieder Uniformen u. Pickelhauben sähe, so würde mich ein eißkalter Schauer durchlaufen«), arbeitete er als Klavierlehrer, Galvaniseur, Landverkäufer, Farmer in Kansas und in Iowa und schließlich als Einkäufer für den Wirtschaftsbedarf großer Farmen. In einer Serie von vierzehn Briefen berichtete er den Eltern und Geschwistern von seinem abenteuerlichen Leben (vgl. auch S. 287f. und S. 346f.). Er ertrank in Kalifornien bei der Entenjagd.

New-York 28 Juny 1852

Theure Eltern u. Geschwister!

Obgleich ich noch sehr wenig schreiben kann, mag ich doch nicht länger mit meinem Schreiben warten. Wir kamen am 1. Mai hier an u. Heinrich Kornmann holte uns am Schiffe ab. Ich war schon am Lande u. sah ihn da; Was die Reise betrifft, so ist es nicht der Mühe werth, viel darüber zu schreiben. Nehmt zu essen u. zu trinken von zu Hause mit, denn in England ist alles enorm theuer. Das andere schreiben die Kameraden. Ich selbst will ein wenig über Amerika berichten. Denkt es euch nicht als ein Land der Schlaraffen, besonders nicht New-York. Es fällt sehr schwer, Arbeit zu bekommen u. dann wird diese erst noch schlecht bezahlt. Henrich Schweissgut z. B. hat seit Dezember noch nicht gearbeitet u. eine schöne Summe Schulden. Das Steinhauergeschäft geht garnicht, weil alle Häuser von Backsteinen sind. Henrich Kornmann ist wieder zu einem Bauer. Er war diese Woche hier. Peter K. u. M. Frank waren erst bei Kohlhauer in der Nähe von Philadelphia, sind aber nun nach Pitsburg, wohin auch H. Klapp mit M. u. L. Metz, aber diese gleich nach unserer Ankunft. L. Kornmann dient hier, ich weiss aber nicht wo u. habe ihn noch nicht gesehen, noch auch den Kornmann der glaube ich in Brooklin bei einem Schneider ist. Was mich anbetrifft, so geht es noch nicht besonders. Ich war erst in einem Boardinghaus wo es mich wöchentlich 2 ½ Dollar kostet u. trotz aller Lauferei konnte ich keine Arbeit finden. Theils war ich noch zu wenig bekannt in der Stadt theils ist es in allen Fächern zu übersetzt. Wenn ihr hier hunderte von Auswanderern in Lumpen gehüllt betteln säht, so würdet ihr keinem raten nach Amerika zu gehen, wenn er sich nicht ankaufen kann. Well ich fand keine Arbeit u. Vetter Rudolf der hier praktiziert konnte mir auch keine verschaffen.

Am 3. Juni ging ich nach Philadelphia u. von dort nach Boston, aber da ist es noch schlechter als hier in New-York u. nach 10 Tagen war ich wieder hier. Ich spielte dann in einem Wirtshause Klavier u. der Wirt engagierte mich für den Samstag, Sonntag u. Montag Abend von 7-12 zu spielen. Ich bekomme dafür Kost, Logies u. Kaffee u. brauche folglich doch kein Geld mehr auszugeben was auch eine Kunst wäre, weil ich keines mehr habe. Durchreisen kann man ganz Amerika zu Fuss u. Bahn ohne Geld, denn wenn man zu einem Farmer kommt u. sagt I am hungry, so trägt er auf was er hat u. fragt man how much to pay so wäre das die grösste Beleidigung für ihn; hat er aber etwas zu tun, so sagt er ohne Umstände, come on and help me u. dann hilft man bis Nacht, schläft im Hause u. am andern Morgen geht es wieder fort so bis man an Ort u. Stelle ist. Wir haben diese Woche so einen Marsch in das Land gemacht, gegen 200 Meilen weit, denn es giebt nichts schöneres als das Land hier in dieser Jahreszeit. Es herrscht eine Ueppigkeit des Wuchses u. eine Abwechslung von Berg u. Tal, Wald, Feld, Seen u. Flüssen, die nicht zu beschreiben ist. Wir waren 2 Tage fort u. es waren meine schönsten Tage hier, obgleich es eine Hitze von 28′ Fahrenheit ist u. die Musquitos tüchtig stechen. Die andere Woche denke ich hier Arbeit zu bekommen, entweder als Kellner oder in dem Laden eines Mr. Bohl, der ein Amerikaner ist. Er hat es mir versprochen u. dann stehe ich mich auf 24-30 Dollar monatlich. Er hat Papier u. Schreibmaterialien u. andere derartige Sachen feil u. 6-8 Clerks (= Bedienstete). Wenn das nichts wird, so bekomme ich doch einige Klavierschüler u. kann mir etwas sparen. Wenn ihr schreiben wollt, dann schreibt gleich. Ich bleibe höchstens nur noch 3 Monate hier. Dann denke ich soviel zu haben, dass ich nach New-Orleans kommen kann, wo es für junge Leute von unserem Schlage viel besser ist. Ich denke dann dort zu einem tüchtigen Kaufmann zu kommen, was hier sehr schwer hält, dort aber leicht sein soll.
[. . .]

New-York hat nun gegen 900,000 Einwohner u. mehr als 160,000 Deutsche. Die Pfaffen und Pietisten haben viel Anhang u. wer das nicht ist, der ist Atheist u. deren gibt es hier eine ganze Menge. Eine Mittelstrasse kennen wenige. Adolph würde sich hier nicht glücklich fühlen. Eines vergeht hier u. das ist ein unordentliches Leben. Es gibt wohl manche hier, die trinken aber in 1-2 Jahren sind sie tot, denn das Klima, das sehr heiss ist, leidet durchaus nicht den Genuss von geistigen Getränken, wenigstens nur einen sehr mässigen.
Ich selbst bin Gott sei dank sehr gesund u. manche sagen mir, ich sei dicker als früher in Deutschland. Posth. Beggle arbeitet hier als Schreiner u. da seine Kinder durch Waschen ziemlich verdienen, so geht es ihnen recht gut. Die älteste Tochter heiratet in der Kürze einen Schreiner. Ich komme öfters an ihrer Wohnung vorbei u. besuche sie manchmal. Röhrich aus Ofleiden schusteriert. Er ist sehr fleissig u. hat eine brave Frau. Das schusterieren ist aber nicht viel hier u. so schlägt er sich eben durch. Besser geht es den Schneidern u. L. Metz ist hübsch eingerichtet u. es geht ihm so ziemlich gut, wenigstens bei weitem besser als es ihm in Deutschland gehen könnte, u. nun will ich schliessen. Der Herr sei mit euch u. schenke euch Gesundheit. Denkt manchmal an mich u. vergesst meine Vergangenheit. Ich hoffe auf eine glückliche Zukunft. Den Wilhelm tut zu einem Schreiner, wo er zugleich etwas Holzbildhauerei lernt. Hier soll er dann Bildhauer werden. Vor dem 18. Jahr aber schickt ihn nicht. Lebet alle tausendmal wohl.

C. Welcker

Adresse:
Mr. C. W.
Care of Mr. John Miller
172 third Street
New-York

4. Armut in New York

Mehr als in anderen amerikanischen Städten ballten sich in New York durch die Auswanderung auch die sozialen Probleme. Einwanderer, die nicht gleicht Arbeit fanden und nicht die Unterstützung bereits ansässiger Verwandter oder Freunde besaßen, konnten sich leicht in den Slums am Stadtrand oder in den zweifelhaften Kost- und Herbergshäusern wiederfinden, von denen 1850 die Zeitung »Der deutsche Auswanderer« (4. Jahrgang, Sp. 747-749) durch Nachdruck eines Artikels der »Weser-Zeitung« warnend berichtete.

Das Proletariat in Neu-York

Wir sind durch Eugen Sue mit den schauervollen Höhlen des Verbrechens und des Elendes von Paris, durch Dickens mit denjenigen von London bekannt geworden. Die alte Welt hat ihren Aussatz; die neue ist stellenweise nicht weniger aussätzig. Wie es in dieser Beziehung in Neu-York aussieht, davon macht man sich in Europa keinen Begriff. Neu-York hat leider schon »Geheimnisse« von eben so schreckenerregender Art, wie Paris, London und andere geheimnißbergende Städte. Vor den Thüren mancher Keller z. B. finden Sie, wenn das Wetter nicht zu kalt ist, Haufen von Kindern, deren Aussehen mehr als irgend etwas anderes für die Nothwendigkeit öffentlicher Waschhäuser sprechen könnte. Mit Lumpen bedeckt, von Oben bis Unten in einem Schmutze steckend, welcher, von der Zeit verdichtet und gehärtet, zu einer Art wasserdichten und feuerfesten Ueberzuges geworden, die Kopfhaut voll Eiter und Grind, die Glieder durch Krankheit entstellt oder durch Unfälle beschädigt, in steter Berührung mit den verderbtesten Vagabunden reiferen Alters, von allem Unterrichte völlig ausgeschlossen und Schulen kaum dem Namen nach kennend. So wachsen sie auf in Laster und Elend und leben einer schrecklichen Zukunft oder einem frühen jämmerlichen Tode entgegen. Aus diesen unterirdischen Quellen der Armuth und Sittenlosigkeit ergänzt sich fortwährend die große Armee junger Landstreicher und Taugenichtse. Wir erwähnen zunächst einer Classe von Kellern, die physisch zu den besseren zählen, moralisch aber die ärgsten von allen sind. Sie zu beschreiben, halten wir völlig überflüssig; bilden sie doch den stehenden Text der ganzen »Mysterienliteratur« des Tages! Es sind Höhlen der Prostitution. Zwar hören wir dann und wann allerdings, daß die Polizei dem Rachen derselben noch ziemlich zeitig ein Kind entreißt; von den Hunderten aber, die sie ihnen nicht entreißt, wissen nur die Todtengräber auf dem Töpferfelde oder die Wärter des Irrenhauses zu erzählen. Um ihnen ein »anlockendes« Aussehen zu bewahren, werden diese Plätze durchgängig ziemlich sauber gehalten; ihre Schenk-, Schlaf- und sogenannten Besuchstuben aber sind mit Betrunkenen oder Kranken angefüllt, denen unheilbares Siechthum und völlige Verderbtheit in den lesbarsten Zügen auf dem Gesicht geschrieben steht. All' diese Keller sind Rum- und Branntweinschenken. Häufig haben wir einen solchen im achten Stadtviertel besucht. Derselbe enthielt zugleich einen Spielstube oder richtiger ein Spielkerker, in welchem, zur Zeit einer schwülen Sommernacht, an zwanzig Menschen eingesperrt waren. Der Raum war mit Rauch und einer Luft gefüllt, wie sie nur ein Betrunkener zu athmen vermag. Wegen ihrer Verstecktheit sind diese Rumkeller die Lieblingsaufenthalte der niedersten Classe der Trunkenbolde, da die festen Bretterblenden und die verschlossenen Eingänge sie vor den Augen Aller und namentlich der Polizei durchaus sicher stellen. Ohne die geringste Furcht vor Störung können sie hier sich toll und voll trinken und jeder Art von Lüderlichkeit fröhnen. Es ist nicht unwahrscheinlich, daß es solcher durch und durch giftigen Rumschenken (die besseren nicht mit eingeschlossen) gegen fünfhundert giebt. Wir kommen zu den Speise- und Herbergskellern. Sie haben in der Regel drei Classen von »Kostgängern«. Die erste Classe zahlt wöchentlich 37 ½ Cents (56 kr.) für Kost und Herberge, schläft auf Stroh und speist am ersten Tische. Die zweite Classe schläft, für 18 ½ Cents (28 kr.) die Woche, auf dem nackten Fußboden und ist für den zweiten Tisch berechtigt. Die dritte Classe endlich hat für 9 Cents (13 ½ kr.) wöchentlich den dritten und letzten Tisch und wird, wenn es an Schlafraum gebricht, hinausgetrieben. An Hausgeräthe findet man in diesen Kellern nichts weiter als eine oder zwei Bänke und einen langen Tisch. Die sogenannten Lebensmittel müssen die Kinder herbeischaffen, d. h. erbetteln. Ist aber die Zahl der Kostgänger zu groß, so schließt der Kellerhalter einen besonderen Contract mit drei oder vier Bettelweibern von Profession, die ihm dann den Ertrag ihres Bettels für die halbverhungerten Kinder um einen Spottpreis verkaufen. Zu einer festen Stunde, wenn die Kostgänger sich versammeln, liefern jene ihre Körbe zur »Fütterung« ab und der ganze Inhalt wird auf den Tisch ausgeschüttet. Die Kostgänger der ersten Classe oder zu drei Schilling die Woche, haben den ersten Schmaus; eine

Viertelstunde lang wühlen diese Feinschmecker mit Händen und Fingern in dem Haufen herum und suchen sich aus demselben die Leckerbissen heraus: Ueberbleibsel von Schinken, Semmel, Brod, Hühnchen, Röstrippchen, Salat u.s.w. Nach Verlauf einer Viertelstunde entfernen sie sich, nicht ohne einen verächtlichen Seitenblick auf den Achtzehn-Cents-Tisch, aber wohl auch mit einem Blicke des Mitleides auf die Neun-Cents-Kostgänger. Nun setzt sich mit bei weitem geringeren Ansprüchen, die zweite Classe zu Tisch. Hat sie ihren alles verschlingenden Appetit einigermaßen besänftigt, so sind für die Esser der letzten Classe nur noch völlig abgenagte Stückchen und blanke Knochen übrig. Gleich Wölfen fallen die Neunpennyschelme über ihre magere Portion her, und nicht selten erfolgt dann ein allgemeiner Kampf, in welchem dieselben Knochen, die noch wenige Stunden zuvor aristokratisches Porzellan schmückten, in bewundernswürdigem Durcheinander wild im Keller herumfliegen, zum nicht geringen Schaden der kostgängerischen Gliedmaßen und Köpfe. – Das Herbergesystem in diesen Höhlen ist einfach. Längst einer Wand wird für die erste Classe der Kostgänger Stroh auf den Boden gestreut. Die angrenzende Reihe bildet die zweite Classe auf dem nackten Fußboden. Sollte sie diesen, obgleich Alle so dicht wie menschenmöglich nebeneinander zu liegen kommen, völlig einnehmen, so werden, wie schon erwähnt, die Neunpenny-Vagabunden ohne alle Ceremonien zur Thür hinausgeworfen, es mag regnen oder schneien. Sie können dann zusehen, wie und wo sie draußen zurecht kommen. Der ganze Kellerraum aber ist in wenigen Minuten mit Stickluft und Kohlengas gefüllt, hinreichend, ein ganzes Regiment zu vergiften. Die festverschlossenen Thüren und Fenster gestatten der frischen Luft durchaus keinen Einzug – und wenn dann die Unglücklichen früh Morgens hinausgelassen werden, ist in ihrem Ansehen die Wirkung dieser schrecklichen Haft keinen Augenblick zu verkennen. Außerdem giebt es noch Herbergskeller, in welchen Stroh zu 2 Cents und nackter Fußboden zu 1 Cent die Nacht zu haben ist. Die Ueberfüllung in denselben ist von derjenigen in den Kostgängerkellern nicht verschieden. Männlich und Weiblich findet man in einigen dieser Höhlen durcheinander. Die abscheulichsten Scenen der Verderbtheit sind hier an der Tagesordnung. Schwarze und Weiße, Männer, Weiber und Kinder bilden eine einzige schmutzige Masse . . . Aber genug dieses unterirdischen Greuels!

Weser Ztg.

5. Heckers Ankunft

Aus New York (und anderen Städten) gab es auch immer wieder von großen Ereignissen zu berichten. 1849 wanderte der einundzwanzigjährige Heinrich Pfau, Sohn eines Marburger Schreinermeisters, über New York nach Baltimore aus, wo seit 1845 schon seine Schwester Christine (vgl. S. 133) ansässig war. Sein erster Brief an die Angehörigen daheim berichtet von der Kontaktaufnahme mit Landsleuten und gibt dazu eine Schilderung von dem miterlebten großen Empfang, der dem geflohenen badischen Revolutionsführer Friedrich Hecker in New York bereitet worden war. Die Auswanderer sympathisierten weithin mit der Revolution 1848/49, und Pfau bezeugt, daß sogar die Erwartung bestand, Deutschland werde von Amerika aus von den Fürsten befreit werden.

Baldimore den 29te Oktob. 1849

Liebe Eldern, und Geschwister, nemt mier es nicht vor Übel, daß mein schreibens etwas lang gedauert hat. Die Seereise, den 7ten Juni sind wier von Hamburg mit dem Schiff Torneto es war eine gute Fart aber auch balt eine Un[en]tlichte Fart. Den 2ten Pfingsttag bekamen mier den 1ten Sturm daß wier glaubte das Schiff ging unter, den 3ten Pfingsttag um 12 Uhr legt er sich wider und bekamen wieder guten Wind, die freite war groß als wier wider guten Wind hate und bekamen keine Sturm nicht wider. Seekrank bin ich gar nicht gewesen ich war immer frieß [= frisch] und Gesund, und so sind wier den Glücklich den 18ten Julius in Newjork ankommen. Ich bin da gleich fort und habe den Johannis Frank aufgesucht aber wie ich hinkam war er vor 14 Tagen Gestorben da sagt mier der Lerjunge Philipp Brauer war hier aber wo er schafen tet wüßte er nicht. Den Johannis Frank sein Schwager Eiler wüßte es, ich sagte vor ihm er mechte mich doch nach Eiler füren, wie ich hinkam hat er mich freundlich aufgenommen und er schickte gleich seine Tochter fort und ließ den P. Brauer rufen.

[. . .]

Ich bin gleich in Arbeid gekommen und habe 2½ Dular in Woche bekommen. Es war ein Blattdeutsche[r] ich hatte recht gud bei ihm bin 12 Woche bei ihm gewesen und da bin ich und mein Freund Philipp nach Baldimore gereist. Da sind wir nach Philipp seiner Tante Millern gemacht [. . .] ich habe wieder gleich ein Meister bekommen, es ist nicht

Weid vom Trinchen Haus es gefelt mier recht gud hier in Baltimore man hat hier ein schenes Leben und gutes Essen Morgens gibt es Cafe und Kuche Salat und Brate Mitags 4erlei Gemieß und Fleiß [= Fleisch] abens gibt es was es Morgens gibt.
[. . .]
Heckers ankunft den 5ten Oktober ist er angekommen, daß Newjorker Melitär hat in vom Schiff abgeholt und ist dann in die Statt gefiert es war ein Leben und ein Trubel furchtbar es war bei diesem Gebeute was ihr hier [auf dem Briefkopf] seht abgeteilt eine Schwarzrotgoltne Tribiene gebaut wo er die Rede drauf hielt so wie er ein Wort geretet hatte so gings Hura Hura es wierd jetzt Gelt aufgehobe und Soltate gesammelt und dann wirts nach Deutsland gehn es heist Deutsland muß und soll freu [=frei] [sein].
[. . .]
Weiter weis ich keine Neuichkeit nich zu schreiben.
Ich grüse eich vielmahls und wünschte daß eich mein Schreibens bei recht Gesundheit antrefe.

Heinrich Pfau

Lieber Vater und Muter, es ist nicht recht von mier daß ich von eich wech bin gemacht Ihr werd jetzt alt und da hätte ich euch helfen kenne aber es ist doch gud daß ich mal in die Weld komme den man lernd vieles und komt erst zu verstand.

6. Zwischenstation New York

Wie für viele, so war auch für den Auswanderer Friedrich Daab aus Groß-Bieberau die Stadt New York 1853 nur Zwischenstation auf einer Reise, die in Hessen-Darmstadt begann, von Le Havre nach New York führte und erst im mittleren Westen, in Millstadt, ihr vorläufiges Ende fand. Die Einzelheiten dieser Fahrt hielt Daab anläßlich seines 83. Geburtstages 1927 in seiner Lebensgeschichte fest, die am 12. August 1929 in der Zeitung »Belleville Daily News/Democrat« abgedruckt wurde. Der folgende Auszug ist daraus übersetzt. Aus der hier nicht abgedruckten Fortsetzung geht hervor, daß Daab als Freiwilliger im amerikanischen Bürgerkrieg kämpfte, dann bei einer Eisenbahngesellschaft angestellt war und schließlich in Belleville ein Baumaterialiengeschäft eröffnete, das er 38 Jahre lang leitete.

Als ich ein neunjähriger Knabe war, landeten wir am 30. Juni 1853 auf einem Illinois-Flußdampfer in St. Louis nach einer langwierigen Reise von Groß-Bieberau in Hessen-Darmstadt. Wir verließen den Heimatort im April im Planwagen mit dem Ziel Mainz am Rhein, von da zu Rheindampfer nach Rotterdam. Dort war ein Aufenthalt von wenigen Tagen vor der Einschiffung nach Havre (Frankreich) auf einem Dampfer – meine erste Erfahrung von Seekrankheit – um dann auf einem Segelschiff nach New York in See zu gehen.

Wir mußten in Havre einige Zeit auf das Segelschiff warten und hielten uns währenddessen in einem Wirtshaus auf. Der Eigentümer, ein Elsässer, sprach deutsch. Der Aufenthalt gab uns ausgezeichnete Gelegenheit, Havre zu besichtigen. Hier sah ich die ersten Neger, die als Seeleute auf amerikanischen Handelsschiffen verwendet und uns als Sklaven bezeichnet wurden. Der Wirtshausbesitzer spendierte uns vor der Einschiffung eine richtige Mahlzeit, bestehend aus so viel Wein, als wir trinken wollten, und einem guten Imbiß.

Bei der Einschiffung brachte uns, da Ebbe war, ein kleiner Schlepper zum Schiff, das in einiger Entfernung vom Dock ankerte. Wir mußten, um an Bord zu kommen, eine Strickleiter hinaufklimmen. Ich erinnere mich einer alten Frau, die das Kunststück nicht fertigbrachte und mit einem unter ihren Armen befestigten Tau gehißt und mit einem Flaschenzug aufgewunden werden mußte. Sie kreischte in den höchsten

Tönen, während ihre Beine eine Schaustellung zum Gaudium von jedermann aufführten.
Gegen Ende des Tages verließ das Schiff den Hafen. [. . .]
Unsere Ozeanfahrt dauerte 30 Tage, was damals als gute Zeit galt. [. . .]
Die erste Sicht von Land verursachte eine starke Bewegung unter den Fahrgästen. Es kam mir zuerst wie eine dunkle Wolkenbank vor, bis es deutlicher wurde. Es war spät am Nachmittag, fast Dämmerung, als alle Passagiere von Deck nach unten getrieben wurden als Vorbereitung zum Ankerwerfen, und das Rasseln der Ketten, das man unter Deck hören konnte, wurde mit großer Freude bejubelt.
Am folgenden Morgen wurde uns gestattet, an Deck zu kommen, um uns zur Ausschiffung bereit zu halten. Ich werde niemals die Szenerie vergessen, die uns bei der Ankunft an Deck begrüßte. Vor Anker liegend zwischen den Inseln des New Yorker Hafens weideten wir unsere Augen an einem Land, das mit blühenden Blumenbeeten und grünbelaubten Bäumen besetzt war, alles noch gesteigert durch die toten und düsteren Eindrücke bei der Einschiffung und durch die Eintönigkeit der langen Seereise. Die Ausschiffung ging so vor sich, daß Fahrgäste, Gepäck und alles auf einen Schlepper überführt wurde, der uns am New Yorker Dock an Land setzte. Zu jener Zeit war von Untersuchung keine Rede, auch fehlte die Freiheitsgöttin, die die flammende Fackel in die Höhe hebt, um uns bei unserer Ankunft zu bewillkommnen. Jene erste Nacht in New York hinterließ einen tiefen Eindruck in meinem Gemüt. Wir nahmen Wohnung in einem Gasthof in einer Straße nicht weit vom Dock und fanden das Schlafen höchst unmöglich dank zahlreicher ungeladener und unterernährter Gäste, die einen besonderen Appetit auf deutsches Blut zu haben schienen.
Am nächsten Tag nahmen wir, an Wildwest als unser Reiseziel gebunden, Passage nach Albany auf einem Hudson-Flußdampfer. Von Albany wurde die Reise nach Buffalo zu Schiff über den Erie-See nach Erie fortgesetzt. Dann bestiegen wir ein neues Schiff zur Fahrt nach Cleveland und fuhren weiter mit der Eisenbahn nach Detroit und Chicago. In letzterer Stadt machten wir ein oder zwei Tage Halt, um einen ehemaligen Nachbarn aus unserem Heimatort zu besuchen. Darauf fuhren wir weiter mit der Eisenbahn nach Peoria und stiegen auf einen Illinois-Flußdampfer über zur Fahrt nach St. Louis. Die Reise von New York nach St. Louis dauerte ungefähr 8 Tage.
In St. Louis blieben wir ein oder zwei Tage bei Bekannten, um einem Onkel in Illinois Nachricht zu senden. Er sprach zum Besuch bei uns vor

auf einem Farmwagen, mit dem er den Mississippi auf einer Fähre kreuzte und nahe bei der Stelle landete, wo heute das Illinois-Zentral-Rundhaus steht. (Die mächtige Mississippi-Brücke wurde erst später gebaut.)
Nach Besuchen bei verschiedenen Verwandten und mehreren vergeblichen Bemühungen, eine Farm zu erwerben, ließen wir uns schließlich in Millstadt zu dauerndem Aufenthalt nieder, und dort besuchte ich meine erste Schule in Amerika.

7. Die Einbürgerung

Einbürgerungsurkunde für Heinrich Menges aus Lich (Hessen-Darmstadt), ausgestellt am 7. Oktober 1872 von der Stadt Pittsburgh/Pennsylvanien. Als Erbe des elterlichen Hauses in Lich kehrte Menges später wieder aus den USA zurück. Deshalb erhielt sich die Urkunde in Licher Privatbesitz.

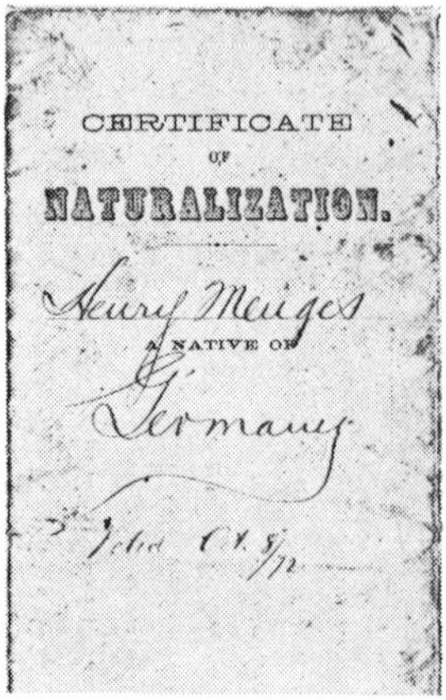

CERTIFICATE OF NATURALIZATION.

Henry Menges

A NATIVE OF

Germany

Voted Oct. 8/72

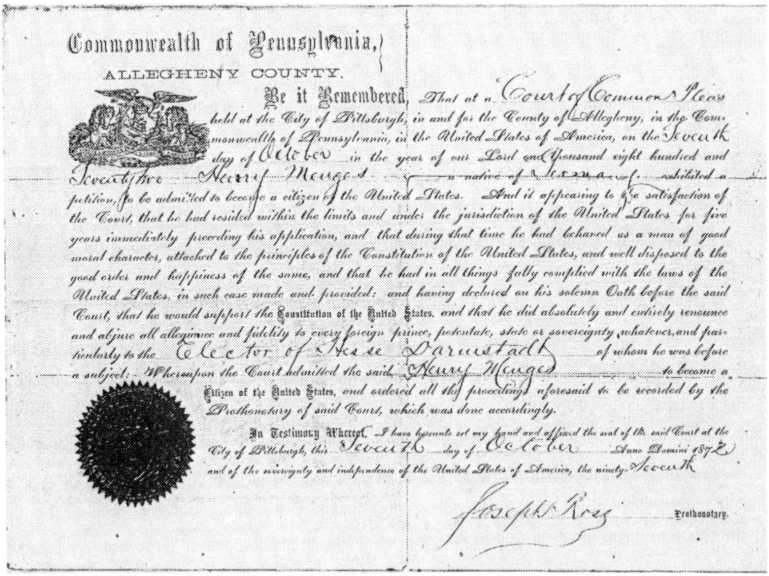

Commonwealth of Pennsylvania, ALLEGHENY COUNTY.

Be it Remembered, That at a Court of Common Pleas held at the City of Pittsburgh, in and for the County of Allegheny, in the Commonwealth of Pennsylvania, in the United States of America, on the Seventh day of October in the year of our Lord one Thousand eight hundred and Seventy two Henry Menges a native of Germany exhibited a petition, to be admitted to become a citizen of the United States. And it appearing to the satisfaction of the Court, that he had resided within the limits and under the jurisdiction of the United States for five years immediately preceding his application, and that during that time he had behaved as a man of good moral character, attached to the principles of the Constitution of the United States, and well disposed to the good order and happiness of the same, and that he had in all things fully complied with the laws of the United States, in such case made and provided: and having declared on his solemn Oath before the said Court, that he would support the Constitution of the United States, and that he did absolutely and entirely renounce and abjure all allegiance and fidelity to every foreign prince, potentate, state or sovereignty whatever, and particularly to the Elector of Hesse Darmstadt of whom he was before a subject: Whereupon the Court admitted the said Henry Menges to become a Citizen of the United States, and ordered all the proceedings aforesaid to be recorded by the Prothonotary of said Court, which was done accordingly.

In Testimony Whereof, I have hereunto set my hand and affixed the seal of the said Court at the City of Pittsburgh, this Seventh day of October Anno Domini 1872 and of the sovereignty and independence of the United States of America, the ninety-Seventh

Joseph Roes Prothonotary.

10. Das Leben der Farmer

In einem gewaltigen wirtschaftlichen Aufbruch begriffen, brauchte Nordamerika Menschen, die bereit waren, Wälder zu roden, Prärien unter den Pflug zu nehmen, Straßen, Kanäle und Eisenbahnen zu bauen, handwerkliche Dienstleistungen zu erbringen, in Bergwerken und schließlich auch Fabriken zu arbeiten. Dafür hatte es zu bieten, woran es in Europa und zumal in Deutschland mangelte: Verdienstmöglichkeiten und günstig zu erwerbendes Land. Der Devise: »Go West!« zu folgen, hieß deshalb nichts anderes, als die Erfüllung dessen zu erstreben, was Amerika verheißen hatte: auf Eigenbesitz gegründeten Wohlstand. Als sicherste Basis dieses Wohlstandes aber galt eine eigene Farm.

Am billigsten war Land immer dort zu kaufen, wo gerade die »frontier« verlief und die Besiedelung noch nicht die Dichte wie im Osten erreicht hatte. Als die deutschen Auswanderer der Zeit nach 1830 eintrafen, war dies am Missouri der Fall. Doch auch das Hinterland der »frontier«, der ganze Mittlere Westen zwischen Ohio und Missouri, bot noch günstige Siedlungsmöglichkeiten und bildete so das »klassische« Auffangbecken für die deutschen Auswandererströme der Spitzenjahre bis 1860. Auch die Hessen, ansonsten stark im Staat New York, in Pennsylvanien und in Texas vertreten, fanden sich in auffälliger Dichte hier ein: in den Staaten Ohio, Indiana, Illinois und Missouri sowie weiter nördlich in Michigan und Wisconsin,[1] dort zumal auch in den Städten Detroit und Milwaukee. In Milwaukee – man nannte es die »deutscheste« aller amerikanischen Städte – stellten die Hessen und Nassauer nach den Mecklenburgern sogar die zweitstärkste landsmannschaftliche Gruppe.[2] Zu den Städten ist jedoch das gleiche zu sagen wie zu New York: vor 1860 waren sie oft nur Durchgangsstation, wo das Geld zum Kauf einer Farm verdient wurde.

Das erste Eigentumsrecht an neu zu erschließenden Gebieten im Westen behielt sich die Union vor. Nach »Vorarbeiten«, die erlaubten, ein Territorium für »indianerfrei« zu deklarieren, erfolgte dessen Vermessung und Aufteilung nach einem Plan, den bereits Thomas Jefferson entworfen hatte und der für die Zergliederung von drei Vierteln der Landfläche der Vereinigten Staaten seine Gültigkeit behielt.[3] Das Land wurde in große quadratische Einheiten von je sechs Meilen Seitenlänge, in sogenannte »sections« geteilt, die geviertelt und als »quartersections« von jeweils etwa 64 Hektar zur Veräußerung an Siedler ausgewiesen wurden. Bei der Privatisierung wurde dann unterschiedlich verfahren. Teils erfolgte ein staatlicher Direktverkauf, teils wurden Landverkaufsgesellschaften eingeschaltet, die sich mit Werbemaßnahmen um Interessenten bemühten. Mit mittellosen Kaufwilligen schlossen die Agenten dieser Gesellschaften Verträge, die für ein bestimmtes Stück Land ein fünfjähriges Nutzungsrecht vorsahen. Nach erfolgreicher Kultivierung und Bewirtschaftung konnte dieses Land dann von den Bewohnern zu mehr oder weniger günstigen Bedingungen erworben und durch Hinzukäufe zu einer vollen »quartersection« erweitert werden. Um den Bau der Eisenbahnen, besonders derjenigen zum Pazifik, zu befördern, überließ die Bundesregierung aber auch einen Teil des Landes an den Bahnstrecken den privaten Eisenbahngesellschaften, die es ihrerseits veräußerten und aus dem Gewinn den Bahnbau finanzierten.[4] Dieses System wurde beispielsweise noch um 1880 erfolgreich in Nord Dakota praktiziert, wo der zuständigen Bahngesellschaft beiderseits der Bahnlinie auf eine Tiefe von 75 km jede zweite »quartersection« zum Verkauf überlassen war.

In den siedlungsarmen Weiten des Westens genügten schon rund 50 Dollar und die Niederlassung auf einer »quartersection«, um vom Staat einen Besitztitel zu erwerben. Kam es zur endgültigen Veräußerung (bzw. Versteigerung), so stand dann dem Siedler das Vorkaufsrecht an seiner sogenannten »claim« zu, und die Anzahlung wurde mit dem endgültigen Verkaufspreis verrechnet. Ja, fern aller Zivilisation waren »claims« schon für eine Registriergebühr von 20 Dollar zu haben. Gegen Zahlung dieser Summe konnte man sich beim nächsten Landesamt als Besitzer einschreiben lassen, womit die Verpflichtung verbunden war, auf dem Land eine Behausung (»homestead«) zu bauen, mindestens sechs Jahre dort zu wohnen und den Boden urbar zu machen. Dies schrieb der 1862 erlassene »Homestead Act« (Heimstätten-Gesetz) vor, um zu verhindern, daß Spekulanten das Land zusam-

menrafften und allenfalls Scheinbehausungen bauten. Nach den sechs Jahren erfolgte die endgültige Besitzübernahme.
Besitztitel und erworbenes Land konnten aber auch jederzeit weiterverkauft werden. Je näher dann ein Stück Land an der Bahn oder bei einer städtischen Ansiedlung lag, desto teurer war es: am teuersten war das Land, das bereits kultiviert war. Doch bedeutete es andererseits einen großen Vorteil, sofort Frucht aussäen zu können usw. Ein Großteil der Siedler kaufte deshalb ein kleines Stück, das von Vorbesitzern oder Pächtern schon urbar gemacht worden war, und dazu etwa die doppelte Menge billigeren, unbearbeiteten Landes, um es mit der Familie selbst zu roden. Auf diesem Wege wurden die ursprünglichen »quartersections« zerstückelt, und als mittlerer Besitz deutscher Farmer um 1850 wurden etwa 30 Hektar errechnet. Doch war auch dies noch ein Eigentum, das entschieden größer war, als der Bodenbesitz, den sie als Kleinbauern – etwa in Hessen – aufgegeben hatten (nur etwa 3 bis 5 Hektar im Schnitt). Und Hinzukäufe der nächsten Generation konnten den Besitz noch beträchtlich vergrößern. Als Beispiel sei die Besitzgeschichte der Familie Betz aus Flieden im Fuldaer Land angeführt, die in einem Tagebuch dokumentiert ist.[5] 1833 wanderte Johann Lorenz Best nach Wheeling im Staat Victoria aus und erwarb sich dort als Arbeiter, u. a. in einer Glasfabrik, die Mittel, um 1839 zusammen mit seinem Sohn Lorenz im Duboys County im Staat Indiana 78 Acker Land (etwa 30 Hektar) kaufen zu können. Später übernahm der Sohn August diese Farm und arrondierte sie auf 160 Acker (62 Hektar).
Selbstverständlich fanden die Erstsiedler auch noch keine passenden Behausungen vor, sondern allenfalls die Hütten gerade erst vertriebener Indianer, wie es der Auswanderer Jakob Spitz aus Atzbach bei Wetzlar 1842 in einem Brief aus Galene/Illinois beschrieb.[6] Wo jedoch Wald zur Verfügung stand, war rasch mit Hilfe der Nachbarn ein Blockhaus (»logcabin«) errichtet. Laut Spitz nahm man dazu junge Eichen, »welche man so lang abhaut wie groß man das Haus haben will, und den [dann] schleift man sie mit 1 Par Ochsen an den Platz wo man das Haus, nah zur Quelle, haben will. Und wen die Hausblöck all da sind, so bestel[t] der Eigner die neste Nachbarn 7 oder 10 je nachdem die Blöcke schwer sind und den wird das Haus in 1 Tag aufgeschlagen.«[7]

Aber auch roh zusammengezimmerte Holzhütten gab es, und in den baumlosen Prärien mußten »sodhouses« eine erste Unterkunft bieten: aus aufgeschichteten Rasenstücken errichtet. Bessere Bauwerke ersetzten dann bald diese erste Bleibe. Wo es nicht nur Holz, sondern auch deutsche Zimmerleute gab, erlebte dabei mit »half-timbered farmhouses« der Fachwerkbau eine amerikanische Nachblüte, so im Staat Missouri schon ab den 1830er Jahren, besonders im Gasconade und Warren County,[8] sowie in Texas.[9] Querverbindungen zur hessischen Heimat der Siedler sind dabei nicht nur aufgrund der Herkunft der Zimmerleute nachzuweisen,[10] sondern auch aufgrund der Tatsache, daß Häuser vom Typ des mitteldeutschen Ernhauses nachgebaut wurden. Man nahm dazu Eichenholz und stellte die meist einstöckige Konstruktion auf einen niedrigen unterkellerten Steinsockel, so daß die Häuser viel luftiger und trockener waren als die Blockhäuser ohne Keller. Die Gefache wurden mit luftgetrockneten Ziegeln ausgemauert, und während von oben ein spitzes Schindeldach schützte, waren in Missouri oft auch die Wände gegen die Witterung mit Brettern verschalt. Das Satteldach lief an einer der Längsseiten als Schleppdach weiter und überdeckte so eine entlanglaufende Veranda, die als Neuerung aus der älteren Kolonialarchitektur übernommen wurde. Längsseits führte auch die Tür ins Haus, wo eine mittlere Flur- und Küchenzone die Wohn- und Schlafräume trennte, die zu den beiden Giebelseiten hin gelegen waren. Ställe, Schuppen, Backöfen, Räucherkammern usw. lagen in der Regel abseits, wobei sich für diese einfacheren Gebäude die Block- oder auch Steinbauweise behauptete.
Der allererste Anfang war hart für die Siedler. Zum Hausbau und zur üblichen Feldarbeit kamen die Rodungs- und Kultivierungsarbeiten, und da an der »frontier« fast noch keine Infrastruktur vorhanden war, mußten alle Gebrauchsgegenstände, am Anfang auch die Lebensmittel und das Saatgut, mit Ochsen- und Pferdekarren von weit her herangeschafft werden. Der Absatz selbsterzeugter Produkte unterlag den gleichen Schwierigkeiten. In besonderer Weise waren die Frauen gefordert.[11] Solange die eigene Landwirtschaft die Existenz noch nicht voll sichern konnte, arbeiteten die Männer oft weit entfernt beim Kanal- und Eisenbahnbau, während Frauen und Kinder die Farm versorgten.

Ihre Mithilfe auf dem Feld wurde geradezu zu einem Kennzeichen für die deutschen Siedler, da die englischsprachigen Amerikaner eine solche Beanspruchung von Frauen nicht kannten. Anstrengende Hausarbeit kam hinzu, und indem die Frauen Seife kochten, Stoffe färbten, Kleider nähten usw., halfen sie mit, fehlende Gebrauchsgüter selbst herzustellen. Die Männer zimmerten einfacheres Möbel und fertigten Geräte, worauf sich in dem zitierten Brief des Jakob Spitz die Bemerkung bezieht, daß »das Holz [. . .] sehr brauchbar [ist] zu allerhand Geschirr zu machen«.[12] Nicht ohne Grund forderte derselbe aber auch Mädchen in der alten Heimat, »die dort keine Männer bekommen können«, zur Nachfolge an die »frontier« auf. Denn jungen Männern fehlten hier oft die Heiratsmöglichkeiten; ein selbständiger Neuanfang war jedoch nur zusammen mit einer tüchtigen Pioniersfrau zu leisten.

Für die Mühen der Anfangszeit entschädigten die Freude an der Jagd, die jedermann freigestellt war, ein intensives Familienleben und erste wirtschaftliche Erfolge. Zu diesen trug bei, daß man sich die Erfahrungen der älteren Siedler und den Standard der amerikanischen Landwirtschaft zunutze machte, dessen Vorbildhaftigkeit auch Druckschriften wie »Der nordamerikanische Landwirth« (Frankfurt 1848) des 1832 ausgewanderten Agrarexperten und Landagenten Charles Lewis Fleischmann herausstellten.[13] Von der Stallfütterung kehrte man zur extensiven Weidewirtschaft zurück. Statt Kartoffeln und Roggen wurden Weizen und vor allem Mais – laut Gottfried Duden die »Amme der wachsenden Bevölkerung« – angebaut, und dazu wurden in Amerika bewährte Geräte sowie schon um 1850 Sä-, Mäh- und Dreschmaschinen eingesetzt. Die eigenen Eßgewohnheiten wurden noch am ehesten beim Gartenbau berücksichtigt. Sehr vermißt wurden bestimmte Gartenpflanzen sowie Obstbäume, weshalb in Briefen immer wieder die Bitte zu finden ist, entsprechende Samen und Obstkerne, z. B. von Zwetschgenbäumen, nach Amerika zu schicken. Auswanderer aus Weinbaugegenden mußten außerdem ihren gewohnten Haustrunk entbehren. So wurden in Deutschland sogar Rebensetzlinge angefordert. Schon 1809 tat dies der Bergener Auswanderer Johannes Schäfer, indem er aus New Brunswick im Staat New Jersey seinem Schwiegervater schrieb: »ich möchte gern haben hundert Reifling, denn der Wein ist hier sehr teuer [. . . .] Die Weinstöcke [. . .] die kommen [hier] aus warmen Ländern, die verfrieren im Winter. Nun, wenn sich einer auf die Reise begibt, so sehet, ob Ihr sie könnt mitschicken. Oder gehet nach Frankfurt. Befragt Euch bei den Kaufleuten, auf welche Art Ihr sie schicken könnt.«[14] Aller Wahrscheinlichkeit nach erfüllte der Schwager des Briefschreibers 1816 diese Bitte, als er nach Amerika folgte. In New Jersey breitete sich der Weinbau aus. Eine gewisse Berühmtheit erlangte auch der in Missouri von deutschen Siedlern produzierte »Missouriwein«, für dessen Kultivierung sich u. a. der »latin farmer« Friedrich Münch von der Gießener Auswanderungsgesellschaft mit verschiedenen Veröffentlichungen einsetzte. In dessen Umkreis waren um 1860 große Weinbauern hessen-darmstädtischer Herkunft und zum Teil bildungsbürgerlicher Abstammung führend, was deutlich macht, daß für den Weinbau nicht nur Vorerfahrungen, sondern auch Innovationsbereitschaft, Informationszugang und Startkapital zählten.[15]

Doch nicht allen Siedlern gelang es, über die mühevolle Anfangsphase hinauszukommen. Witterung und Wildtiere schädigten die Ernte und zwangen, wenn keine anderen Verdienstmöglichkeiten vorhanden waren, zum Weiterziehen in andere Landesteile oder zur Rückkehr in die Stadt. Der Mehrheit gelang es jedoch, Überschüsse zu erwirtschaften. Es wurden dann komfortablere Häuser gebaut (wobei von den Städten her Stein- und Ziegelbauten aufs Land vordrangen). Pferd und Wagen ermöglichten es, nachbarliche Besuche zu machen sowie in die Stadt zu fahren. Und die Familienfeste wurden ausgiebiger gefeiert. Den verstreut siedelnden Farmern waren sie eine willkommene Gelegenheit zum Wiedersehen mit Verwandten und Freunden: und da es Sitte war, generell alle Nachbarn im Umkreis einzuladen, waren bis zu 200 oder 300 Gäste keine Seltenheit. Mit Stolz schrieb noch um 1880 der Camberger Auswanderer Johann Preuss aus Serbien in Texas, daß »wenigstens [. . .] 150 Menschen auf der Hochzeit« seiner Tochter waren: »Hier in meiner Nachbarschaft war alles eingeladen Reich oder Arm, und sie haben sich alle lustig gemacht.«[16]

Die Beziehungen zur Nachbarschaft waren um so enger, als sie in aller Regel Personen umfaßte, die aus dem alten Heimatort nachgeholt worden waren. Das Siedeln im Sippen- und Freundschafts-

verband war gerade für deutsche Einwanderer typisch, und eine Seßhaftigkeit, die sich von der Mobilität anglo-amerikanischer Landnehmer auffällig unterschied, verstärkte die sozialen Bindungen. Während letztere ihre Farmen immer wieder mit Gewinn verkauften und sich weiter im Westen neu ansiedelten, konnte die deutschsprachige Zeitung »St. Charles Democrat« in ihrer Ausgabe vom 13. März 1853 von den Deutschen sagen, daß sie »auf dem einmal gewonnenen Erbgut sitzen bleiben, dort das Gefühl des Heerdes und der Heimstätte ausbilden und so ihren Kindern die Möglichkeit geben zu immer höherer Civilisation sich emporzubringen«.[17] Die genannten Faktoren bewirkten im übrigen auch, daß relativ homogene deutsche Kirchen- und auch Schulgemeinden entstanden, die hessischen Erstsiedlern Namen wie »Frankfurt«, »Darmstadt«,[18] »Fulda«,[19] ja sogar »Biddleborn« (Büttelborn)[20] verdankten und bei aller äußeren Anpassung an die Kultur des Aufnahmelandes intern ein reges deutschsprachiges Vereinsleben entwickelten. Ein Beispiel dafür sind u. a. auch die Neustädter aus Kurhessen nördlich von Marburg, die sich seit 1830 an der später sogenannten »Hessian Road« bei Detroit als Farmer niederließen und den Kern der deutsch-katholischen Kirchengemeinde von St. Mary bildeten. Kontinuierlicher Zuzug aus Neustadt ließ diese Gemeinde wachsen und hielt zugleich den Kontakt mit dem Herkunftsort lebendig.[21]
Interethnische Beziehungen ergaben sich vielfältig im wirtschaftlichen Bereich, in der Stadt wie an der »frontier«, wobei die Anglo-Amerikaner an den eingewanderten Deutschen nicht nur deren Tüchtigkeit und Erwerbsgesinnung, sondern auch Loyalität und sprachliche Anpassungsbereitschaft zu loben fanden. Der genannte Johann Preuss, Farmer in Serbien/Texas, sprach mit seinen Kindern bewußt abwechselnd deutsch und englisch, um sie an die Landessprache zu gewöhnen, die Einwandererkindern im übrigen in den Schulen beigebracht wurde, so sie nicht eine deutschsprachige kirchliche Schule besuchten. Zu familiären Verbindungen mit den Anglo-Amerikanern (bzw. anderen Einwanderergruppen) kam es jedoch meist erst in der dritten oder vierten Generation, während zuvor auch die bereits in Amerika geborenen Abkömmlinge von Auswanderern noch den Ehepartner unter ihresgleichen – oder unter Neuankömmlingen – wählten.

Andere Faktoren bewirkten zusätzlich, daß der Akkulturationsprozeß verzögert ablief (s. S. 380), doch hatte die betonte Pflege, die dem Deutsch-Amerikanertum ab den 1870er Jahren zuteil wurde, auf dem Land weit geringere Wirkung als in der Stadt. Waren erst einmal gemischte Eheverhältnisse eingetreten, so schwanden auch im familiären Bereich die deutsche Sprache und die ererbten Gewohnheiten, und was an ländlicher Subkultur vorhanden war, wurde von der amerikanischen Nationalkultur aufgesogen: bei Deutschen wie bei Iren, Franzosen, Skandinaviern usw. Der hessische Liberale Karl Welcker war 1855 sogar der Meinung, daß in gleicher Weise auch die Indianer integriert und assimiliert werden würden,[22] doch blieb gerade diese Bevölkerungsgruppe ausgeschlossen und zu einem Außenseiterdasein in Armut und Abhängigkeit verurteilt.

Zur Auflösung des deutschen Einwanderermilieus ländlicher Prägung trug indessen auch die wirtschaftliche Entwicklung ab den 1880er Jahren bei. Sie lief auf eine agrarische Großproduktion für den wachsenden Nahrungsmittelbedarf der Städte und für den Export hinaus, und sie rief Unternehmer auf den Plan, die riesige Landflächen pachteten und Dampfpflüge und Mähbinder zum Großeinsatz brachten. Staunend berichtete der Erfeldener Auswanderer Adam Roth 1884 aus Kansas: »Letz[t]e Woche habe ich ein Waizenfeld gesehen welches 3000 Thausend Acker oder Morgen groß ist da werden ungefähr 20 Maschine angestellt welche Alles in kurzer Zeit abmachen.«[23] Die Folge war ein Preisverfall für agrarische Produkte, der die mittleren und kleinen Farmer schädigte. Zwar begünstigte die Eisenbahn den Absatz auch ihrer Produkte, andererseits jedoch lieferte die Bahn genau das, was die Großunternehmer viel billiger erzeugt hatten, in jeden beliebigen Teil der Union und zerstörte so die lokalen Märkte. Darunter hatte etwa der Camberger Auswanderer Johann Preuss als Baumwollproduzent in Texas zu leiden.[24] Obwohl mit mehreren Söhnen gesegnet, verkaufte er seine Farm und zog in die nächste Stadt. Tausende handelten genauso: im Zuge einer Landflucht-Bewegung, die zusätzlich durch das Arbeitsplatz-Angebot der Industrie ausgelöst wurde.

1 Vgl. die tabellarische Übersicht bei Walter D. Kamphoefner, Westfalen in der Neuen Welt. Eine Sozialgeschichte der Auswanderung im 19. Jahrhundert, Münster 1982 (= Beiträge zur Volkskultur in Nordwestdeutschland, 26), S. 91.

2 Vgl. ebenda, S. 100, die Tabelle zur Verteilung der Deutschamerikaner verschiedener Herkunftsgebiete in amerikanischen Städten. Vgl. auch Kathleen Neils Conzen, Immigrant Milwaukee, 1836-1860: Accomodation and Community in a Frontier City, Cambridge 1976.

3 Dazu William N. Parker, Der amerikanische Farmer, in: Jerome Blum (Hg.), Die bäuerliche Welt. Geschichte und Kultur in sieben Jahrhunderten, München 1982, S. 181-208, hier S. 185 f.

4 Keith Wheeler, Der Bau der Eisenbahnen (= Time-Life-Bücher, Reihe: Der Wilde Westen), deutsche Ausgabe o. O. 1979, S. 70 f. u. ö.

5 Elizabeth A. Ginsberg, Aus dem Tagebuch eines Fliedener Auswanderers, in: Buchenblätter. Beilage der Fuldaer Zeitung für Heimatkunde 55 (1982), Nr. 7, S. 25; Nr. 8, S. 32; Nr. 9, S. 36.

6 Rolf Reutter, Ein Auswandererbrief des Jacob Spitz, in: Hessenpark 1983, Heft 1, S. 18. Siehe auch den nachfolgenden Neuabdruck des Briefes.

7 Ebenda.

8 Charles van Ravenswaay, The Arts and Architecture of German Settlements in Missouri. A Survey of a Vanishing Culture, Columbia und London 1977, S. 145-177.

9 Terry G. Jordan, German Folk Houses in the Texas Hill Country, in: Glen E. Lich und Dona B. Reeves (Hg.), German Culture in Texas. A Free Earth. Essays from the 1978 Southwest Symposium, Boston 1980, S. 103-120; ders., German Seed in Texas Soil. Immigrant Farmers in Nineteenth-Century Texas, Austin und London 1966.

10 Ravenswaay (wie Anm. 8), S. 295.

11 Vgl. dazu Beverly J. Stoeltje, »A Helpmate for Man Indeed«. The Image of the Frontier Woman, in: Journal of American Folklore 88 (1975), S. 25-41.

12 Reutter (wie Anm. 6).

13 Siehe auch C. L. Fleischmann, Wegweiser und Rathgeber nach und in den Vereinigten Staaten von Nord-Amerika, Stuttgart 1852, S. 156-218 (»Die Niederlassung und die Erzeugnisse der Farmen«). Zur Person des Verfassers: Paul W. Gates, Charles Lewis Fleischmann: German-American Agricultural Authority, in: Agricultural History 35 (1931), S. 13-23.

14 Werner Henschke und Ludwig Emmel, Tausend Jahre Weinbau am Berger Hang, Bergen-Enkheim 1975, S. 38 f.

15 Kamphoefner (wie Anm. 1), S. 154.

16 Brief des Johann Preuss, Serbien/Texas, von ca. 1880 (Fragment) an seinen Bruder in Camberg (Auswandererarchiv des Instituts für Europ. Ethnologie der Universität Marburg).

17 Zitiert nach Kampfhoefner (wie Anm 1), S. 128.

18 Martinus Boll, Darmstadt/Illinois (1855-1983). Darmstadt/Indiana (1822-1983).

Geschichte und Entwicklung zweier deutscher Auswanderersiedlungen im amerikanischen Mittelwesten, in: Hessische Heimat 33 (1983), S. 108-114.

19 Elizabeth A. Ginsberg, Drei Mittelkalbacher in Fulda (Ohio/USA), in: Buchenbätter (wie Anm. 5) 50 (1981), Nr. 15, S. 57 f.

20 Vgl. Gerhard Raiss, Biddleborn, Illinois (USA) – die Gründung eines Büttelborner Auswanderers, in: Festschrift zum 250jährigen Jubiläum der evangelischen Kirche zu Büttelborn, Büttelborn 1978, S. 67-72.

21 Vgl. die Jubiläumsschrift: The Hundred Anniversary of the Arrival in Detroit of the First Organized Immigration from Germany, Detroit 1930.

22 Brief des Karl Welcker, damals Weston/Neubraska, vom 4. Juni 1855 an seine Eltern in Ober-Ofleiden (Auswandererarchiv, wie Anm. 16). Siehe nachfolgend die Auszüge aus diesem Brief.

23 Brief des Adam Roth, Clay Center/Kansas, vom 16. Juni 1884 an den Bügermeister von Erfelden (Gemeinde-Archiv Erfelden). Siehe S. 137 f. den Abdruck des Briefes.

24 Siehe die nachfolgenden Auszüge aus Briefen an seinen Bruder in Camberg.

1. Die Anfänge als Farmer

1836 wanderte der Witwer Jakob Spitz von Atzbach bei Wetzlar mit drei Kindern und drei Enkeln nach Galene in Illinois aus, nachdem die Familie als die ärmste des ganzen Ortes gegolten hatte. In Amerika gelang ihr der Erwerb einer Farm. Um weitere Atzbacher – vor allem junge Mädchen als mögliche Heiratskandidatinnen – zum Nachkommen zu ermuntern, schrieb Jakob Spitz junior 1842 den folgenden Brief an den Gastwirt Friedrich Knortz (Hauptstaatsarchiv Wiesbaden Abt. 424 Nr. 943; vgl. auch Rolf Reutter in: »Hessenpark« Nr. 1/1983, S. 18). Er vermittelt ein anschauliches Bild von den Anfängen auf einer Farm.

Galene, den 25ten Dezember 1842.

Einen schönen Gruß an Euch alle, ich hofe daß Sie dieser Brief bey guter Gesundheit antrefen wird, mit Fleiß haben wir dießen Brief an H: Friedrich Knorz gerichtet. Schon drey Briefe haben wir schon geschrieben, aber wir haben nur einen von unßre Leut in Oheio Stedt in Nord Amerika in der Stadt Neulengester erhalten. Lieber Herr Knorz wir hoffen Sie werden uns benachrichtigen, wie es mit unsre Leud ist, ob sie noch leben oder nicht. Schreiben Sie uns, lieber herr Knorz, unßer Zutrauen zu Ihnen ist der größt in dießem Brief. Wenn mein Schwager in Niedergirmes vielleicht gestorben ist und meine Schwester Liesebeth Lust hätte nach Amerika zu gehen und könnte meine zwei andern Schwestern mitbringen und ihre ganze Familie miteinander zu uns so sollte es uns herzlich lieb seyn. Aber wenn sein Mann noch leben tuth, so kan er auch mitkommen.
Wir haben einen Blatz Land eingenommen, wo zwei Familien drauf wohnen können, mit genug Wald und genug Bauland, wir haben zehn Morgen in der Bauung was mir vor drey Jahren haben zum ersten mal [um]brechen lassen so lang wohnen wir auch da. Drei Jahr, es ist sehr gutes Bauland, schwarzer Boden, wo man ziehen kann drauf Weizen, Kraut und Flachs und was man will. Wir haben schon Apfelbäume gepflanzt, welche genug wild wachsen in der Gegend und auch Weintraubenstöck haben wir gepflanzt welche an Haus stehen und in Sommer das ganze Haus mit ihren Blädern bedecken. Auch hat es noch Wild genug, Hirsche, Haßen und Feldhühner dem Tausend nach welches ein jeder frei schießen darf. Zwei Gärten haben wir bey unßerem Haus, wo wir

Kraut, Bohnen, Zwiebeln, Gegomre [Gurken] und allerhand Gartenwerk gezogen haben. Auch will ich ihnen das Holz beschreiben. Es ist Weißeichen und Schwarzeichen und Wallnüs und noch andre welche Hekre [?] Nus kleiner wie die Wallnus Bäum sind beide Sorden kan man eßen und das Holz ist sehr brauchbar zu allerhand Geschirr zu machen. Von den Weis- und Schwarzeichen werden die besten Bäume ausgesucht zum abhaue[n] und werden zu zehn Fuß lang abgetrumpft und aufgesplittet all die ganze länge und so klein bald fier Zoll dick in durchmeßer und den werden sie um das Bauland herum gefahren und damit wird es eingefriedet, wo Achtwecke [?] man den Rühgel [?] heist aufeinander kommen und wird das ganze land eingezäunt mit den Rüsgel [?] welches ein jeder Bauer in Amerika hat.
Weider das Vieh lauft herum außer der Fens, Schweine und Rindvieh und verträgt sich gut zusammen, auch Faßelochßen sind bey den andern und Pferde. Kein Viehhird braucht man nicht, sondern ein jeder Bauer hat ein Stück Vieh, welches eine Schelle um den Hals mit einem Leder Riemen angeschnalt so daß er sie hören kan wo sie sind wen sie weit hinweg gehen. Weider was uns anbelangt haben wir noch nicht viel Vieh, eine Kuh und sechsunddreißig Stück Hühner, zwölf Säu, aber wir hofen mehr zu kriegen, wir fangen erst an mit Viehzucht. Wir können hundert Stück Rindvieh halten und mehr Futter ist die Fülle da. Im Sommer ist Gras genug zum Freßen und auch zum Heumachen vor Winder. Weider die Verhältniße von dem Land wo wir wohnen, wir waren die ersten Siedler an dem Platz wo früher wilde Indianer aber auch Menschen wie wir, nur wild und eine braune Farbe haben und nackent laufen, wo noch die Hütten wo sie gewohnt hatten noch auf dem Platz waren wo wir sind. Aber die Indianer sind fort, sie haben das Land verkauft an den Präsident, welcher der König in Amerika ist, es sind noch etliche da gewesen wie wir da gewohnt haben und sind bei mein Vatter über Nacht geweßen, wo ich nicht daheim war und er hat sich sehr gefürchtet aber jetzt sind sie alle fort und wohnen lauter weiße Leut, Engländer, Schotländer und Teutsche und Irländer, all durcheinander auch Franzoßen. Es ist noch neues Land, welches den Winder erst gemessen worden ist, aber vielleicht in etliche Jahre erst all verkauft wird. Aber die Leut, die die Blätz eingenommen haben, sie haben alle schon etwas bezahlt und sind die ersten Steiger wen es verkauft wird. Wir haben 50 Thaler auch an unßerm bezahlt. Der morgen kostet 7 [?] Thaler 1/4 Thaler aber in Silber, Wald- oder Bauland alles gleich. Weider von Abgaben sie sind nicht viel vom Vieh etwas und vom Land noch nichts es sind einbar [paar] Thaler

alle Jahr. Vom Gewerbe gibt keiner nichts außer die Zapfwirt in der Stadt, die haben große Abgaben weil es zu viele werden, so haben sie schwere Abgaben darauf gelegt. Weiter von Brennerey auch kan ein Brenner . . . Maas auszapfen und braucht nichts abzugeben und der Schnaps wird von lauter Welschkorn gemacht, welches sehr wo[h]lfeil ist überhaupt alle Frucht ist sehr wohlfeil jetzt wo wir wohnen. Ich will Ihnen den Preis sagen, das Welschkorn welches aber bei uns in Deutschland nicht viel gezogen wird. Haup[t]man Diering hat einmal in seinem Garten gehabt welches die Leut Welschweitz hießen das ist Welschkorn. Der Preis ist das Bu[s]chel, we[l]ches in Deutschland 2 Meste sind kost einen Schilling und einhalben, das ist nach deutschem Geld 27 Kreuzer. Es ist gut vor Mensch und Vieh zu Brod und auch zum Kochen. Weitzen das Buchel Winder Weitze 3 Schilling. Auch wird Sommer Weitze hier gezogen der ist wohlfeiler. Hafer das Buchel 1 Schilling, Kartoffel das Buchel einen Schilling und 1/2, Vieh ist auch wohlfeil, die best Kuh kost 12 Thaler, das beste P[a]ar Ochsen vor 30 Thaler. Weiter will ich Ihnen die Art Pflüge beschreiben. Es ist alles fest stehent mit Gußeisen an den Pflug gemacht, es wird kein Rüsterbred gewend und kein Forterpflug ist dabei. Die Ochsenjoch sind noch nicht so wie in Deutschland sie sind schwer und mit zwei Bogen welche von Jungeichen oder Heckreholz sind. Durch das Joch sind fier löcher for jeden Ochs zwei wo der Bogen durchgesteckt wird und um den Hals geht und den das Joch auf dem Buck sitzt und so ziehen die Ochsen. Weiter weiß ich schon nichts mehr zu schreiben als von den Häußern. Sie sind nicht wie in Deutschland, sondern sie sind von lauter jung Eichen, welche man so lang abhaut wie groß man das Haus haben will, und den [dann] schleift man sie mit 1 Par Ochsen an den Platz wo man das Haus, nah zur Quelle, haben will. Und wen die Hausblöck all da sind, so bestel der Eigner die neste Nachbarn 7 oder 10 je nachdem die Blöck schwer sind und den wird das Haus in 1 Tag aufgeschlagen. Was ich noch schreiben will, daß ich und mein Vatter beysammen wohne, ohne Weiber noch beide. Wen Mädchen lust hätten nach Amerika zu gehen die dort keine Männer bekommen können, sie könnten hier gut heuraten, es sind viele junge Männer, die allein ohne Weiber wohnen. Es sind 3 in unserer Nachbarschaft und ich bin der 4te. Meiner Schwester Bub ist in der Stadt Galene, in einem Gasthaus 5 Stunden von uns, wo wir wohnen und läßt sein Mutter grüßen so auch wir. Wir wolten wünschen und unßer sehnliches Verlangen ist all unßer Leut zu sehen. Wen nur jemand sie mitbringen könnte wir wolten ihm Land genug davor geben.

Lieber Herr Knorz, wir hofen, wie werden uns Antwort schreiben. Wir thäten unßre Leut gerne Geld schicken aber wir haben jetzt selber keins, Lebensmittel genug. Grüßet nur meine Schwester Cha[r]lotte und sie möchte auch zu uns kommen. Nun will ich schließen. Thut nur all die Atzbacher grüßen. Die Attres an uns ist Jacob Spitz in Illionois Stedt in Nordamerika Galene. Galene das ist die nest Stadt wo wir wohnen.
Es ist der best wen die Attres [Adresse] mit lateinische Bustaben geschriben wird.

2. Farmen an der »frontier«

a) *Das freie Leben der Farmer im Westen idealisiert dieser Holzstich aus »Colton's New Introductory Geography« (New and Improved Edition, St. Paul/Minn. 1875, S. 50).*

b) *Von der beschwerlichen Rodungsarbeit gibt dieses Foto von 1906 einen Begriff. Es entstand, als das fruchtbarste Land bereits vergeben war und die Neusiedler in die dichter bewaldeten Regionen des Nordwestens vordringen mußten (Foto: Darius Kinsey).*

3. Medizinische Selbstversorgung

Als Hilfsmittel für den einsamen Siedler im Blockhaus war dieses Arzneibüchlein gedacht, das den »Literarischen Anzeigen« im »Wochenblatt für den Verwaltungsbezirk Marburg« zufolge für 24 Kreuzer in der Universitätsbuchhandlung Elwert in Marburg erworben werden konnte (a.a.O. 16/1849, S. 320).

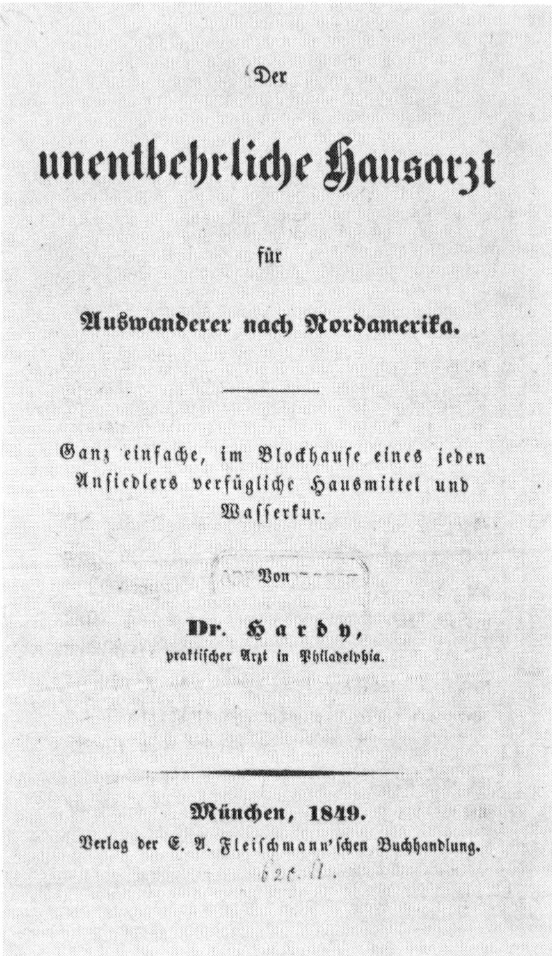

Der

unentbehrliche Hausarzt

für

Auswanderer nach Nordamerika.

Ganz einfache, im Blockhause eines jeden Ansiedlers verfügliche Hausmittel und Wasserkur.

Von

Dr. Hardy,

praktischer Arzt in Philadelphia.

München, 1849.

Verlag der E. A. Fleischmann'schen Buchhandlung.

4. Vom Landverkauf und von den Indianern

Karl Welcker aus Ober-Ofleiden (vgl. S. 259) beteiligte sich 1855 als Agent eines kapitalkräftigen Bodenspekulanten an der Landnahme in Nebraska. Sein nachfolgend in Auszügen veröffentlichter Brief gibt ein Bild von den Modalitäten des An- und Weiterverkaufes von Land und ist überdies mit seinen Überlegungen zur Zukunft der indianischen Ureinwohner von Interesse.

Weston, Juni d. 4. 1855.

Liebe Eltern!

Seit meinem letzten Briefe von Cleveland sind nun schon wieder einige Monate verflossen, Monate, die für mich von grossem Interesse u. Nutzen gewesen sind. [. . .] Wir kamen nach New-Orleans gegen Ende November u. anfangs dachte Beulieu gar nicht daran, sich in irgenderlei Geschäftsverbindungen einzulassen, da er Mittel genug hat, ohne dieses zu leben. Aber die Luft Amerikas scheint in der That nicht für Müssiggang geschaffen. Angespornt von einem seiner Freunde liess er sich bereden eine grosse Strecke Landes in Newbraska zu kaufen u. dieses Land nach u. nach mit Profit wieder zu verkaufen. Ohne Zweifel habt ihr von Newbraska, dem neuen territorium, wegen dessen der grossartige Streit im Congresse in betracht des Sclavengesetzes bestand, gelesen! Beulieus Freund Burk war dort in derselben Angelegenheit sehr betheiligt u. hatte selbst schon eine Reise nach N. Braska gemacht. Er kannte deshalb das Land, u. so liess sich Beulieu bereden mit ihm gemeinschaftlich in das Unternehmen einzugehen. Der Plan ist folgender: Sie wollen die ganze gekaufte Strecke, wovon sie der Acker nicht ganz einen Thaler kostet, in Parzellen eintheilen, diese wieder verkaufen oder auch an solche abtreten, die die Bebauung des Landes unternehmen wollen. Solche erhalten das Land für das erste unentgeltlich, haben aber nach fünfjähriger Bebauung nach Beschaffenheit des Bodens in Terminen von 4-10 Dollar per Acker das Land dann zu kaufen oder eine demgemäss entsprechende Rente zu bezahlen. Es ist dies eine Manier, die zuerst von dem Congress ausging u. hier im Westen sich als äusserst wohlthuend bewiesen hat. Beulieu fragte mich, ob ich eine Reise dorthin machen wolle, in Gesellschaft einiger tüchtiger Farmer u. zweier Geometer, die ich dort lassen sollte, um nach Weston, dem nächsten Ort von Bedeutung zurück zu kehren, wo er mich treffen wolle. Da dieses gerade nach meinem Geschmack war, so nahm ich es mit Vergnügen an u. ging am 16. Januar nach St. Louis, wo ich die von Burk angeworbenen Mitreisenden antraf. Zwei waren Geometer u. 4 Farmer. Die ersteren sollten das Land vermessen u. die letzteren die Beschaffenheit des Bodens untersuchen u. prüfen u. zugleich für die Eigenthümer selbst anfangen anzubauen.

[. . .]

so fanden wir dann dass die Beschaffenheit des Bodens den besten Hoffnungen nicht nachstand. Die Vegetation ist üppig, das Wasser gut u. in Ueberfluss, das Klima schön u. dem nördlichen Deutschland gleichend [. . .] Im Laufe von 5 Wochen war ich im Stande, mit einer kleinen Parzellenkarte nach Weston zurückzukehren, wo ich letzten Dienstag ankam. Ich machte einen Bericht an die Principalen u. liess zugleich die Familien der Farmer benachrichtigen, sich fertig zu machen u. zu mir hierher zu kommen.

[. . .]

Das einzige, was mich machmal besorgt macht, ist, dass die Indianer, die schon mehrmals von den Weisen verjagt sich dort obgleich nicht in unmittelbarer Nähe umhertreiben, angelockt werden möchten, ihre Räubereien auszuüben. Aber die Nähe einiger Militärposten mag ihnen das verbieten u. ich glaube nicht, dass auch von dieser Seite viel zu befürchten ist. Es ist übrigens eine traurige Sache mit einigen Stämmen dieser Ureinwohner Amerikas. Da sie nicht nach dem Beispiel anderer ihrer Stämme das ihnen angewiesene Land bebauen wollen, sondern sich raubend u. jagend wild umhertreiben, so werden sie immer weiter u. weiter in die Wildnis vertrieben u. in den zahlreichen Gefechten immer mehr ausgerottet. Die mehr civilisierten Stämme, als die Delaware, Lickapues, Rapensoes u. andere haben hier in der Nähe u. in Florida schöne Ansiedlungen, leben vom Feldbau u. der Jagd u. Fischerei u. sind schon vielfach mit Weisen verheirathet. Auf diese Art werden sie nach u. nach mit diesen ganz vereinigt werden u. man wird später nur noch den Namen Indianer als ein vergangenes Ding hören.

[. . .]

Lebt alle tausendmal wohl, alle denkt an Euren Karl Welcker.

5. Ein Briefwechsel mit einem Rodungsfarmer

Wie die Angehörigen in Deutschland auf die Nachrichten reagierten, die sie aus Amerika erhielten, ist selten direkt zu ersehen, da Korrespondenzen immer nur hälftig – wenn überhaupt – erhalten sind. Eine Ausnahme bilden die Briefe, die der Auswanderer Philipp Deibel aus Wieseck in den 1850er Jahren mit seinen Verwandten tauschte: sie wurden aus familiengeschichtlichem Interesse in den USA neu zusammengeführt (Privatbesitz). Deibel war 1824 als Sohn eines Küfers zur Welt gekommen und 1852 mit seiner Braut Margaretha Schlapp aus Mainzlar über Köln, Bremen, New York, Buffalo und Detroit nach Michigan ausgewandert, wo er bei Saginaw zu farmen begann. Als Gegenleistung für die Überlassung einer halben Farm hatte er jährlich zwei Acres Wald (etwa 0,8 ha) umzuhauen. Davon – und von den Einzelheiten seiner Anreise – schreibt er in seinem ersten Brief an die Verwandten daheim. Diese revanchieren sich mit Neuigkeiten aus Wieseck, wundern sich als Dörfler über das einsame Leben des jungen Farmers (»Aber sehe zu im Walde sitzen!«) und nehmen ihm die – bei Auswanderern oft sehr ausgeprägte – Furcht, die zurückgelassene Mutter könnte nicht gut versorgt sein. Ein Brief, der 1855 aus Mainzlar folgte, beschreibt die sich verschlechternden Zustände in der alten Heimat und schließt mit einem ganzen Katalog von Fragen zum Leben auf einer amerikanischen Farm, das hessischen Landleuten doch sehr fremdartig vorkam.

Saginaw den 15t. August 1852

Liebe Mutter, Geschwister, bekante und verwande, und geliebte Schwieger-Mutter, Schwager und Schwägerin, und sonst bekante (in Mainzlar) Staufenberg u.s.w., grüßt Euch Gott. Wie geht es Euch in Deutschland, wir haben sehr schlimmes von Deutschland gehört, Theurung, und späte Kälte. Ich will jedoch an unsre Reise gehn, von Giesen bis Mainz ging es gut, bis Köln auch, von Köln bis Bremen ging es schon schlecht, wo wir den ganzen Tag bis Abends 10 Uhr nicht aus der Eisenbahn kamen, des Abends um 10 Uhr kamen wir in Bremen an, bei starkem Regenwetter mußten wir noch 1/2 Stunde gehn bis zum Quartier, wohl durchnäßt empfingen uns da kalte Stube und schlechtes Essen, Nachtlager deßgleichen, den andern Tag gegen Abend kamen wir auf einen Kahn welcher uns bis Bremer-Hafen nach dreitäglicher Reise brachte, auch hier erlitten wir schon Stürme, im Hafen angekommen so blieben wir noch einige Tage dort, am 5ten Mai kamen wir aufs große Schiff wo man vom Land einsteichen konte, nun ging es auf hohe See, wir lagen da 1/4 St. vom Hafen wieder 2 tag vor Anker, am 7ten Mai gings also fort, anfangs gings so ziemlich aber als wir in die Nord-See kamen, da ging es an immer heftiger Sturm, wir sind nicht durch den Englischen Kanal sonder haben England links liegen laßen, welches ein großer Umweg war. Die Nord-See ist weit unruhiger als das große Meer, auf Pfingst-Samstag hatten wir den allerhärtsten Sturm, die Seekrankheit hatten wir bedeutent denn weil wir viel Sturm hatten, die Unangenemlichkeit die man da hat kan man keinem sagen, so hat uns also der liebe Gott nach einer langen Reise welche bis zum 28ten Juni gewähret glücklich hinieber geführt, also 8 Wochen. Jetzt waren in Amerika, in New-York hielten wir uns ein Tag auf, den andern Tag machten wir uns weiter, die Beschwerlichkeit, mit den Küsten [= Kisten] und die Kösten sind ganz unbeschreiblich, wer nach Amerika mach nehme nur nicht zu viel Gepäck mit. Den 30t. kamen wir nach Albanie, dan gings bis Buffallo wo mir des Abens 6 Uhr ankamen und durch naß waren, weil es in die Wagen regnet, wir machten uns gleich am Abend 9 Uhr mit dem Dampfschiff fort wo wir am 2. Juli in Detroit ankamen. Das Anfechten von Maklern und Bürau Bedrieger auf der Reise war fürchterlich, in Detroit mußten wir drei Tage warten bis ein Schiff abging, da koste es täglich zu zweit 1 fl. 51 kr. am 6ten Juli fuhren [wir] weiter, wo wir am 7ten in Saginaw-Citti im Staad Michigan ankamen, wo Herr Großman früher Schulehrer in Lollar uns empfing. Die Beschwerlichkeit bis dahin war groß. Ich P. D. war 4 Tage krank an Leibweh durch Verkältung am Eiswaser denn es war große Hitze, und ein Eis wird ins Wasser gelegt.

Herr Großman nahm uns mit in sein Haus. Die Semenaristen und Herr Großman gingen mit uns ans Schiff und trugen unsre Kästen bis in H. Großman sein Haus, hier trunken wir Kaffee, genoßen Früchte, und dann gingen wir zu Herr Weege mit Großman welcher zwei Stunden von Saginaw auf einem Gut wohnet, welches aber die Hälfte Herr Großman gehört, als wir zu Herr Weege [kamen] wurden wir sehr liebreich aufgenommen, o was thut das so wohl wenn man bei einem guten Freund aufgenommen wird. Hier blieben wir einige Tage, da wurden wir zu Rath das wir dem Herrn Großman sein Theil pachten sollten, welches denn auch geschahe, denn Herr Großman ist Siminarlehrer, das ganze Gut besteht aus 62 Aker davon sind Uhrbar 19 Aker, welche mit Weizen, Wellschkorn, Kartofel und Haffer bepflanzt sind, wofür ich jährlich zwei

Aker Wald abhauen, brennen und sonst rein machen muß. Wir wohnen bei Herr Weege die drei Jahr frei. Wir haben uns eine Kuh mit 1/4jähr. Kalb gekauft zu 24 Dollar. Am 11ten Juli sind wir kobeliert worden in Saginaw. Wir haben die ganze Zeit große Hitze gehabt 42 Grad. Ich hate mich auch am Drunk verdorben wo ich 14 Tag krank war am Fieber. Meine Frau ist aber immer Gottlob noch gesund. Frau Weege und Ihre Schwester waren auch krank am Fieber. Die Reise von New-York bis Saginaw kostet 100 fl. 2 Personen, also die ganze Reise kostet 280 fl. Es glaubt mancher es wär ein leichtes nach Amerika zu machen, aber wenn man hin kommt, so wird man es gewahr, wer keinen Freund, und bekanten hat der steht da. Die Arbeit ist nicht überfließig, der wer keine Profession hat, oder kein Geld daß er sich ein Gut kaufen kann der bleibt besser wo er ist. Von den Fruchtpreisen kann ich nichts schreiben, das weiß-Mehl kost das Pfund 3 kr 200 £ 10 fl mit sonstigen Verhältnißen bin ich noch nicht bekannt. Wer nach Amerika reisen will der kann es schreiben, daß ich Ihm schreiben kann wie er sich zu verhalten hat. Hier lebt man Einsam im Wald hat keine Gelegenheit Geld zu verschwenden, wird also viel gespart was in Deutschland vergeudet wird. Das Pfund Butter kostet 25 kr ein Ei 1 1/2 kr. Fabrik-Arbeit ist wohlfeil, oder wenigsten Maschinen-Arbeit. Aber wo der Handwerksmann dran arbeit die ist sehr theuer. Wenn wir in die Kirche wollen so können wir fahren denn Herr Weege hat Pferd und Wagen. Die ganze Farm, oder Gut kostet mit Haus, Pferd und Wagen 950 Dollar, das Land kost 500, das Haus 300, Pferd und Wagen 150. Wenn Euch das Schreiben bei guter Gesundheit angetroffen hat soll es uns herzlich freuen. Grüß mir Heinrich Sommerlad und Wilhelm Hildenbrand und sonst alle gute Freunde. Schreibt recht bald wieder, die Adres ist An Herrn Simenar-lehrer Großman in Saginaw bitte abzugeben an Philipp Deibel, Staad Michigan.

Wieseck am 3ten October 1852

Lieber Sohn! Bruder! Schwager!
Wir befanden sich am heutigen Sonntag versammelt, um dich um dein Schreiben zu benachrichtigen von 20ten August [richtig: 15. August] welches wir 25ten September richtig erhalten. Wir haben daraus ersehen daß du viel abgehalten [wohl: ausgehalten] hast biß du auf deinen gegenwärtigen Standpunkt angelangt bist aber du mußt dich trösten weil du im Voraus wußtest daß ein ander Klima auch eine andere Natur verlangt.

Was uns anbelangt sind wir Gottlob alle noch gesund, und hat sich keine Verändrung ereignet.
Die Ärnte fiel reichlich im Gebund aus aber die Kartoffel dünn. Faule gabs zwar wenig aber es hing nichts dran. Die Producte liefern aber wenig in die Meste [= Mast]. Das Futter Korn gibt im Durchschnitt 1 1/2 Mltr die Gerste 2 Mltr was die übrige Frucht anbelangt sind wir zufrieden. Kernobst gabs gar keins. Steinobst so ziemlich. Ich und mein Schwager wohnen wie du weißt zusammen in einem Haus; wir führen unsre Landwirthschaft zusammen, sind einig und verg[n]ügt. Du hattest hier auch deine Landwirthschaft, du hattest aber nicht viel übrig wenn [du] deine Steuern und Abgaben bezahlt hattest. Jetzt wohnst du in einem freien Land und da kanst du den besten Unterschied mach[en] zwischen hier und dort. Was ich dir noch sage: dein Vorrath an Frucht Kartoffel und dergleichen hattest du gut bezahl[t] kricht, du bekamst vor Kartoffel per Mlt 3 fl 44 kr und wies zum Setzen ging galt es blos die Hälfte. Dein Freund H. Sommerladt hat sogar Vorwürfe von Gottschall gemacht kriegt daß er ihm so theure Kartoffel gekauft hätte. Neuigkeiten gibts wenige! Um Johanni entstand in Rödchen [= Rödgen] ein Brand welcher 30 Gebäude verheerte. Es wurde ein Schmiede Namens Becker verhaftet und eingesteckt weil ers angesteckt haben sollte. Starke Gewitter zogen dieses Jahr auch durchs Land welche in der Frankfurter Gegend und der Gegend Cassel großen Schaden angerichtet hatten aber in unsrer Gegend nicht. Viel kann ich dir dießmal mal nicht schreiben denn du bist erst einige Monate fort, und die Sonne die damals schien scheint immer noch fort. Du schriebest in deinem Brief du säßest im Walde und sparst dein Geld was in Deutschland auch entbehrlich wär. Aber sehe zu im Walde sitzen! Wenn ich mich z. B. die Woche [geplagt] und gearbeitet, kann und geh' ich wenn mir düstre Wolken vor die Augen kommen, bei eine Gesellschaft und unterhalte mich [mit] ihnen! und gehe hernach ganz gestärkt meinem Bette zu, aber wie du schreibst hast du bloß mit einigen Menschen in einem fremden Lande Unterhaltung, da scheint mirs du hättest Notabene lange Weile. Bemerken will ich dir noch daß du und der H. Sommerladt öfters davon gesprochen es kämen so dumme Briefe aus Amerika, aber du hast wie es scheint auch einen Bock gemacht, du schreibst von 62 Acker aber nicht die Ruthenzahl nach hiesigem Maas. Sei doch so gut und schreib ungefähr das Maas. Ich kann dir nun keine weitre Neuigkeiten schreiben, als daß wir wie erwähnt die Arbeit zusammen thun, und meine Mutter ist bei mir wie früher bei dir. Du brauchst dich deshalb nicht zu bekümmern es geschieht ihr kein Leid;

oder wie du dem M. R. zurufst sie wird nicht unterdrückt. Keine Vorwürfe lieber Bruder.
Der 28te April war der Tag da du dich aus unsrer Mitte entferntest, man soll sich aber nicht denken, was das für einen Eindruck auf den Familienkreis gemacht; selbst der kleine Ludwig erinnert sich noch und ist blos ein Kind.
Bei trauerntem Mitleid verfließt mancher Tag um dich lieber Bruder. Es mach [= mag] nun bei dir gewesen, oder gegenwärtig noch sein wie es will. Den Pfeifenkopf den du mir bei Langgöns schenktest rauch ich dir noch immer zum Andenken. Es wünschen dir alle welche dich kennen gekannt, besonders aber der Familienkreis Glück und Segen zu deinem Vorhaben wo so manche Thräne drüber geflossen hat. Ich will nun schließen und läßt dich u.d. Frau grüßen! Deine Mutter welche noch gesund ist, dein Gebrüder deine Schwester und dein Schwager. Ferner deine Base Kth. Deibel u. Melch. Römer, welcher seinen Übertrag so gut macht wie er kann. Von der Erbschaft ist noch nichts gefallen trotz dem langen Prozesse. Ferner noch H. Sommerladt u. s. Leut. W. Hildenbrand, Ph. Reuter Nachbar. Phl. Römer kurz alle Verwande und Bekannte. Schließlich bemerke ich noch daß wir dir alle gute Beßerung wünschen weil du krank bist. Möge der liebe Gott vermöge seiner Allmacht walten daß du bald wieder gesund bist und deine Frau auch. Und wir wünschen auch noch Glück zu Euerer Heirath. Wir sind und bleiben deine treue Familie.

Deine Mutter
deine Gebrüder
deine Schwester
dein Schwager nebst Sohn Ludwig

Geschrieben von deinem
Bruder Johannes Deibel
Wieseck am 3ten October
1852

Noch eins.
Am 5ten schifftet ihr ein, am 28ten Juni Sonntagmorgen sahet ihr Land, und wir hatten den 28ten Juni Montag und da seid ihr grad um einen Tag gekommen.

Es grüßt dich auch deine
Frau Maria Stein aus Beuern
in Dienst bei H. Deibel

Mainzlar am 7ten Januar 1855

[. . .]

Hier ists wies ist und gehts wies geht. Der Theuerung des vorigen Jahres glaubt man wolle der liebe Gott im verfloßenen Sommer durch eine reiche Ernte ein Ende machen aber diese fiel nicht so aus wie man glaubte. Stroh gabs gnug aber wenig Körner, und die Fruchtpreise blieben, mit einiger Abwechslung, fast ganz so stehen wie vor der Ernte. Bei Leuten welche alle Lebensmittel kaufen müßen, schikt deßhalb aller Verdienst nicht; der Bettler werden mit jedem Tag mehr, es ist traurig genug. Auch das Vieh ist sehr theuer. Es sind vor Weihnachten Viehkäufer aus Schleswig Holstein in unserer Gegend gewesen und haben 24 Paar Ochsen aufgekauft und in ihre Heimath geführt, was man noch nie gehört hat. Es kommt aber durch den Krieg Englands Frankreichs und der Türkei mit Rußland. Die Engländer kaufen für ihre Armee viel Schlachtvieh im nördlichen Deutschland wodurch jene Händler sich in unsere Gegend wandten. Es werden jetzt in ganz Deutschland große Rüstungen vorgenommen und der Krieg wird für unvermeidlich gehalten. Gestern sind vom Kreisthierarzt die hiesigen Pferde besichtigt und falls fürs Militär tauglich aufgezeichnet worden. Wenn man die politischen Verwickelungen, die Theurung aller Lebensmittel und keine Aussicht auf Änderung derselben betrachtet, so kann man ohne den Sturm am letzten Tag des alten Jahres der den Neujahrstag zu einem wahren Orkan wurde, ein Jahr voll Jammer und Noth auf allerlei Weise befürchten.

[. . .]

Liebe Schwester wird denn bei Euch auch Flachs oder etwas dessen Stelle vertretendes gezogen oder womit vertreibt sich das weibliche Geschlecht in Amerika die Zeit im Winter? Hier würden sie ohne das Spinnrad im Winter doch vor Langeweile wer weiß was alles anfangen. Ich habe kürzlich mit einem Manne gesprochen der viel in Amerika herumgereist sein wollte, der sagte im Staate Michigan sei das Land nicht fruchtbar und es wachse dort sogenanntes Steinholz und wo sich dieses fände sei der Boden nicht gut. Wie verhälts sich damit. Schreibt uns bald wieder und bemerkt dabei wie viel an eurem Lande urbar ist u. was u. wieviel Wiese ist oder werden kann. Eine kleine Beschreibung Eurer Farm, ihrer Lage an oder an keinem Fluß ihrer Umgebung und dergleichen würde mir erwünscht sein. Kommen denn viele Einwanderer in Eure Gegend? Wo u. wie befindet sich jetz Wege oder wißt ihr nichts mehr von ihm. Wie ist dann jene Sache mit dem Geld das Großmann von Euch haben wollte abgelaufen. Wie ists mit der Sprache, ganz u. überall Englisch oder auch deutsch. Kirchen sind dort wie ists mit den Schulen? Ackerwerkzeuge sind die wie hier. Doch ich muß schließen. Seit hertzlich gegrüßt [. . .] Wilhelm Schlapp, Elisabeth Schlapp.

6. Von der Chance für Frauen

Für Frauen bot Amerika gute Heiratsmöglichkeiten – in den westlichen Staaten herrschte Frauenmangel – sowie bessere Löhne, als sie weibliche Dienstboten, Mägde und Arbeiterinnen in Deutschland erhielten. Durch beides konnte ein sozialer Aufstieg gelingen, wie ihn sich die ehemalige Dienstmagd Margaretha Meckel aus Bicken – ausgewandert 1845 nach Texas – in einem Brief an ihre »Goht« (Patentante) 1851 zuschreibt. In Amerika hatte sie 1846 Johann Georg Wetz aus Offenbach geheiratet, mit dem sie – einige Übertreibungen mit in Rechnung gestellt – so erfolgreich eine Farm bei New Braunfels bewirtschaftete, daß sie sich reicher wähnen durfte als ihr wohlhabender Vetter daheim. Folgerichtig deshalb ihr Rat an eine ehemalige Freundin, doch ebenfalls auszuwandern und den besseren Verdienst und die leichtere Arbeit in Amerika zu suchen.

Neubraunfels den [. . . . . . 1851]

Herz liebe Gotht und liber Vetter ih wische Euch ein gutes wohl er gehn Gute gesundheit und eure Frau und Kinder, Mein Vetter Johan Henrich Diller, mein Vetter Johan Henrich Winkel und sene Frau, und Kinder, Catharina Weber, ich lasse Euch viel Thausend Mahl Grüsen, ja nicht allein mit dem Mund sondern aus Rechten Herzens Grund liebe Gotht ihr schreibt mir es were gar zu schlächt das ich noch nicht geschrieben hete, das Jahr 46 habe ich Euch 2 priffe geschrieben, woh ich noch gar keinen Andwort Bekommen habe, liebe Gotht und ich klaubte ihr hät mich Ganz vergesen den ich hat mir zeit 3 Jahre vor genomen keinnen prief wider zu schreiben liebe Gotht vor 3 Jahr freute ich mich Tach und Nacht wie Meinem Breuder seimne schwigerleutte aus Deuschland kammen, ich sagte doch immer, zu Meinem Man, ach jest grüch ich gewis einen Brief, vohn meiner Gotht ich bekam aber noch keinen Grus viel wenichger einne Veter [= Feder] vol Dinde vohn Euch, sehet liebe Gotht ihr schreibt ihmmer An Menem Brieuder nicht einmal an mich, dan hät ihr schohn lengst einen Brief vohn mir, den ihr wiset doch das ich geheirat habe den Johan Görch Wetz vohn Ofenbach, an denen ihr schreiben konte, Herzliebe Gotht, klaubt ir gewies ihr seit mir nicht vergesen, ihr seit mir aus meinen Augen gekommen aber nicht aus meinem Herzen, liebe Gotht, ich habe schohn 3 Kinder. Einne Dochter und 2 Sene, die älste ist 5 Jahr alt jhr Namen, heist Catharina Wetz, geboren

1846 den 3 ten December, der älste Sohn heist Vertinant geboren 1848 den 2 t Sepdember, der Kleine heist Heinerich geboren den 13 August 1851, liebe Gotht nun winschte ich ihr und Catharina Weber weret hir bei mir ihr selt keinne stol Arbeit mer tun, wenn ich euch nur immer ihm Hauße senn kente liebe Goth wen ihr ein wenich lust nach Tecksatzs hat zu reißen wenn nur bekante leute hir her zihen wohlen dan Machet euch nur Munder Auf, und komt zu mir, den Deuschland ist grate ein vergelich [= Vergleich] gegen Tecksatzs als wen man ein licht aus Bläst, liebe Gotht Vetter jhr wisset doch wohl wenn ich nun ihn Deuschland gebliben wer dan häte ich zeit meines läbens Diensmacht seine Missen, hät ich meines kleiches heiratten wollen dan hät ich noch keinne zihge halten kennen vil weniger eine Kuh, liber Vetter wier sind nun 6 Jahr ihm land wir haben 3 Jahre in der stat gewoht aber jest wohen wier auf land nicht weit vohn meinem Bruder Fellich und Nickel 4 Meillen vor der Stad, lieber Vetter wie ich den Johan Görg Wetz geheirat habe von uns hate keins nichts noch keinnen leffel woh mit mir Esen konte aber liber Vetter, jest Dausche ich mit euch nich ihr seit ein Reichger Mann Aber doch ein Armer den ihr miht euch so mit Arbeit hin, glaubt ihr gewis hier kann der Mensch das halb Jahr Schlaffen gegen euch und macht doch mehr wie ihr, liber Vetter glaubt ihr gewis wir verkauffen das Jahr mehr Korn wie ihr, auf Einem Acker Gibts 40 bis 50 Buschel, der Buschel helt 54 funt es werten auch 2 sohrten Kartoffel geflanztz sise und auch Deusche es wirt auch schohn Deusche Frucht geflantz, aber die trächt nicht so ein wie das hisiche Korn, das Korn wirt garte gesetz wie in Deuschland die Kartoffel, so gar die ganze Deusche gemisser. wachsen hier noch Besser wie in Deuschland. Nun liebe Gotht, hier Sacht man, wer schohn Deuschland auf seinem Ricken hat, und hat seine gesundheit, der ist Reich genuch, den man hert es alle Tage wie es ihn Deuschland aussieht, den es Kohmmen jest fast alle Tage früsche Leute widter an, den ihn der Zeidtung stet, es weren jest 9 Schifvol leude wieder auf der See, liebe Gotht ich habe schohn manchmal gesacht, ach wen doch alle Armme, Mächte, und Knächte, hier were die hätten es doch Besser wie ihn Deuschland. Einne Macht bekomt jenden Mohnat 5 bis 6 Daller ein Knächt bekomt 12 bis 15 Daller ein kinner Mächge [= Kindermädchen] bekomt 3 Daller ein Knächt bei dem Kufferment [= Government] bekohmt 25 Daller, ein Taglenner bekohmt jeten Tag 6 Bitt, 8 Bitt ist ein Daller, Ein Daller ist nach Deuschem Gelte 2 Gulden 30 Kreuzer, ein Schmit und Wachner ist hier im land die beste Brofession das Gibt grundreichge Menner nun liebe Gotht Dies alles, was wier Doch haben, hat Doch mein Mann mit seiner hand allein verdind, das hätt er ihn Deuschland in seinem lebben nicht verdind wier haben 3 par Ocksen ein Wagen, 5 kie mit kälber und sohnst noch viel Junges Vie ein Vert [= Pferd] zum Reiten hinner [= Hühner] im jber fluts 10 Ackerland, den wer hier Ackerland hat, Ocksen, und Wagen, und die Gesundheit, der ist reich genuch. Mein Bruder phillipp, und Phillipp, Hinnerich die Beide, haben aber 9 par Ocksen 2 Wagen 20 Ackerland. Phillipp hinnrich fert immer auf der Schtrasse die Katharina ist das vohriges Jahr zum Abendmal gekommen, liebe Gotht die 2 kleine hälfen ihm viel er solde mir die kleine Schwester imer geben aber er dats nicht und die wohlte auch gernne bei mich das hat mich vertrossen vohn meinem Bruder Phillipp, liebe Gotht Nun will ich euch auch schreiben, das meinne Schwester, Anne Elisa, schohn den 3 ten Man hat, der erste ist ihm gestorben das war Johannes Hofman, aus Bellersttorf, der 2 man ist ihm ertruncken ihm Wasser es war ein Schmit. ihren 3 ten man kenne ich noch nicht sie wohen nicht hier sie sind 30 Meillen vohn uns ihn der Stadt Sankandohn [= San Antonio]. Sie hat aber noch keinne Kinder vohn keinnen, nun Katharina Webber jest viel ich nich mal wenden zu dier du weist das ich dier keinne ligen schriben wen du hier werst und wollest Bei andere leude dienen dan Bekomst du jeten Mohnad 6 Daller aber ich klaube, wen du einmal hier wierst, du gingst nicht vohn mir, den hier wiert nicht gearbeit wie ihn Deuschland, man prauch nicht zutreschen, keinne Kartoffel zu hacken, keine Frucht zu schneiden, und auch keinen Stall zu Misten liebe Catharina. Wen unsere herzliebe Gotht nicht mit wil so bleibe doch nicht ihn Deuschland, und wenn du gleich unzer Vetter Diller Erben Kenst. Liebe Gotht, ich Sage alle Tage zu meinem Mann und zu meiner Dochter Catharina ach wen ich doch meine Gotht hier hätte wie kende die es so Gut bei mir haben den ihn Deuschland hat sie es doch nicht Gut, das weis ich. Siet lieber Vetter der Viestandt ist noch das allerschenste, das wächst hier auf und wiert es nicht gewarren [= gewartet] und brauch es nicht zu vittern es kohmd alle Aben Nach Hausse. Nun liebe Gotht ich kan euch nicht alles schreiben den dissen Prief schreibe ich an euch mit Winenden Auchgen und ziterte Hende. Nun liebe Gotht, jetz wil ich euch auch Mahl Schreiben, ihr hat doch mein Schwager und seine Schwieger leute so Manch Thausend Mahl Grüsen Lasen aber mich nicht Einmaal, liebe Gotht, das hat mich ser vertrosen vohn euch, hät ihr mihr doch vohn den Thausen Nur Einen geschiekt das hät mich doch gefreut vohn Grund Meines Herzen, Johan Görg Wetz. Nun wil ich euch auch Schreiben Liebe Gotht, ihr habt doch wohl die Rede und Siet doch mal wie es Meine

Geschwiester ihn Offenbach Getht, und Saget zu Meiner Schwester Catharina Machnus, ich lies sie vil Thausen mahl Grisen ich Winschte alle tag das es mit seinen Kinder hier were, Sie kent mihr Einen Jung Schicken, ich wohlte ihm kerne das Reisgelt Schicken den es felt mir weider nichts wie ein Junge der mir die Ockesen treiben kende bei dem fluch [= Pflug] am Ackern.
Johan Görg Wetz [und] ich lasse euch alle viel Thausend mal Grisen nun will ich Meinen Brief Schliesen und lasen Euch alle viehl Thausend mal Grüsen, Nehmt den Brief mit nach Ofenbach Johan Gö. Wetz Margetha Wetz Catharina Wetz, liber Vetter Schreibt mir doch kleicht, liebe Gotht wenn ihr nach Teksas Reisen wohlt dan schreibt mier Ernst ein Prief dan mus ich euch erst schreiben wie ihr euch zu verhalten hat und was ihr auf der reisse und auf dem Schief haben must. liebe Gotht wolt ihr aber diese reisse nicht vohr nemmen so lasset doch Catharina Webber nicht in Deuschland und wen es glig [= gleich] unser Vetter Diller Erben kende.
Catharina Webber wen du kommen Wohlst so Bringe mir doch mit Ein spinnrat und die Ganse Schulbüchger vohr mine Dochter Catharina.
Liebe Gotht, Catharina Diller Johannes Diller und diene Frau mein Vetter Johan Hinrich Diller Catharina Weber Heinrich Diller min Vetter Winkel und Frau und Kinder wir lassen euch alle fiel Tausen mal Grüsen Margetha.
Lebet alle Wohl, wier sind Gottsei Dank noch alle Gesund, Grüset mir all verwanden und Bekanden lebet alle Wohl.

7. Deutsche Farmhäuser in Texas

a) *Farmhaus einer (wohl hessischen) Einwandererfamilie in teils Block-, teils Massivbauweise bei Fredericksburg/Texas um 1880 (Foto: Institute of Texan Cultures, San Antonio).*

b) *Deutsches Fachwerkhaus in Comfort/Texas (Foto: Institute of Texan Cultures, San Antonio).*

8. Die Oesterling-Story

1831 wanderte aus dem Weiler Michelbach bei Fränkisch-Crumbach im Odenwald der Bauer Johannes Österling mit Familie nach Pennsylvanien aus, wo er als Farmer in der Nähe von Butler ansässig wurde. Einzelheiten aus dem Leben dieser Pionierfamilie sind mündlich an die Nachkommen weitergegeben und nach 1977 in eine Familiengeschichte eingebracht worden (Sara K. Bachmann/Emma M. Keck/Ralph A. Nicholas, »The Peter Oesterling Family«, o.O. und o.J.), aus der der folgende Auszug (S. 11-17 des Originals) in Übersetzung wiedergegeben wird.

Die jüngere Geschichte der Oesterlings reicht zurück ins späte 18. Jahrhundert. Damals lebte ein Oesterling in Hessen-Darmstadt, zweimal verheiratet und beide Male mit Schwestern des Namens Kradel. Diese Familie setzte sich zusammen aus – soweit wir wissen – den Söhnen Johannes (1), geboren am 8. März 1796, Peter (2), geboren am 3. August 1797, und Leonhard (3), geboren im Jahre 1802. Ob es weitere Kinder in der Familie gab, wissen wir nicht, da nur Nachweise über diese drei Brüder existieren. Der Vater von John (1), Peter (2) und Leonhard (3) hatte ein Paar Ochsen verkauft, als er bei seiner Heimkehr von einem Räuber überfallen wurde, der sich hinter der Tür versteckt hatte. Der Räuber langte nach einer Axt und tötete Oesterling. Die Kinder arbeiteten auf dem Feld, und John, der den Räuber sah, ohne jedoch zu wissen, daß sein Vater ermordet worden war, fing den Räuber, der später eingesperrt wurde und im Gefängnis starb. Etwa um 1817 oder 1818 heiratete John Oesterling Elisabeth Ripper, und sie lebten in Hessen-Darmstadt. Ihren Lebensunterhalt bestritten sie als Bauern. Hier wurden drei Kinder geboren: John (1-1) am 23. Dezember 1820, Katharina (1-2) im Jahre 1826, Elisabeth (1-3) am 25. Januar 1828. Es war eine Zeit der Unruhe in Deutschland, und viele Unzufriedene verließen damals das Land, um nach »Frei Ame-

John Oesterling

rick« zu gehen. Die Oesterling-Brüder bildeten keine Ausnahme, und so drehten John und Elisabeth mit ihren drei Kindern 1831 ihrer Heimat den Rücken, um sich dem Land der Freiheit jenseits des Ozeans im Westen zuzuwenden.

Wie es üblich war in jenen Tagen, fragte John seine Frau Elisabeth nicht um Rat bezüglich eines geeigneten Reisetermins. Vielmehr kam er lediglich nach Hause und verkündete, daß sie nach »Amerika« reisen würden und daß sie und die drei Kinder bereit zu sein hätten. Elisabeth, wie jede gute deutsche Frau, gehorchte, obwohl sie hochschwanger war. Tatsächlich verzögerte sich die Abreise mit dem Schiff um sechs Wochen durch die Geburt des kleinen Leonhard (1-4). Und so reisten sie ab mit vier Kindern – eines davon erst ein Baby – und ihrer Barschaft und anderen Habseligkeiten in einer festen Holzkiste (sowohl John als Elisabeth waren vermögend). Man sagt, daß John (1) sich weigerte, einen Blick auf das dahinschwindende Heimatland zu werfen, als das Schiff absegelte; vielmehr hielt er den Blick fest westwärts nach »Frei Amerika« gerichtet.

Achtundneunzig Tage schaukelte das Schiff über den Atlantik, und sie erreichten Amerika im August 1831. Wir haben keine Aufzeichnungen darüber, wie ihr Eindruck von dem unermeßlichen Land war, glauben aber, daß sie ein wenig enttäuscht waren, Amerika nicht so »frei« vorzufinden, wie sie es erwartet hatten.

Wo sie landeten und warum sie das westliche Pennsylvanien zu ihrem Ziel erkoren, wissen wir nicht – vielleicht brachten sie die geringen Bodenpreise hierher, wie wir es von vielen anderen deutschen Siedlern im Butler County aus jener Zeit wissen. Eine Zeitlang wohnten sie in einem Gasthaus namens »Old Allegheny«, das am Fluß in Pittsburgh lag, und dachten daran, sich dort endgültig niederzulassen. Doch wanderte die kleine Familie weiter nach Butler County, und dort, in der Nähe von Hermann, kaufte John (1) 700 Acres Land. Hier wurden weitere zwei Kinder – Anna Eliza (1-5) und Peter (1-6) – geboren. Weil es Streitigkeiten mit den Nachbarn über die Landgrenzen gab oder weil er näher bei Butler wohnen wollte, entschloß sich John, diese Farm zu verkaufen. Er kaufte 400 Acres etwa drei Meilen näher bei Butler in Summit Township und holte seine Familie dorthin. Auf dieser Farm wurden die letzten beiden Kinder – Adam (1-7) und Margaret (1-8) – geboren. Heute ist diese Farm in die Farmen von Lewis und Albert Oesterling, James Oesterling, Fred Carbin, Peter Pastorius und B. F. Spinneweber aufgeteilt.

Als gute Lutheraner gliederten sich John und Elisabeth bald der St. Mark's Lutheran Church von Butler an. Zählen wir heute die Mitglieder von St. Mark's, so stellen wir fest, daß ungefähr 300 von ihnen Nachfahren von John und Elisabeth Ripper-Oesterling sind. Der Name Oesterling steht in den Kirchenbüchern der St. Mark's Church über allen anderen Familiennamen. Später, nachdem die lutherische Kirche in Summit Township gebaut und eine deutsche Pfarrschule eingerichtet war, gingen die Kinder und Enkelkinder der Oesterlings dort zur Schule, weil ihre Eltern ihre Erziehung in deutscher Sprache wünschten. Nie jedoch rissen die Verbindungen mit St. Mark's in Butler ab. Allmählich verschwand der Gebrauch des Deutschen, und heute verstehen nur noch wenige diese Sprache.
John Oesterling oder »Vater«, wie er genannt wurde, wird als lebenslustiger Mensch beschrieben. Seine Frau, oder »Mutter«, als eine Heilige. Sie sagte einmal, daß sie John Oesterling in der Erwartung geheiratet habe, sie könne ihn bessern, doch sei sie gescheitert. Jungen Frauen gab sie den Rat, niemals einen Mann zu heiraten in der Erwartung, sie könnten ihn bessern. Sie war eine strenge Alkoholgegnerin, im Gegensatz zu ihrem Mann. Tatsächlich ging nach seinem Tod ein Wirtshaus in Butler seine Erben um eine Rechnung in Höhe von 200 $ für Alkohol an, den er während der vergangenen Jahre getrunken hatte – eine beachtliche Summe in jenen Tagen. Als sich John einmal das Bein gebrochen hatte und einer der Nachbarn vorbeischaute, um Johns Frau sein Mitgefühl auszusprechen, sagte sie verächtlich: »Wenn er hier im Bett ist, weiß ich, wo er ist und was er tut.« Elisabeth war jedermanns Freund und hatte immer »Butterbrot mit Zucker« für ihre Kinder und deren Freunde, wenn sie hungrig hereinkamen. Ihrer Güte und Freundlichkeit wegen entfaltete sich ein fröhliches Heim in dem Blockhaus. John und Elisabeth Oesterling lebten bis zu ihrem 67. bzw. 74. Jahr. John Oesterling starb auf seiner Farm im Jahre 1862. Seine Frau lebte allein weiter bis zu ihrem Tode 1871. Keiner der Lebenden heute weiß, woran die beiden Eheleute gestorben sind. Sie sind beide auf dem Südfriedhof in Butler, Pennsylvanien, begraben. Ihre Nachkommen erfreuten sich einer hohen Lebenserwartung. Viele von ihnen erreichten das 80. Lebensjahr und mehr. In einem Jahr, als die Sippe mehr als 800 Nachfahren zählte, gab es nur einen Todesfall. Rev. C. W. Brecht von Chicora erklärte zu jener Zeit, daß es zusammengerechnet Hunderte von Jahren dauern würde, bis alle lebenden Mitglieder der Sippe gestorben seien. Im Jahre 1949 gab es 1344 direkte Nachkommen, von denen 212 mittlerweile gestorben sind –

es bleiben im ganzen 1132 lebende Mitglieder. 118 Jahre sind vergangen, seit sie in Amerika zu siedeln begannen. 1948 verminderte sich die Zahl um sieben Sterbefälle gegenüber einem Zuwachs von 51 Geburten. So werden wir immer mehr!

Das »Homestead«

»Heimat ist dort, wo das Herz ist.« Diese Worte scheinen in besonderem Maße auf John und Elisabeth Oesterling zuzutreffen. Sie drehten ihrem ansehnlichen Heim in Deutschland den Rücken und kamen nach Amerika. Das Leben in diesem Teil von Pennsylvanien war alles andere als leicht in jenen Tagen der frühen 1830er. Das Land mußte gerodet werden, bevor ein Haus und eine Scheune darauf gebaut und Getreide angepflanzt werden konnten. Was für eine zermürbende Arbeit war das! Doch deutscher Wille, voranzukommen, trieb die Oesterlings an, und so rodeten sie das Land.

Zuerst wohnten sie in der Nähe von Herman, doch nur für wenige Jahre, so daß sie wahrscheinlich nicht die gesamten 700 Acres roden konnten. Nachdem sie die 400 Acres Land gekauft hatten, die jetzt die Farmen von Peter, Albert, James und Lewis Oesterling sowie die von Spinneweber und Pastorius umfassen, begann die Arbeit erst richtig. Bäume wurden gefällt, und ein Haus und eine Scheune wurden darauf errichtet. Wie es damals üblich war, wurde ein Platz für dieses Gebäude nahe der besten Quelle auf der Farm gewählt. Die gab es in einer Senke auf der heutigen Farm von Albert Oesterling. Die wunderbare Quelle fließt noch immer. Heute rinnt das Wasser in einen Trog zur Tränke des Viehs.

Das Haus stand an einem Hügelabhang, und die Scheune wurde weiter oben gebaut. Diese Gebäude waren aus Holzstämmen gezimmert, die man auf der eigenen Farm geschlagen hatte. Verschiedene gute Beschreibungen des Hauses sind überkommen, da es die Oesterlings lange bewohnten. Nicht nur John und Elisabeth mit ihren Kindern lebten darin, sondern auch die Familien von Peter und Adam. Es leben immer noch Oesterlings, die darin gewohnt haben. Edward L. Oesterling (1-7-5) erinnert sich so lebhaft an das Gebäude, daß er das beigefügte Bild und Pläne des Hauses zeichnete. Die Einzelheiten wurden von seinem Sohn, Donald Oesterling (1-7-5-2), gezeichnet nach der Beschreibung seines Vaters.

Gemessen an den Verhältnissen der 1830er Jahre hatten die Oesterlings ein schönes Heim. Die äußeren Wände bestanden aus der üblichen

Bohlen- und Lehmkonstruktion mit teilweise darüber genagelten Schalbrettern. Das Haus, an einem Abhang gebaut, schmiegte sich mit der Rückfront an den Hügel und hatte eine hohe Veranda entlang der Vorderseite. Im Innern gab es früher zwei große Räume – eine Küche und ein Wohnzimmer, doch wurde die Küche später geteilt, um auch ein Eßzimmer zur Verfügung zu haben. Von der Küche führte eine Treppe in den zweiten Stock, wo die Kinder ihre Schlafräume hatten. Ebenso führte eine Treppe in den wunderschönen Keller, wo Kartoffeln, Wurzelgemüse, Äpfel und alle anderen Vorräte gelagert wurden, die die Familie für ihre Ernährung brauchte. Konserven, wie wir sie heute kennen, gab es in jenen Tagen nicht, und so war die Nahrung im Winter auf Rauchfleisch, Frischfleisch zur Schlachtzeit und Gemüse, das sich im Keller aufbewahren ließ, beschränkt. Es verwundert nicht, daß die Menschen das junge Frühjahrsgemüse begrüßten: Löwenzahn, Senfkraut usw.
Von der Küche entfernt lag ein Raum mit Namen »Spülküche«. »Mutter« Oesterling hielt ihre Küche gerne tip-top-sauber, und so verrichtete sie alle Schmutzarbeit in der »Spülküche«. Hier wurden die Kleider gewaschen, die Schlachtschweine verarbeitet, Seife gekocht und alle anderen Arbeiten verrichtet, die zu schmutzig für die normale Küche waren.
Ein weiterer großer Luxus bestand in der Tatsache, daß sich die Quelle unter demselben Dach mit der übrigen Wohnung befand. Heute, wo wir

Leitungswasser in unseren Wohnungen als Notwendigkeit ansehen, können wir uns kaum vorstellen, was für eine anstrengende Plackerei es in jenen Tagen war, jeden Tropfen Wasser, der bei der täglichen Hausarbeit benötigt wurde, von der Quelle zu holen, die manchmal in einiger Entfernung vom Haus lag. Elisabeth Oesterlings Nachbarinnen waren neidisch auf ihre so günstig gelegene Quelle. Egal, wie kalt auch die Winterwinde wehten, niemals mußte sie sich ihnen aussetzen, da immer Wasser nah bei der Hand war.

Das Wohnzimmer war ein großer Raum und diente als Schlafzimmer für einen Teil der Familie. Eigentlich war es mehr ein Schlafzimmer als ein Wohnzimmer, da zwei große Betten, ein Bett auf Rollen und eine Wiege darin standen. »Vater«, »Mutter« und zumindest drei der jüngeren Kinder haben diesen Raum wohl als Schlafzimmer genutzt. Ein an der Vorderseite offener Kohleofen heizte den Raum und bot neben Wärme auch Licht. Das war ein großer Fortschritt gegenüber den Feuerstellen, die man in den meisten Häusern jener Zeit fand. Wahrscheinlich verbrachte man viele lange Winterabende um den Ofen, während die kalten Winde über die Hügel und das gemütliche kleine Haus pfiffen. Kohle, die man auf der Farm grub, wurde für Heizung und Kochen verwendet.

Direkt außerhalb der Küche baute John einen großen Backofen. Jede Woche wurde er gefeuert, und der Bedarf an Brot, Kuchen, Gebäck wurde darin gebacken. Das Backen dauerte meist den ganzen Tag, da in dem einmal geheizten Ofen die Backwaren für die ganze Woche fertiggestellt werden mußten. »Mutter« Oesterling hatte immer »Brot mit Zukker« für ihre große Familie und jeden der Freunde bereit, und sie muß wohl Tausende von köstlichen Brotlaiben in jenem Ofen gebacken haben. Dieser diente ebenso treu Mrs. Peter Oesterling (1-6) und Mrs. Adam Oesterling (1-7).

Die Stelle, an der das Haus stand, ist heute noch durch einen riesigen Fliederbusch zu erkennen, der zweifelsohne von Elisabeth Oesterling gepflanzt wurde. Viele der Nachfahren haben die wohlriechenden Blüten armvollweise gesammelt, doch hielten sie die Stelle, an der der Flieder steht, für eine besondere, erzählten doch ihre Onkel, daß der Flieder auf das Grab eines kleinen Kindes gepflanzt sei, das Jahre vorher gestorben war. Ob das der Wahrheit entsprach, ist ungewiß; doch das Wissen dieser Geschichte machte die Stelle um so interessanter.

Um die Scheune standen alle auf einer Farm üblichen Gebäude beieinander: der Schweinestall, die Gestelle zum Maistrocknen und der Hühnerstall.

Ja, John und Elisabeth Oesterling hatten Erfolg bei der Urbarmachung eines Stück Wildnis' in einem jungen unwirtlichen Land, das sie sich zur Heimat machten und das nicht nur sie, sondern auch ihre Kinder liebten. So tief verwurzelten sie in der neuen Heimat, daß noch heute ihre Nachfahren auf dem gleichen Boden leben.
Nach genauer Zählung wurden 82 Nachfahren von John und Elisabeth Oesterling auf dem Land geboren, das ursprünglich zum »homestead« gehörte. Es sind dies Adam Osterling (1-7), Margaret Oesterling (1-8), die neun Kinder des John Oesterling (1-1), die fünf Kinder des Lewis Oesterling (1-1-8), die neun Kinder von Peter Oesterling (1-6), elf Enkel von Peter Oesterling, neun Urenkel von Peter Oesterling, 13 Kinder des Adam Oesterling (1-7), zehn Enkel von Adam Oesterling, zehn Urenkel von Adam Oesterling, vier Ur-Urenkel des Adam Oesterling.
Heute finden 21 direkte Nachfahren von John und Elisabeth Oesterling ihre Heimat auf den Farmen, die aus dem ursprünglichen »homestead« entstanden sind – zwei aus der sechsten Generation leben heute bereits dort. Es sind dies Larry (1-7-6-8-2-1) und Nancy (1-7-6-8-2-2) Kurtz, die Kinder von Mr. und Mrs. Russel Kurtz (1-7-6-8-2).

9. Der arrivierte Farmer

Nach Überwindung der Anfangsschwierigkeiten saß der arrivierte Farmer in einem hübschen Landhaus mit wohlgeordnetem Besitz, wie es diese Ansicht von der »Residence« eines Auswanderers aus der Odenwälder Familie Schwinn in Stoockey/Illinois zeigt (aus: »Portrait and Biographical Record of St. Clair County, Illinois«, o. O. und o. J. [ca. 1885]).

10. Ländliche Geselligkeit

Von den großen Festen auf den Farmen, bei denen die Gäste mit Kutschen anreisten und angemietete Musikanten für Stimmung sorgten, gibt dieses Foto von 1901 eine Vorstellung. Es entstand auf der Farm des Camberger Auswanderers Johannes Preuss (siehe S. 309) in Serbien/Texas, als dort der 89. Geburtstag von dessen Schwiegermutter (Bildmitte) gefeiert wurde.

11. Das Farmerleben in der Krise

Als gelernter Metzger hatte sich 1850 der siebzehnjährige Johannes Preuss aus Camberg einer Familie aus Würges angeschlossen, die nach Texas ging. In Bastrop/Texas ließ er sich bei Serbien ein Stück Land zuweisen, das er mit Hilfe schwarzer Landarbeiter urbar zu machen begann. Er heiratete eine Deutsch-Amerikanerin, die ihm dreizehn Kinder schenkte, und besaß mit seiner Familie schließlich 100 Acres kultivierten und 160 Acres unkultivierten Landes. Für seine Baumwolle erhielt er jedoch immer geringere Preise. So teilte er das Los vieler Farmer, die gegen Ende des 19. Jahrhunderts von agrarischen Großunternehmen überholt wurden. In den Briefen, die er laufend seinem Bruder Franz nach Camberg schrieb, berichtete er davon (siehe die nachfolgenden Auszüge). Im Alter verkaufte er schließlich die Farm unter Wert, um seine letzten Lebensjahre (1907-1916) als Rentier in Bastrop zu verbringen.

Serbien den 19ten Oktober 1887

[. . .] mir get es ganz gut natirlich Reich bin ich nicht den um Reich zu sein gehort viel, bin aber sehr zufrieden mit dem was ich habe, hätte ich diesen Grund und Boden in Deutschland wär ich ein Reicher Mann. Ich habe jetzt 275 Morgen Land. 80 Aker Uhrbar in Felt und das andere ist Holz und Weideland. Vieh hab ich nicht mer so viel ungefär 35 Stück und 2 Maulesel und 4 Stuthen und 4 Walachen daß ist noch viel zu viel den hier hat es nicht viel werth, man kann so zu sagen nichts verkaufen vor bares Geld als wie blos Baumwolle und die hat auch einen schlechten Preis [. . .]

Serbien den 19 Januar 1889

[. . .] Wier hatten dieses letzte Jahr ein sehr nasses Jahr gehabt und viele Krankheiten in der Familj gehabt, und bis jetzt ist es immer nass. Regnet jetzt schon fast 2 Monate hat noch nie so viel geregnet im Winter seid ich hir in Amerika bin. Die Ernte ist zwar gut ausgefallen haben viel geärntet. Ich habe auf 26 Morgen 14 Ballen Baumwolle gezogen wo jeder Ballen 550 £ gewogen hat. das £ habe ich verkauft zu 9 Sent [= Cent] das £ habe also bis 50 Thaler von einem Ballen gegricht. 1 Thaler [= Dollar] sind 4 Mark, und auf 24 Morgen habe ich ungefähr 500 Büschel Korn gezogen, 1 Büschel ist so vil wie 2 Simern. Korn ist aber sehr billig man kan den Büschel vor 1 Mark und 1/2 kaufen. Korn habe ich keins zu verkaufen den das fressen die Pferde, Schweine, Hüner und Rind Vieh. Sonst geht es uns ganz gut. Kindern habe ich noch 7 bei mir 6 Buben und 1 Mägden. der älste heißt Franz ist 23 Jahre alt und noch nicht verheirathet. das jüngste ist ein Mädgen und ist erst 5 Jahre alt, 4 Kinder sind verheirathet 2 Buben und 2 Mädgen. [. . .]

Serbien den 31 Januar 1892

[. . .] Letztes Jahr haben wier eine gute Ernte hier in Texas gemacht alles war gut gerathen, aber die Preise sind sehr schlecht, das Korn geth noch es kostet 1/2 Thaler der Büschel, ein Büschel ist so viel wie früher 2 Simern. Die Baumwolle hat einen sehr schlechten Preis die beste kostet nur 6 1/2 Sent das pfund. ich habe meine alle verkauft bis auf 5000 £ welche ich noch halten will bis die Preise besser werden. Sonst die andern Produkte sind alle sehr billig. Frische Kartoffeln, und überhaubt alles, gegen früher wie ich hierher kam. Damals wie ich ins Land kam, da kostet Ein Faß f. Weizenmehl 200 £ schwer von 16 bis 20 Doller und jetzt kan man es kaufen von 5-6 Doller ein großer Underschied von damals und jetzt und so verhielt es sich mit allem. aber damals muste alles per Ochse geholt werden 2-300 Meilen weit, damals war noch keine Eisenbahn hier, das ist der Underschied von damals und jetzt. geth die Eisenbahn durch ganz Texas die kreutz und die quer nach allen Richtungen hin. Lieber Bruder, du schreibst mir wechen dem Schlachten, weil ich so viele Schweine schlachten thuhe, ich habe diesen Winter wieder 9 Schweine geschlachtet, wo jedes 200 £ gewogen hat, und auch wieder ein Rind. Lieber Bruder hir ist es ganz anders wie bei euch, denn hir ist Fleisch die Hauptspeise, denn jeden Tag komt es 3 mal auf den Tisch. blos Freitags und die Fasttage nicht. Also wegen dem aufbewaren von dem Fleisch hier ist es sehr heiß. es kan nur im Winter Schweine geschlachtet werden, wenn es kalt genug ist. und das ist gewönlich im Dezember und Januar, dan muß man blos die Zeit in Acht nehmen wenn ein Norder [= Nordwind?] komt. manchmal ist es 8 Tage oder 2 Wochen kalt, fast kälter wie in Deutschland, dan mus man sich beeilen daß man schlachten thuth [bis] das Wetter wieder umschlächt. den hier ist es sonderbar mit der Witterung, bald kalt bald warm wie im Somer. nämlich in der Winterzeit, wenn wir nun geschlachtet haben, dan wird es gut gesalzten, und wen es 2 Wochen im Salz war so wird es in die Rauchkamer gehängt, und gut geraugert so auch die Wurst, und dan hält es sich das ganze Jahr. aber das Fleisch wird ganz anders verschnitten wie bei euch. es werden alle Knochen herausgeschnitten, den wenn man die Knochen darinlast so vedirbt es leicht wegen der warmen Witterung. Lieber Bruder ich wünschte du wärst hier, oder ich könte dir so ein paar geraucherte Schinken oder ein par Seiten Speck schiken. [. . .]

Serbin den 6ten Oktober 1899

[. . .] Heute nun habe ich mir Zeit genomen den ich bin heute alein zu Hause die Familj die sind alle nach der nächsten Stadt gefahren den heute den 6ten Oktober wird der deutsche Tag gefeiert in ganz Amerika zur erinnerung, wenn die ersten Deutschen 1651 hier Landeten. [. . .] wen die Zeiten noch wären wie vor 10 Jahren, dann wäre es ganz anders. damals habe ich eine gute Ernte gemacht und auch gute Preise erzielt, jetzt aber schon das 3te Jahr wo wenig gemacht wird, man kan sich fragen wie man sein Leben macht. [. . .]

Nachbericht des Neffen Anton Preuss an seinen Bruder

Milwaukee 16 July 1911

[. . .] Also der Onkel Hannes lebt noch [. . .] Wie er mir schrieb, hat er doch vor 4 Jahren seine Farm oder Bauernhof verkauft u. ist nach der Stadt Bastrop gezogen, sich hier ein kleines Haus gekauft u. wollte dort den Rest seines Lebens zubringen. Ein Jahr später ist doch seine Frau unsere Tante an der naheliegenden Bahnkreuzung umgekommen u. seitdem wohnt seine Tochter bei Ihm, oder er bei Ihr [. . .] Ich kann es mir gar nicht erklären, daß der Mann mit jedem Briefe sein Heimweh zu verstehen gibt, und wenn er ja so gerne seine alte Heimath u. seine Geschwister noch mal sehen wollte, warum ist er dann 20 Jahr zurück, wo er in seinem besten Mannesalter war, seine 2 Brüder u. Schwester noch gelebt, nicht mal 1 Sommer nach der alten Heimath gereißt? Jetzt soll er nur zu Haus bleiben, sonst bringen Sie Ihn auch noch todt heim wie auch seine arme Frau. Nun ich denke lieber Bruder Franz der Onkel Hannes hat sein Leben auch in Texas auf dem Lande hart erkämpfen müssen. Ich denke er ist in eine sehr arme erfolglose Gegend gerathen, denn er schrieb mir daß er für sein Anwesen 260 Aker Land, Wohnhaus u. 2 Miethhäuser 4000 Thaler hat bekommen. dann hat er sich in Bastrop ein kleines Haus gekauft für 800 Thaler. Ja mein Gott, das ist ja doch gar kein Geld. Kann es mir aber leicht erklären, es war dort Meilen weit keine größere Stadt wo sie oder der Farmer seine Produkte absetzen konnte, und so haben sie nur etwas mehr als den Lebensunterhalt gemacht. [. . .]

12. Ein Foto für die Verwandten

1897 hatte Johannes Preuss, Serbien/Texas, ein Foto von seinem Haus aufnehmen lassen, um es seinem Bruder in Camberg zu schicken. Der Begleitbrief vom 11. Mai 1897 gibt dazu ausführliche Erläuterungen (vgl. den Auszug).

»Ich habe ekstra einen Portogravirer [= Fotograf] hir komen lassen. Also das Bild welches ich hir schike ist das Haus wo ich wohne mit meinen Kindern, es ist zwar etwas dunkel, den es war ein trüber Tag, und dan der große Baum wo grade vor dem Hause steth hat zu viel Schatten geschmissen. Jetzt will ich dir das Bild erglären, der kleine Junge wo vorn auf dem Zaune sitzt ist mein Enkel Kind nämlich, von meiner Ema, welge den Wilhelm Meuth geheirathet hatt nämlich ein Son von Franz Meuth aus Wirges. der erste wo vorn steht ist mein Sohn Johann er ist jetzt 20 Jahre alt, der nächste nach ihm auf dem Pferd ist mein Sohn Anton Edwart, er ist jetzt 17 Jahre alt, dan kom ich und meine Frau, welch du schon erkennen thust an den grauen Harn, dan komt wieder ein Junge auf einem Pferde der heist Wilhelm, ist verheirathet mit einer Amerikanerin, er ist 28 Jahr, dan komt mein Sohn Franz auf einem Pferde er ist 30 Jahre alt und noch unverheiratet. dan auser der Einfridigung steth mein Sohn Heinrich mit zwei Pferden, fertig um nach dem Feld zu fahren um zu pflügen. Hinter dem Hause da siest du noch mer Häuser nämlich Fleischhaus Hüner Haus Schäse [= Chaise] Remise, und die Pferde Stallungen und Scheune kanst du nicht sehen den die stehen alle hinter den Bäumen. Zwei Söhne und 3 Thöchtern sind nicht drauf, den 2 Söhne sind verheirathet und zwei Töchter die waren nicht hier zu derselben Zeit.«

11. Handwerk und Gewerbe in Amerika

Da billiger Landerwerb und Farmen das Ziel der meisten Einwanderer zwischen 1830 und 1860 war, fehlte es vielfach an Handwerkern; und dieser Mangel bot nachrückenden Gewerbetreibenden eine Chance. Im Vergleich zu anderen Einwanderergruppen – Iren, Süd- und Osteuropäern – brachten die Deutschen eine überdurchschnittliche Berufsqualifikation nach Amerika mit. Handwerksgesellen ohne Aussicht auf einen eigenen Betrieb stellten ja einen großen Teil der deutschen Auswanderer. Doch gab es ein hochqualifiziertes Handwerk auch bereits in den amerikanischen Städten, und an dessen Standard mußten sich die Deutschen mit ihren Erzeugnissen messen lassen, stellte doch selbst der Farmer – nachdem er zu Wohlstand gekommen war – hohe Ansprüche und ließ sich Einrichtungsgegenstände, Geräte usw. aus der Stadt liefern. So war vom eingewanderten Handwerker Lernbereitschaft gefordert, aber auch Flexibilität im Hinblick auf einen eventuellen Berufswechsel. Zu den bestehenden gewerblichen Strukturen und zu den speziellen Erfordernissen an der »frontier« paßte nicht jedes zuhause erlernte Gewerbe, während gefragte Handwerkszweige auch in Amerika gebietsweise übersetzt sein konnten. Im einzelnen legten dies die gedruckten »Ratgeber« für Auswanderer dar, indem sie alle gängigeren Handwerke alphabetisch auflisteten und dazu die geschäftlichen Aussichten in Amerika vermerkten.[1] Mit schlechten Aussichten mußten beispielsweise – was für das Töpferland Hessen von Bedeutung war – die Töpfer rechnen, da Steingut englischer Herkunft oder Art den Markt beherrschte. Gefragt waren hingegen in der Stadt wie auf dem Land die Bauhandwerker, brachte die wirtschaftliche Expansion doch einen anhaltenden Bauboom mit sich. Für sie konnte dann gelten, was amerikabegeisterte Autoren bisweilen auch ganz pauschal von den Handwerkern in den USA feststellten: »im Durchschnitt verdienen sie hier an einem Tage so viel als in Deutschland die ganze Woche«.[2] Und entsprechend verwundert es nicht, im »klassischen« Farmerstaat Missouri eine Reihe von Hessen belegt zu finden, die als Zimmerleute, Maurer und Ziegelmacher in

ihrem angestammten Gewerbe geblieben waren.[3] In den Städten gab es jedoch auch den Zimmermann, der Bäcker geworden war, und den Schmied, der sich als Maurer verdingt hatte. Wie schwierig es sein konnte, passende Arbeit zu finden, illustriert der 1848 geschriebene und im Regierungsbezirk Gießen veröffentlichte Brief eines Gerbers, der von Buffalo bis Milwaukee und Chicago alle Städte im mittleren Westen nach einer Arbeitsmöglichkeit abgesucht hatte und erst in Detroit in einer Gerberei unterkam.[4] Nicht überliefert ist, ob er seinen Beruf beibehielt und sich selbständig machte, ob er auf ein anderes Gewerbe umsattelte oder die dritte Möglichkeit wählte: mit den Ersparnissen der Anfangszeit eine Farm zu kaufen.
Neben Bauhandwerkern waren in den Städten auch tüchtige deutsche Schneider, Schuhmacher und Schreiner gefragt, so daß in New York in diesen Gewerben die deutschen Einwanderer sogar zu dominieren begannen und zu Kritik Anlaß gaben, weil sie die Arbeitslöhne drückten.[5] Dazu ist allerdings auch zu sagen, daß ein Teil der Handwerker selber unter Lohndruck geraten war. Deutsche Unternehmer verstanden es nämlich, die Herstellung von Kleidern, Schuhwaren und Möbeln in ein Verlags- und Handelswesen einzubinden und entsprechende »German trades« zu schaffen, die von ihrer Monopolstellung ebenso profitierten wie von der schlechten Bezahlung abhängig gewordener Handwerker.[6] Diese klagten dann in Briefen, daß sie bei deutschen Händlern – oder auch deutschen Fabrikbesitzern – besonders schlechten Verdienst hätten und erst bei besserer Beherrschung der englischen Sprache hoffen dürften, zu großzügigeren amerikanischen Arbeitgebern überzuwechseln. Offenbar ist deutsches Kapital sogar planmäßig in die USA transferiert worden, um dort einen – zuhause noch nicht vorhandenen – Markt und zugleich das ausgewanderte Arbeitskräftepotential (in Verbindung mit der Unerfahrenheit der Auswanderer) auszunutzen. Um so schwerer war es für kleine Handwerker in den großen Städten, selber zu wohlhabenden Geschäftsleuten aufzusteigen.
In den Städten florierte außerdem das Nahrungsmittelgewerbe. Es war direkter mit dem Markt verbunden und bot deutschen Bäckern und Metzgern, die sich in »Little Germany« zu New York City oder den entsprechenden Vierteln anderer Städte niederge-

lassen hatten, reellere wirtschaftliche Chancen auf ethnischer Basis: durch die Bedienung einer deutschen Stammkundschaft oder gar von Käufern, die Mitauswanderer aus der gleichen Gegend oder dem gleichen Heimatort gewesen waren. Inserate in deutschsprachigen Zeitungen, die auf die Herkunftsorte der Geschäftsinhaber (»aus Lindenfels«, »aus Salmünster« usw.) aufmerksam machten,[7] sprachen ein solches Publikum direkt an. Und die Läden hatten dann für die Einwanderer auch die Funktion kleiner Kommunikationszentren, wo man sich über Alltagsprobleme austauschen und wo man Nachrichten hinterlassen bzw. empfangen konnte. Im übrigen profitierten sie lange vom Festhalten an traditionellen Nahrungsgewohnheiten: von der Bevorzugung hessischer Wurst, deutschen Schwarzbrotes usw.
Der Bierkonsum der Einwanderer begünstigte entsprechend die Bierbrauer, und da dem geselligen Leben der Deutschen das Gasthaus und der Biergarten mehr entgegenkamen als die Stehbar und der Saloon, fanden auch die Wirte solcher Lokale gutes Auskommen. Dies schloß jedoch nicht aus, sich für ein gemischtes Publikum auch als Bar- oder Saloonkeeper sowie als Hotelier zu versuchen, vor allem an den neuen Bahnstationen, wo mit viel Durchgangsverkehr zu rechnen war. Erfolge blieben nicht aus und wurden mit besonderem Stolz vermerkt, so wie auch der Metzger Heinrich Dörmer aus Lich, der es nach 1860 zu einer ganzen Ladenkette in New York brachte, wiederholt nach Hause schrieb, daß kaum Landsleute, wohl aber die englischsprachigen Stadtbewohner viel bei ihm kaufen würden.[8] Die Bierbrauer profitierten in ähnlicher Weise von der auch bei Anglo-Amerikanern geschätzten Qualität deutschen Bieres, so daß sich aus kleinen Anfängen große Brauereien wie diejenige des Langeners Konrad Seipp in Chicago oder die der beiden Wetzlarer Gastwirtssöhne Friedrich und Maximilian Schäfer in New York (»F. & M. Schaefer Brewerie Co.«, Brooklyn) entwickeln konnten. Die größte Brauerei von St. Louis besaß der Mainzer Auswanderer Adolph Busch.
Die Genannten geben damit Beispiele ab für Gewerbetreibende, denen es gelang, mit eigener Kapitalkraft zu expandieren und aus Familienbetrieben größere Unternehmen mit Fremdpersonal und z. T. Zweigbetrieben zu machen. Andere Beispiele bieten die

Biographien erfolgreicher New Yorker Geschäftsleute, die 1913 in einem »Handbuch des Hessen-Darmstädter Elements in den Vereinigten Staaten« abgedruckt wurden.[9] Und dabei zeigt sich wieder, daß große Erfolge nur in ganz bestimmten Branchen möglich waren, denn wir lesen fast nur von Bäckern und Metzgern, Inhabern von Restaurationsbetrieben und Kellereien, Weinimporteuren und Bierbrauern, dazu von Bauunternehmern und dem Besitzer eines großen Schirmgeschäftes. Ergänzend ist zu sagen, daß auch die Verfertigung von Spezialartikeln bedeutende geschäftliche Karrieren eröffnen konnte (wobei von der Mitausnutzung deutscher Arbeitskräfte ausgegangen werden kann wie bei den oben erwähnten »German trades«). So florierte ab 1868 in Chicago die Pianofabrikation, die dort – konkurrenzlos im Mittleren Westen – die Gebrüder Schaff von der Ratzmühle im Lumdatal aufgezogen hatten.[10] Indem sich einzelne Mitarbeiter dann selbständig machten und eigene Betriebe gründeten, wurde Chicago zu einem Zentrum des Pianobaues. Und ein anderes Beispiel: Mit der Herstellung von Limburger Käse als begehrter Delikatesse brachte es Adam Bickelhaupt aus Etzengesäß im Odenwald – zunächst nur Inhaber eines ländlichen Gemischtwarenladens – zu 23 Käsefabriken im Jefferson County im Staat New York und zum Rang eines »Käse-Königs«,[11] der nicht nur über zahlreiche Arbeiter, sondern auch über die milcherzeugenden Farmer der Gegend gebot.

Über den Entwicklungsstand von Manufakturen kamen solche Betriebe allerdings selten hinaus. Als es darum ging, mit kapitalkräftigen Neugründungen zu konkurrieren und Maschinen anzuschaffen, zogen es die Inhaber nicht selten vor, ihre Unternehmungen in große Korporationen einzubringen und sich am Gewinn beteiligen oder ausbezahlen zu lassen. Handwerker, die zur Zeit dieser Entwicklung – ab den 1880er Jahren – erst einwanderten, standen erst recht im Abseits. Hatte es der gelernte Sattler Peter Metz aus Ohäusermühle noch um 1860 – wenn auch wohl vor Ort in Arkansas von besonderen Bedingungen begünstigt – zu einer Schuhfabrik gebracht, so blieb vergleichbaren Handwerkern später oft nur noch, sich als Arbeiter in den Fabriken ihrer Branche Lohn zu suchen oder – um neue

Erfahrungen reicher – nach Deutschland zurückzukehren und hier übernommene Familienbetriebe nach amerikanischen Maßstäben zu modernisieren.

Anmerkungen

1 Siehe etwa Traugott Bromme, Hand- und Reisebuch für Auswanderer nach den Vereinigten Staaten von Nord-Amerika, 5. Aufl. Bayreuth 1848, S. 416-427 (von »Anstreicher« bis »Zuckersieder«); Eduard Pelz, Kompaß für Auswanderer nach den Vereinigten Staaten Nordamerikas, Kassel 1853, S. 41-77; F. A. Bauer, Taschenbüchlein für Auswanderer und Reisende nach den vereinigten Staaten von Nord-Amerika, oder Rathgeber für Alle, Augsburg 1854.

2 Weber, Die Deutschen in Amerika. Nützliche und interessante Mittheilungen über die Art und Weise, wie Deutsche in Amerika reich werden, Leipzig 1868, S. 15.

3 Charles van Ravenswaay, The Arts and Architecture of German Settlements in Missouri. A Survey of a Vanishing Culture, Columbia und London 1977, S. 181, 225, 295, 297.

4 Siehe Anzeigenblatt der Stadt und des Regierungsbezirkes Gießen 1849, Nr. 63, S. 637 f.; Nr. 64, S. 643 f. Ein Wiederabdruck des Briefes findet sich in vorliegendem Band S. 127-132.

5 Agnes Bretting, Soziale Probleme deutscher Einwanderer in New York City 1800-1860, Wiesbaden 1981 (= Von Deutschland nach Amerika, 2), S. 119.

6 Stanley Nadel, Kleindeutschland: New York City's Germans, 1845-1880. Ms. Columbia University 1981, S. 129-182 (Chapter IV: Work).

7 Siehe die Abbildung einer solchen Anzeigenspalte in: Hessische Blätter für Volks- und Kulturforschung 17 (1985), S. 172 (aus den »Hessischen Blättern«/New York vom 24. April 1897).

8 Briefe Dörmers an seine Eltern und Geschwister in Lich aus den Jahren 1867 bis 1891 im Auswandererarchiv des Instituts für Europ. Ethnologie der Universität Marburg.

9 Biographisches Handbuch des Hessen-Darmstädter Elements in den Vereinigten Staaten, New York 1913, S. 20-75.

10 Siehe Gotthard Schaff und Johann Adam Schaff, Unser Stammbaum, zusammengestellt und unseren Nachkommen und Verwandten hinterlassen, Chicago 1906.

11 Vgl. die nachfolgenden Auszüge aus einer Artikelserie der »Watertown Daily Times« von 1930-1939.

1. Sattler und Schuhfabrikant

Der 1824 zu Ohäusermühle bei Schweinsberg geborene Peter Metz wanderte als Sattler nach Amerika aus, erwarb bei Helena in Arkansas eine Farm, betrieb aber zeitweise auch eine Schuhfabrik. Mit seiner deutsch-amerikanischen Frau und einem schwarzen Kindermädchen ließ er sich um 1870 für die Verwandten in Deutschland fotografieren.

2. Barkeeper an der Eisenbahn

An der Bahnstrecke von Huston nach Austin in Texas eröffnete in Giddings der Deutsche Ernst Schneider eine Bar amerikanischen Stils. In dem »Bull Frogg Saloon« genannten Lokal verkehrten auch regelmäßig die Farmer hessischer Herkunft der Umgebung. Hier ein Foto von 1901.

3. Zwei erfolgreiche Pianobauer

Seit 1868 existierte in Chicago die Pianofabrikation der Firma Schaff Brothers, gegründet von Gotthard und Johann Adam Schaff aus der Ratzmühle im Lumdatal bei Nordeck. Beide waren zuerst zu einem Vetter nach London ausgewandert, wo sie den Pianobau erlernten, und 1855 bzw. 1858 nach Amerika weitergewandert. Für ihre Kinder hielten sie später ihre Erinnerungen an Deutschland und an die Anfänge ihres Geschäftes in Amerika in einem Buch fest (Gotthard und Joh. Adam Schaff, »Unser Stammbaum usw.«, Chicago 1906), aus dem der folgende Auszug (S. 32-34 des Originals) stammt.

Nachdem ich ein wenig Englisch konnte, fand ich [in London] auch Arbeit in einer Pianofabrik, und der erste Schritt zur Verwirklichung eines Ideals war gethan. Ich arbeitete dann beständig in mehreren Pianofabriken bis zum April 1855, als ich nach einem Besuch in die Heimath am 12. August nach Amerika abreiste. Jakob Pfaff und ich machten die Reise zusammen auf einem Segelschiff und kamen gegen Ende September in New York an, wo ich gleich wieder eine Beschäftigung in einer Pianofabrik fand. Aber im Frühling '56 reiste ich nach dem Westen, weil ich glaubte, das sei meiner Gesundheit förderlich. Ich kam bis nach Chicago, welches zu der Zeit ein schmutziger ungesunder Platz war, der mir nicht gefiel. Daher nahm ich den nächsten Zug nach Madison, der Hauptstadt von Wisconsin. Dort war es schön, aber es gab da keine Pianofabriken. Es war das damalige Ende der Civilisation; die Eisenbahn ging nicht weiter. Ich half da im Sommer Holzhäuser bauen und im Winter fiel soviel Schnee und wurde es so kalt, daß garnichts zu thun war. Dadurch wurde eine andere Reise nöthig, nämlich im Februar 1857 nach St. Louis am Mississippi. Pianofabriken gab es dort auch nicht, und ich war daher wieder auf Bauschreinerei angewiesen. Im Herbst '58 kam Bruder J. A. Schaff von Europa herüber, welcher dieselbe Laufbahn durchgemacht: Zuerst eine Lehrzeit als Schreiner bei G. Hofmann, dann anno '55 die Reise nach London, um das Geld zur Ueberfahrt nach Amerika zu gewinnen, und wieder zurück über Nordeck nach Amerika.

Es gab nichts im Pianogeschäft zu thun bis 1861. Als der Bürgerkrieg anfing, lernten wir in St. Louis einen Pianomacher kennen, Namens

L. Merkel, welcher eine kleine wohleingerichtete Werkstatt besaß, aber weder Geld noch Energie hatte. Alle Geschäfte lagen zu der Zeit in St. Louis darnieder. Wir trafen also ein Uebereinkommen, zusammen 6 aufrechte Pianos zu machen, und als dieselben fertig waren, gingen die Geschäfte schon gut und konnten mit Gewinn verkauft werden, sodaß wir unseren Lohn erhielten. Merkel war ein durchaus gebildeter Pianobauer, und zu jener Zeit mußten wir alle Mechaniken, Klaviaturen ec. selbst machen, wodurch wir in den vollständigen Besitz aller der Kenntnisse kamen, die uns noch fehlten. Von der Zeit an blieben wir eng mit der Pianofabrikation verbunden. In St. Louis waren wir noch an anderen Pianogeschäften betheiligt, bis wir zu Neujahr 1868 die Firma Schaff Brothers in Chicago gründeten. Wir betrieben unser Geschäft unter persönlicher Führung bis 1890 und haben in dem Zeitraum von 22 Jahren fleißig gearbeitet und unseren Instrumenten einen guten Namen erworben, aber doch nicht die finanzielle Unabhängigkeit erlangt, welche nöthig war, um unser Geschäft auf die Basis der modernen Arbeitsmethoden mit ausgedehnten Maschinerien ec. zu bringen. Dieses geschah nun durch die Gründung einer Korporation, wodurch neue Kräfte und mehr Kapital in das Geschäft kamen, die es vergrößerten, sodaß es den Anforderungen unserer Zeit genügen konnte. Zu gleicher Zeit begannen sich auch unsere pekuniären Verhältnisse günstiger zu gestalten, und nun sind seit jener Zeit schon weitere sechzehn Jahre glücklich verflossen, in denen wir das biblische Lebensalter von siebzig Jahren überschritten; und der Beruf, den wir uns vor mehr als fünfzig Jahren erwählten, brachte uns reichliche Mühe und Arbeit.
Wenn wir heute auf das Feld unserer Thätigkeit zurückschauen, so will es uns erscheinen, als läge Wahrheit in dem alten Spruch: – »Was man in der Jugend wünscht, hat man im Alter die Fülle.« Zur Zeit, als wir nach dem Westen kamen, bestanden hier keine Piano-Fabriken. In größeren Städten gab es einige Meister, die Reparaturen und gelegentlich ein Tafelklavier machten, das aufrechte Piano aber war hier nicht bekannt, und die sechs Aufrechten, die wir in 1862 in St. Louis bauten, waren wohl die ersten, die im Westen der Vereinigten Staaten gemacht wurden. Im Osten fingen um jene Zeit auch Steinway's an, Versuche mit Aufrechten zu machen. Es wurden zu der Zeit fast ausschließlich Tafelklaviere und einige Flügel gemacht, der Bedarf im Westen wurde vom Osten bezogen, und Agenten östlicher Fabriken behaupteten fest, daß man im Westen keine Pianos machen könne. Es

hatte auch so den Anschein. Einige Versuche, in größerem Maßstab hier Pianos zu fabrizieren, schlugen fehl. Die Gebrüder Knauer gaben nach dem großen Brand von Chicago das Geschäft auf, und desgleichen geschah mit der Pianofabrik in St. Louis.
Wir ließen uns jedoch nicht entmuthigen und begannen Anfangs mit dem Herstellen von Tafelklavieren. Als aber nach Verlauf von drei Jahren beim großen Brande von Chicago unsere bescheidene Fabrik zerstört wurde, trafen wir Vorkehrungen, ausschließlich aufrechte Pianos (Pianinos) zu machen und blieben in diesem Fache eine Reihe von Jahren in Chicago allein und ohne Konkurrenz die einzigen Fabrikanten. Als aber unser Erfolg im Herstellen guter Instrumente bemerkt wurde, entstanden bald größere Fabriken, wovon drei oder vier ihren Ursprung direkt von uns ableiten. Wo die Gründer entweder durch Beschäftigung bei uns ihre ersten Kenntnisse erlangten oder auch durch andere Geschäftsverbindung auf das Pianofach kamen. So ist kein Beruf, kein Wirkungskreis zu klein, um nicht Ursache von größeren Wirkungen zu werden. Es ist wie der Stein, den man in's Wasser wirft, der seine Ringe immer weiter und weiter zieht. So ist in den letzten zwanzig Jahren in Chicago und Umgegend eine Piano-Industrie entstanden, die an Ausdehnung beispiellos in der Geschichte dasteht. Und heute freuen wir uns, daß ein gütiges Geschick uns vergönnte, an dem großen Werk Theil zu nehmen, daß wir Gesundheit und Ausdauer genug besaßen, eine Industrie aufbauen zu helfen, die vielen Arbeitern angenehme Beschäftigung gewährt, und viel dazu beiträgt, das Leben der Menschen zu verschönern und zu veredeln.

4. Vom Farmarbeiter zum »Käse-König«

Als verarmter Fuhrmann ging 1853 Hieronymus Bickelhaupt aus Etzen-Gesäß mit seiner Familie nach Redwood im Staat New York, wo er als Farmarbeiter neu begann. Sein Sohn Adam (1848-1932) war zunächst Ladenbesitzer, begann dann aber mit der Herstellung von Limburger Käse und war damit so erfolgreich, daß er schließlich 23 Käsefabriken im ganzen Jefferson County besaß. Eine Artikelserie von Ernest G. Cook würdigte in der »Watertown Daily Times« 1930/39 diese Geschäftsentwicklung. Nachfolgend Auszüge aus dieser Serie, übersetzt von Peter Mesenhöller (Köln/Marburg).

Es erschien Mr. Bickelhaupt, daß er es jetzt geschafft hatte. Sein Ladengeschäft nahm mehr und mehr einen zentralen Platz in der Gemeinde ein. Stück für Stück hatte er sein Angebot vergrößert, so daß er alle Waren auf Vorrat hatte, die die durchschnittliche Familie benötigte. Er verdiente gut und merkte bald, daß man ihn in der Gemeinde für einen guten Geschäftsmann hielt. Seine Fähigkeit zu kalkulieren kam ihm gut zustatten. Er wollte ein erfolgreicher ländlicher Händler werden mit dem Vertrauen und der Achtung der Gemeinde und einem Geschäft, das gute jährliche Einkünfte versprechen würde. Mehr konnte er nicht erwarten.

In jenen Tagen hatten die Farmer mehr oder weniger Probleme mit dem Absatz ihrer Milchprodukte. Seit Jahren waren sie davon abhängig, Butter herzustellen und sie zu verkaufen, um ihre Einkünfte zu verbessern. Doch die Umstände änderten sich. Einige propagierten die Errichtung von amerikanischen Käsereien, die ihnen zusätzliche Arbeit auf den Farmen abnehmen würden und gleichzeitig höheren Verdienst für die Milch durch Verkauf von Käse versprachen. In einigen verstreuten ländlichen Nachbarschaften probierte man diesen Plan bereits aus, und er wurde als der »neue Tag für den Farmer und die Farmerin« begrüßt. Doch der Käse-Markt schien unstabil und von Jahr zu Jahr weniger verläßlich. Es kam das Jahr, da Yankee-Käse zum Ladenhüter wurde und die Farmer in ihrem Einsatz entmutigt wurden. Dieser Entmutigung nicht genug, brannte eine der Käsereien nieder, und die Aussichten waren sehr düster für die Farmer, was den Absatz von Milchprodukten betraf. All diese Begebenheiten berührten den Handel von Mr. Bickelhaupt mehr oder weniger. Doch er blieb am Ball, denn er wußte, daß das

Blatt sich wenden würde und die Farmer bald Verdienste von seinem Milchgeschäft haben würden.
Ungefähr zu dieser Zeit – es war im Frühherbst des Jahres – kam Adams Vetter Peter Bickelhaupt in das Geschäft und nahm Adam beseite.
»Adam, warum steigen wir nicht in das Käse-Geschäft ein, Du und ich?«
»In das Käse-Geschäft?« fragte Adam. »Zur Zeit scheint es wohl das beste zu sein, sich daraus zu halten.«
»Aber Du verstehst mich nicht«, antwortete Peter. »Meine Pläne sind anders. Ich möchte gerne Limburger Käse herstellen. Der Markt ist gut dafür zur Zeit, und wenn Du mir zuhörst, werde ich Dir meinen Plan erklären, wie man zu Geld kommen kann.«
»Hör zu«, sagte Adam, »ich habe Alles getan, um diesen Laden aufzubauen. Die Dinge entwickeln sich recht gut für mich, und alles, was ich wünsche, ist, es dabei zu belassen. Gerade jetzt muß ich ihn aufrechterhalten, wo die Farmer eine schlechte Zeit durch den Käse-Markt haben.«
Aber Peter bestand darauf, daß Geld damit zu verdienen sei und daß sie am Ende des Herbstes einen Gewinn erzielen würden, der ihnen ein guter Notgroschen sei.
»Wenn das Käse-Geschäft so gut gehen wird«, sagte Adam, »warum steigst Du dann nicht alleine ein und streichst den Gewinn für Dich ein? Warum kommst Du zu mir und bietest mir einen Teil davon an?«
Dann erzählte Peter, warum er gekommen war. Es war die alte Geschichte: seine Fähigkeiten zu kalkulieren reichten nicht aus, um das Geschäft zu betreiben. Die Milch wollte zu guten Preisen gekauft werden, und Adam war Experte darin, mit den Farmern persönlich zu verhandeln. Dazu kam, daß die Farmer niemals die von Adam ausgehandelten Preise anzweifeln würden. Das war eine große Hilfe beim Aufbau einer Vertrauensbasis. Außerdem war Adam ein Geschäftsmann mit einem erfolgreichen Laden, was das Vertrauen der Farmer zusätzlich bestärken würde. Auf der anderen Seite, zu Adams Gunsten, würden die Farmer zu ihm in den Laden kommen, um die Preise auszuhandeln. Das würde den Handel erweitern und dem Laden weitere Stammkundschaft bringen. Der Laden würde zudem kreditwürdiger, da die Rechnungen aus dem Milchgeld bezahlt werden könnten.
Kurz gefaßt war der Plan, den Peter Bickelhaupt hatte, folgender: Eine Anzahl Farmer, nur wenige Meilen von South Hammond auf die Wälder zu, wußte nicht, an wen sie ihre Milch verkaufen sollte. Sie waren bemüht, ihre Milch loszuwerden, so bemüht, daß man die Milchpreise ein wenig herunterhandeln konnte.

Die Milch könnte man für fünf Cents die Gallone einkaufen. Wie jedermann weiß, ist die Herbstmilch fett und die beste für Limburger Käse, und ein guter Käsemacher könnte schließlich aus einer Gallone Milch ein Pfund Käse machen. Peter hatte in New York City den Rat eines Missionars eingeholt, der ihm gesagt hatte, er würde bis zu achteinhalb Cents für ein Pfund Käse bekommen. Da war keinerlei Risiko.
Die Herstellung des Käses würde sie fünf Cents pro Pfund kosten und das Pfund könnte mit dreieinhalb Cents Profit Netto verkauft werden. Natürlich würden einige Ausgaben zum Tragen kommen, doch war in jedem Fall ein Verdienst zu erwarten. Wenn der Käse besonders gut gelingen würde, würden sie vielleicht noch einen Preisvorteil erhalten. Jedenfalls war der Herbst die richtige Zeit, um Geld mit Milch zu verdienen.
Peter sagte, daß er sich um die hereinkommende Milch kümmern würde, den Käser und alles, was sie sonst benötigen würden. Adam sollte sich um die geschäftliche Seite des Unternehmens kümmern und mit den Farmern die Preise aushandeln. Für einen Mann, der gerne rechnete, war das mehr oder weniger ein Zeitvertreib. Peter wollte wissen, ob das Geschäft abgemacht sei.
Adam dachte über die Angelegenheit nach und konnte bei dem Geschäft keine möglichen Verluste entdecken, vielmehr einen recht sicheren Gewinn. Es würde den Handel seines Ladens erweitern, und daran lag ihm. Ebenso würde es ein Geschäft mit Bargeld, denn er würde das Milch-Geld vor den Farmern haben. Und so wurde das Geschäft abgemacht. Die Vettern Adam und Peter waren jetzt im Limburger-Käse-Geschäft im Nebenerwerb. Sie würden das Geschäft den Herbst über betreiben und danach den Vertrag lösen.
Aber der Plan verwirklichte sich ausnehmend gut. Die Farmer waren erfreut und schauten zu den Bickelhaupts als ihren Wohltätern auf. Die Milch war sehr fett und ergab guten Käse, zudem viel davon. Es stimmte, daß der Markt für solchen Käse gut war und alles, was die Bickelhaupts tun mußten, war, den Käse nach New York zu schaffen. Dann würde das Geld hereinkommen. Die Farmer waren zufrieden und wünschten nur, daß dieselben Verträge, oder doch ähnliche nach gleichem Vorhaben, in der nächsten Saison erneuert würden. Adam war unsicher, ob er das Geschäft weiterführen sollte. Am Ende der Saison jedoch rechneten die beiden Männer ihr Projekt durch und fanden, daß das Geschäft besser als erwartet gelaufen war. Jeder von ihnen hatte einen guten Verdienst daran gehabt. In mancher Hinsicht war es sogar ein besseres Geschäft als

der Laden. Die Farmer baten die Bickelhaupts, ihre Milch in der nächsten Saison zu kaufen. Adam dachte noch einmal darüber nach und entschied, das Geschäft weiterzuführen.

Die nachfolgende Nr. VIII der Artikelserie von Cook blickt noch einmal auf die Anfänge des Käsegeschäftes in Jefferson County zurück und würdigt neben Bickelhaupt auch andere Käsemacher.

Im Jahre 1850 verließ Anthony Haug mit dem Traum von der Gründung eines Unternehmens Deutschland, um in Amerika sein Glück zu suchen. Seinem Traum ist es zu verdanken, daß im Norden New Yorks Limburger Käse hergestellt wird. Anthony Haug ließ sich in New York City nieder und eröffnete eine Gaststätte. Bald dachte er daran, wie schön es wäre, könnte er seinen Kunden in New York von seinem Lieblingskäse, den er gewöhnlich in der alten Heimat aß, anbieten. Er erinnerte sich, daß es drüben in der Heimat einen jungen Mann mit Namen Peter Schwarz gab, der dort Käser war. Er schrieb ihm und bat ihn, herüberzukommen – nicht ohne aber vorher das Milchwirtschaftsgebiet bei Rome besucht zu haben, wo er selber ein wenig Käse herstellte. Peter Schwarz kam im Frühjahr 1853 und wurde von Mr. Haug nach Watertown geschickt, wo dieser die Eröffnung einer Fabrik für landwirtschaftliche Produkte auf der Farm von Albert Ralph in Rodman in der Nähe von Copenhagen vorbereitet hatte. Hohe Löhne waren Peter angeboten worden, und man hatte ihm erzählt, daß Amerika große Möglichkeiten bot, zu Reichtum zu gelangen.
Doch es war ein beschwerlicher Weg nach oben für Peter in den ersten zwei Jahren. Da er kein Englisch sprechen konnte und überhaupt nicht wußte, was er bei seiner Ankunft in New York tun sollte, mietete er sich eine Schubkarre, legte darauf sein Gepäck und ging damit durch die Straßen der Stadt – sehr zur Belustigung der kleinen Buben dort. Als er in Watertown ankam, verpaßte er die Kutsche, die er nehmen sollte. Doch kümmerte sich ein deutscher Schuhmacher um ihn und sorgte dafür, daß er am nächsten Tag aus der Stadt kam. Doch Peter schämte sich seiner Kleidung, um so mehr, als zwei hübsche amerikanische Mädchen hinter ihm in der Kutsche saßen, die ununterbrochen lachten – was Peter auf sich bezog.
Er begann die Käseproduktion auf der Farm von Ralph, und zum ersten Male wurde in Jefferson County Limburger Käse hergestellt. Im näch-

sten Frühjahr sandte man ihn nach der Theresa Section, von der man annahm, sie böte größere Möglichkeiten für die Milchwirtschaft, und Edward Cooper (Vater des verstorbenen I. C. Cooper und führender Käufer von Yankee-Käse) verkaufte froh seine Milch für sechs Cents pro Gallone. Mit 60 Milchkühen, so dachte er, war er gut dran. Im darauffolgenden Jahr begann Peter für Martin Boose in Whitneys Corner Käse herzustellen. Sein Lohn betrug zwei Cents pro Pfund Käse. Er arbeitete so lange, bis er bei dem Farmer 500 Dollar Lohnguthaben hatte, und wollte dann mit ihm abrechnen. Mr. Boose gab ihm einen Wechsel über einen Teil des Geldes, und Peter arbeitete so lange weiter, bis er erfuhr, daß Mr. Boose das Land verlassen wollte. Er ging nach Great Bend, um einen Rechtsanwalt mit Namen Clark aufzusuchen, der ihm aber riet, einen Rechtsanwalt in Watertown zu nehmen. Peter ging von Great Bend in die Stadt. Bevor noch eine Vorladung erwirkt werden konnte, war Boose geflohen. Peter verlor seinen Lohn. Als er mit seinem Rechtsanwalt sprach, entdeckte er, daß Haug ihm nur die Hälfte von dem bezahlte, was dieser ihm schuldete; Peter kannte den Wert des US-Geldes nicht. Mr. Schwarz begann später eigene Unternehmungen, die gut gediehen. Ein Sohn, der verstorbene George P. Schwarz, wurde Präsident der Farmer's National Bank in Theresa.
Um die Zeit, als Peter Schwarz seine Unternehmungen im Gebiet von Theresa begann, kam ein junger Mann mit Namen Joseph Vock dorthin, der dringend darauf bedacht war, seine finanziellen Umstände zu verbessern. Er war zuhause Käser gewesen und begann die Herstellung von Limburger an der Oxbow Road. Bald arbeitete er nur für sich selbst. Später wurde sein Sohn James B. Vock sein Partner. Viele Jahre war die Firma J. Vock & Son als älteste Limburger-Käse-Fabrikation in Amerika bekannt. Siebzig Jahre zierte der Satz »Älteste Limburger-Käse-Fabrik in Amerika« ihre Produkte. James B. Vock weitete seine Geschäfte dergestalt aus, daß er zu Zeiten ungefähr 16 Fabriken betrieb. Er kannte seine Kunden und diente den ergebensten unter ihnen mit Rat und Hilfe. Er war einer der Gründer der Farmer's National Bank in Theresa und wurde nach I. C. Coopers Tod ihr Präsident. Georg Schwarz wurde Präsident nach Mr. Vocks Tod.
Im selben Jahr, als Peter Schwarz nach Amerika kam, entschloß sich eine weitere deutsche Familie, ihr Glück woanders zu suchen. Hieronymus Bickelhaupt, der als Fuhrmann mit Pferd und Wagen in Hessen-Darmstadt lebte, entschloß sich, den Wechsel vorzunehmen. Sein Sohn, Adam Bickelhaupt, erzählte oft, daß er ein kleiner Junge war, als sie nach

Amerika kamen, doch erinnert er sich gut daran, wie man ihn schnell weckte mitten in der Nacht, ihn eilig anzog, die Treppe ihres deutschen Heims hinuntertrug und ihn auf das wartende Fuhrwerk setzte, um die Reise nach Amerika zu beginnen. John Hartmann, Adam Bickelhaupts Großvater, war unter der Gesellschaft, doch starb er an Bord des Schiffes und wurde auf See begraben. Ein Baby der Hartmanns starb, als die Gesellschaft gerade in Watertown angekommen war. Die Gruppe siedelte in der Stadt Alexandria, wo Hieronymus Arbeit auf einer Farm für 100 Dollar pro Jahr bekam. Im nächsten Jahr zahlte man ihm 50 Cents pro Tag, und im Juli und August bekam er 75 Cents pro Tag Sonderzulage. Doch wurde er Besitzer einer prächtigen Farm, und Adam lernte Käse herzustellen und wurde führender Hersteller von Limburger Käse in jenem Gebiet mit einer Kette von 18 Fabriken. Er half die Redwood Bank aufbauen und wurde ihr Präsident. Heute sehnen sich viele Farmer, die sich unter einer Last von Schulden und mit nur kleinem Einkommen aus der Milch abmühen, nach den Tagen, als Adam Bickelhaupt auf die Farmen kam und half, finanzielle Verwicklungen in Ordnung zu bringen und den Höchstpreis dessen zu zahlen, was die Milch wert war.
Jacob Vogt kam zu einem späteren Zeitpunkt nach Amerika, im Jahre 1872, doch lernte er das Handwerk der Limburger-Käse-Herstellung und wie man das Geschäft erweitert, so daß er einmal 14 Fabriken besaß. Auch er wurde im ganzen Land bekannt und war erfolgreich.
F. X. Baumert begann die Herstellung von Limburger Käse um das Jahr 1858, und seine Firma expandierte zur größten ihrer Art in den Vereinigten Staaten. Sie produzierte alle speziellen Käsesorten für den Handel.
Doch im Gebiet von Orleans-Clayton unterhielten die frühen deutschen Pioniere ihre eigenen Käse-Fabriken. Man erzählt, daß der Limburger in seinen frühen Tagen im Keller der Häuser hergestellt wurde oder die nächstgelegene Molkerei hinzugezogen wurde; die Farmer trieben ihre Kühe auf die beste Farm, wo sie in Gattern unter freiem Himmel gemolken wurden und die Milch, süß und frisch, für den besten Käse direkt in große Kannen gefüllt wurde. Die Kühe wurden nach dem Melken wieder heimgetrieben. Später kamen die Fabriken. Eine davon lag unweit der deutschen Kirche und dem deutschen Schulhaus. Das Gebäude steht noch, wird aber lange nicht mehr als Fabrik genutzt. A. P. Baltz, so sagt man, war der Limburger-Käse-König unter diesen ersten deutschen Siedlern.
Viele Geschichten über Glück und Unglück und verlorenes Vermögen werden aus den frühen Tagen der Limburger-Industrie erzählt. Doch

zahlte sich im allgemeinen der Limburger für die Farmer aus und brachte den Leuten im Jefferson County Wohlstand. Auch wurde Jefferson County zum führenden Bezirk der Herstellung dieser Käsesorte in den Vereinigten Staaten und bekannt dafür, daß der Limburger hier zum ersten Mal in Amerika hergestellt wurde.

Es war vor etwa 50 Jahren, als Adam Bickelhaupt in einem der Sitzungssäle einer örtlichen Loge das Bild eines großen Elchs an der Wand betrachtete. Indem er das Bild anschaute, dachte er bei sich, was für ein herrliches Tier das doch sei, und während der nächsten 24 Stunden verlor er das Bild nicht aus den Augen. Schließlich entschied er sich, die Bezeichnung »Moose« (Elch) als Markenzeichen für seinen Limburger Käse zu verwenden. Er ließ sich spezielle Verpackungspapiere für seinen Käse drucken – eine ziemlich neue Angelegenheit in jenen Tagen. Damals galt Limburger Käse als Limburger Käse, und niemand dachte daran, daß es Unterschiede gäbe. Doch als der Handel im Westen begann, mehr und mehr das Produkt aus dem Osten zu vertreiben, bemerkten die Geschäftsleute, daß die Elch-Sorte verlangt wurde; so wuchs der Ruf dieses Produkts.

Man darf nicht vergessen, daß es viele Schwierigkeiten in der Käse-Industrie zu überwinden galt. Doch Mr. Bickelhaupt schien sie alle überwinden zu können. Daheim drängte man ihn immer wieder und wieder, weitere Fabriken zu eröffnen und mehr Milch zu kaufen. Er konnte alle diese Forderungen kaum ausschlagen und sah so, wie sich Jahr um Jahr sein Geschäft vergrößerte. Aus zwei Fabriken wurden drei, vier und fünf. Später erweiterte er seinen Betrieb auf sechs und sieben Fabriken, und schließlich betrieb er zehn, und man sah in ihm den größten Produzenten von Limburger Käse im Osten, wenn nicht im ganzen Lande überhaupt.

Es kamen Käsespezialitäten in Mode, und Mr. Bickelhaupt dachte daran, mit all seinen Fabriken und all seiner Milch in diesen Geschäftszweig einzusteigen, um aus den höheren Preisen, die dieser Käse erzielte, Gewinne zu holen. Er engagierte einen oder zwei Käser, die sich auf Spezialitäten verstanden, und stieg in das Geschäft ein. Er produzierte etliche verschiedene Sorten, und der Erfolg stellte sich bald ein. Dieser Markt jedoch bedurfte eines Mehraufwandes an Zeit, genauen Überblicks und vor allem einer besonderen Werbung, und eines Nachts setzte sich Mr. Bickelhaupt hin und dachte die ganze Angelegenheit durch. Er hatte einen Spezialhandel für Limburger Käse aufgebaut. Er war im Westen wie im Osten bekannt als einer der besten Produzenten der

Limburger-Käse-Spezialität. Bislang konnten seine Lieferungen der Nachfrage nicht nachkommen. Seine Käser wußten, wie man diese Art Käse herstellt, für die er berühmt war. Warum sollte er nicht seine ganze Zeit und Kraft darauf verwenden, nur diese eine Sorte herzustellen? Begnügte er sich mit Teilerfolgen bei vielerlei Produkten, konnte sein Ansehen kaum dergestalt wachsen, wie bei dem einen. Und so spezialisierte er sich nur auf Limburger Käse.

Um diese Zeit machte Mr. Bickelhaupt eine weitere Entdeckung. Die Geldanlage in das Käse-Geschäft brachte schnelleren Umsatz als es bei dem großen Laden der Fall war. Hatte der Laden zwar seinen guten Platz im Farmgeschäft, so war sein Geld doch festgelegt in oft langfristigen Krediten. Der Käse aber konnte an eine Firma oder an einen Laden versandt werden, und er hatte sein Geld, wie es die Regel war, binnen 30 Tagen wieder. Im Laden waren die Konten auf ein oder zwei Jahre angelegt. Warum sollte er das Geld nicht da anlegen, wo es am ehesten wieder hereinkam? Er entschloß sich, den Laden zu verkaufen und seine ganze Zeit auf die Käse-Industrie zu verwenden.

Einer seiner Angestellten, Charles Dollinger, hatte 20 Jahre bei ihm gearbeitet. Dann hatte er geglaubt, daß New York größere Möglichkeiten biete, und war in die große Stadt gegangen. Dennoch vermißte er den familiären Zusammenhang, den er aus Redwood kannte. Bei einem Besuch zuhause erzählte er Mr. Bickelhaupt davon, und dieser, zu aller Überraschung, bot ihm seinen Laden zum Kauf an. Er könne in ein großes, gutgehendes Geschäft einsteigen, in dem er völlig zuhause wäre. So wurde der Laden verkauft.

Seine Fabriken wurden umfangreicher. Deren Gesamtzahl wuchs auf 15, später auf 20. Er wurde bekannt als »Limburger-Käse-König«. Später belief sich die Zahl seiner Fabriken auf 23, und Mr. Bickelhaupt dachte daran, nicht weiter zu expandieren. Es war viel Arbeit, sich um all die Fabriken zu kümmern, sie zu unterhalten, auf den Verkauf achtzugeben, die Qualität des Käses zu halten und die Konten zu kontrollieren, aus denen jeden Monat eine kleine Armee Farmer für ihre Milch bezahlt werden wollte.

Wenige Leute verstanden es, die Arbeit, die aus der Unterhaltung von 23 Käse-Fabriken erwuchs, zu meistern. Es war Mr. Bickelhaupt zur wenn auch nicht immer ausgeführten Regel geworden, die Fabriken jeden Tag zu besuchen. Ohne Automobil war das in jenen Tagen eine Leistung angesichts des großen Gebiets, das es zu bewältigen galt. Und seltsam am Limburger-Käse-Geschäft war, daß Mr. Bickelhaupt nie daran gedacht hatte, dort einzusteigen, noch je die Kunst der Käse-Herstellung gelernt hatte. Tatsächlich sah er kaum jemals den gesamten Produktionsprozeß, welchen Weg die Milch innerhalb einer Fabrik nahm. Er mußte weiter eilen, von einem Ort zum anderen. Dennoch besaß er die intuitive Gabe, sofort eine schlechte Partie Käse auszumachen oder wahrzunehmen, wenn der Trocknungsprozeß nicht ordentlich ausgeführt wurde. Ob der Käse zu trocken oder zu feucht war, zuviel oder zuwenig Salz hinzugefügt worden oder sonst ein Fehler unterlaufen war, der die höchste Qualität nicht mehr gewährleistete – er konnte ihn sofort ausmachen. Die Käser dachten, daß ihr Arbeitgeber eine unheimliche Gabe habe. Doch diese Fähigkeit brachte ihm viele Dollars ein, konnte doch der Limburger Käse durch die kleinste Vernachlässigung oder Mißwirtschaft an Wert verlieren.

Es kam der Tag, da Mr. Bickelhaupt große Kühlanlagen in Redwood hatte bauen lassen und seine Unternehmungen einer Menge Leute neben den Käsern Arbeit boten. Und seine Käser waren wohl ausgesucht. Viele von ihnen blieben von Jahr zu Jahr bei ihm beschäftigt, einige arbeiteten für ihn bis zu 35 Saisons. Einige der Farmer waren über lange Zeiträume Kunden der Bickelhaupt-Fabriken, einige bezahlten ihre Farmen aus den Einnahmen der Bickelhaupt-Schecks. Und drüben, am Ende der Calaboga Road, baute Mr. Bickelhaupt eine Käserei, fast genau an dem Ort, wo er seine erste Ausbildung in Amerika begann. Eine weitere Fabrik stand auf der alten Farm.

Und die Farmer dieser Gegend, denen die Bickelhaupt-Fabriken dienlich waren, sprachen mit großer Genugtuung davon, wie Mr. Bickelhaupt jedes Frühjahr »cheese-meetings« mit seinen Kunden abhielt – es dauerte eine lange Zeit, bis alle 23 Fabriken besucht waren –, die Verträge durchlas und regelmäßig drei Preismöglichkeiten anbot. Einige wollten den durchschnittlichen, von der Handelskammer in Watertown festgelegten Preis, andere nannten die Preise irgendeiner Yankee-Käserei.

Oft triumphierte im Laufe der Saison ein Farmer über den anderen, daß der von ihm geforderte Preis sich als der beste herausgestellt habe. Durch seine bessere Preiswahl lag er mit 50 bis 75 Dollar an der Spitze. Hatte Mr. Bickelhaupt den letzten Scheck für die während der Saison gelieferte Milch geschrieben, waren jedoch alle Farmer überrascht. War es nur immer möglich, wies der Scheck als Zuschlag die gleiche Differenz auf, und alle bekamen so den höchstmöglichen Preis. Durch solches Geschäftsgebaren schaffte er sich unzählige Freunde unter den Far-

mern. Sie erwuchsen ihm aus der herzlichsten Zusammenarbeit mit seinen Kunden, die schließlich eine gute Geldanlage für ihn war. Die Lieferung guter Milch und die Anstrengungen der Farmer selbst, all ihre mögliche Hilfe bei der Herstellung eines erstklassigen Käses zur Verfügung zu stellen, gingen Hand in Hand auf dem langen Weg zum Aufbau des Geschäfts. Die Farmer hätten sich geschämt, anders zu handeln, nachdem sie noch jedes Jahr so gut behandelt worden waren.
Vor einigen Jahren dachte Mr. Bickelhaupt über die Zukunft seiner Käsereien nach. Er hatte eine der größten Limburger-Industrien im Osten aufgebaut. Doch ging er auf sein 80. Lebensjahr zu, und es schien ihm, daß er einige Jahre für sich in Anspruch nehmen sollte, in denen er tun und lassen konnte, was er wollte, ohne Sorgen um das große Geschäft. Etwa 50 Jahre hatte er gearbeitet. Obwohl er Männer zur Mithilfe ausgebildet hatte, war das Geschäft doch von ihm abhängig. Er hatte sich um das Schichtholz für die Käsedosen gekümmert, die im übrigen von der Firma Stockwell & Parker in Theresa hergestellt wurden. Es schien das beste zu sein, die Arbeit niederzulegen und das Geschäft ordentlich zu verkaufen, wenn sich eine gute Gelegenheit dafür ergeben würde. So wurde das Geschäft verkauft. Es ging – unter dem Einfluß einer anderen Interessengruppe – in der Milchwirtschaft auf, und man sagt, daß die Industrie, die so viele Jahre in und um Redwood konzentriert war, heute Teil einer großen nationalen Milchwirtschaftsorganisation ist. Einige der Fabriken wurden geschlossen, wahrscheinlich aus Gründen des offeneren Milch-Marktes, der in das Käse-Gebiet eindrang. Der Handelsname »Moose Brand« wurde beibehalten, und es wurden alle Anstrengungen unternommen, die hohe Qualität zu halten. Doch ist in gewisser Hinsicht die persönliche Note verlorengegangen. Aber Mr. Bickelhaupt hatte noch andere Interessen zu seiner Zeit, da er sich eine Zeitlang in der Politik engagierte, und seine Arbeit auf diesem Gebiet ist ebenfalls eine interessante Geschichte.

5. Als Metzger in New York

1867 wanderte der achtzehnjährige Johann Heinrich Dörmer aus Lich nach New York aus. Zuhause war er Kuhhirte und ohne bessere Aussichten gewesen. In Amerika arbeitete er sich vom Laufburschen und Metzgergesellen in Hoboken/New Jersey zum wohlhabenden Geschäftsinhaber empor, der schließlich im New Yorker Stadtteil Brooklyn selber Metzgerläden besaß. Als treuer Briefschreiber ließ er seine Licher Angehörigen an seinem Erfolg teilhaben, wie nachfolgend zwei aus einem größeren Briefkonvolut ausgewählte Schreiben zeigen. Dörmer starb 1917 in Brooklyn.

Hoboken den 28ten Dezember 1869

Liebe Eltern und Geschwister!

Als ich Eurn Brief von 6ten October erhalten, habe ich gesehen, daß Ihr einen Brief mit J. Reuss geschickt hattet, welchen ich noch nicht erhalten hatte. Ich ging zu Philipp Dietz und holte mir diesen Brief, welchen Reuss mitgebracht hatte. Hier wird das Vieh nicht bei den Metzger geschlachtet, sondern man geht auf den Markt, und kauft sich das Fleisch, und verschneidet es in dem Laden. Ich und Georg Melchior und noch ein 3ter von Berlin arbeiten bei einem Meister (Deutscher) welcher bei Frankfurt zu Haus ist. Ich habe mich sehr gefreut über das Bild meiner lieben Schwester. Den Brief vom 31ten Octob. habe ich gerade erhalten im Laden, als ich mit Fleisch ausgehen wollte. [. . .]
Ich habe kürzlich einen Sohn von Landrichter Volker getroffen, welcher im Süden ein Tuchgeschäft hat und hier auf besuch war. Ich habe zufälliger Weise Fleisch in eine Wirthschaft getrachen. Da sagte der Wirth nun Licher wie gehts. Da fragte mich der Völker sein sie von Lich. Da haben wir uns beiden von Lich erzählt. [. . .]
Ich will schliessen in der Hoffnung, dass Euch mein Schreiben so gesund antrifft, als wie es mich verleßt [. . .]

Euer Sohn u. Bruder
Heinrich

New-Jork October 17t. 1876

Lieber Mutter und Geschwister!

Ich bin genöthigt wieder an Euch zu schreiben, weil ich auf den letzten Brief, welcher den Todt unsers lieben Vaters meldete Euch geantwortet habe, aber keine Antwort zurück bekommen. Ich weiß nicht weßhalb Ihr mir nicht geantwortet habt. Ihr müßt entschuldigen, daß ich nicht sogleich geantwortet habe. Ich habe zwei Geschäfte welche ich allein zu besorgen habe meine Frau kann nicht ins Geschäft gehen. Ich habe ein Pferd welches 300 Dollar kostet. Wenn ich bei Euch wäre, ich wollte den Licher Pferde Bauern etwas zeichen [= zeigen]. Ich habe 4 Arbeiter in jedem Gechäft 2, 3 Englische und 1 Deutschen; die Englische verstehen kein Wort Deutsch. Der Deutsche ist hier geboren. Lui Wolb war heute bei mir. Er ist ein rechter Bumler, ich habe ihn seit 4-5 Jahren nicht gesehen, er hatte noch so einen Bumler bei sich, welchen er erst in den Laden schickte und nach mir fragen lies, und sagte es wollte mich jemand ausseit [= outside, draußen] sehen, ich sagte zu ihm, wenn mich jemand spreche wollte sollte es zu mir kommen. Er bat mich hinaus zu gehen und zu sehen wehr es ist. Wolb stand am Ecke, welchen ich gleich kannte und zu ihm ging, und sagte warum er nicht herein käme. Er sagte, er schäme sich hinein zu gehen. Er fragte mich um einen alten Rock, und sagte er hätte auf einem Wagen geschlafen und hätten ihm seinen Rock gestohlen. Ich gab ihm einen (sagte aber nichts zu seinen Eltern oder irgend jemand sonst). Es sein sehr sehr schlechte Zeiten. Es laufen tausende von leuten herum und suchen arbeit, und schaffen für einigen Lohn nur fürs Essen, können doch keine Arbeit bekommen.

Ihr braucht Euch keine Sorgen zu machen wegen mir. Am 18. September 1876 wurde uns ein Sohn geboren also zwei buben, ein Mädchen ist [in]zwischen gestorben welches nur 7 Stundten lebte. Weitere Neuigkeiten weiß ich keine. ich sehe sehr wenig Licher. Except [= mit Ausnahme] Roth welchen ich öfter auf dem Markt sehe. Viele Grüße an Alle Freunde und Verwanden. Hauptsächlich meinem lieben Pätter [= Pate] welcher mir so ein großes geschenk gab, daß ich es bald nicht tragen konnte. Der Esel ich kann ihn jetzt schon auskaufen ja 2 mal. ich werde ihm und meiner Goht [= Patin] die paar Eier wieder zurück schicken welche sie mir gaben als ich von Euch wegreiste. Aber doch liebe Mutter werde mir nicht böse, weil ich über deinen Bruder so losschlage. liebe Mutter ich weine, sobald ich an den Abschied denke als ich weg reiste; aber ach aber ach unser lieber Vater, ich möchte Ihn küssen, ich finde

immer mehr und sehe besser was Ihr an mir gethan habt von Kindheit auf. Der liebe Gott lasse Ihn sanft ruhen. Aber hoffen und bitten [wir] unsern lieben Gott auf ein Ewig wiedersehn welches unsers lieben Vaters Wunsch immer war. (Gott sey uns gnädig).
Um baldige Antwort bittet Euer Sohn und Bruder

Henry

ich erwarte Antwort in ungefähr einem Monat von Euch.

H. D.

Liebe Geschwister!

Ich werde ein paar Zeilen an Euch richten und bitten unser lieben Mutter beizustehen weil Sie allein dasteht. Ihr wüßt, daß ich den Hausring gebrochen habe, als ich hierher reiste, und nach mir einer nach dem Andern von Haus weggingen aber der Vater immer noch das Kommando führte, aber jetzt niemand [mehr ist] welcher da Anschlage machen kann wie gewöhnlich; darum bitte ich Euch um Gotteswillen unserer lieben Mutter beizustehen und Ihr nicht über den Kopf her seid; und denkt waß Mutter und Vater für trubel [= trouble, Mühe] haben bis sie uns so weit bringen [. . .]
Schreibt mir wie es bei Euch allen im einzelnen geht. Wenn Lui hierher kommen will kann er es mich wissen lassen. Schneidergeschäft ist aber sehr schlecht wenn du kommen willst, mußt zu Metzger werden. Viele Grüße [. . .]

6. Keine Chancen für Gerber

Die Möglichkeiten für Gerber in Amerika erkundete nach der Jahrhundertwende der Butzbacher Gerber Jakob Grüninger, nachdem die Gerberwerkstätten zuhause den Anschluß an die industrielle Produktion verpaßt hatten und darniederlagen. Durch die Auswanderung hoffte er, dem sozialen Abstieg entgehen zu können, doch mußte er seinem Bruder Bernhard 1907 aus Chicago berichten, daß sich auch in Amerika Fabriken aufgetan hatten und nur geringe Löhne zahlten. Grüninger kehrte deshalb wieder aus Amerika zurück und betrieb noch eine Weile die ererbte Gerberwerkstatt weiter, wobei es nur knapp zum Lebensunterhalt reichte.

Chicago Juni. 23. 1907.

Lieber Bernhard.

Meine beiden Briefe von Chicago werden wohl zu Hause angelangt sein. Den Brief von Mutter vom 15. Mai habe ich erhalten. Mutter schrieb in denselbem Du wüsstest nicht recht was Du machen solltest und hättest auch manchmal for herüber zu kommen. Lieber Bernhard ich will Dir noch einmal meine Meinung hierüber mitteilen; was wolltest Du hier anfangen? Die Gerberei ist nichts mehr und käme für Dich ganz auser Frage. Früher eher die Chromgerbung und die Falzmachinen aufkamen haben Blanchirer, Falzer und auch Setzer gutes Geld gemacht, gute Falzer haben 4-5 Dollar den Tag gemacht, was zu damaliger Zeit so leicht in keinem anderen Beruf gemacht wurde. Doch das hat jetzt alles ausgespielt. Machinenfalzer werden ja noch was besser bezahlt, aber auch noch ziemlich schlecht und es ist auch nicht der Mühe werd dies zu lernen und seine Finger zu riskiren, welche sehr leicht zum Teufel gehen können. Auch arbeiten hier meist Böhmen, Polacken u. s. weiter in den Gerbereien und wollen Fabrikanten gar keine anderen Arbeiter haben, weil diese sich alles gefallen lassen und zufrieden sind, wenn sie nur arbeiten dürfen. In Californien ist ja die letzte 2 Jahre ganz gut verdient worden, aber ehe ich wegging hatte das Geschäft sehr nachgelassen. Alle Gerbereien hatten die Einarbeitung auf beinahe die Hälfte eingeschränkt, wie es hiess um von den Metzgern besseres Sortiment zu erzwingen und aus Furcht for einem Streik, auch hatte der Absatz für Zeugleder nachgelassen. Was ich jetzt hier verdiene reicht gerade zum Leben. So liegen hier die Verhältnisse für uns und so ist es hier überall für

ungelernte Leute. Du müsstest hier vielleicht in einen Saloon gehen als Reinmacher (Spucknäpfe u. s. w.) könntest es später vielleicht zum Bierzapfer bringen. Oder in einem Restaurant als Geschirrwascher, Kellner und was derlei Geschäfte alle sind. Dann müsstest Du lange in heissen dumpfen Räumen arbeiten, bekämst gerade genug bezahlt um in den billigsten u. schmutzigsten Logirhäusern schlafen zu können, das billigste Essen hättest, überhaupt unter der niedrigsten Klasse Menschen wärest. Amerika ist ein gutes Land für einen der ein Geschäft gelernt hat und wo die Arbeiter zusammenhalten.
Alles andere ist aber genug da. Als Beispiel will ich dir J. Gross angeben. Kaufmann ist auch hier kein Geschäft, ausgenommen erstklassige Stellen oder Reiseposten. Und so hat Jacob Gross schon alles propiert, bald versucht er es bei irgendeiner Judenfirma als Commissionsreisender, oder besser gesagt Hausirer, dann schafft er wieder in einem Sallon, dann in einem Restaurant u. s. f. Zur Zeit ist er in einem Restaurant, und geht es ihm so schlecht wie es nur jemand gehen kann. Aber davon darfst Du ja nichts weitertragen auch nicht unter die allernächste Verwande, ich will niemand herunter machen u. gebe Dir den Fall nur als Beispiel an. Um wieder auf unsere eigene Angelegenheit zurückzukommen. Ihr bekommt doch ganz gute Preise für Euer Leder, wie Mutter schreibt für 17-18 pfündige Rdl. 2.20 M da habt Ihr nach meiner Rechnung 10-11 M. Gerblohn. Zeugleder 1.60 M. Da kann man wenn man es versteht einen ganz guten Profit haben. Aus 60 Pf. Haut kann man leicht 32-34 Pf. Leder herstellen. In Californien machen sie von zirca 58 Pf. Salzgewicht ohne Horn u. s. w. 40 Pf. Leder, und wird dieses gefalzt u. blanchirt, sie rechnen dort 65-70 %. 55 % kann [man] auch in Deutschland leicht erzielen. Wie wäre es wenn ich nächstes Jahr nach Haus ginged und wir die Sache einmal richtig anfassen würden. Ich meine nicht ein grosses Geschäft anzufangen sondern an dem was man macht etwas zu verdienen. Ich glaube wir kämen schon zurecht und mit der Zeit auch vorwärts. Meiner Ansicht nach wäre es am vorteilhaftesten neben Rindleder Zeugleder herzustellen, diese beiden Artikel passen gut zusammen und ist hierin nicht so sehr die Konkurrenz der grossen Fabriken. Einen Motor u. kleinen Dampfkessel müssten wir aber anschaffen. Das Walkfass täte es wohl schon brauch nur ein Loch hinein bohren um Dampf einlassen zu können. Gerben kann man Zeugleder leicht in 5-6 Monat, kann auch etwas Extrackt zur Hülfe nehmen was bei nach der alten Zurichtmethode nicht gut möglich ist, wenn der Narbe nicht springen soll. Auch kann man trockene Leder verwenden und ist im Aussehen des Leders nicht viel

Unterschied. Mehr Arbeit ist auch nicht an demselben, im Gegentheil es ist viel leichter zu setzen. Überhaupt liegt hier in der Arbeit mehr Methode und wird mehr geleistet ohne sich besonders wehe zu tun. Hier im Osten wird Zeugl. auch nicht blanchirt, nach dem ersten Setzen wird das Leder herumgedreht auf dem Fleisch abgeschlickert. Später wird es nach dem Schwärzen mit Seifenwasser gebürstet mit einem Apretiermittel wie Moos, oder Gummi u. Talkum oder Reismehl versehen und geglast. Oder wenn Du denkst wir würden uns besser auf Rindleder verlegen u. eine kleine Spaltmaschine anschaffen. Arbeitsersparnis und etwas besseres Gewicht kann man hier auch erzielen. Chromrind ist auch nicht schweer herzustellen. Was Sparwasser für Rechner zusammengespalten hat ist keine Norm. Wo ich jetzt bin sind neben der Bandmesser noch 3 kleine Spaltmaschinen (Union) um das Leder nochmals nachzuspalten, letztere machen gleichmässigere Arbeit. Du kannst mir über das, was ich Dir hir schreibe einmal rückhaltlos Deine Meinung mitteilen. Vater kann auch dasselbe tun. Wenn Du denkst es ist nichts mehr dann werde ich hier bleiben und wenn Du herüberkommst so wirst Du sehen es ist alles so [wie] ich schreibe. Und dann noch ein anderes Ding. Gibst Du den Kram zu Haus auf wird Vater die Hofraithen verkaufen müssen und wie jetzt die Verhältnisse in Butzbach liegen wird sich sehr schwer ein Käufer finden. Jedenfalls müssten diesselben ganz unter dem Wert losgeschlagen werden. Ich werde nun in verschiedenen Gerbereien arbeiten mal nach Milwaukee machen vielleicht auch nach dem Osten. Wenn Ihr mit meinem Vorschlag einverstanden seid komme ich nächstes Jahr nach Haus. Freilich sind jetzt die Häute sehr hoch am Preis vielleicht gehen sie auch bald herunter.

Was hier die Butzbacher anbelangt geht es ihnen sonst allen gut. Letzten Sonntag habe ich Albert Steinhäuser von S. Paul gesprochen und wird derselbe vor diesem Brief in Butzbach sein. Wilh. Steinhäuser geht es auch gut er hat auch einen kleinen Dampfkessel gesetzt nur um Schmalz auszukochen und Wurst, die Leute sind nicht alle so schwerfällig wie wir es immer waren. Jean Steinhäuser ist immer munter u. fidel und soll ich Euch von der ganzen Familie grüssen. Gustav will nächsten Monat heirathen.

Sonst hätte ich weiter nichts mitzuteilen. Also schreibe mir bald einmal und sei herzl. gegrüsst ebenso Vater u. Mutter

Jacob

Hoffendlich hat Mutter noch rechtzeitig erfahren dass ich von S. Franzisco abgereist bin und die Strümpfe u. s. w. dabehalten. Das hat ja alles keinen Zweck die Sachen käuft man alle besser hier die sind hier alle zweckmässiger zugeschnitten und gearbeitet.

12. Die amerikanischen Nachbarn

Die Entwicklung des Farmens und auch der handwerklichen Produktion bezeugt, daß die Deutschen zumindest so viele persönliche Kontakte mit Anglo-Amerikanern hatten, um von ihnen lernen zu können. Auf rasches Geldverdienen angewiesene Einwanderer hatten indessen auch amerikanische Arbeitgeber, und für produzierte Waren bestand ein interethnisch offener Markt. Über das Geschäftliche reichten die Beziehungen zwischen Deutschen und Anglo-Amerikanern jedoch lange nicht hinaus. Dafür war nur vordergründig die Sprachbarriere verantwortlich. Entscheidender war eine beiderseitige Reserviertheit, in der sich soziale Anschauungen und Erfahrungen verfestigt hatten. Für den Altamerikaner mußte der Einwanderer seine Ebenbürtigkeit erst noch durch geschäftlichen Erfolg beweisen: ein ungeschriebenes Gesetz, das sich aus puritanischer Erfolgsgläubigkeit ergab, auch einen gewissen Nützlichkeitswert hatte und schon deshalb nicht außer Kraft gesetzt werden konnte, weil die meisten deutschen Auswanderer als »Habenichtse« aus zersplitterten und desolaten Kleinstaaten – also ohne nationales Prestige – anlangten. Errangen sie jedoch den abverlangten Erfolg, dann schuf mitunter auch das Empfinden lästiger Konkurrenz Distanz. Erfahrungen mit dieser sozialen Wirklichkeit korrigierten die Freiheitserwartungen der Deutschen, die sie mit ins Land gebracht hatten. Und bei aller Zufriedenheit mit Staat und Wirtschaftsordnung fand mancher Einwanderer bestätigt, was ihm ein (durchaus nicht einseitiger) gedruckter »Ratgeber« wie folgt auseinandergesetzt hatte: »Wenn man von Freiheit und Gleichheit in Amerika spricht, so muß man sich von beiden Dingen auch einen richtigen Begriff zu verschaffen suchen. Unter einer Regierung wie die der Vereinigten Amerikanischen Staaten kann sich freilich der Bürger in jeder Beziehung rechtlich und gesetzlich frei bewegen. Allein mit der Gleichheit ist es nicht so weit her. Es herrscht dortselbst der Kastengeist noch in einem schrofferen Grade, als im alten Europa. Das Geld, der Reichthum ist hier, was den Menschen vom Menschen unterscheidet. Der Reiche ist hier viel hochmüthiger, viel brutaler und beutet die Arbeitskraft des Armen auf eine viel raffinirtere Weise aus, als selbst in Europa dieses der Fall ist. Selbst mit den vortrefflichsten Eigenschaften des Geistes und des Herzens begabt, kann niemand sich Geltung in der Gesellschaft verschaffen.«[1] Daß sich auch reich gewordene Deutsche von dieser schroffen Kritik betroffen fühlen konnten, ist hinzuzufügen. Die sozialen Werte, die der Einwanderer in der Gesamtgesellschaft vermissen mußte, suchte und fand er in der eigenen ethnischen Gruppe. Die deutschen Nachbarschaftsverbände in den Städten wie auf dem Land bildeten notgedrungen auch Solidargemeinschaften, in denen intensive persönliche Kontakte möglich waren und ein deutsch geprägtes Kultur- und Vereinsleben half, sich auf amerikanischem Boden heimisch zu fühlen. Dies aber verzögerte erst recht interethnische Annäherungen. Die Anglo-Amerikaner fanden an den Deutschen deren lautstarke Geselligkeit, zumal beim sonntäglichen Wirtshausbesuch, zu kritisieren, während diese die strenge Sonntagsheiligung der Amerikaner nicht verstehen konnten und sie im Hinblick auf deren ganz unchristliche Geschäftstüchtigkeit und unterstelltes heimliches Branntweintrinken am Sonntag als »Heuchelei« empfanden. Die geforderte Sonntagsruhe bildete jahrelang Konfliktstoff und wurde politisch hochgespielt, während im Alltag auch ganz nebensächliche Verhaltensunterschiede beobachtet und wechselseitig kritisiert wurden. Die sozioökonomische Grundlage dieses Verhaltens enthüllt die folgende Pauschalkritik an den Amerikanern, die der 1852/53 nach Milwaukee ausgewanderte Heinrich Georg aus Langenaubach niederschrieb: »Eine fremdartige Angewohnheit der Amerikaner ist, daß sie, wo sie auch sind, immer Tabak kauen und niemals ihren Hut abziehen. Im Sommer gehen sie in Hemdsärmeln umher. Ein waschechter Yankee ist, was Handeln und Spekulieren betrifft, das gleiche wie drei Juden. Mit seinen Händen in den Taschen und dem zurückgeschobenen Hut sieht man ihn oft auf einem Stuhl sitzen, während er die Beine auf den Tisch legt. Fortwährend denkend und immer planend, scheint er trotzdem von einer stoischen Ruhe ergriffen zu sein.«[2] Die Deutschen hielten sich Arbeitswillen, Fleiß und Ehrlichkeit zugute und gaben mit diesem Selbstbild das Befremden über die schwere Arbeit, die sie nicht zuletzt ihre Frauen im Haus und auf dem Feld tun ließen, als Kritik an die Amerikaner zurück: deren Frauen seien verwöhnt und faul.[3] Verkannt wurde dabei der wirtschaftliche und kulturelle Vorsprung der Amerikaner, die es sich leisten konnten, erworbenen Wohlstand auch mit dem Müßiggang ihrer Frauen zu demonstrieren und dabei eine Frauenverehrung zu kultivieren, die zugleich im Frauenmangel an der »frontier« einen gewissen Nährboden besaß. Im übrigen war die altamerikanische Gesellschaft differenzierter, als sie die deutschen Einwanderer mit dem Stereotyp des kühl kalkulierenden Neu-England-Yankees – und daneben mit dem Klischee vom aristokratischen Plantagenbesitzer im Süden und vom »Grenzstrolch« im Westen – erfaßten.[4]

Gleichwohl schwang noch in diesen Stereotypen Bewunderung mit, und umgekehrt waren die Deutschen bei den Amerikanern nicht unbeliebt und galten auch diesen als fleißig und ehrlich. Eine ausgesprochene Fremdenfeindlichkeit traf mehr die extrem armen und katholischen Iren, übertrug sich aber in wirtschaftlichen Krisenzeiten und an Orten, wo die ökonomische Depression besonders fühlbar war, auf die Einwanderer insgesamt. In den 1830er und 1840er Jahren wurden in New York sowie im Westen und besonders im Süden sogenannte Nativistenvereine gegründet, die sich als Zusammenschluß von Ureinwohnern (nativ = eingeboren) verstanden und einer Unterwanderung der Vereinigten Staaten und der amerikanischen Kultur durch Ausländer entgegenwirken wollten. 1837 wurde ihre Lobby so stark, daß die 1835 gegründete »Native American Party« mit Patriotismus und Ausländerfeindlichkeit als Programm mehrheitlich in das New Yorker Stadtparlament gewählt wurde.[5] Zusätzliche Argumentationshilfe fanden die Nativisten in dem Wirken deutscher politischer Flüchtlinge nach 1848/49, die auch in Amerika politische Arbeit betrieben und versuchten, ihre in Deutschland gescheiterten Ziele zu Vorgaben amerikanischer Politik zu machen. Das verschärfte die Differenzen beträchtlich, und zur Forderung der Nativisten, die Einwanderung zu beschränken oder zu unterbinden, kam das Verlangen hinzu, den Deutschen und Iren, die bereits im Land waren, das Bürger- und das Wahlrecht zu verweigern. Nativistische Schlägertrupps gingen vor Wahllokalen auch mit Gewalt gegen Wahlwillige vor, wie es 1855 Johann Christian

Lenz aus Laubuseschbach in Louisville in Kentucky erlebte und in Briefen beschrieb.[6] In jenen Jahren erreichte der Nativismus seinen Höhepunkt und führte besonders auch in New York zu blutigen Auseinandersetzungen. Organisierte Gangs überfielen die Deutschen als »Sabbatschänder« in ihren Biergärten oder bei der Rückkehr vom Sonntagsausflug, und diese wehrten sich und provozierten auch manche dieser Szenen durch betont kämpferisches Auftreten.[7]

Hatte Johann Christian Lenz resignierend nach Hause geschrieben: »bleibet woh Ihr geborenn seid da ist Euher Heimad«, so zogen die bereits eingewanderten Deutschen die Konsequenz, sich hinter ihren kulturellen Eigenheiten zu verschanzen und der Bedrohung durch den Nativismus das Gefühl eigentlicher Überlegenheit entgegenzusetzen. Zwar verloren sich die fremdenfeindlichen Umtriebe wieder bzw. sie fanden gegen Ende des Jahrhunderts in osteuropäischen und asiatischen Einwanderern neue Opfer.[8] Dem Nativismus wird jedoch als Folgewirkung zugeschrieben, die völlige Assimilation der Deutschen um Jahrzehnte verzögert zu haben.[9]

Dies hieß jedoch nicht, daß es den eingewanderten Deutschen an amerikanischem Patriotismus gemangelt hätte, wie sich schon beim versuchten Abfall der Südstaaten von der Union bzw. beim Bürgerkrieg 1861 bis 1865 zeigte. Engagiert standen die meisten Deutsch-Amerikaner bei diesem Krieg im Lager der Nordstaaten, wobei es ihnen freilich auch dezidiert um die Abschaffung der Sklaverei ging. Karl Follen, Friedrich Münch und Gustav Körner hatten sich schon seit langem propagandistisch für dieses Ziel eingesetzt und ihre deutschen bzw. hessischen Landsleute um so gewisser für die republikanische Politik und die nordstaatliche Sache gewinnen können, als die sozialen Erfahrungen und Interessen der Einwanderer im absoluten Gegensatz zu dem südstaatlichen Herrentum standen. Als Freiwillige stießen sie zu den Regimentern oder ließen sich als Neuankömmlinge – wiewohl der Krieg die Auswanderungsbewegung stark zurückgehen ließ – gleich in New York als Soldaten anwerben (wobei in diesem Falle freilich auch der Sold lockte). Militärisch zeichneten sie sich durch besondere Tapferkeit aus: in verlustreichen Kämpfen, bei denen auch Friedrich Münch einen Sohn verlor (vgl. oben S. 182). Aufgrund dieses Einsatzes wird den Hessen nachgerühmt, ihren im Unabhängigkeitskrieg verlorenen guten Namen im Bürgerkrieg wiedergewonnen zu haben.[10]

Anmerkungen

1 F. A. Bauer, Taschenbüchlein für Auswanderer und Reisende nach den vereinigten Staaten von Nord-Amerika, Augsburg 1854, S. 16f.

2 Zitiert nach Ulrich Löber, Von Langenaubach nach Milwaukee, in: Heimatjahrbuch für den Dillkreis 4 (1961), S. 140-146, hier S. 146.

3 Vgl. den nachfolgend abgedruckten Auszug aus dem Brief, den Karl Welcker am 29. September 1852 aus New-Britain an seine Eltern in Ober-Ofleiden schrieb.

4 Zu diesen Stereotypen vgl. Walter D. Kamphoefner, Westfalen in der Neuen Welt. Eine Sozialgeschichte der Auswanderung im 19. Jahrhundert, Münster 1982 (= Beiträge zur Volkskultur in Nordwestdeutschland, 26), S. 126f.

5 Agnes Bretting, Soziale Probleme deutscher Einwanderer in New York City 1800-1860, Wiesbaden 1981 (= Von Deutschland nach Amerika, 2), S. 114. Zum Nativismus siehe ebenda S. 114-120 sowie L. D. Scisco, Political Nativism in New York State, New York 1901, und Carleton Beals, The Brass-Knuckle Crusade. The Great Know-Nothing Conspiracy 1820-1860, New York 1960.

6 Siehe die nachfolgend abgedruckten Briefauszüge nach Vorlagen des Auswandererarchivs des Instituts für Europ. Ethnologie der Universität Marburg.

7 Bretting (wie Anm. 5), S. 118f.

8 Vgl. auch Hans Jürgen Wendler, Universalität und Nativismus. Das nationale Selbstverständnis der USA im Spiegel der Einwanderungspolitik, Diss. Hamburg 1978.

9 So von John Hawgood, The Tragedy of German-America, New York 1940.

10 Wolf-Heino Struck, Zur dreihundertjährigen Geschichte der hessischen Auswanderung in die Vereinigten Staaten von Nordamerika, in: Hans Herder (Hg.), Hessisches Auswandererbuch, Frankfurt a. M. 1983, S. 13-62, hier S. 50.

1. Wie die Amerikaner leben

Die Eigentümlichkeiten, die Karl Welcker (siehe S. 259) an den Amerikanern beobachtet hatte, teilte er den Eltern in Ober-Ofleiden am 29. September 1852 in einem Brief aus New-Britain mit.

[. . .]
Ihr tadelt oft die Briefe, die von Amerika kommen u. nicht von den dortigen Verhältnissen berichten u. ich muss offen sagen, dass es eine äusserst schwierige Aufgabe ist, dieselben zu beschreiben. Es hat viele Berge u. Thäler, viel schönen Wald u. ist reich an Wasser, das wisst ihr u. sonst könnt ihr doch von einem Arbeiter nicht verlangen, dass er in die Verhältnisse tiefer einblicken könne u. das ist auch die Aufgabe der Statistiker. Die Yankeekost ist englisch; viel Kuchen, Pudding u. Pasteten u. halbgekochtes Fleisch; dass alle Sachen fabrickmässig gemacht werden, werdet ihr wohl wissen. Die Arbeit soll alle schnell gehen u. dazu sind auch alle Werkzeuge eingerichtet. Die Maschinen in den Fabricken sind ausgezeichnet u. die Fabricken so häufig, dass man staunen muss, wo alle die Sachen verbraucht werden. Aber der Amerikaner liebt ein schönes Möblement u. ein Zimmer eines Farmers ist so gut ausgestattet, als in Deutschland ein Beamtenzimmer u. man findet fast kein Haus, das nicht sein schön tapeziertes u. reich ausgestattetes, mit Teppichen belegtes Besuchzimmer hat. Es ist das einmal so Sitte u. da die Amerikaner ihr Gold nicht sonst verbrauchen, so wenden sie es an den Staat. Die Weiber sind träge u. thun sehr wenig. Die Männer sind meistens fleissig u. fast alle unter dem Pantoffel der Weiber, die das verdiente Geld an Staat u. Leckereien verwenden. Im allgemeinen sind die Schulen nicht gerade im besten Zustande u. die Leute sind auch im ganzen unerfahren in den Schulgegenständen. Connecticut macht jedoch davon eine rühmliche Ausnahme. Es hat viele recht gute Schulen u. gerade hier ist ein gut geleitetes Seminar. Aber seine Zeitung liest Jedermann u. das Gesetz kennt Jeder. Gerade eben ist Präsidentenwahl u. jeder Bube kümmert sich darum. Dieses Treiben, Werben u. diese Versammlungen kann man nicht beschreiben. Ich glaube dass der demokratische Candidat Franklin Pierre über den Whigcand. Wienfield Scott den Sieg davonträgt. Am 2ten Nov. ist die Wahl. Die Gegend hier ist sehr schön u. gut angebaut. Die Farmerhäuser sind sehr nahe beisammen u. die Farmen gut angelegt. Sie ziehen Korn, Mais, Kartoffeln, Taback

(bedeutend) u. lösen viel aus Milch, Butter u. Käse. Aepfel giebt es sehr viele u. der Sider [= Cidre, Most] ist sehr bekannt. Birnen giebt es wenige u. Zwetschen arten alle in Pflaumen aus. Die deutschen Stämmchen tragen einmal Zwetschen u. dann giebt es eine Art Pflaumen, die nicht so gut sind, als in Deutschland. Die Aepfel aber sind sehr gut. Das Land ist sehr hitzig u. treibt schnell. Der Handel ist bedeutend. [. . .]

2. Die Nativisten

Die deutschfeindliche Agitation der Nativisten lernte 1855 der Auswanderer Johann Christian Lenz aus Laubuseschbach in Louisville/Kentucky kennen, und er berichtete darüber seinem Bruder, dem er zwischen 1849 und 1888 zahlreiche Briefe zukommen ließ (Stadtarchiv Weilburg). Lenz war 1848 im Alter von fünfundzwanzig Jahren ausgewandert. In Louisville hielt er sich nur vorübergehend auf. Zuvor – und bis 1885 – betrieb er in Lanesville/Indiana eine kleine Landwirtschaft. Dazu war er Küfer, und als streng religiöser Christ reformierten Bekenntnisses unterrichtete er in der kirchlichen Sonntagsschule. Zuletzt lebte er als Nachtwächter eines Kleiderhauses in Louisville.

Louisville den 29ten Mai 1855

Lieber Bruder, deinen Brief vom 15ten Sept. 54 und den vom 25ten Deze[m]ber 54 habe ich erha[l]ten und gesehen, daß Ihr noch Alle gesund seid. Lieber Bruder ich will dir nun schreiben wie es mihr erkannen ist seid ich dir den lezen Brief geschrieben habe. balt nach dem Brief kamen die Fässer so herab daß ich nicht mer arbeiten konte denn das Hols gostede mich mer gelt als ich vor die Fässer bekam so habe ich ales verkauft und bin nach Louisville gezohen woh ich arbeit bekam aber einen schlegen Lohn so das ich nichts über habe. Als wir in Louisville etligen Wochen wahren ward mir meine Frau krank. Sie war 2 Wochen krank da kam Sie in Kindbett woh es auch nicht gut herging, aber der Herr half auch hier in der Noht und schenkte uns einen Sohn der wurde uns geboren den 20ten März d. J. und den 25ten März wurde er getauft. Friderich Schmidt von Freiendiez ist sein Päter der wohnt nahe bei mir.
[. . .]
Du kanst dir nun tenken was ich vohr ein Zeit gehabt habe u. warum ich nicht geschriben habe so wir haben auch eine betribe Zeit in Amerika die Amerikaner embören sich wieder die Deu[t]schen mit starker Hand, sie wolen keinen das Stimregt laßen und sie wählen [laßen] über all driben u. zurüktreiben. Bei der letzten Wahl in Louisville haben sie keinen Deu[t]schen nicht erbei gelaßen sie zu vil geschlachen deu[t]sche Häuser zerstird geschosen und geschlagen und so geht es in ganz Amerika und du kanst dir leigt tenken wie es in Amerika geht balt wird Kr[e]üz herein bregen. Tengst du daß ich jemand gelt schüken soll um sein Blut balt zu

flisen [zu sehen] vielleigt von einer Kuchel oder von der Colra die auch schon in alen Stäthen herein bricht. und auch haten wir Hungersnoth denn Winter hier in Louisville werden täglich die Armen geschbeist bei 4000 dausent die Arbeidlosigkeit ist noch hier viele haben keine Arbeit und ales ist deuer das fund Kadofel kostet 7 1/2 kr. das Frühjar izt 5 kr. das Weismehl kostet 196 fund 28 fl. jetzt 25 fl. und so ist mit alem.
[. . .]
ich grüse dich den Einzichen Bruder under Tränen. lebet All woll bis wir uns im Himel wiedersehn Amen

Christian Lenz

Louisville den 22ten Oktober 1855

Lieber Bruder, da ich nun so lange gewardet habe auf deinen Brif aber ich höre und sehe keinen so wiel ich abermals schreiben [. . .] das Fieber ist dieses Jahr in gans Amerika ausgebrogen von den meinen ist der gleine verschond geblieben ich und Frau haben nun das Fieber schon 4 Monad lang und die Kinder ale und so habe ich ein hartes Jahr [. . .] Du schreibs von den Kinder ob ich Sie komen lassen wiel oder nicht da habe ich Dir schon geschriben in dem lezen Brief das die Deu[t]schen überrich sind in Amerika. aber von dem lezen Frü[j]arh bis jezt hat es schond vil Blut gekostet den 6 August war in Louisville ein Waltag woh die Deu[t]schen und die von Aierland [= Irland] herieber gezohen sind, die wohl[t]en ihre Stimme abgeben wie auch sonstige, wurden aber gleich drauf geschlagen gestoßen da gin[g] es nun zu einem Schtraich da hat das Blud geflosen es wurde geschosen aus alen Häuser herhaus auf die Amerikaner woh viele gebliben sind dises miht gewerhen ste[k]ten sie die Häuser in Brant zerstör[t]en vile Wohnheu[s]er Morden Bra[n]ten u. Rauben was sie bekomen können sie haben Menschen aufgehannen gebraten im Feuher den Hals abgeschniten geschosen Korzum viele Menschen haben das Leben verlohren in diesen Tagen Deu[t]schen u. Amerikaner Weiber u. Kinder sind viele verbrant die sie nicht aus den Häusern gelasen haben.
Lieber Bruder ich habe das ale[s] zugesehen wie sie mit Messer auf der Straße herum gelaufen sind wie die prölente Löben um Menschenblut zu sehn. Von der Zeit haben viele Deu[t]schen die Flugt ergräfen und sind weiter gezohen der eine dahin der andre dordhin. nun lieber Bruder soll noch einer nach Amerika ziehen nein bleibet woh Ihr geborenn seid da ist

Euher Heimad. Wer ich noch ein mahl in Deutschland ich würde Amerika nicht sehn wen auch mit [nichts] anders den Brod u. Katofel und Sals dazu. imer noch beser denn in Frem[t]enland mit 3 mal Fleisch den Tag.

[. . .]

ich grüße Euch vil tausen[t]mall.

Dein getreuer Bruder
Christian Lenz

3. Ein Brief aus dem Bürgerkrieg

Als Klageruf aus dem Bürgerkrieg erreichte die Eltern des Auswanderers Wilhelm Hoffmann aus Niederkainsbach im Odenwald ein 1862 zu Philadelphia geschriebener Brief. Hoffmann war damals zweiundvierzig Jahre alt und hatte sich freiwillig zum Kriegsdienst gemeldet. Beim 34. Regiment der Nordstaaten machte er den ganzen Krieg mit, nach dessen Ende er 1865 krank und völlig verarmt in Lancaster/Pennsylvanien verstarb. Sein letztes Geld reichte nicht aus, die Beerdigungskosten zu decken.

Philadelphia
d. 22 th November 1862

Liebe gute Mutter! liebe gute Geschwister,

Wenn diese Zeilen Euch Geliebten noch bei guter Gesundheit antreffen, dann soll es mir von Herzen lieb sein, ich bin Gott sei dank noch bei guter Gesundheit geblieben, trotzdem daß ich so im Feuer gewesen bin, wo es so sehr von Kanonenkugeln geregnet hat, daß meine mir lieb gewordenen Freunde und Kameraden links und rechts von mir durch die Kugeln hingerafft sind, diese furchtbare Schlacht fand statt am 29ten August bis Morgens 11 Uhr am 30ten August. Das Regiment wo ich bei war bestand aus 1800 Mann wovon nicht mehr wie 13 Mann ihr Leben behalten haben.

Ich hätte Euch ja gerne schon längst wieder geschrieben, aber es war mir bis jetzt unmöglich, indem ich mir bis jetzt fast immer in Schlachten und auf Märschen befunden habe, wo uns kaum soviel Zeit gegönnt wurde um unser täglich Brod, um unseren Hunger zu stillen, aufzuessen, denn hungern u. namentlich dursten haben wir bei der furchtbaren Hitze so sehr müßen, daß fast mehr als verhungert sind und verdurstet sind, als überhaupt im Feuer gefallen sind, man hätte manchmal für eine Schnitte Brod mehr wie einen Dollar bezahlt, wenn man sie gehabt hätte, ein so schrecklicher Krieg wie dieser ist noch nie auf der ganzen Welt so geführt worden, wieviele Familienväter sind nicht ein Raub dieser schrecklichen Kriege geworden, wovon die Frauen u. Kinder jetzt, weil ihr Nahrungssorger sein Leben für die Freiheit wie es heißt hingegeben für Hunger sterben müßten. Ich rathe daher allen meinen deutschen Kameraden, nie dieses Land zu betreten, denn Kummer und Elend erwarten hier denjenigen, der glaubt daß ihm die gebratenen Tauben im Halse fliegen werden.

Der Krieg dauert nach meiner Ansicht wenigstens noch 3 bis 4 Jahre, und in dieser Zeit rathe ich keinem aus Deutschland hier rüber zu kommen, d. h. wenn ihm sein Leben lieb sein wird, denn es ist hier jetzt jeder Auswanderer darauf angewiesen, so wie er einige Wochen in diesem Land ist, sich dem Soldatenstand zu widmen, die Geschäfte gehen hier nemlich so schlecht, daß ein Mensch, wenn er noch so fleißig und arbeitssam ist nicht das täglich Brod dabei hat, es geht jetzt auch ohne Ausnahme jedem so, er mag arm sein oder gering, kommt z. B. ein reicher und wohlhabender hier jetzt rüber so kann er freilich 3 bis 4 Monate sehr nobel und anständig leben, den länger reicht sein Geld hier jetzt nicht aus, er mag so viel haben wie er will, denn dieses Land ist jetzt aus lauter Betrug und Spitzbüberei zusammengesetzt. Kommt der Auswanderer in Neu-Jork an, so wird ihnen, durch seinen eigenen Landsleuten, die meistentheils daß Schwindleramt hier ergriffen haben, dermaßen beschwindelt, daß sie wie gesagt binnen 3 bis 4 Monate ihr ganzes Geld verausgabt haben. Diese Schwindler (hier in Amerika nennt man sie Loofer) kommen schon an Bord des Schiffes, so wie das Schiff im Hafen zu Neu-Jork ankommt, und suchen den lieben Landsmann schon auf dem Schiff auf, um sich dem lieben Landsmann, von dem sie voraussetzen, daß er eine sehr reich gespickte Börse hat, als einen treuen und wahrhaften Wegweiser, der sein Ziel ganz sicher nicht verfehlt, an[zubieten], denn so ein Loofer deren es in Neu-Jork eine unmaße giebt, können gewöhnlich 3 bis 4 versch[iedene] Sprachen sprechen und sich bei jedem Auswanderer als seinen Landsmann ausgeben. Der Auswanderer folgt natürlicher Weise seinem lieben Landsmann, weil er natürlicher Weise seinen Landsleuten so etwas nicht zutrauen und auch nicht jedem ins Herz hineinsehen kann, aber jetzt gute Nacht Landsmann, der Loofer lässt ihn nicht eher wieder aus den Händen bis er nicht nur sein Geld, sondern auch goldene Uhr und Kette womit der reiche Landsmann natürlicher Weise versehen war, abgeschwindelt, wenn das Schwindeln nicht gelingen will, nun dann natürlicher Weise dann stiehlt ers, haben muß er es unbedingt. Gewöhnlich kommt jeder Auswanderer nachdem er 3 bis 4 Monate hier im Lande ist, er mag sein reich oder arm zerlumpt u. arm wie eine Kirchenmaus in die Werbeofficie für Soldaten um das letzte, nehmlich sein Leben diesem Lande zu opfern. Ja ich muß offen gestehen [. . .]

[*Brief nicht vollständig erhalten.*]

4. Ein Tagebuch aus dem Bürgerkrieg

Um dem Militärdienst zu entgehen, war der neunzehnjährige Heinrich Fischer 1861 aus einem Ort in Hessen-Kassel nach Illinois ausgewandert. Nach Ausbruch des Bürgerkrieges schrieb er sich gleichwohl als Freiwilliger 1862 beim 129. Regiment der Illinois Volunteer Infantry ein und erlebte bis Mai 1865 alle wichtigen Kämpfe mit, wobei er die ganze Zeit – von September 1862 bis zum 19. Februar 1865 – ein Tagebuch führte. Es erhielt sich in amerikanischem Privatbesitz in englischer Übersetzung. Eine Textprobe daraus erscheint nachfolgend als deutsche Rückübersetzung. Fischer war später ein erfolgreicher Bauunternehmer zu Crescent/Oklahoma, wo er sich 1889 auf einem »claim« niedergelassen hatte.

31. Januar [1864]. Heute blieben wir im Lager. Ich schrieb einen Brief.

1. Februar. Wir verbrachten die Zeit immer noch tatenlos in unserem Lager bei Robertsville, South Carolina. Wir erhielten Ration für zwei Tage. Man sagte, daß General Sherman so lange hierbleiben muß, bis weitere Nachrichten eintreffen. Das Wetter war angenehm und warm. Unser Lager wurde gesäubert und in Ordnung gebracht. Man konnte Artillerie-Feuer aus der Richtung von Charleston, etwa zehn Meilen von hier, hören.

2. Februar. Nachdem wir Robertsville verlassen hatten, marschierten wir gen Osten, etwa bis Mittag, bis wir an einem Scheideweg anlangten. Die Höhe nahm zu und die Gegend war weitaus kultivierter, doch alles war verlassen. Überall konnte man sehen, daß der Feind die vorige Nacht hier verbracht hatte. Immer noch erwarteten wir, jeden Moment auf den Feind zu stoßen. Um zwei Uhr nachmittags stießen wir auf den Feind in einem Tal bei Bordersville. Sofort begann heftiges Feuer. Wieder war das 129. Regiment das erste, das dem Feind direkt in einem kleinen Dorf von ungefähr sechs Häusern gegenüberstand. Wir hatten keine Verluste oder doch nur unbedeutende, ein Mann aus der Company F wurde leicht verwundet. Ein verwundeter Aufrührer saß in einem nahegelegenen Feld. Das 105. Illinois Regiment verlor vier Mann heute, das 102. Illinois Regiment fünf. Während der Nacht war alles ruhig. Wir trieben Clayborns Streitmacht vor uns her, von der man sagte, sie bestehe aus 8000 Mann.

3. Februar. Um zehn Uhr morgens brachen wir unser Lager ab. Die erste Division übernahm die Front und wir die Nachhut. Das Land war hochgelegen und schön. Einige reizende Häuser gingen in Flammen auf. Wir hatten reichlich zu essen. Der Feind trat heute nicht in Erscheinung. Ich mußte heute einen schweren Tornister tragen, da meine Decke naß geworden war. Wir legten heute nur zehn Meilen zurück und schlugen das Lager in einem großen Feld auf. Es regnete den ganzen Tag und die ganze Nacht. Wir fanden alle Häuser leerstehend vor. Nur wenige Frauen und einige Neger waren zu sehen.

4. Februar. Unsere Division nahm einen Seitenweg, um die Hauptkraft an der Flanke zu schützen. Letzte Nacht trafen wir auf das 17. Corps. Heute mußten wir durch viele Sümpfe waten. Der schmale Pfad machte das Marschieren sehr unangenehm. Gestern versuchte der Feind, unsere Nachhut zu überfallen, doch erschoß das 17. Corps sieben von ihnen und nahm 90 Gefangene. Heute kamen wir durch einen sehr armen Teil des Landes und sahen Farmen, auf denen nur Frauen ohne jegliche Unterstützung lebten. Sie hatten Angst, als sie die Yankees heranrücken sahen, doch tat ihnen niemand etwas zuleide. Am Nachmittag wurde ich ausgesandt, um für die Division Essen zu besorgen und kam zurück mit dem besten Sirup, Schinken, Kartoffeln usw. In einem sehr vornehmen Haus fanden wir die besten Möbel in größter Unordnung überall in den Räumen verstreut, ein Klavier lag im Keller. Wir waren jetzt im Herzen des Staates South Carolina. Heute sah ich wenige weiße Einwohner. Wir campierten entlang der Augusta Road nach einem Marsch von 15 Meilen. Das Sechste Feind-Corps war den ganzen Tag vor uns, dennoch unternahmen sie keinerlei Anstrengung, uns am Marschieren zu hindern.

5. Februar. Wir verließen das Lager etwa um acht Uhr. Die Erste Division übernahm heute die Front. Der Feind verschanzte sich heute etwa zehn Meilen von hier. Der Tag war öde. Viel Nachschub wurde heute im Lager zurückgelassen. Unser Weg führte uns an vielen Baumwollplantagen vorbei. Der Feind war direkt vor uns. Unsere Brigade diente dem Proviantzug als Eskorte. Wir erreichten die Brustwehr, die ich gestern erwähnte, etwa um fünf Uhr am Nachmittag. Das 15. Regiment, das ein wenig mehr ostwärts marschierte, drängte den Feind aus seinen Stellungen. Etwa um vier Uhr schlugen wir unser Lager in der Nähe des Broad River auf.

6. Februar. Wir brachen etwa um sieben Uhr morgens die Zelte ab, überquerten den Salkahatchie River und wenig später den Kandebe River und fanden zwei zurückgebliebene Linien der feindlichen Brustwerke. Ein kleines Dorf, durch welches wir kamen, wurde verbrannt. Ebenfalls durchquerten wir einen Sumpf, der sich etwa über anderthalb Meilen hinzog, aber doch mit einer recht guten Straße hindurch versehen war. Das 15. Corps überquerte den Fluß heute. Nach der Überquerung rasteten wir. Der Name der kleinen Stadt war Beufordbridge Villigh [= Beaufort Bridge Village]. Wir marschierten am 15. Corps vorbei. Das 20. Corps hörte heute nichts vom Feind, doch hatte eine Division des 15. Corps eine Scharmützel zu unserer Linken. Baumwolle und Häuser wurden heute verbrannt, und zwar in solch großer Zahl, daß – wohin man auch schaute – dichte Rauchwolken in den Himmel aufstiegen. Immer noch hörten wir Artillerie-Feuer. Gegen Abend wurde es kalt und Regen fiel. Wir schlugen unser Lager um sieben Uhr abends auf.

7. Februar. Um halb acht verließen wir das Lager. Wieder hatten wir einige Sümpfe zu durchqueren. Am Nachmittag trafen wir auf eine Linie Brustwerke, die von unseren Männern des 15. Corps errichtet worden waren. Von hier aus gab es nur schlechte Straßen, da es regnete und unsere Wagen im Schlamm steckenblieben. Wir erreichten die Charleston- und Augusta-Eisenbahn bei Einbruch der Nacht, doch hatten wir das Pfeifen der Lokomotiven schon Stunden zuvor gehört. Als wir jedoch dorthin kamen, war alles fort. Wir schlugen hier unsere Zelte auf. Es war kalt und ein leichter Regen fiel. Einige Gefangene wurden heute gemacht, und sie glauben immer noch fest daran, daß sie den Krieg gewinnen werden.

III. Die zweite Welle der Massenauswanderung

Mit 230400 Deutschen, die nach Übersee gingen, erreichte die Massenauswanderung des 19. Jahrhunderts 1854 ihren Höhepunkt. Danach ebbte ihre erste große Welle ab, um noch einmal in den 1860er Jahren anzuschwellen und nach der Reichsgründung einen vorläufigen Tiefpunkt zu erreichen. Nur rund 22000 Deutsche wanderten auch noch 1877 aus. Doch rasch kam die Auswandererflut danach noch einmal – im Zuge einer zweiten Welle – zu fast ihrer alten Höhe empor. 1881 verzeichnete die Statistik wieder 220900 deutsche Auswanderer; und auch in den folgenden Jahren wurden jährlich fast immer mehr als hunderttausend Reisende registriert, ehe in den 1890er Jahren die Zahlen kontinuierlich zurückgingen und schließlich durch den Ausbruch des Ersten Weltkrieges gewaltsam auf Null gebracht wurden.[1] Hessische Auswanderer waren an der zweiten Welle der Massenauswanderung ebenso, wie an der ersten, stark beteiligt. Zwischen 1867 und 1910 waren es über 114000 Personen, die aus Nassau auswanderten, und zwischen 1871 und 1910 wurden auch fast 55000 Hessen-Darmstädter gezählt.[2] Aus dem ehemaligen Kurhessen – 1866 ebenso wie Nassau von Preußen annektiert – liegen keine Gesamtzahlen vor, doch dürften sie denen der anderen Gebiete entsprochen haben.

Wie für die Auswanderungsbewegung insgesamt, so waren auch für die zweite Welle der Massenauswanderung Push- und Pull-Faktoren – Kräfte des Abstoßens und des Anziehens von Menschen – verantwortlich, die um 1880 zu einem idealen Zusammenwirken fanden. Im Deutschen Reich war der Konjunkturaufschwung der Gründerjahre in eine erste Krise geraten. In den emporstrebenden Industriestädten, die zur Amerika-Auswanderung jahrelang eine Alternative geboten hatten, gab es Arbeitslose und verschärfte sich ein Proletarier-Elend, dessen baldige Beseitigung auch politisch nicht mehr erhofft werden konnte, seit

1878 das »Sozialistengesetz« gegen die Arbeiterbewegung erlassen worden war. Andererseits lockten in den USA die Städte des Westens, die gleichfalls zu Industriestädten geworden waren, sowie der Eisenbahnbau – mit Nachdruck zum Pazifik vorgetrieben – mit Arbeitsplätzen, wobei die Entwicklung der Städte und des Transportwesens zugleich die Erschließung neuen (billig zu erwerbenden) Landes zur Folge hatten. Denn mit den Landkäufen neuer Siedler wurde der Bahnbau finanziert, und agrarisch genutztes Neuland wurde gebraucht, um die wachsende Bevölkerung der Städte zu ernähren und über Exporte Profit abzuwerfen. So kam es etwa um 1880 zum »Dakota-Boom«. Die Eisenbahngesellschaft der Northern Pacific-Bahn – von der Unionsregierung mit Verkaufsrechten ausgestattet – bot im noch kaum kolonisierten »Dakota Territory« günstiges Farmland an, warb von ihrer zentralen Immigration-Agency in London aus in ganz Europa Interessenten und löste so einen Zustrom von Menschen aus, dem sich bis 1890 auch etwa 9 000 Deutsche anschlossen.[3] Im äußersten Westen lockte dazu (schon seit den Goldfunden von 1848) auch das aufblühende Kalifornien. Bei der Vielzahl wirtschaftlicher Möglichkeiten, die die USA boten, erreichte der Einwandererstrom zwischen 1880 und 1890 seinen Jahrhundert-Höchststand: über 5 Millionen Menschen – auch aus Süd- und Osteuropa sowie aus Asien – kamen in diesem Jahrzehnt in die Neue Welt.
Dieser gewaltige Zustrom veranlaßte die Unionsregierung indessen, der »Open Door Era« der Einwanderung die »Era of Regulation« (1882-1916) folgen zu lassen. 1882 wurde das Einreiseverbot, das für Kriminelle und Prostituierte galt, auf Geisteskranke ausgedehnt. Immer mehr Menschen wurden außerdem in New York wegen ihres physischen Gesundheitszustandes sowie »aufgrund mangelnder Subsistenzmittel« abgewiesen: so 1891 immerhin 48 Arme aus dem Deutschen Reich.[4] Sie fielen vermutlich bereits unter das im gleichen Jahr erlassene Gesetz, das Personen von der Einwanderung ausschloß, denen von interessierter Seite die Überfahrt bezahlt worden war und die bei der Ankunft nicht mindestens 30 amerikanische Dollar (125 Reichsmark) vorweisen konnten. Seit 1891 war auch bundesgesetzlich geregelt, daß keine Personen mit ansteckenden Krankheiten, keine Polygamisten und keine Arbeiter einreisen durften, die schon zuhause mit einer

amerikanischen Firma einen Arbeitskontrakt geschlossen hatten. Damit – und mit dem Vermögensnachweis – sollten die Reisewilligen vor unlauterer Anwerbung und den üblichen Startschwierigkeiten in den USA geschützt werden, während es gleichzeitig im Interesse des Landes lag, sich nicht die entsprechenden sozialen Probleme aufzuladen.

Die Spitzenjahre deutscher USA-Auswanderung 1881 bis 1891 lagen noch vor diesen Regelungen und führten weiterhin Angehörige der städtischen Unterschichten, aber auch Personen nach Amerika, die als ländliche Arbeitssuchende in die Stadt gekommen waren, ohne hier dauerhaft gebunden werden zu können. Dem binnenländischen Wanderungsprozeß, den die Industrialisierung Deutschlands in Gang gesetzt hatte, schloß sich die Auswanderung so als Fortsetzung an, was konservative Volkswirtschaftler – auf neuen Konjunkturaufschwung vertrauend und Arbeitskraftreserven für wünschbar haltend – nur mißbilligen konnten. Auch dem Bild von nationaler Größe, das im deutschen Reich offiziell gepflegt wurde, widersprach die neue Massenauswanderung eklatant. Deshalb wurden in der Presse und in sonstigen Verlautbarungen, ja sogar im Schullesebuch, die Tugenden der Demut, Bescheidenheit und Heimatliebe gepredigt, und auswanderungskritische Artikel sprachen von der Armut und dem Elend, die gerade in Amerika den Auswanderer erwarten sollten.[5] Doch waren die Reisewilligen offenbar erst durch Fakten zu beeindrucken: durch die Besserung der einheimischen Wirtschaftslage und die Aufhebung des »Sozialistengesetzes« 1890, die signifikant dem Wiederabebben der Auswanderungswelle vorangingen.

Nicht ohne Einfluß waren in den 1880er Jahren sicher auch die verbesserten Transportverhältnisse. Nordamerika war jetzt noch schneller und billiger zu erreichen: mit regelmäßig abfahrenden Dampfschiffen bzw. speziellen Schnelldampfern auf der Strecke von Bremerhaven nach New York schon in etwa neun Tagen[6] und für rund hundert Mark. Hamburg bot mit zehn bis elf Reisetagen fast die gleichen Vorzüge und lockte noch mit merklich verbesserter Verpflegung. Und dazu war die Anreise vereinfacht worden. Das ausgebaute Bahnnetz ermöglichte es dem Auswanderer, schon in seinem Heimatort oder in dessen nächster Nähe die Bahn zu besteigen und auf Neben- und Hauptlinien bis zum Abfahrtsplatz der Überseedampfer durchzufahren, was ihm die umständlichen und teuren Übernachtungen ersparte. Geblieben war die feierliche Verabschiedung, nur daß nun an Stelle der alten Burschenschaften die neuen Turn-, Radfahr-, Gesangvereine usw. in Aktion traten und ihren auswandernden Mitgliedern ein Abschiedsfest und das Geleit zum Bahnhof gaben. Dafür – und für überreichte Geschenke – wurde dann in den Lokalzeitungen per Inserat ein formalisierter Dank ausgesprochen, wie dies etwa der Auswanderer Wilhelm Liederbach am 5. März 1881 im »Langener Wochenblatt« tat: »Bei meiner Abreise nach Amerika sage ich allen Freunden und Bekannten ein herzliches Lebewohl, insbesondere meinen Kameraden und den Turnern, die mich mit Musik zur Bahn geleiteten. Zugleich sage ich den Freunden herzlichsten Dank für die Geschenke, welche sie mir bei meinem Weggange überreichten.« Seitens der Auswanderer blieben auch die Briefe zur Unterrichtung und zur Anwerbung nachfolgender Auswanderer üblich. Solchen an die Verwandten lagen immer öfter Fotos bei, die das in Amerika gefundene Wohlergehen beglaubigen sollten.[7]

Die kritischen Artikel in den Zeitungen hatten freilich recht, wenn sie feststellten, daß nicht jedem Auswanderer dieses Wohlergehen beschieden war. Auf dem Lande wurde die Farmwirtschaft alter Art vom Agrarkapitalismus der Großunternehmer überrollt;[8] in den Städten expandierte die Industrie, zwang auch gelernte Handwerker zur Fabrikarbeit und bot doch immer niedrigere Löhne. Die übliche Ausbeutung der Arbeitskraft und soziale Unsicherheit, die im Einwandererland USA durch das gängige Prinzip »hire and fire« (anheuern und feuern) noch verstärkt wurde, kamen hinzu. Hiergegen begannen die Arbeiter ihre Interessen zu organisieren, was maßgeblich unter dem Einfluß deutscher Einwanderer – und bei Beteiligung von Hessen – geschah.[9] Zu einem der Chicagoer Arbeiterführer wurde August Spieß, geboren 1855 zu Friedewald als Sohn eines kurhessischen Försters und 1872 ausgewandert, zunächst zu Verwandten in New York. Zusammen mit dem hessischen Auswanderer Georg Engel (geboren 1836 in Kassel) und sechs weiteren Personen organisierte er die große Demonstration für den Acht-Stunden-Tag, die am 4. Mai 1886 auf dem Haymarket Square in Chicago stattfand und in heftige Krawalle ausartete. Dabei explodierte unter den Polizisten eine Dynamitbombe. Spieß, Engel und die anderen wurden dafür zur Verantwortung gezogen und mußten am 11. November 1887 den Tod durch Erhängen erleiden. Der internationalen Arbeiterbewegung galten sie fortan als Märtyrer für den Acht-Stunden-Tag.[10] Schon die 1890 in New York gedruckte Broschüre »Acht Opfer des Klassenhasses« hielt die Erinnerung an sie lebendig. Vor allem aber gingen vom »Haymarket Square Riot« die Bestrebungen aus, den 1. Mai als Feiertag der Arbeiter durchzusetzen.[11]

Als kapitalistisches Land unterschied sich Amerika immer weniger von den europäischen Industriestaaten und von Deutschland. »Die Maschinerie und das Monopol oder der Trust bringt dießes Land bald auf das Stadium wie es auch in Deutschland ist, und so bleibt für den Arbeitsmann oder kleinen Geschäftsmann keine Zukunft mehr«, schrieb zutreffend der Camberger Auswanderer Anton Preuss – bei der Zeitung »Germania« beschäftigt – 1901 seinem Vater aus Milwaukee.[12] Mit dieser Tatsache ist zu erklären, daß parallel zur Auswanderung nach Amerika eine starke Rückwanderung nach Deutschland stattfand. Im Verhältnis zur Auswanderung wurde für die 1880er Jahre eine Rückkehrquote von 14,2 % errechnet, doch hatte die Quote in den 1870er Jahren – als das Deutsche Reich entstanden war – mit 22,3 % noch höher gelegen.[13]

Anmerkungen

1 Siehe Wilhelm Mönckmeier, Die deutsche überseeische Auswanderung, Jena 1912; Friedrich Burgdörfer, Die Wanderungen über die deutschen Reichsgrenzen im letzten Jahrhundert, in: Statistisches Archiv 20 (1930), S. 161-196, 383-419; Peter Marschalck, Deutsche Überseewanderung im 19. Jahrhundert. Ein Beitrag zur soziologischen Theorie der Bevölkerung, Stuttgart 1973 (= Industrielle Welt, 14).

2 Wolf-Heino Struck, Die Auswanderung aus Hessen und Nassau in die Vereinigten Staaten, in: Nassauische Annalen 89 (1978), S. 78-114, hier S. 103.

3 Elwyn B. Robinson, History of North Dakota, Lincoln (University of Nebraska

Press) 1966, S. 146. Dazu auch Peter Assion (Hg.), Acht Jahre im Wilden Westen. Erlebnisse einer Farmersfrau, Marburg 1983.

4 Die »Zahl derer, denen die Einreise in Amerika verweigert wurde«, ist für 1882 bis 1896 den Berichten über die Tätigkeit der Reichskommissare für das Auswanderungswesen (u.a. Staatsarchiv Darmstadt, Abteilung Staatsministerium, Br. 129/1-8) zu entnehmen. Zur Institution des Bundes- und später Reichskommissars für das Auswanderungswesen – 1869 geschaffen – vgl. Gelberg (wie Anm. 6), S. 17f.

5 So druckte auch der »Wetzlarer Anzeiger« am 29. August 1883 zur Warnung zwei in Amerika geschriebene Briefe ab, die von verschuldeten Farmern und großer Arbeitslosigkeit berichteten. In dem einen hieß es, die Deutschen »werden nachher noch toller nach Deutschland zurückkehren, wie sie jetzt hierherkommen«.

6 Birgit Gelberg, Auswanderung nach Übersee. Soziale Probleme der Auswandererbeförderung in Hamburg und Bremen von der Mitte des 19. Jahrhunderts bis zum Ersten Weltkrieg, Hamburg 1973 (= Beiträge zur Geschichte Hamburgs, 10), S. 50.

7 Dazu Peter Assion, Amerika-Auswanderung und Fotografie 1860 bis 1930, in: Fotogeschichte 3 (1983), Heft 7, S. 3-18.

8 Vgl. Assion (wie Anm. 3), S. 30f. und S. 76-78.

9 Siehe Hartmut Keil und Heinz Ickstadt, Elemente einer deutschen Arbeiterkultur in Chicago zwischen 1880 und 1890, in: Geschichte und Gesellschaft 5 (1979), S. 103-124.

10 Horst Karasek (Hg.), 1886, Haymarket: Die deutschen Anarchisten von Chicago. Reden und Lebensläufe. 2. Aufl., Berlin 1977.

11 Gottfried Korff, Volkskultur und Arbeiterkultur. Überlegungen am Beispiel der sozialistischen Maifesttradition, in: Geschichte und Gesellschaft 5 (1979), S. 83-102.

12 Brief des Anton Preuss, Milwaukee, vom 16. Dezember 1901 an seinen Vater in Camberg (Auswandererarchiv des Instituts für Europäische Ethnologie der Universität Marburg).

13 Günter Moltmann, American-German Return Migration in the Nineteenth and Early Twentieth Centuries, in: Central European History 13 (1980), Nr. 4, S. 378-392; J. D. Gould, European Inter-Continental Emigration. The Road Home: Return Migration from the U.S.A., in: Journal of European Economic History 9 (1980), S. 41-112.

1. »Riesiges Anwachsen der Einwanderung«

Meldung im »Langener Wochenblatt« Nr. 27 vom 3. Juli 1880.

Die schon früher ausgesprochene Vermutung, daß in diesem Jahre die Auswanderung aus Europa, vorzugsweise nach Amerika eine noch nicht dagewesene Höhe erreichen werde, hat durch die bisherigen Erfahrungen bereits als eine vollkommen begründete sich bewiesen. Nach der Statistik des deutschen Reiches sind in den Monaten Januar, Februar, März 13 062 Personen nach überseeischen Häfen ausgewandert, was gegen den entsprechenden Zeitraum des Vorjahrs eine Zunahme von 19,1 % ausmacht. Dabei sind die in Rotterdam, Liverpool, Glasgow, London, Havre ans Land gegangenen deutschen Auswanderer nicht mit gerechnet. Die meisten derselben kamen aus Ost- und Westpreußen und Posen, wo die Bewohner ganzer Dörfer ihre Heimat verlassen haben und gingen über Bremen, welches auch von den Auswanderern aus Böhmen und den österreichischen Kronländern als Einschiffungsplatz bevorzugt wird. Im Mai sind aus dem Hafen von Liverpool nicht weniger als 83 Auswandererschiffe mit 29 482 Reisenden ausgelaufen, von denen 25 189 nach den Vereinigten Staaten, 4 083 nach Canada gingen . . .
Der Grund dieses riesigen Anwachsens der Einwanderung nach Amerika liegt jedenfalls darin, daß lohnende Beschäftigung wieder leichter zu finden sein soll, als in den Vorjahren; deutsche, schwedische, schottische Arbeiter sind vorzugsweise gesucht, weniger die Irländer.

2. Ein Langener wandert aus

Anzeigen im »Langener Wochenblatt« Nr. 4 vom 27. Januar 1883 und Nr. 10 vom 10. März 1883:

ZUR GEFÄLLIGEN BEACHTUNG.

Da ich in der Kürze nach Amerika auswandern werde, fordere ich alle, welche rechtliche Forderungen an mich zu haben glauben, hiermit auf, sich innerhalb 8 Tagen unfehlbar bei mir anzumelden.

Langen, 26. Januar 1883 Konrad Keiber

Auswanderungshalber läßt der Unterzeichnete Montag, den 12. März, Vormittags 1/2 9 Uhr, in seiner Behausung: 1 Kuh, 1 Wagen, Pflüge, 1 Egge, 1 Obstkelter, 1 Windmühle, 1 Dickwurzmühle, Kleiderschränke, Bettladen, ein neues und ein altes Canapee, sowie sonst allerlei Haus- und Ackergeräte gegen bare Zahlung versteigern.

Langen, 8. März 1883 Konrad Keiber

3. Die neue Situation in Bremerhaven

Hermann Allmers, der schon in den 1850er Jahren die Auswanderer in Bremerhaven aufmerksam beobachtet hatte (siehe S. 211), registrierte auch die Veränderungen, die sich in den 1880er Jahren ebendort ergeben hatten. In der 3. Auflage seines »Marschenbuches« (Oldenburg und Leipzig 1891, S. 293f.) schreibt er:

[. . .] wie Manches wäre nachzutragen [. . .] Die Zahl der Auswanderer hat sich zwar in den letzten Jahren fast zum Entsetzen vermehrt, das bunte malerische Treiben derselben aber so gut wie aufgehört. Kurz vor ihrer Abfahrt brausen sie jetzt im langen Bahnzuge heran; dicht am Stege, der auf den mächtigen Lloyddampfer führt, der sie aufnehmen soll, hält der Zug; kaum betreten sie noch den deutschen Boden, rasch ist auch das sämmtliche Gepäck hinübergeschafft und fort geht's in die wogende See. Wer kümmert sich viel darum? denn von keinem Auswanderer ist noch Etwas zu holen. – Natürlich konnte bei solchem Umschwung der Verhältnisse auch das Auswandererhaus nicht ferner seine Bestimmung erfüllen. Es verödete und verkam; bald als Waarenlager benutzt, bald zur flüchtigen Unterbringung von Truppen und französischen Gefangenen, bald gänzlich leer dastehend, kam es wiederholt sogar zum Aufgebot und so verlor nach und nach dieses einst so anziehende Institut alles Interesse. Was noch daraus werden mag, weiß der Himmel.

4. Die Post- und Schnelldampfer des Lloyd

Mit dieser Anzeige pries das Bremer Schiffahrtsunternehmen Norddeutscher Lloyd seine Post- und Schnelldampfer im »Althessischen Volkskalender auf das Jahr 1897« (gedruckt in Melsungen) an.

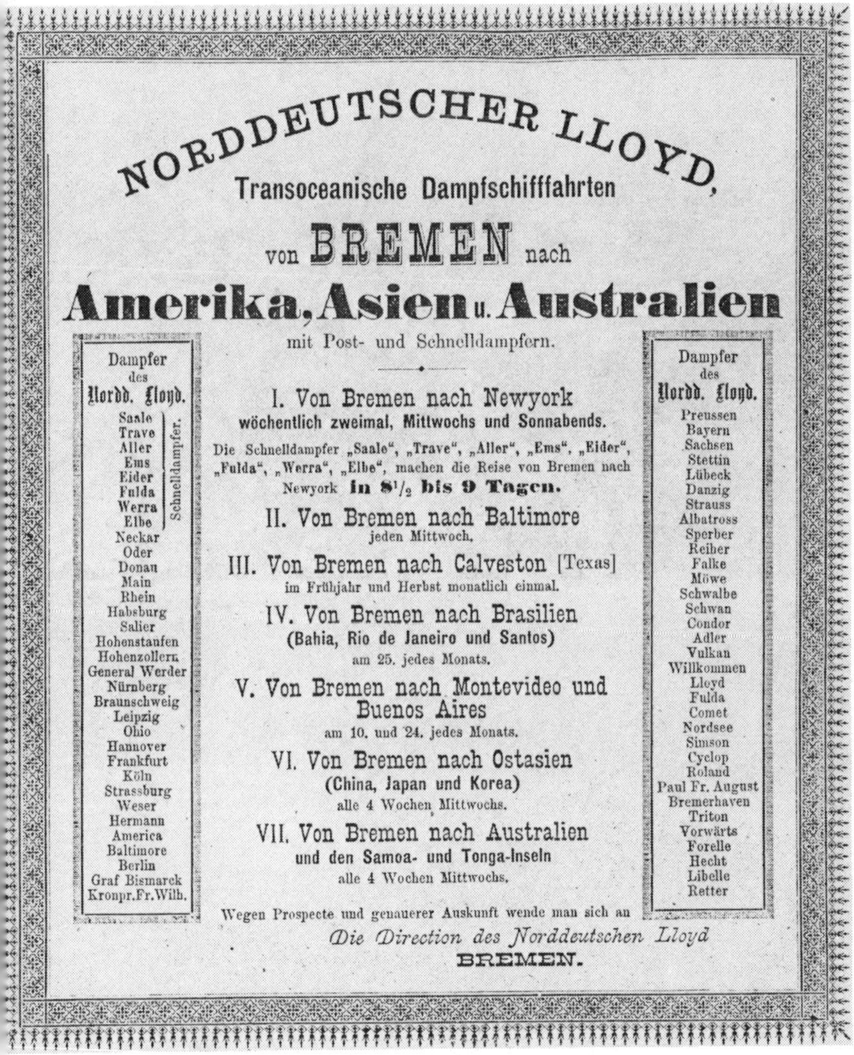

5. Einschiffung in Hamburg

Neben Bremen stand Hamburg als gleichrangiger Auswandererhafen, zusätzlich begünstigt durch die Auswanderung aus Osteuropa, die über Hamburg lief. Das Bild zeigt die Einschiffung von Zwischendeckern nach einer vor dem Ersten Weltkrieg in Hamburg vertriebenen Postkarte (Staatsarchiv Hamburg).

6. Ein werbender Brief 1884

Mit diesem Brief riet ein L. Gottmann von Amerika aus seinem Freund in Hessen-Darmstadt zur Auswanderung, indem er ihm zugleich genau eine Reiseroute beschrieb.

Redwood Aprill 15 – 84

Lieber Kammerad!

Deinen Brief habe ich erhalten, und zwar am 14 Aprill Abend als ich von der Jagd nach Hause kam. Mit freuden auf die Adresse sehend, sprach ich zu meinem Herr der Brief ist vom Peter seinem Bruder, der mich, als noch vor einem halben Jahre treuer Colleg, doch noch nicht vergessen hat. Du kannst dir nicht denken wie mich dein Brief erfreute, und noch weniger kannst du dir denken wie es mich erfreuen würdet, wenn mich deine Nähe beklükte. Und das kannst du ganz leicht fertig bringen, den siehe du machst Akort in Darmstadt bei Radin Rheinstraße 47 No; läßt die, die mit dir machen, einen Tag eher fort machen und machst nachher nach, aber nur über Antwerpen. Wenn Ihr über Antwerpen reißet brauchst du gar keine Angst zu haben, du brauchst keinen Paß, keinen Taufschein und gar nichts nur 97 Mark 20 Pf. und dafür wirst du von Darmstadt bis nach New Jork an den Bahnhof wo du einsteigen mußt, geführt wie ein kleines Kind und kannst nicht irre fahren. In Mainz mußt du zum Agent Botthof neben der Hauptwache welche du ja wohl weißt, und das ist alle Lauferei die du hast. In Antwerpen werdet Ihr am Zuge abgeholt, und da geht Ihr in das Hötel New Jork denn da wird deutsch gesprochen. Ihr werdet dorthin Karten bekommen wie ich auch. Ich war im ersten Stocke, Zimmer No. 8 gelegen, der Tag kostete mich 3 Mark, alle andern Stöcke kosten per Tag 2 M 40 Pf. Sollt es Euch an Geld fehlen so schreibe nur gleich es soll nicht mangeln. Sollte Euer Geld nur ausreichen bis in Castele Garden N. Jork so schreibe es und ihr werdet dort in Empfang nehmen, denn die Namen derer die Geld oder Briefe dort bekömmen, werden ausgerufen. Müßt ihr in N. Jork übernacht bleiben, so bleibe im Castele Garden und halte dich an den, der die Namen ausruft. Denn wenn ihr Samstags ankommt könnt ihr nicht mehr fortfahren weil Sonntags kein Zug geht. Von N. Jork bis nach Redwood kostet es mich 8 Dollar jetz ist es aber um einen Dollar billiger.

Wenn Ihr in Redwood ankommt so zeigt nur jemand dieses Papirchen und ihr werdet schon hingewiesen werden und da werden wier Euch abholen. Alle Schuld wenn es Euch nicht gefallen solltet nehme ich auf mich, denn ich bin ganz fest überzeugt daß es Euch gefällt. Willtst du auf deinem Handwerk schaffen, so kannst du 2 1/2 bis 3 Dollar per Tag bekommen. Eine Magd bekommt per Woche 2 und auch 2 1/2 Dollar, hat aber sonst nichts zu thun, als häusliche Arbeit. Zu füttern brauch sie gar nicht. Gehe zur Apollona und bringe sie auch mit hierher.
Wenn du so gut sein willt so bringe meine Violine mit, denn diese kostet nicht einen Cent Zoll, und ist mir hier waß sehr werthes. Ich würde dir deine Mühe doppelt bezahlen. Auch sage den Mädchen sie sollten allerlei Gartensämereien mitnehmen, denn alle Deutschen hier wünschen deutsche Sämerein. Ich komme jetzt zu John Hartmann der aus Fürstengrund ist, und mache Käse bei ihm, und auf meinen alten Platz kommt mein Bruder Philipp. Ich bekomme auf 8 Monat 160 Dollar.
Noch bemerken will ich daß Ihr in Utika aussteigen müßt, dort sind Deutsche die Euch den anderen Zug zeigen.

Mr. L. Gottmann
Alexandria Ray
In cas of John Hartmann

Jefferson Cont.
New York
N. Amerika

7. Klage eines Arbeiters 1890

Gegen die neue Auswandererwelle sprach sich in verschiedenen Briefen der Arbeiter Karl Dern aus. 1855 in Baltimore als Sohn des eingewanderten Lohgerbers Jakob Dern aus Marburg geboren, hatte er jahrzehntelang in einer großen Gerberei in Sheboygan/Wisconsin gearbeitet und immer weniger Lohn erhalten. Auch beobachtete er den Zug zur Konzentration des Geschäftslebens. Pessimistisch sprach er deshalb in seinem Brief von 1890 vom »Raubsystem« in Amerika.

Sheboygan Wisconsin Dec. 22. 1890

Werthe Tante!
Ich habe schon drei mal in den letzten 9 Jahren geschrieben, habe aber niemals eine Antwort darauf bekommen, nun weis ich nicht sind die Briefe angekommen oder nicht [. . .] Ich denke gar oft an die Alte Heimath, und spreche öfter mit meiner Frau von vergangene Tage, welche ich in der Jugend da verlebt habe, ich kann es niemals vergeßen. Ich bin seit 9 Jahren verheiratet, habe 3 Kinder am Leben, und eins gestorben. Zwei Jungens und ein Mädchen. Der eine Junge ist 8 Jahre, der andere 6 und das Mädchen zur Zeit ich dieses niederschreibe 6 Wochen alt. Der Name des Ältesten ist Arthur und des anderen Roland, die kleine ist noch nicht getauft, alle munter u. gesund. Ich bin hier in einer Lederhandlung beschäftigt.
Vater und die anderen Geschwister sind in Milwaukee 52 Englische Meilen südlich von hier. Mutter ist seit zwei Jahren Tod. [. . .]
Im allgemeinen geht es uns soweit gut, wir haben gute u. schlechte Zeiten durchgemacht. Wer in diesem Lande etwas verdienen will muß arbeiten sonst hat er nichts. Von dem vielen Gespräche in Deutschland, daß man hierzulande viel verdient ist es lange nicht so wie sich die Leute es draußen denken. Wenn einer hier etwas verdienen will dann muß er hart arbeiten. Denn es ist nicht alles Gold was glänzt. Denn die Zeiten sind nicht mehr so wie sie früher waren. Denn die großen Geschäfte machen die kleinen einen nach dem anderen Kaputt, es ist ein gewißes Raubsißdem hier zu lande, der kleine Geschäftsmann kann sich nicht länger mehr halten den die großen sitzen auf ihn.
Was das Wetter hier anbelangt, so haben wir bis jetzt noch angenehmes [. . .]

Achtungsvoll
Dein Neffe Karl D. Dern

8. Öffentliche Gegenpropaganda

Mit der neuen Auswandererwelle verstärkten sich auch wieder die publizistischen Stimmen, die vor der Reise nach Amerika warnten: mit neuen und mit alten Argumenten. Ein Beispiel bietet der Artikel »Das Auswanderungs-Fieber«, der im »Althessischen Volkskalender auf das Jahr 1883« (Melsungen, S. 42-45) erschien und den (echten?) Warnbrief eines Wetterauers mit zum Abdruck brachte.

Das Auswanderungs-Fieber

Gewis hast Du, lieber Leser, schon einmal eine Gesellschaft Auswanderer hinaus in die Ferne ziehen sehen, vielleicht warst Du auch selbst unter den Abschiednehmenden und rißest Dich mit tausend Schmerzen von den lieben Verwandten und Gefreundten los, die jenseits des Weltmeers sich eine neue Heimat suchen wollten. Das bittere Weh des Scheidens meist für immer, das dann die Herzen der Zurückbleibenden und mehr noch der Hinausziehenden erfüllt, und wären diese vorher auch noch so auswanderungslustig gewesen, läßt keinen, selbst den unbeteiligtsten Zuschauer nicht, unbewegt. Der Abschied vom lieben heimatlichen Tal und der mütterlichen Erde, wo unsere Wiege stand und wir die Spiele unserer glücklichen Kindheit spielten, ist immer etwas unnatürliches, ein vorlaufendes Abbild des Todes, und der Kalenderschreiber vermag nicht einmal die Worte des alten Schubart'schen Auswandererliedes ohne Herzgrimmen zu hören, das am Ende des vorigen und am Anfange unseres Jahrhunderts bei solchen Gelegenheiten unter unzähligen heißen Tränen gesungen worden ist:

An deiner Grenze füllen wir
Mit Erde unsere Hand,
Und küssen sie, das sei der Dank
Für deine Pflege, Speis und Trank,
Du liebes Vaterland!

Noch wehmütiger aber als die lauten Klagen des Abschieds müssen uns die oft ganz unmöglichen Zukunfts-Träume stimmen, durch welche die Auswanderer sich über den Trennungsschmerz zu trösten suchen. Da kann dann die bittere Entteuschung nicht lange auf sich warten lassen, und wir bangen schon im voraus bei dem Gedanken, wie wol das junge Mädchen hier, das jetzt, nachdem der erste Schmerzenssturm überwunden ist, träumerisch auf die bunten Busenbänder herunter lächelt, wie der Mann dort, der durch einen kräftigen Schluck aus der Reiseflasche die letzte Abschiedsträne hinunter zu spülen sucht, wie diese und so viele andere wol die unausbleibliche Ernüchterung ertragen, ob sie verzweifelnd unter derselben erliegen oder im harten Kampfe des Lebens sich den Frieden Gottes und den Segen desselben, ein festes Herz erringen werden . . .

Dergleichen Auswanderer-Bilder sind heute ja in allen Dörfern und auf allen Bahnhöfen oft genug zu sehen, und so wird es nur in der Ordnung sein, wenn auch der »Althessische Volkskalender« seinen Lesern ein Wörtchen über die Auswanderung sagt.

Denn stärker als je wälzt sich seit einigen Jahren wieder der Strom der Auswanderer aus Deutschland hinaus den fernen Ländern der neuen Welt zu. Von 1871-1881 schifften sich in den deutschen Häfen Bremen, Hamburg und Stettin, sowie in dem belgischen Antwerpen 805,698, von 1871-80 in dem französischen Hafenplatz Havre 30,494 deutsche Auswanderer ein. Rechnet man dazu die nicht unbedeutende Zahl derjenigen Deutschen, welche erst in Rotterdam, Liverpool, Glasgow und London das Schiff bestiegen, so wird man annehmen dürfen, daß in den angegebenen 11 Jahren etwa eine Million deutscher Landeskinder dem Vaterlande den Rücken gekehrt hat.

Betrachtet man die einzelnen Jahre dieses Zeitraums, so findet man, daß die Auswanderung, nachdem sie 1871-73 bereits sehr stark gewesen war (in 1871 wanderten 75,912, in 1872 125,650, in 1873 103,638 Personen aus), in den Jahren 1874-79 allmählich bis unter die Ziffer von 50,000 jährlich sank, seit dem Jahre 1880 aber wieder, und zwar bis zu einer vorher noch nicht erreichten Höhe, anschwoll. Im Jahre 1880 zogen 106.190, in 1881 gar 210.547 Deutsche hinaus, im Jahre 1882 aber, in welchem der Kalenderschreiber den 1883er Kalender zusammenstellt, scheint die Zahl der Auswanderer diejenige von 1881 noch übertreffen zu wollen.

Das chattische Stammes-Gebiet, in welchem der »Althessische Volkskalender« verbreitet wird, ist an diesen Zahlen zwar nicht am stärksten, aber auch nicht am geringsten beteiligt. Die am stärksten beteiligten Länder sind die beiden Mecklenburg und die östlichen preußischen Provinzen, während das Königreich Sachsen, obwol es das dichtest bevölkerte deutsche Land ist, die wenigsten Auswanderer stellt. Ein

Beweis, daß die sogenannte Uebervölkerung nicht der Grund der deutschen Auswanderung ist. Aus dem Großherzogtum Hessen wanderten in den elf Jahren von 1871-1881, 20,298, aus Kurhessen, Naßau und Frankfurt a. M. in dem einen Jahre 1881 7592 Personen, und zwar nur über deutsche Häfen, aus.

Das Reiseziel der großen Mehrzahl der deutschen Auswanderer sind nun immer noch die Vereinigten Staten von Nordamerika. So giengen z.B. von den oben schon erwähnten 7592 Personen, welche im Jahre 1881 aus Kurhessen, Naßau und Frankfurt auswanderten, nur 40 nach Chile, 22 nach Brasilien, 12 nach Afrika, 11 nach den argentinischen Staten, 9 nach Australien, 4 nach dem großbritannischen Nordamerika, 1 nach Westindien, 1 nach Peru, 1 unbekannt wohin, alle übrigen 7491 aber in das Gebiet der nordamerikanischen Union. Seitdem die »gute alte Zeit«, welche nach den grauenhaften Stürmen des dreißigjährigen Krieges dem deutschen Leben wieder seine Gottesfurcht, Stetigkeit und gemütvolle Innigkeit zurückgegeben hatte, auf's Neue einer fieberhaften Völkerunruhe Platz gemacht hat, welche mit der großen französischen Revolution am Ende des vorigen Jahrhunderts begann, und sich in unaufhörlichen, Erdbeben gleichen Erschütterungen des Rechtes und der öffentlichen Wolfahrt bis auf unsere Tage fortgesetzt hat, – seitdem ist die große nordamerikanische Republik für das deutsche Volk mehr und mehr das geworden, was ihm in den ersten Jahrhunderten seiner Geschichte das Land Italien mit seinem milden Himmel und seiner leichten Lebensart war, was den Spaniern nach der großen Entdeckung des Christoph Columbus die reichen Länder Südamerikas wurden: das märchenhafte Ziel aller Wünsche, das fabelhafte Goldland El-Dorado, wo, ähnlich wie in dem alten deutschen Märchen vom Schlaraffenlande, das Gesetz der Sünde »Im Schweiße Deines Angesichts sollst Du Dein Brot eßen« aufgehoben und müheloser Lebensgenuß, Reichtum und Wolleben die allgemeine Regel sei.

Der Kalenderschreiber ist nun durchaus kein grundsätzlicher Gegner aller und jeder Auswanderung. Er weiß sehr wol, daß in jedem deutschen Herzen Heimatsliebe und Heimatsseligkeit mit der Wanderlust und dem sehnsüchtigen Zug in die fremde und unbekannte Ferne dicht zusammen wohnen. Er weiß, daß deutsche Tatkraft und Unternehmungslust sich zu allen Zeiten weit über die Grenzen der Heimat hinaus Gelegenheit zur Bewährung ihrer Tüchtigkeit gesucht haben, und daß sie dabei oft genug nicht bloß ihr eigenes Glück gemacht, sonden auch zum Wol der Mitmenschen ihr Reichliches beigetragen haben. Endlich weiß er auch, daß heutzutage die Zustände in Deutschland sehr wenig erfreulich sind, daß zumal der Verlust unserer Selbständigkeit und Selbstregierung in Kurhessen, Naßau und Frankfurt, die kirchlichen Wirren und Verfolgungen in beiden Hessen, sowie die Notstände, welche uns im ganzen großen Vaterland gemeinsam sind: die ungeheuere Militärlast, der harte Steuerdruck, die stete Kriegs-Gefahr und Friedens-Unsicherheit und der durch keine gesetzgeberischen Versuche zu bannende Geldmangel und schlechte Verdienst, – ich weiß, wie gesagt, daß das alles für gar manchen den guten und ausreichenden Grund zu dem Versuche abgibt, den immer mehr zusammen schmelzenden Rest seiner Habe durch die Auswanderung vor völligem Verfalle zu schützen. Und soweit sage ich gegen die Auswanderung nichts.

Insoweit dieselbe aber aus dem Drange des ungeduldigen Herzens hervor geht, alle Bande und Seile zu zerreißen und der Kreuzesschule womöglich zu entlaufen, in die Gottes liebevolle Weisheit einen jeden Menschen nimmt; soweit sie auf dem Wunsche beruht, sich der Pflicht des Ausharrens und der Treue gegen die leidende mütterliche Kirche, gegen das teuere Vaterland zu entziehen, und in blinder Selbstsucht einem wesenlosen Glückstraume nachzujagen, – insoweit ist vor der Auswanderung allerdings auf das ernsteste und nachdrücklichste zu warnen. Gerade so aber hat es mit ihr schon öfters gestanden, und steht heute bereits in weiten Kreißen des Volkes wieder ebenso mit ihr. Diese Art der Auswanderung ist nicht mehr eine Betätigung überschüßiger Lebenskraft des Volkes oder der gebotene letzte Versuch der Selbsterhaltung für den Einzelnen; sie ist Kreuzesflucht und tolle Jagd nach Abenteuern, sie ist eine Zeitkrankheit, ein Fieber, dessen zerstörenden Einfluß auf die von ihm Befallenen jeder Freund des Volkes nur mit schmerzlichem Mitleid betrachten kann, und gegen das er nicht zögern darf, die ihm etwa bewußten Heilmittel anzubieten.

Deshalb sollen denn auch im »Althessischen Volkskalender« namentlich alle Amerikalustigen daran erinnert werden, daß die amerikanischen Zustände heutzutage der Auswanderung keineswegs mehr so günstig sind, wie das früher in Wirklichkeit der Fall war, und wie es sich viele unwißende und leichtgläubige Personen wol auch jetzt noch vorzustellen pflegen. Wer die dortigen Verhältnisse, namentlich auch die englische Sprache, nicht bereits ziemlich genau kennt, oder sicher ist, drüben treue und zuverläßige Freunde und Ratgeber zu finden, der darf ganz bestimmt darauf rechnen, in diesem Lande, wo längst nicht mehr biedere Einfachheit, sondern ein in der ganzen Welt sprüchwörtlich gewordener

Schwindel regiert, in der grausamsten Weise über die Ohren gehauen und um Hab und Gut tüchtig geprellt zu werden. Wer ferner völlig mittellos in die Vereinigten Staten geht, der wird dort in den meisten Fällen noch sehr viel schwerer ein Fortkommen finden als daheim. Denn wenn es auch richtig ist, daß die Bevölkerung der Union, welche heute erst etwa 40 Millionen beträgt, auf die ungeheuere Zahl von 500-700 Millionen anwachsen müßte, um die gegenwärtige Dichtigkeit der deutschen Bevölkerung zu erreichen, so ist doch dem gegenüber zu bedenken, daß die nordamerikanische Bevölkerung durch fortwährenden massenhaften Zuzug von allen Seiten in einer Weise sich vermehrt, die ohne Beispiel dasteht. Die Volkszahl der Union betrug vor 100 Jahren nicht viel mehr als eine Million. Sie hat sich also im Laufe eines Jahrhunderts fast vervierzigfacht, und wächst auch jetzt beinahe immer noch in diesem Verhältnis weiter. In Folge dessen ist schon heute in den uns zunächst gelegenen östlichen Küstengebieten Nordamerikas die Bevölkerung fast ebenso dicht und das Leben dort mindestens ebenso bedürfnisreich, überfeinert und teuer wie bei uns in Deutschland auch, sodaß ein Vermögen, welches in der alten Heimat zum Fortkommen nicht ausreicht, auch dort den Lebensunterhalt nicht bestreiten kann. Erst im ziemlich fernen Westen werden die Lebensverhältnisse einfacher, die Gewerbe weniger übersetzt, Grund und Boden billiger. Wer aber dorthin ziehen will, der muß nach der Seereise nicht nur noch eine wiederum viele Tage dauernde, sehr teuere Landreise machen und auf derselben sein Haus- und Wirtschaftsgeräte mit sich führen, da die Anschaffung desselben in den billigen aber wilden Gegenden die grösten Schwierigkeiten hat, sondern er muß vor allem auch über ein kleines bares Kapital verfügen, um sich im Westen ankaufen und das neue Eigentum erfolgreich bewirtschaften zu können.

Das heißt, der nordamerikanische Auswanderer muß Geld, und zwar nicht allzuwenig Geld mitbringen, wenn er auch nur einigermaßen auf Gedeihen in der neuen Heimat will rechnen können. Und was ihm fast noch notwendiger ist als Geld, das ist Fleiß und Arbeitsamkeit. Wer in Amerika zu etwas kommen will, der muß arbeiten wollen und arbeiten können mit rastlosester Unermüdlichkeit, doppelt und dreifach soviel als in Deutschland. Denn das amerikanische Leben steht unter dem Gesetz: »Zeit ist Geld«, und seine beiden Sterne heißen »Geschäft und Dollar«, und nach jenem Gesetz wird gelebt und nach diesen Sternen gestrebt – go ahead! immer zu! ohne Ruh! – mit einer solchen »stiermäßigen Tatkraft«, aber auch mit einer solchen ungemütlichen Hast, knöchernen

Härte und kahlen Herzlosigkeit, daß uns Deutschen, die wir mit dem alten Wandsbecker Boten meist noch immer der Ansicht sind, unser Leben sei doch kein bloßes Manufactur-Wesen und das Ende der Welt keine Frankfurter Messe, bei diesem ganzen Treiben in der Regel sehr widerwärtig zu Mute wird, und wir uns nur äußerst schwer hinein finden können.
Drum soll sich jeder vorsehen und zuvörderst alle Kräfte, über die er an Geist und Körper und im Geldbeutel verfügt, genau überschlagen, ob's auch langt, ehe er sich zur Reise in die Vereinigten Staten entschließt. Die Klagen deutscher Ausgewanderter, welche die amerikanische Rechnung ohne den Wirt machten und nun dort drüben im fernen fremden Lande noch weit schlimmer daran sind als je zuvor in der deutschen Heimat, mehren sich seit Jahren in der auffälligsten Weise. Seht euch also vor und traut nicht jedem, der euch jenseits des großen Waßers paradiesische Landgüter, unermeßliche Jagdgründe, vierspännige Kutschen und seidene Kleider in Aussicht stellt. Ein guter Freund hat kürzlich dem Kalenderschreiber einen schönen Brief mitgeteilt, den ein durch die Auswanderung klug gewordener Wetterauer, der mit Zurücklaßung seiner Familie nach Amerika gegangen war, weil er die Flasche allzusehr liebte, seinem ebenfalls dorthin verlangenden Landsmanne in der alten Heimat schrieb. Den will ich nun hier, fast wörtlich so wie er mir vorliegt, zum besten geben. Ich glaube, der Schneiderhannes, an den der Brief gerichtet ist, hat sich nach Empfang desselben die Auswanderung erst noch einige Male überlegt, und ist einstweilen mit dem Ueberlegen noch nicht fertig geworden. Vielleicht machts mancher Kalenderleser, in welchem das Auswanderungs-Fieber gleichfalls zu rumoren angefangen hat, wenn der dieß gelesen hat, ebenso, und das sollte dem Kalenderschreiber eine Freude sein.
Der Brief des ausgewanderten Wetterauers an seinen Freund Schneiderhannes aber lautet folgendermaßen:

New-York, den 5. Juli 1868.

Geliebter Freund Schneiderhannes!
Meine Frau hat mir geschrieben, Du wärest gesonnen nach Amerika zu machen, an eine Gewisheit glaubt sie aber nicht. Du wüßtest aber schon den Tag, wann das Schiff abgehen soll, und ich sollte Dir meine Meinung schreiben, was ich von der Sache hielte.
Geliebter Freund! Das ist ein schwerer Punkt für mich zu beantworten, und zu viel von mir verlangt, indem ich Deine jetzigen Verhältnisse nicht

kenne. Deine vorigen Verhältnisse habe ich aber gekannt; daß Du ein beßeres Amerika in St... hast, als daß Du hier eins finden kannst. Geliebter, Amerika ist ein sehr kaltes aber auch ein sehr heißes Land, und ich weiß nicht, warum Du aus einem gelinden in ein kaltes und aus einem warmen in ein heißes Land Lust hast.
Geliebter Freund, glaubst Du vielleicht auch wie der V... geglaubt hat, die Bratwurst hienge hier an der Hecke? Noch lange nicht. Wen der V... diesen Herbst kommt, der wird Dir erzählen, wo sie, nemlich die Bratwurst, hängt. Wie ich gehört habe, so will er, so bald er das Reise-Geld beisammen hat, Euch besuchen, es wird aber doch noch ein Weilchen dauern, denn er verdient den Monat nur 8 Dollar, welche mir für den Monat nicht schicken zu Bier. Dann braucht man auch Kleider und Schuh, welche hier auch nicht billig sind. Dann gibt es auch noch Nebefranze.* Wann dem verd... ------ wie er es heißt, welches Schuld daran ist, daß er in Amerika ist, widerfahren wäre, was er ihm gewünscht hat, so könnt es, nemlich das – – – schon lange kein Wort mehr sprechen, so wäre ihm, Du weißt ja wem, die Zunge aus dem Mund gefault, ehe es das erste Wort von Amerika gesprochen hätte.

Geliebter, Du hast zu viel von mir verlangt.

Geliebter Freund Schneiderhannes!
Haben Dich vielleicht dem S... seine Briefe rebellisch gemacht? Glaube nur nicht alles, was aus Amerika geschrieben wird. Es hat schon mancher geschrieben, er wäre hier Postmeister und hat Hundsdr... gelesen. Noch könnte ich Dir von einem was schreiben, ich will es aber verschweigen. Seine Angehörigen möchten sich vielleicht grämen und Du tätest mir es auch wol nicht glauben. Geliebter Freund, ich will Dir meine Meinung nun auch schreiben, Du kannst es aber doch machen wie Du willst. Meine Meinung ist diese. Dein Gut müßte groß genug sein, daß es einen Faullenzer ernähren kann, und da Du der Nächste dazu bist, so kannst Du die Stelle übernehmen; hier mußt Du aber noch lange warten, bis Du eine solche Stelle bekommst. Und wer hier heute nicht arbeitet, der hat morgen nichts zu eßen oder muß blendi** Geld haben. Das ist das End vom Lied: Friede ernährt, Unfriede verzehrt.
Geliebter Freund, wenn du meine Meinung nicht verachtest, so übernehme Dir das Amt, wozu Du der Nächste bist. Schlafe aber am Morgen

* kleinere Nebenausgaben
** plenty = überflüssig.

nicht so lange, und sei ein guter Aufpaßer, der bringt mehr vor sich als ein fauler Arbeiter. Und wenn Du dereinst einen Brief bekommst, wo mein Name auf steht, wie er auf diesem steht,* so tust Du, wie und was darinnen steht, und dann wollen wir das Weitere mündlich mit einander sprechen. Leb wol und denk an mich, sei glücklich und vergiß mein nicht.

Auf Wiedersehen hier oder in Deutschland.

J. S. ....

* Der Name des Schreibers war mit einem Stempel unter den Brief gesetzt.

IV. Das Deutsch-Amerikanertum bis zum Ersten Weltkrieg

Von den distanzierten Beobachtern der Auswanderungsbewegung wurde wiederholt, mehr oder weniger kritisch, festgestellt, daß der Deutsche in Amerika besonders rasch Sprache und eigene Sitte aufgeben würde, daß er schnell »veramerikanere«. Die Briefe hessischer Auswanderer scheinen das zu bestätigen, unterschrieb doch der Heinrich oder Karl, der von drüben Bericht gab, oft schon seine erste Nachricht mit »Henry« oder »Charles«. Und erstaunlich schnell flossen ihm englische Wörter ein, so daß der Handwerker vom »Trubel« (trouble) im Geschäftlichen sprach und der Farmer vom »Fens« (fence = Zaun), den er um seine »Akker« (acres) Landes gezogen habe. Die Angehörigen schrieben dann bisweilen zurück, was »Akker« usw. bedeute, und sie hatten sich zu wundern, daß nach der Einbürgerung aus einem Herrn Becker oder Eichenberger ein Mr. Baker oder Mr. Ikenberry geworden war. Denn auch die Familiennamen wurden anglisiert, was dann später, wenn Erbschaftsangelegenheiten in Deutschland zu regeln waren, den Nachweis personaler Identität erschwerte und immer wieder Probleme schuf. Ein Autor urteilte 1853 pauschal: »Die Deutschen sind . . . eifrig beflissen, recht bald Amerikaner zu werden. Kaum haben sie so viel Englisch gelernt, um sich nothdürftig verständigen zu können, so wird die deutsche Sprache bei Seite gesetzt.«[1]

Dazu ist jedoch zu sagen, daß die Identifizierung mit dem neuen Heimatland und der bewußte wie auch unbewußte Spracherwerb ein internes Fortleben ererbter Kulturtradition nicht ausschlossen. Mit seinesgleichen sprach der Einwanderer auch weiterhin Deutsch, und der Akkulturationsprozeß, die fortschreitende Anpassung an die kulturelle Umgebung, beanspruchte Jahrzehnte, ehe in den nachwachsenden Generationen die Assimilation an seinem Ende stand. Hemmfaktoren, die sich aus der geschichtlichen Entwicklung ergaben, verzögerten ihn zusätzlich. Als Äußerungen wie die zitierte von 1853 fielen, erreichte der fremdenfeindliche Nativismus (vgl. S. 343 f.) seinen Höhepunkt und drängte die Deutschen an verschiedenen Orten ins ethnisch-kulturelle Reservat zurück, wo sie dann ganz andere Konsequenzen als die unterstellten zogen. Sie entwickelten ein deutsches Überlegenheitsbewußtsein, das sich zwar nicht am Prestige ihres Herkunftslandes festmachen ließ, wohl aber an den Leistungen, die mit deutschen Tugenden auf amerikanischem Boden erbracht worden waren. Nachvollziehbar ist dies etwa an der Geschichte des 1868 gegründeten »Deutschen Pioniervereins von Cincinnati« und an den propagandistischen Artikeln seiner von 1869 bis 1887 herausgebrachten Zeitschrift »Der Deutsche Pionier«.[2] Aber auch die Bewährung der Deutschen im Bürgerkrieg hob deren Selbstgefühl, und nach der deutschen Reichsgründung 1871, die sogar von einst preußenfeindlichen »Achtundvierzigern« begrüßt wurde, fand die ethnische Selbstbesinnung erstmals doch auch nationalstaatlichen Rückhalt. Immer deutlicher prägte sich der Typ des Deutsch-Amerikaners aus, der – auch »Bindestrich-Amerikaner« genannt – treuer Staatsbürger sein wollte, aber auf seine sprachlich-kulturelle Eigenart nicht verzichten mochte und dafür Freiräume auch in der Öffentlichkeit beanspruchte.[3] Indessen vollzogen nicht alle Einwanderer diese Entwicklung mit.[4] Der »Bindestrich-Amerikaner« mit deutschem Nationalstolz war vor allem in den Städten zu finden, wo eine intellektuelle Elite Einfluß ausübte und wo sich die alten deutschen Vereine mit Neueinwanderern auffüllten, auf die in Deutschland der reichsdeutsch-wilhelminische Nationalismus abgefärbt hatte, so daß entsprechende Werthaltungen auch direkt aus dem Reich in das Deutsch-Amerikanertum hineingetragen wurden. Zahlreiche neu gegründete Vereine funktionierten in gleicher Weise und festigten ein nationalbetontes Sonderdasein mittelständischer Einwanderergruppen, auch wenn sie sich in der Hauptsache karitativen Aufgaben oder der Pflege von Unterhaltung und Geselligkeit verschrieben hatten.

Zu den alten Vereinen gehörten die Gesang- und Turnvereine: die einen seit 1849 im »Deutschen Sängerbund von Nordamerika«, die anderen seit 1850 im »Nordamerikanischen Turnerbund« zusammengeschlossen. 1865 schrieb der nassauische Konsul im Staat Ohio: »Die deutschen Einwanderer leben . . . meistens in guten materiellen Verhältnissen und verpflanzen durch Gesangvereine, Konzerte, Theater und dergleichen die Gemütlichkeit des ihnen ewig teuren Heimatlandes in ein Land, wo es an nichts fehlt als an eben dieser Gemütlichkeit.« Eine politische Ausrichtung war zunächst bei den Turnern und ihrer aus »Achtundvierzigern« bestehenden Führerschaft am deutlichsten,[5] und wenn nach 1865 Sport und Geselligkeit dominierten, so blieb doch eine kulturpolitische Tendenz erhalten bzw. formte sich neu in dem Sinne, in dem das gesamte deutsch-amerikanische Vereinswesen ab den 1870er Jahren ein Wächteramt für deutsche Kultur- und Lebensformen übernahm. Bündig erhoben dann auch Gesangvereine wie 1899 der »Arion« zu New York »die Pflege deutscher Sitten, Sprache und Geselligkeit« neben der Hebung deutscher Gesangskunst zum Programm.[6]

Als neue Vereine waren, von älteren Vorläufern abgesehen, um 1870 Unterstützungsvereine für Kranke, Witwen und Waisen auf den Plan getreten, deren Zahl sich im Zusammenhang mit der Auswanderungswelle der 1880er Jahre weiter vermehrte. Gleichzeitig expandierte damals das gesamte Vereinswesen – gewiß nicht unabhängig von der bürgerlichen Vereinsbegeisterung in Deutschland – und differenzierte sich landsmannschaftlich, ja sogar nach den Herkunftsorten der Mitglieder weiter aus. Dabei taten sich vor allem auch die Hessen hervor. Für 1887/88 sind 36 verschiedene Zusammenschlüsse ausgewanderter Hessen nachgewiesen: die meisten davon – nämlich zwölf – in New York City, neun im Bundesstaat Ohio, je vier in Pennsylvanien und New Jersey, drei in Illinois und je einer in Missouri, Connecticut, Michigan und Kentucky.[7] Es handelte sich um Selbsthilfeorganisationen wie den »Kurhessischen Unterstützungs-Verein Cincinnati« (gegründet 1880) oder den »Fuldaer Kranken-Unterstützungsverein New York« (gegründet 1881), aber auch um allgemeine »Hessen-Vereine« und »Hessen-Clubs« in verschiedenen Städten sowie um New Yorker Kulturvereine wie den »Marburger Liederverein« (gegründet 1873), den »Schottener Männerchor« oder den »Starkenburger Quartett Club«. Sogar ein »Mainzer

Karneval-Verein New York« hatte sich gebildet, und in Chicago trat 1886 der »Kurhessische Nationalverein« ins Leben, feierte 1887 eine »Hessische Kirmes« und ließ sich auch sonst »die Auffrischung der Erinnerungen an das Heimathland« angelegen sein.
In New York hatte schließlich fast jede Stadt oder größere Gemeinde von Frankfurt (»Verein Frankfurt a.M.«) und Gießen (»Verein Gießen und Umgebung«) bis Schlüchtern (»Schlüchterner Freundschaftsbund« gegr. 1878) und Lich (»Licher Club«) ihren eigenen Verein. Eine solche Aufsplitterung schien im Gegensatz zu den gemeinsamen Anliegen der Deutsch-Amerikaner zu stehen, wirkte aber tatsächlich als Organisationssystem, das den einzelnen Einwanderer um so sicherer erfaßte und in Strukturen einband, die über die einzelnen Vereine, Klubs und Freundschaftsbünde hinausreichten. Denn neben den differenzierenden Tendenzen und gegen die Gefahr purer »Vereinsmeierei« machten sich integrierende Gegenkräfte bemerkbar. Sie übertrugen dem 1874 gegründeten »Hessischen Volksfest-Verein von New York und Umgegend« die Funktion eines Dachverbandes für die New Yorker Vereinigungen, und diesem gelang es, jährlich – wenn auch mit Unterbrechungen – ein großes Volksfest aufzuziehen, das den angeschlossenen Vereinen eine einzigartige Möglichkeit der Zusammenarbeit, der Begegnung (auch mit anderen deutschen Vereinen) und der Selbstdarstellung bot.[8] In Ansprachen wurden dann die Leistungen der Deutschen für Amerika herausgestellt, und die Vereine wurden neu darauf verpflichtet, als Hüter deutscher Sprache und Kultur zu wirken. Die größeren Turn- und Gesangvereine usw. drängten im übrigen auch selbst in die Öffentlichkeit, hielten eigene Feste in Parks und Biergärten ab und präsentierten sich bei Straßenumzügen, wobei der folkloristische Aufputz – Trachtengruppen und Brauchtumsdarstellungen – zwar sehr viel »Heimatverbundenheit«, aber eben auch die Stagnation der Akkulturation an die amerikanischen Verhältnisse signalisierte.
Über die Städte hinaus förderte den Zusammenhalt der Deutsch-Amerikaner das reich entwickelte deutschsprachige Pressewesen, das um 1880 rund 80 Zeitungen – 60 mehr als um 1850 – aufzuweisen hatte.[9] Speziell für die Hessen gab J. E. Müller in Cleveland ab 1887 die Wochenzeitung »Hessische Blätter« heraus, der als Kon-

kurrenzblatt 1889 die »Hessen-Darmstädter Zeitung«, verlegt von C. Rubens in New York, zur Seite trat.[10] Durch zwei gebürtige Pfälzer, die Gebrüder Conrad und Philipp Voelcker, wurden beide Zeitungen 1896 vereinigt, nachdem die »Hessischen Blätter« schon 1890 an den Verlag der »Voelcker Brothers« in New York übergegangen und neben der Hauszeitschrift »Der Pfälzer in Amerika« (gegründet 1884) herausgebracht worden war. Das Einheitsblatt führte nun den Doppeltitel »Hessen-Darmstädter Zeitung/Hessische Blätter« und versprach »Ausführliche Nachrichten aus dem Großherzogthum Hessen, Hessen-Nassau und Hessen-Homburg«: Als »Einziges Organ der Hessen in Amerika«, wie der Untertitel der Zeitung stolz betonte. Dem erklärten Programm blieb das Blatt bis in den Ersten Weltkrieg hinein treu, indem es dem Geschehen in den hessischen Herkunftsgemeinden seiner über 6000 Abonnenten breiten Platz einräumte. Zugleich war es jedoch auch ein Forum für die hessischen Vereine in Amerika, die ihre Mitteilungen kostenlos einrücken konnten. Indem der »Hessische Volksfest-Verein« davon Gebrauch machte, integrierte er die Hessen auch mit publizistischen Mitteln ins Deutsch-Amerikanertum.

Zeittypisch war eine Bewußtseinslage, die selbst ältere Auswanderer versöhnlich, ja mit gewissem Stolz auf Deutschland zurückblicken ließ. Hatten in früherer Zeit nur familiäre Bindungen die Trennung von einer Heimat überdauert, die für Tausende keine solche mehr war, so hatte die neue »Heimatverbundenheit« nun auch zur Folge, daß Beziehungen zu den alten Heimatgemeinden aufgenommen und ein nicht auf die nächsten Angehörigen und Freunde beschränkter Gruppenkontakt gepflegt wurde. Als Neustadt nördlich von Marburg 1902 seine 400. Kirmes feierte, identifizierten sich auch die Neustädter in Detroit mit diesem Ereignis und überboten sich fast noch mit gleichzeitigen Festveranstaltungen.[11] Mit dem Bürgermeister von Neustadt wurden Telegramme getauscht, und was so auf eine offizielle Ebene gehoben war, bewährte sich erneut nach dem Ersten Weltkrieg, als die Detroit-Neustädter das Geld aufbrachten, das erforderlich war, die im Krieg verlorengegangenen Glocken ihres alten Heimatortes zu ersetzen.[12] Solche Stiftungen für die Allgemeinheit sowie für notleidende Landsleute daheim hatten damals bereits Tradition. Als die nach Clay Center in Kansas ausgewanderten Erfeldener im Winter 1882/83 von schweren Hochwasserschäden in Erfelden in der Zeitung lasen, sandten sie spontan eine Spende von 80 Dollar für die Betroffenen,[13] und gar 2500 Dollar brachte 1888 der »Hessische Volksfest-Verein« in New York zusammen, um sie Brandgeschädigten in Hünfeld zu übermitteln.[14] Mit einem Uhrtürmchen, das 1000 Mark kostete, verschönte 1904 die Witwe des reichen Brauereibesitzers Konrad Seipp (Chicago) den Lutherplatz der Gemeinde Langen, des Herkunftsortes ihres Gatten.[15] Und sogar die neue Volksschule in Wollbach bei Brensbach ist zu jener Zeit mit amerikanischem Stiftergeld erbaut worden, woran heute noch eine Tafel erinnert.

Für wohlhabende Deutsch-Amerikaner belebte sich gleichzeitig der Wunsch nach einem Wiedersehen der alten Heimat. Die hohen Kosten und die ungute Erinnerung an die Überfahrt mit dem Segelschiff wie auch an zuhause Erlittenes zügelten in älterer Zeit diesen Wunsch beträchtlich, auch wenn er aus familiären Gründen oft vorhanden war und jahrzehntelang durch die Briefe geisterte.[16] Mit der Dampfschiffahrt und einer veränderten inneren Einstellung waren die genannten Hemmnisse entfallen, und so mehrten sich Deutschland-Besuche beträchtlich. Als Fünfundfünfzigjähriger kehrte so auch 1899 Friedrich Daab – ausgewandert 1853 – in seinen Geburtsort Groß-Bieberau zurück, wo er bestätigt fand, was vielen Deutsch-Amerikanern sowieso gewiß war: daß das Volk nun »guten Grund hatte, patriotisch und regierungstreu zu sein«.[17] Viel Anklang fand auch der (inzwischen mit diesem Namen existente) »Hessen-Darmstädter Volksfest-Verein von New-York«, als er Reiselustige zu einer gemeinsamen großen »Deutschland-Fahrt« 1913 aufrief. Das Reiseprogramm sah den Besuch der großen deutschen Städte (Hamburg, Berlin, Leipzig, München, Frankfurt usw.) sowie offizielle Empfänge in Darmstadt (Audienz beim Großherzog), Mainz und Butzbach vor,[18] und ein für die Fahrt gedichtetes Lied, das auf die Melodie von »Deutschland über alles« gesungen wurde, grüßte die Heimat u. a. mit den Versen: »Jedermann im fernen Lande / Kennet Deine Allgewalt, / Hohes Lob am Hudsonstrande / Dir zu Deinem Ruhm erschallt.«[19]

Kein Wunder, daß die meisten Deutsch-Amerikaner auch auf

seiten Deutschlands standen, als der Erste Weltkrieg ausbrach, und unkritisch die Positionen deutscher Kriegspolitik teilten. Harmlos schien, daß die Vereine Spenden für die Kriegswitwen und -waisen in Deutschland sammelten. Problematischer aber war, daß bei deutschen Bankhäusern in amerikanischen Städten auch Kriegsanleihen gezeichnet wurden und Aufrufe – in den Zeitungen und durch Flugblätter verbreitet – es zur »heiligen Pflicht« erklärten, das »Vaterland« nach Kräften zu unterstützen. Von der amerikanischen Regierung wurde dies scharf mißbilligt und mit Gegenmaßnahmen beantwortet: erst recht dann, als die USA 1917 selber in den Krieg gegen das Deutsche Reich eintraten. Nun rächte sich für die Deutsch-Amerikaner eine Fehlentwicklung, die den legitimen Anerkennungswunsch mit deutschem Sendungsbewußtsein für vereinbar gehalten und eine betont gepflegte Doppelidentität ins Dilemma einer Doppelloyalität geführt hatte, die nicht länger zu tolerieren war.[20] Es gab Internierungsmaßnahmen für Personen, die durch »aufrührerische Reden« aufgefallen waren. Die deutschsprachigen Zeitungen wurden unter Aufsicht gestellt, und da sich im ganzen Land eine starke antideutsche Stimmung zeigte, stellten zuerst die Vereine und dann auch die Zeitungsredaktionen ihre Arbeit ein. Am 29. Dezember 1917 erschien so auch die letzte Ausgabe der »Hessen-Darmstädter Zeitung/Hessische Blätter«. Eine überstürzte Anpassung an die anglo-amerikanische Kultur schien zusätzlich geraten, um Anfeindungen auch letzte Angriffspunkte zu nehmen. Familiennamen, die nicht schon früher geändert worden waren, wurden spätestens jetzt anglisiert. Deutsche Ortsnamen verschwanden, und sogar der Friedhof »The German Society Cemetery«, den 1887 deutsche Geschäftsleute bei Houston in Texas angelegt hatten, wurde in »Washington Cemetery« umbenannt. Damit einher ging die rasche Aufgabe der deutschen Sprache,[21] zumindest außerhalb der Familie, und ein Einstellungswandel, der über politische Enthaltsamkeit zur schließlichen Bejahung amerikanischer Positionen und landestypischer Lebensformen führte. Bestätigend konnte dann der Deutsch-Amerikaner William N. Hoffmann aus Goshen/New York seinem Cousin in Butzbach schreiben, daß am besten derjenige Deutsche über den Krieg gekommen sei, »der seinen Mund hielt«[22] und sich anpaßte.

Der Erste Weltkrieg hatte so das Ende des alten Deutsch-Amerikanertums gebracht und zugleich den letzten Ausläufern der Auswandererbewegung des 19. Jahrhunderts ein gewaltsames Ende gesetzt. Was in den Notjahren der Nachkriegszeit neu von Deutschland aus als Migration in Gang kam,[23] ist einem eigenen Kapitel der Auswanderungsgeschichte hinzuzurechnen.

Anmerkungen

1 Gottfried Menzel, Die Vereinigten Staaten von Nordamerika, Berlin 1853, S. 104.

2 Siehe Ruth Roebke, Die Akkulturationsproblematik im Spiegel der deutsch-amerikanischen Vereinspresse. Befunde aus dem »Deutschen Pionier« von Cincinnati, in: Hessische Blätter für Volks- und Kulturforschung 17 (1985), S. 173-190.

3 Vgl. La Vern J. Rippley, The German-Americans, Boston 1976.

4 Dazu Kathleen Neils Conzen, Die Assimilierung der Deutschen in Amerika: zum Stand der Forschung in den Vereinigten Staaten, in: Willi Paul Adams (Hg.), Die deutschsprachige Auswanderung in die Vereinigten Staaten, Berlin 1980 (= Materialien, 14), S. 33-64, die für eine differenzierte Betrachtung deutsch-amerikanischen Lebens und die Berücksichtigung einer Vielfalt von Faktoren, die auf den Akkulturationsprozeß eingewirkt haben, plädiert.

5 Siehe Horst Überhorst, Turner unterm Sternenbanner. Der Kampf der deutsch-amerikanischen Turner für Einheit, Freiheit und soziale Gerechtigkeit 1848 bis 1918, München 1978.

6 Agnes Bretting, Soziale Probleme deutscher Einwanderer in New York City 1800-1860, Wiesbaden 1981 (= Von Deutschland nach Amerika, 2), S. 149.

7 Roland Paul, »Einziges Organ der Hessen in Amerika«. Die »Hessischen Blätter« und die »Hessen-Darmstädter Zeitung«, in: Hessische Blätter (wie Anm. 2), S. 161-172, hier S. 166.

8 Siehe Paul (wie Anm. 7). Vgl. auch den nachfolgenden Wiederabdruck eines Berichtes über das 1890 in New York gehaltene Volksfest.

9 Siehe Karl J. R. Arndt und May E. Olson, The German Language Press of the Americas. Die deutschsprachige Presse der Amerikas. Bd. 1, Geschichte und Bibliographie 1732-1968: Vereinigte Staaten von Amerika, 3. Aufl. München 1976.

10 Paul (wie Anm. 7), S. 165.

11 Siehe die Festschrift: The Hundredth Anniversary of the Arrival in Detroit of the First Organized Immigration from Germany, Detroit 1930, S. 34-36. Die Schrift geht ausführlich auf die Neustädter Herkunft der Erstsiedler von 1830 ein.

12 Ebenda, S. 33.

13 Zu belegen aufgrund des Dankesbriefes, den der Bürgermeister von Erfelden am 30. Januar 1884 nach Kansas schrieb (Gemeindearchiv Erfelden).

14 Hessische Blätter Nr. 3/1890, S. 4.

15 Karl Baeumerth, Das Uhrtürmchen – Eine Stiftung Langener Bürger, Langen 1977, S. 6f.

16 Vgl. die Briefe des Camberger Auswanderers Johannes Preuss (Serbien/Texas) aus den Jahren 1886 bis 1900 im Auswandererarchiv des Instituts für Europ. Ethnologie der Universität Marburg.

17 Vgl. den nachfolgenden Auszug aus einem Erinnerungsbericht Daabs.

18 Näheres dazu im Anhang zu dem »Biographischen Handbuch des Hessen-Darmstaedter Elements in den Vereinigten Staaten« (New York 1913), das der Verein herausgab.

19 Zitiert nach einem Einblattdruck des Liedes im Auswandererarchiv (wie Anm. 16).

20 Dazu Guido A. Dobbert, German-Americans between New and Old Fatherland, in: American Quarterly 19 (1967), S. 663-680; Frederick C. Luebke, Bonds of Loyality: German-Americans and World War I, Dekalb/Illinois 1974.

21 Zum heutigen Bestand (und seiner Vorgeschichte) siehe Leopold Auburger, Heinz Kloss, Heinz Rupp (Hg.), Deutsch als Muttersprache in den Vereinigten Staaten, Teil I: Der Mittelwesten, Wiesbaden 1979. Teil II: Regionale und funktionale Aspekte, Wiesbaden 1985 (= Deutsche Sprache in Europa und Übersee, 4). Zum Schicksal der älteren »Sprachinseln« vgl. Kurt Kehr, »Deutsche« Dialekte in Virginia und West Virginia (U.S.A.), in: Zeitschrift für Dialektologie und Linguistik 46 (1979), S. 289-319 (mit Bibliographie, auch zum Pennsylvaniendeutschen).

22 Siehe den nachfolgenden Abdruck des Briefes vom 1. September 1921 nach einer Vorlage des Auswandererarchivs (wie Anm. 16).

23 Dazu Hartmut Bickelmann, Deutsche Überseeauswanderung in der Weimarer Zeit, Wiesbaden 1980 (= Von Deutschland nach Amerika, 1).

1. Ein Hesse bringt Amerika den Weihnachtsbaum

Der heimwehkranke Schneidergeselle August Irmgard aus Wetzlar soll im vorigen Jahrhundert in Wooster/Ohio den ersten Weihnachtsbaum in ganz Amerika aufgestellt haben. Wooster nennt sich stolz »Home of the first Christmas Tree« und brachte zum hundertjährigen Jubiläum jenes auf 1847 datierten Ereignisses einen Porzellanteller heraus, der weite Verbreitung fand. Deutscherseits wird heute von der »Weihnachtsbaum-Legende von Wooster« gesprochen. Ihr wahrer Kern ist, daß es deutsche Auswanderer waren, die den Brauch des Weihnachtsbaumes in Amerika verbreiteten.

a) *Porzellanteller von 1947 mit dem angeblich ersten Weihnachtsbaum Amerikas und einem Porträt August Irmgards.*

b) *»Die Weihnachtsbaum-Legende von Wooster« nach Kurt Hinze (Von Wetzlar nach Ohio, in: »Heimat an Lahn und Dill« 15 (1968), Nr. 161, S. 1f.).*

Was besagen im einzelnen die Bilder auf dem in Amerika weit verbreiteten Weihnachts-Wandteller? Sie sind keine Phantasieprodukte eines einfallsreichen Porzellanmalers, den Darstellungen liegt eine wahre Geschichte, eine in Ohio noch heute umgehende Legende zugrunde, die vor einiger Zeit auch eine amerikanische illustrierte Zeitschrift, die Cleveland-Ausgabe des »Pictioral Magazine«, veröffentlichte. Wir wollen sie hier, ergänzt durch in Wetzlar ermittelte Fakten, mit unseren Worten nacherzählen:

Es war einmal ein Wetzlarer Bub, der lebte recht und schlecht in seines Vaters Haus am Kornmarkt und erlernte in diesem von seinem Vater, einem Schneidermeister, nach allen Regeln der Kunst das Schneiderhandwerk. Als der Schneidergeselle 21 Jahre alt war und sich ihm in der kleinen Stadt wenig Aussicht auf ein gutes Fortkommen bot, suchte er dem dürftigen Dasein, wie vor ihm schon sein Bruder, durch die Auswanderung zu entrinnen. Ein Segler brachte ihn über das große Wasser, und nach einiger Zeit hatte er das Städtlein Wooster, in dem nach dem großen Mississippi-Nebenfluß benannten Staat Ohio, erreicht, wo Bruder Fred schon als Schneider wohnte und wirkte.

Nun saß August Irmgard in dieser fremden Stadt mit ihrer fremden Luft und Landschaft, mit ihren ihm größtenteils fremden Menschen und trauerte auf seinem Schneidertisch dem Fest der Feste entgegen. Wie sollte es hier in dem kahlen und kalten Ohio werden? Er hat die ihn bedrückenden Tage und Stunden beschrieben: »Ach, niemand in Amerika hat einen Christbaum, hier gibt es keine Bescherung und solche Dinge, das liebt man hier nicht. Manche Leute gehen zwar in die Kirche, aber viele Kaufleute sind in ihren Läden, und die Gaststätten sind geöffnet. Weihnachten ist hier halt irgendein Tag und nicht wie zu Hause . . .« August Irmgard hatte namenloses Heimweh nach den weißen Wäldern im Siebenmühlental und am Stoppelberg, nach der Weihnachtsstube über dem Kornmarktbrunnen.

In seinem Heimweh ließ er am Nachmittag eines Heiligen Abends Nadel und Faden liegen, stieg von seinem Tisch, schlich sich weg aus der Stadt und wanderte zu einer Stelle hin, wo er jenseits eines rauschenden Baches eine kleine Rottannengruppe wußte. Er berichtet selber darüber: »ich ging den ›Apple Creek‹ entlang, und das Wasser des Baches war so hoch, daß ich, um zu den Tannen zu kommen, über einen umgefallenen Baumstamm steigen mußte. Ich fällte einen schönen Baum, konnte aber mit ihm nicht wieder über den Stamm zurück. Also band ich die Tanne auf meinen Rücken und kroch auf allen Vieren über den Stamm ans andere Ufer.«

Es dämmerte bereits, als er nach Wooster heimkehrte. Die Menschen auf der Straße sahen verwundert hinter ihm her, dem jungen Mann mit der großen Tanne auf dem Rücken. Er brachte sie in seines Bruders Haus und hatte bald für sie einen festen Fuß gezimmert. Ein in der Nachbarschaft wohnender Schmied mußte ihm für die Spitze des Baumes einen schönen Stern aus blankem Zinnblech schneiden. Inzwischen hatten Bruder Freds Frau Katherin, auch eine Wetzlarerin, und deren junge Schwester Jeanette aus weißem Papier eine Girlande ausgeschnitten und zur Zierde der Zweige aus süßem Teig ein paar Figuren gebacken. Nun wurden die Kerzen befestigt.

Und am Abend erstrahlte dann der Baum wie ein Märchen, voll Entzükken angestaunt von Bruder Freds Bübchen Frances und Albert. Aber auch von den Nachbarn, die in Scharen herbeigeströmt waren. Sie fanden daran soviel Wohlgefallen, daß sie zum nächsten Weihnachtsfest ebenfalls eine Tanne in ihre Stube stellten und sie mit Kerzen versahen. Im übernächsten Jahr gab es in ganz Wooster kaum noch ein Haus, in welchem der Weihnachtsbaum fehlte. Schon aber war die Kunde von dem Baum über die Grenzen der Stadt hinausgedrungen, und bald hatte sie sich über das ganze Land verbreitet, von dem aus sie ihren Lauf nahm durch die Nachbarstaaten: durch Indiana und Pennsylvanien, durch Kentucky bis hinauf zu den großen Seen. Das Wunder des Weihnachtsbaumes pflanzte sich in den Vereinigten Staaten fort wie ein Wunder. Ausgangspunkt aber war Wetzlar und ein Haus am Kornmarkt, aus dem ein junger Mann auszog und Amerika den Weihnachtsbaum bescherte.

Den ersten Christbaum in einer amerikanischen Kirche gab es Anfang der 50er Jahre des vorigen Jahrhunderts in Cleveland. Ein aus Deutschland stammender Pfarrer Henrik G. Schwan hat ihn dort aufgestellt, ungeachtet des Widerspruchs zahlreicher aus England eingewanderter pietistischer Cleveländer, die darin einen heidnischen Brauch erblickten. Bald aber beugten auch sie sich seinem Zauber.

August Irmgard ist 1904 in hohem Alter gestorben, als ein begüterter Mann, der sich in Wooster ein stattliches Haus hatte bauen lassen. Den großen Garten, der das Haus umgab, bepflanzte er mit Tannen, er lieferte ihm bis zu seinem Tode alljährlich die Weihnachtsbäume.

2. Aufruf zum Maifest

Zahlreiche Brauchtermine, die man von Deutschland her gewohnt war, standen nicht im amerikanischen Kalender. Wo jedoch Deutsche in größeren Gruppen siedelten, wurde versucht, diese Termine auch in den USA beizubehalten und weiterhin die alten Feste zu feiern. Berühmt war so z. B. die »Dietzenbacher Kerb«, die von den meist aus Dietzenbach stammenden Bewohner des kleinen Ortes Darmstadt im Staat Illinois am letzten Oktober-Wochenende gehalten wurde – unter Zulauf von bisweilen 1000 Besuchern aus der weiteren Umgebung (dazu Liz Schuster, in: »Offenbach-Post« Nr. 94 vom 23. 4. 1983, S. 23). In großen und kleinen Städten wurde Anfang Mai auch ein Maifest gehalten. Der deutschsprachige »Volksfreund« von Milwaukee rief am 15. Mai 1850 dazu auf, ein solches Maifest auch in der eigenen Stadt einzuführen, um damit die »einförmige Geistesfolter« amerikanischer Sonntage zu mildern. Tatsächlich waren die deutschen Festveranstaltungen ein Mittel, die religiöse Konformität und die zum Teil als »spießbürgerlich« empfundene Eintönigkeit des öffentlichen Lebens in den USA zu durchbrechen, zumal die »Idiotie des Landlebens«. Sie integrierten die deutschen Gruppen und stärkten einen gewissen Oppositionsgeist, der sich mit politischen Inhalten auffüllte, als es 1886 in Chicago erstmals zu einer Mai-Demonstration der Arbeiter kam (erstmals auch in der Geschichte der internationalen Arbeiterbewegung). Die älteren Maifeste prägten den »Arbeiter-Mai« in gewisser Weise vor und empfehlen sich zu entsprechender Untersuchung. Nachfolgend der Aufruf von Milwaukee, wie er schon 1850 im 4. Jahrgang von »Der deutsche Auswanderer« (Nr. 29, S. 463f.) nachgedruckt worden ist.

Maifeste der Deutschen in Nord-Amerika. Beinahe jede deutsche Zeitung der Union enthält Aufrufe und Anordnungen zu Maifesten und die zahlreichen deutschen Bevölkerungen größerer und kleinerer Städte gehen mit Herz und Hand an die Wiederbelebung dieser schönen altväterländischen Sitte, deren Einführung unter uns, in diesem uhrwerkähnlichen Abwechseln von 313 Sorge- und Schwindeltagen mit 52 Zeitabschnitten der einförmigen Geistesfolter wir als eine geistesfrischende lebenstärkende Maaßregel willkommen heißen. – Neu-York, Philadelphia, St. Louis, Cincinnati, Louisville u. a. Städte haben ihre Gesang-, Musik- und Maifeste angeordnet. Gibt es in Milwohki, mit seiner zahlreichen deutschen Bevölkerung, weniger Sinn für Frohsinn und Geselligkeit oder für die Reize der Natur? Wir haben zwei schöne Gesangvereine, die sich jedem andern der Union an die Seite stellen können. Ein dritter Musikverein ist im Entstehen begriffen, wir haben drei militärische Musikchöre und ein Quartett, dann noch mehrere Militärcompagnien und eine Menge von Privatvereinen, so daß es hier Elemente genug gibt, um einen genußreichen Maitag zu organisiren.

3. Zufriedenheit in Amerika

Für die Zufriedenheit wohlhabender Deutsch-Amerikaner, die schon länger im Land lebten, spricht der nachfolgende Brief des Camberger Auswanderers Anton Preuss, der 1888 nach Amerika gegangen war, zuerst in St. Louis in einem Wein- und Branntweingeschäft arbeitete und dann in Milwaukee eine gute Stelle bei der Zeitung »Germania« hatte. Im August 1898 fand in Milwaukee der Katholiken-Konvent der Deutsch-Amerikaner statt, zu dem der deutsche Zentrumsführer und Reichstagsabgeordnete Dr. Ernst Lieber – gleichfalls aus Camberg – anreiste. Darauf beziehen sich die Bemerkungen am Schluß des Briefes.

Milwaukee Wis. July 12th 1899.

Meine lieben Eltern!
Mit Vergnügen ergreife ich die Feder um wieder ein Stück Arbeit zu thun, welche ich doch in meinem Leben schon so oft gethan, und immer macht es neues Vergnügen u. mehr Freude, wenn ich die Zeit für gekommen halte, Euch meinen lieben Eltern wieder einen Brief zu schreiben, zumal wenn es Namenstag ist oder Geburtstag, welche ich doch noch nicht vergessen habe, so lange ich Euch auch schon aus der Fremde schreibe. Auch so freut es mich heute wieder mit diesen Zeilen, Euch meiner lieben Mutter zu Eurem Namenstag am 26ten July, also heute Mitwoch in 14 Tagen mit kindlichem Pflichtgefühl u. herzlicher Freude meinen Glückwunsch zu senden, möge der liebe Gott, Euch diesen Tag noch recht oft bei möglichst guter Gesundheit in Gesellschaft unseres lieben Vaters erleben lassen. Liebe Mutter, wenn ich auch an diesem Tag nicht bei Euch bin persönlich, so werde ich doch im Geiste und in Gedanken bei Euch sein u. für Euer Wohlergehen u. Gesundheit beten, was ich schon öfters an diesen Tagen gethan habe u. wollen wir hoffen, daß der Himmel Euch noch so lange Jahre gesund u. munter läßt Euch meine lieben Eltern, daß es mir vergönnt sein wird, uns im Leben noch ein mal wieder zu sehen. Ja ich gebe die Hoffnung nicht auf, in einigen Jahren mal für einige Monate nach Deutschland zu kommen und Euch meine lieben Eltern u. Geschwister einmal wieder zu sehen, natürlich würde ich nur ungern gehen, wenn meine liebe Frau nicht mit wolle u. sie hat wenig Lust, sie sagt das Wasser habe keine Balken, aber es wird sich schon machen wenn die Zeit kommt. Wenn man Amerika sich zur neuen Heimath gemacht u. seine Frau u. Familie hier hat, so denke ich man

kommt gerade so gern zurück als man noch geht, nun ja, so freut es ein zweimal, das Gehen und das Kommen.
Liebe Eltern, letzten März den 7ten waren es 20 Jahre daß ich von zu Hause fort bin, nach Wiesbaden, ist doch schon eine lange Zeit, seitdem ich von zu Hause weg bin, u. letzten Februar waren es 11 Jahre, daß ich nach Amerika abgedampft bin. Nun ja, es hat halt so sein müssen, es hat mich auch noch nicht gereut daß ich nach Amerika bin, denn in Deutschland war es für mich nicht's mehr und in Deutschland hätte ich das heute nicht, was ich mir schon hier erworben habe und da wo es eim gut geht da ist das Heim u. da muß es eim gefallen u. wenn es noch so weit ist. Hier bei mir geht es noch gut, meine Frau u. ich sind gesund u. munter u. sonst geht alles seinen alten Gang ohne weiteren Unterschied. Auch hoffe ich daßelbe von Euch u. meinen Geschwistern ebenfalls. In Eurem letzten Brief lieber Vater vom 19 März habe ich mit Bedauern gelesen, daß Ihr wieder krank gewesen seit hat mich aber beruhigt, da Ihr doch wieder besser wart, als Ihr mir geschrieben habt. Ihr schriebet mir am 19ten März u. ich schrieb Euch am 10 März, so haben sich unsere beide Briefe noch zu guter letzt auf dem Wasser begegnet bei England ungefähr. Jedenfalls habet Ihr auch schon auf Anwort gewartet, aber ich war sehr beschäftigt diesen Sommer, ich hatte nicht so viel freie Zeit, als vorherige Jahre; es wird halt immer mehr verlangt von den Menschen. Bruder Franz sein Brief werde ich ganz gewiß in den ersten Wochen beantworten. Aus Franz seinem Brief, ebenso dem Eurigen u. der Mutter Ihren Briefen habe ich ersehen, daß es auch meinen Geschwistern so ziemlich gut geht, was mich sehr angenehm berührt hat. Allerdings bei Schwester Kätchen war Feuer, nun es war noch gut, daß es versichert hatte. Sagt lieber Vater, wie ist es mit dem versprochenen Bild von Camberg. Ist der Schorn, wo Ihr nannte gestorben? Hat er sein Geschäft aufgegeben?
Hier ist [es] augenblicklich sehr heiß. Sonntags mach ich öfters mit meiner Frau eine Tuur in's Land u. dabei fahren wir oft sehr weit. Das Feld ist hier dieses Jahr gut bestellt. Der Farmer (Bauer) ist sehr zufrieden. Im Übrigen geht es im Handel u. Geschäfte immer so – – –. Die guten u. glänzesten Jahren wie sie hier vor 15 u. 20 Jahren zurück waren scheinen nicht mehr wieder zu kommen. Nun ja macht einer nicht mehr viel, so macht er halt so viel oder weniger. Der Krieg mit Spanien hat bis jetzt nichts genützt, blos Leute u. einen Haufen Geld gekostet u. wird noch mehr Leute u. mehr Geld kosten weil jetzt die Amerikaner mit den Eingeborenen Krieg führen, und voraussichtlich noch nicht zu Ende ist, da wo er ist auf den Philipinen Inseln ist ungefähr 6000 Meilen von

St. Fransisco in Californien, also noch einmal so weit auf dem Wasser als nach Deutschland, und Californien ist 2000 Meilen von hier oder noch mehr.
Die übrigen Camberger sind hier alle munter. Letzten Sonntag war wo der Schlier's Anton wohnt, eine Vorstadt von Milwaukee ein Volksfest u. da hatte Schlier uns eingeladen, war recht schön. Marie Trautmann war auch da. Hier u. da kommt man doch mal mit den Camberger zusammen. Jos. Gallo habe ich gestern begegnet, ist auch gesund u. munter. Albrecht ist jetzt in New York, hatte letzte Woche an Schlier einen Brief geschrieben, geht vielleicht nächsten Herbst nach Deutschland zurück, schreibt er. Wm. Trautmann ist auch munter. Schreibt Euch Euer Bruder John aus Serbin in Texas noch? Habt Ihr noch nicht den Dr. Lieber gesprochen seitdem er hier war? Jetzt wo die Reichstags-Ferien sind wird er doch in Camberg sein. Ihr habt mir noch nicht geschrieben, daß er Euch erzählt habe, daß wir uns gesprochen haben – – –. So muß ich schließen, hoffend, daß Euch diese Zeilen gesund u. munter antreffen, grüßt mir alle Geschwister u. Schwäger u. Verwandte, besonders grüßt Euch meine lieben Eltern Euer Sohn

Anton.

Herzlichen Gruß von Frau Emma Preuss.
Wenn Ihr mit Georg Jung sprecht, könnt Ihn von mir grüßen.

4. Hessische Vereine

a) *Einladung zur Fahnenweihe des »Hessen-Darmstadter Unterstützungsvereins« in den »Hessischen Blättern« (Cleveland/Ohio) Nr. 38 vom 19. Juli 1888.*

Fahnenweihe

des

Hessen-Darmstadter Unterstützungs-Vereins No. 1, Cleveland, O.,

Montag, den 6. August 1888,

in

HALTNORTH'S GARTEN.

Eintritt, Herr und Dame, 25 Cents.

Alle Hessen und Hessen-Nassauer, sowie das Publikum im Allgemeinen sind freundlichst eingeladen, sich an der Feier zu betheiligen. Das Comite.

b) *Am 20. Januar 1897 wurde der »Hessen-Verein Chicago« ins Vereinsregister eingetragen. Großherzog Ernst Ludwig von Hessen und bei Rhein stiftete 1900 dem Verein die hier abgebildete Fahne, die später – nach der Auflösung – per Schenkung nach Darmstadt zurückkam und sich heute im dortigen Schloßmuseum befindet.*

5. Die »Hessischen Blätter«

Frontseite der ursprünglich in Cleveland/Ohio, seit 1889 in New York verlegten deutschen Zeitung »Hessische Blätter« mit den typischen Lokalnachrichten aus der alten Heimat.

Hessische Blätter.

Einziges Organ der Hessen in Amerika.

Ausführliche Nachrichten aus dem Großherzogthum Hessen und Hessen-Nassau.

Nummer 11. New-York, 14. März 1891. 1. Jahrgang.

Lokal-Nachrichten.

Großherzogthum Hessen.

6. Ein hessisches Volksfest zu New York 1890

Eines der Volksfeste, das der 1874 gegründete »Hessische Volksfestverein« von New York veranstaltete, findet sich ausführlich in den »Hessischen Blättern« Nr. 31 vom 2. August 1890 (S. 4) beschrieben. Der Text ist der einzigen fast vollständigen Sammlung der Zeitung in der Heimatstelle Pfalz in Kaiserslautern entnommen.

Allgemeines Hessisches Volksfest
veranstaltet vom
Hessischen Volksfest-Verein
von New-York und Umgegend

Erster Tag
»Wer zählt die Völker, nennt die Namen, die gastlich hier zusammen kamen!« Dieses schöne Dichterwort kam auch uns in den Sinn, als wir am ersten Festtage, Sonntag, 27. Juli, in den ersten Stunden des Nachmittags in den »Ridgewood Park«, in welchem der obige, altangesehene Verein sein diesjähriges großes Volksfest abhielt, eintraten und immer noch fanden sich in großen Schaaren die an dem Feste theilnehmenden Vereine und Besucher ein, so daß die verschiedenen Committees alle Hände voll zu thun hatten. Etwa gegen 4 Uhr war der im Festschmucke prangende herrliche Park mit etwa 12,000 vergnügten Menschen gefüllt, welche alle der Dinge warteten, die da nun kommen sollten. Der umsichtige Präsident des Hessischen Volksfestvereins, Herr F. J. Fuchs, assistirt durch die drei würdigen Vice-Präsidenten, Herren Charles Peter, Fritz Pabst und John Cantus, und den Sekretär, Herrn Felix Schwarzschild, hatte schon von Beginn des Festes an sehr viel zu leisten, denn frühzeitig und recht zahlreich stellten sich die verschiedenen Vereine zum Besuche ein. Lange Zeit nahm es in Anspruch, bis alle Vereine empfangen, in den Park geleitet und begrüßt waren. Es waren nämlich in Corpore erschienen oder durch Delegationen vertreten, folgende Vereine: Bayerischer Volksfestverein, Bayerischer Central K.-U.-Verein, Badischer Volksfestverein, Beethoven Doppel-Quartett, Harugari Liederkranz, Mozart Verein, Turnverein Vorwärts, sämmtlich von New-York; Bayerischer Volksfest-Verein, Plattdeutscher Volksfestverein, Cannstatter Volksfestverein, Süddeutscher Soldatenbund, Pfälzer Verein No. 1, German Metternich-Post No. 122, G.A.R., Deutsch-Amerikanischer Schützen-

bund, Independent Schützen Co., Allgemeiner Deutscher Volksfest-Verein, Deutscher Liederkranz, Gesangverein Alpenrösli, Gesangverein Lyra, Gesangverein Harmony, Williamsburgh Sängerbund, Tailor Union No. 2, u.a., sämmtlich von Brooklyn. Sogar eine starke Delegation des Newarker Hessen-Vereins, der früher ein Glied des Hessischen Volksfestvereins war, allen voran die Herren Sekretäre John D. Ermete und Henry Unkelbach, fand sich zum Besuche ein, und das eifrige Mitglied des Marburger Vereins, Herr Henry Müller in Jersey City, ließ sich es auch nicht nehmen, dem Volksfestverein seinen Tribut zu zollen. An jeden einzelnen der erschienenen Vereine richtete der Präsident, Herr Frank J. Fuchs, kurze aber kernige Ansprachen, welche dann in ebenso kerniger und freundlicher Weise durch die Vorstände der respectiven Vereine erwidert wurden. Inzwischen wurden die durch die verschiedenen Vereine begründeten Hauptquartiere stark besucht und es entfaltete sich die echte Volksfeststimmung. Etwas nach 4 Uhr fand unter dem Commando des bewährten Festmarschalls Ch. Otterbein unter Assistenz seiner Adjutanten die Aufstellung sämmtlicher Vereine und großartiger Umzug durch den Park nach der großen Tanzplatform statt, woselbst der Präsident, Herr Frank J. Fuchs, die mit großem Beifall aufgenommene Festrede hielt, welcher wir im Auszuge folgendes entnehmen:

»Verehrte Damen und Herren! Es gereicht mir zur besonderen Ehre, Sie als Präsident des Hessischen Volksfest-Vereins begrüßen zu können. Wir alle können uns gratuliren, daß wir unser Fest bei so herrlichem Wetter, bei welchem jedem Hessen Gelegenheit geboten ist, seinen alten Freunden und Freundinnen, denen er lange nicht begegnet ist, die Hände zu schütteln, feiern können. Ich speziell gedenke der schönen Stunden, die ich im Kreise froher Hessen-Brüder verlebt habe und deren Nachklänge erfüllen mit großer Freude mein deutsches Herz. – Redner betonte dann, daß von Seiten des Vergnügungs-Committees nichts versäumt worden sei, das Fest zu einem herrlichen und gemüthlichen zu machen, er wünsche deshalb von Herzen, daß sich auch ein jeder Besucher auf's beste amüsiren möge. Redner schilderte sodann die Entstehung des Hessischen Volksfestvereins und zählte auf, wie seit dem Jahre 1874 aus einem kleinen Anfang ein so achtungsgebietender großer Verein geschaffen worden sei. Nur ein Verein, dies sei der Hessen-Verein von Newark, habe sich von der Liste der den Hessischen Volksfestverein bildenden Vereine ohne

Ursache streichen lassen; kaum sei dies aber geschehen gewesen, habe der Verein Ersatz in dem Allgemeinen Hessen-Verein von Brooklyn, welcher sich der Vereinskette angeschlossen, reichlich gefunden. Die Vereine des Hessischen Volksfestvereins sind aus Kranken-, Unterstützungs- und Gesang-Vereinen zusammengesetzt. Alle hätten schon oft bewiesen, daß es von großem Werthe sei, solchen Vereinen anzugehören. Nicht nur im engeren Kreis seiner Mitglieder, sondern auch außerhalb habe der Hessische Volksfestverein schon viel Gutes gestiftet. Vor zwei Jahren zum Beispiel habe der Verein den abgebrannten Hessen-Brüdern in der Kreisstadt Hünfeld eine Unterstützung von 2500 Dollars zur Linderung der Noth übermitteln lassen. Bei der Gründung des Hessischen Volksfestvereins sei hauptsächlich bezweckt worden, deutsche Sprache, deutsche Kunst und Wissenschaft heben und fördern zu helfen. Die Vereine, fuhr der Redner weiter, sind der Hort der deutschen Sprache und des deutschen Geschäftslebens. Wer war der Erbauer der Brooklyn Brücke? Es war ein Deutscher, Namens Röbling. Wer ist der beste und größte Redner? Es ist Carl Schurz. Als amerikanische Bürger, welche hier dem deutschen Namen besonders Ehre machen, nannte derselbe die Herren Oswald Ottendorfer, Wilhelm Steinway und Carl Schurz. Oefters durch Beifall unterbrochen, schloß Redner mit folgenden Worten:
Möge dies schöne Zusammenwirken unserer Hessen fortbestehen und noch fester begründet werden. Möge die Harmonie, das brüderliche Einvernehmen durch keine Uneinigkeit und Zwietracht gestört werden; mögen die Zusammenkünfte bei unseren Nachkommen nicht nur Lust am Gesang, sondern auch Liebe zur deutschen Sprache erwekken. Mögen unsere Söhne den Reichthum unserer schönen Muttersprache kennen und werthschätzen lernen und zu tüchtigen Männern herangebildet werden. Mögen sich unsere Feste so gestalten, daß wir Achtung und das Wohlwollen unserer amerikanischen Bürger gewinnen.«

Nach dieser Rede wurde durch die Vereine: »Harugari Liederkranz«, »Beethoven Doppel-Quartett«, »Frankenberger Männerchor«, »M.G.V. Schlüchterner Quartett«, »Hessischer Sängerbund«, Brooklyn, Gesangverein »Orpheus«, Brooklyn, Männergesangverein »Alpenröschen«, Brooklyn, und »Rothmänner Liedertafel«, Brooklyn, ein Massenchor »Das ist der Tag des Herrn« in recht gediegener Weise zum Vortrag gebracht, mit welchem der offizielle Theil des ersten Festtages erledigt war. Tanz und die allgemeine Fröhlichkeit traten sodann in ihre Rechte. Das Arrangements-Committee hatte in bester Weise auch für allerlei Künstlervorstellungen Sorge getragen. Abwechselnd produzirten sich: Professor Lichtwald als Zauberkünstler in der höhern Magie, Wm. Ladeur in seinen großartigen Leistungen als Parterre-Gymnastiker, Monsieur Carnil, der große Luft-Gymnastiker am fliegenden Trapez, Ricardo, der berühmte Balancir-Künstler in seinen Kraftübungen, Professor Zarnis, der neue Hermann, als Prestidigitateur, Professor Ostens Marionetten- und Kasperle-Theater, die kleinsten Faustkämpfer Jack und John, Herr George Kehl, der Riese Goliath. Das große Tableau »Der hessische Pionier am Mohawk-River«, unter Leitung des Finanz-Sekretärs des Vereins, Herrn L. Ernst, wurde mit großer Naturtreue zur Darstellung gebracht und mit reichem Beifall belohnt. Die »Erfrischung des Landgrafen von Hessen in Schwarzenborn« lockte alle im Park Anwesenden auf die Festwiese am Parkeingange und gefiel so gut, daß das Lachen kein Ende nehmen wollte. Der »Überfall hessischer Mädchen durch Gießener Studenten«, aufgeführt von den Vereinen Pfungstadt, Gießen und Umgegend unter Leitung des Tanzlehrers Heinrich Deibert gefiel sehr gut. Insbesondere gefielen die hübschen Mädchen in hessischer Landestracht. In dem Bürgermeister- und Pfarr-Amte, welchen die Herren Alb. Fischer und Felix Schwarzschild vorstanden, war recht viel zu thun, da sich eine große Anzahl junge Leute, wenn auch nur auf kurze Dauer, in die Fesseln der Ehe schmieden ließen. Aus dem Standesregister ersahen wir zu unserer Freude, daß jetzt auch endlich das eifrige Mitglied des Vereins, Herr W. Werneburg in Brooklyn, mit Frl. Elise Völker von New-York in den Stand der Ehe eingetreten ist. Alt und Jung erfreute sich an dem Stangenklettern für Jungen, Sacklaufen und Eierlaufen für Damen, Hahnenschlagen für junge Mädchen, Wettlaufen und Kegelwerfen für Preise. Dem Preis-Schießen und Preis-Kegeln wurde auch sehr viel zugesprochen und überall, wo man hinschaute, sah man frohe, zufriedene Gesichter. Großartig war die »Große Pantomime der ganzen Künstlergesellschaft mit Calcium-Licht«. Den Schluß des ersten Festtages bildete ein großer Zapfenstreich, ausgeführt von der berühmten vollen hessischen Capelle unter Leitung des Professors Henry Engel, das Abbrennen eines großen Feuerwerks und bengalische Beleuchtung.

Zweiter Tag
Bereits in den frühen Morgenstunden des zweiten Festtages (28. Juli) fanden sich die Mitglieder der den Hessischen Volksfestverein bildenden Vereine in dem Festpark ein, um die Vorbereitungen für diesen Tag zu vollenden und in Brooklyn belebten sich die Straßen mit einer erwartungsvollen Menge, die in Ungeduld des Festzuges harrte. Die Brooklyner Hessen-Vereine hatten nämlich einen großen Festzug arrangirt, an welchem sich alle festgebenden Vereine sowie alle Beamten des Hessischen Volksfestvereins betheiligten und welcher großes Aufsehen erregte. Eine lange Reihe prächtig geschmückter Wagen und Chaisen, auf welchen sich die »Hessische Spinnstube«, die »Wilhelmshöher«, »Fürst Bismarck«, »Kronprinz Friedrich und Napoleon III.«, »Gießener Studenten« u.A. befanden, sowie eine große Anzahl Vereinsmitglieder zu Fuß und hoch zu Roß, nahm gegen 10 Uhr vor dem Hauptquartier an Sumner Avenue und Floyd Street Aufstellung und holte nach Ordnung des Zuges die Beamten des Hessischen Volksfestvereins und die New Yorker Vereine an der Grand Street Ferry ab. Alsdann bewegte sich der Zug unter dem Commando des Festmarschalls Charles Otterbein durch South 8. Str. nach Bedford Ave. über Broadway in South 5. Str., durch South 4. Str., Meserole Str., Ewen Str., Boerum Str., Graham Ave., Sumner Ave., Throop Ave., Stockton Str. über Broadway und Bushwick und Central Ave. und Ridgewood Park, woselbst er gegen 3 Uhr in schönster Ordnung anlangte. Hier konnten Diejenigen, welche sich an dem Festzuge betheiligten, für die ausgestandenen Strapazen reichliche Entschädigung finden, denn das Fest nahm jetzt erst recht wieder seinen Anfang. Der Festpräsident Herr Frank F. Fuchs und das Empfangs-Committee hatten auch heute viel zu bewältigen, denn die befreundeten Vereine trafen wieder zahlreich ein und in dem Park herrschte reges Leben. In den verschiedenen Vereins-Quartieren ging es auch recht lebhaft zu, speziell jedoch bei den »Schlüchtern« und »Wilhelmshöhern«. Der Sekretär des letzteren Vereins, Herr Thomas, welcher gleichzeitig die Casse des Vereins unter sich hatte, füllte seinen Platz wie immer auf's Beste aus. Ein Promenaden-Concert, sowie Tanzmusik befriedigte die Besucher, speziell das junge tanzlustige Element. Die Künstler produzirten sich in ähnlicher Weise, nur mit verändertem Programm, wie am ersten Festtage, und auf der Festwiese boten die Volks-Belustigungen ein schönes Bild. Wie am ersten, so wurden auch am zweiten Festtage das Preisschießen und das Kegelspiel, welchem die Herren Chas. Bieber und Julius Lafrentz vorstanden, eifrig betrieben

und unter der Leitung des Herrn Albert Fischer wurde im Laufe des Nachmittags die »Hessische Spinnstube« aufgeführt. Der Garderobier Herr Vögelein hat es verstanden, durch die Lieferung der Costüme dem Ganzen Glanz zu verleihen. Wie schön nahmen sich die prächtigen Bauernmädels und Bauernburschen aus. Die Beamten und diejenigen Mitglieder des Allg. Hess. Kr.-U.-Vereins Brooklyn, welche die Spinnstube aufführten, haben viel Energie und Ausdauer an den Tag gelegt; dieselben dürfen aber auch stolz darauf sein, daß die Aufführung, welche so gut vor sich ging, mit rauschendem Beifall belohnt wurde. Es kam auch wieder die Erfrischung des Landgrafen von Schwarzenborn und der Überfall hessischer Mädchen durch Gießener Studenten zur Aufführung. Großartiges Feuerwerk und großer Zapfenstreich bildeten den Schluß des zweiten Festtages. Der Besuch an diesem Tage kann als ein guter bezeichnet werden, wurden doch die Besucher von Sachkundigen auf circa 6000 geschätzt.

Dritter Tag

Der dritte Festtag war, gleich seinen beiden Vorgängern, trotz des drohenden Regenwetters, sehr zahlreich besucht und das Vergnügungs-Committee hatte auch den Besuchern für diesen Tag auf's Beste Rechnung getragen. Es traten wieder die Volksbelustigungen in ihre Rechte, namentlich wurde fleißig gekegelt und geschossen. Im Laufe des Nachmittags fand gegenseitiger Besuch der festgebenden Vereine in ihren Hauptquartieren statt und auf allgemeines Verlangen gelangte nochmals zur Aufführung: »Der Überfall hessischer Mädchen durch Gießener Studenten« und die »Erfrischung des Landgrafen von Schwarzenborn«. Als neu kam zur Vorstellung: »Das verzauberte Faß«, aufgeführt von Mitgliedern des Männergesangvereins »Schlüchterner Quartett« unter Leitung von Herrn Georg Kehl. Reichen Beifall ernteten die wackeren Schlüchterner. Das Preiskegeln und Preisschießen wurde gegen Abend zu Ende gebracht und die Preisvertheilung und Krönung des Schützenkönigs ging so gegen 8 Uhr vor sich. Herr John Kniste eroberte sich den Titel »Schützenkönig« und wurde duch den Präsidenten Herrn Fuchs unter Assistenz des Sekretärs Felix Schwarzschild in feierlicher Weise in seine neue Würde eingesetzt. Folgende Schützen haben ferner am besten geschossen: die Herren Louis Vogel, H. Hoffmann, L. Fohrbach, N. Neff, W. Rösler und J. Messerschmidt. Dieselben erhielten goldene und silberne Medaillen und angemessene Geldprämien. Das Fest wurde um

Mitternacht mit einem großen Zapfenstreich, Feuerwerk und bengalischer Beleuchtung zum Abschluß gebracht. Um das Gelingen des so herrlich und ohne jede Störung verlaufenen Festes haben sich recht verdient gemacht: In erster Linie die Beamten des Volksfestvereins: Frank J. Fuchs, Präsident; Carl Peter, 1. Vice-Präsident; Fritz Pabst, 2. Vice-Präs.; John Cantus, 3. Vice-Präs.; Felix Schwarzschild, Prot.-Sekretär; Conrad Brencher, Corr. Sekretär; Geo. Lueck, Hilfs-Sekretär; Louis Ernst, Finanz-Sekretär; Con. Detlef, Schatzmeister; Mart. Holzhausen, Serg't-at-Arms. In zweiter Linie: a) das Vergnügungs-Committee: Charles Otterbein, Fest-Marschall; Gustav Preis, George Krause, Paul Seefeld, Adjutanten; Henry Eibel, Vorsitzender; John Rollmann, Vice-Vorsitzender; Louis Ernst, Sekretär; Chas. Bieber, Schatzmeister; Henry Schön, Henry Deibel, John Keller, George Kehl, H. Arnold, Aug. Schmitt, F. Haas, L. Heinz, Jac. Roeder, Phil. Schütz, Geo. Joest, M. Günther, F. Muth, Phil. Bott, H. Pfeffermann, Wm. Werneburg, F. Habbich, J. Wilhelm, Alb. Fischer, Jos. Roesch, D. Lange, Th. Bucher, J. Frank, Aug. Meyfarth, Chas. Roese, Geo. Lück, J. Fennel, C. Schmidt, Wm. Dörr, J. Müller, G. Waßmuth, G. Burkhard, Emil Maliske, Geo. Schadel. b) Das Floor-Committee: Henry Beyer, Floor-Manager; John Keller, Robert Schlinck, Assistenten; c) Das Preß-Committee: Frank J. Fuchs, Chas. Peter, Fritz Pabst, John Cantus, Felix Schwarzschild, Wm. Werneburg, John Keller. d) Das Agitations-Committee: Felix Schwarzschild, Louis Ernst, Phil. Lotz und John Fennel, e) Das Schieß-Committee: Chas. Bieber, Vors.; Adolph Sanders, Sekretär; Wm. Schellbach, John Wilhelm, H. G. Baehr, Ph. Hamm, Geo. Schmidt. f) Das Kegel-Committee: Julius Lafrentz, Vors.; Franz Alter, John Münker, Philipp Rau, H. M. Pfeiffer, Conrad Kohlenbusch, Fritz Freund, Jacob Walter, Fritz Bauer, Franz Haas, Georg Röder, Henry Schäfer, Jacob Hensler und August Meyfarth. g) Das Gate-Committee: Conrad Detlef, Vorsitzender; Geo. Arnold, C. Weber, Geo. Lück, Stellvertreter; Hermann Buck, Aug. Kuhl, Hy. Lück, Henry Daniel, Ernst Weitemann, H. Fuller, Chr. Kramer, Aug. Hohmann, Peter Bott, Franz Rennert, Emil Danne, J. Stöhr, H. Doering, L. Geisensitter, A. Schönfeld, J. Garthe, H. Eisberg, Max Hauschkell, H. A. Giebelhause, Hermann Schönfeld, Chas. Lipp. H. Rittig, Geo. Schaumlöffel, Wm. Herschelmann, Jos. Harsch, Geo. Reusse, Phil. Freund, Christ. Schneider, F. Goldmann, John Mathau, Louis Mink, Louis Nungesser, L. Boettiger, Louis Heinz, John Lefrin, Christ. Gandenberger, Eugen Mühlhauser, Geo. Hempler, John Muth, Jac.

Gerlach, S. Jost, Jac. Boegener, Hy. Betz, Herbert Himion, Christ. Merkel, John Bräutigam, Bodo Möller, Ch. W. Eich, John Becker, Oscar May, Anselm Ullrich, Louis Made, F. Selig, C. Weber, M. Helmke, Chas. Lorsch, H. Abel, Ottmar Sauter. Der joviale Vicepräsident Fritz Pabst war während der 3 Festtage besonders in Anspruch genommen und eine außerordentlich große Stütze des Festpräsidenten, denn bei allen Gelegenheiten sah man ihn, den biedern Hessendarmstädter, stets an der Spitze, freundlich und zuvorkommend wie immer. Auch Herr Chas. Deckelmann, der gemüthliche Wirth und Besitzer des Parkes, trug seinen wesentlichen Antheil zur Verherrlichung des Festes bei. Der Erfolg des Festes kann nur als ein brillanter in jeder Hinsicht bezeichnet werden. Zum Schlusse sei noch erwähnt, daß folgende Vereine den »Hessischen Volksfestverein« bilden: Frankenberger K.-U.-Verein, Marburger K.-U.-Verein, K.-U.-V. zur Wilhelmshöhe, Fuldaer K.-U.-Verein, Wabern K.-U.-Verein, Verein Gießen u. Umgegend, Schlüchterner Freundsch.-Bund, Schlüchterner Quartett, Pfungstädter und Umgegend, Hess. K.-U.-V. 1, Brooklyn, Hess. Sängerbund, B'klyn, Allg. Hess. K.-U.-V., B'klyn, Allg. Hessen-Verein, Union Hill.

7. Eine deutsch-amerikanische Familie um 1900

1852 war der Auswanderer Daniel Kraus von Büttelborn mit Familie nach Illinois gegangen, um in der Nähe des Mississippi zu farmen. Da er der dort entstehenden Siedlung den Platz für Kirche und Friedhof schenkte, erhielt dieselbe zu seinen Ehren den Namen Biddleborn. Ein um 1900 aufgenommenes Foto zeigt den Sohn Georg Kraus mit seinen bereits in Amerika geborenen Kindern und Enkeln. Doch sprach die Familie immer noch deutsch, und die nachwachsenden Kinder lernten es sogar bis um 1960.

8. Zu Besuch im alten Heimatort

Friedrich Daab aus Groß-Bieberau (siehe S. 267), wohlhabender Geschäftsmann und Stadtrat zu Belleville, war einer derjenigen, die ihren alten Heimatort noch einmal besuchten. In seiner »Lebensgeschichte« beschrieb er rückblickend auch diesen Besuch 1899, der ihm ein verändertes Groß-Bieberau vor Augen geführt und ihm zugleich das Gefühl vermittelt hatte, am Ort der Kindheit – trotz aller heimatlichen Anmutung – »schließlich aber doch ein Fremder« zu sein.

Ich hatte stets den Wunsch, meinen Geburtsort und mein Geburtsland zu besuchen, und im Jahre 1899 unternahm ich die Fahrt und fand meine Erinnerung gut bewahrt. Mein Geburtsort [= Groß-Bieberau] hatte sich der äußeren Erscheinung nach materiell gehoben, wenn auch die örtliche Ausdehnung begrenzt war. Das allgemeine Aussehen indessen hatte sich sehr vervollkommnet. Die Straßen waren von moderner Anlage. Es gab elektrische Straßenbeleuchtung, Wasserleitung, ein Kanalisationssystem für die Straßen, gesundheitliche Entwässerung. Ich fand die alten Gebäude in gutem Erhaltungszustand [– Textverlust –] und anziehend mit Schienenwagen, die sehr günstig ins allgemeine Wirtschaftsgefüge eingegliedert sind.
Der gesellschaftliche Verkehr war verfeinerter, besonders unter den jungen Leuten. Der altererbte Dialekt war fast ganz verwischt, wenn ihn auch die Älteren noch beibehielten. Das war hauptsächlich den jungen Leuten zu verdanken, deren Militärdienst eine mehr kosmopolitische Erziehung verbreitete.
Mein Geburtshaus sah mich so anheimelnd an, als hätte ich es nur wenige Jahre verlassen. Der Besitzer war zufällig der Enkel dessen, der es von meinem Vater erstanden hatte. Ein paar von meinen Schulkameraden waren noch am Leben, und die Kindheitstage lebten wieder auf. Die Kirche sah besonders anheimelnd aus, und beim Besuch der Gottesdienste bemerkte ich vor allem e i n e Vervollkommnung – sie war geheizt. In meinen Kindheitstagen war das nicht der Fall. Die Andacht der Versammlung, frei von allem Kleiderprunk, schien echt und ungemacht zu sein. Besonders eindrucksvoll war der Gesang der jungen wohlgeübten Stimmen, der mich »näher mein Gott zu Dir« brachten als zu irgendeiner Zeit, die ich erlebte. Schließlich war ich aber doch ein Fremder in meinem Heimatort.

Indem ich Eindrücke und Erinnerungen aus meiner Kindheit und Zustände, die damals bestanden, zum Vergleich heranzog, war ich überzeugt, daß das Volk gut regiert wurde und guten Grund hatte, patriotisch und regierungstreu zu sein. Die Beamten waren leicht zugänglich und die Behandlung, wenn auch bestimmt, war doch sehr höflich. Der bürokratische Ton der alten Zeiten war völlig ausgerottet.
Im ganzen ist meine Fahrt in meinem Gedächtnis frisch und wird gehegt mit dem einzigen Bedauern, daß die Verhältnisse eine längere Dauer verboten.

9. Ein Rückblick auf den Ersten Weltkrieg

Als Sohn des Butzbacher Auswanderers Peter Hoffmann war 1865 in Newburgh William N. Hoffmann zur Welt gekommen, der – wohlhabender Immobilienhändler in Goshen im Staat New York – noch bis zu seinem Tod im Jahr 1926 Briefe mit seinem Butzbacher Vetter, dem Schreiner Jakob Diehl, tauschte. 1921 erklärte er diesem die Situation der Deutschen in Amerika während des Ersten Weltkrieges. Nachfolgend eine Übersetzung dieses Briefes aus dem Englischen.

Goshen N.Y., den 1. September 1921

Mein lieber Vetter.

Du mußt entschuldigen, daß ich so spät auf Deine letzten Briefe antworte. Ich habe das Foto von Deinem Haus erhalten, und wir danken Dir sehr dafür.

Wir hatten einen wunderschönen Sommer, und zur Zeit ist es sehr warm. Die Umstände haben sich etwas gebessert, doch sind die Dinge immer noch ernst.

Mein Geschäft geht gut, da eine Menge Grundstücke verkauft werden – was mir hilft. Wir haben unser Sommerhaus, von dem ich Dir geschrieben habe, droben im Seengebiet fertiggestellt, und meine Frau und ihre Schwester sind in dieser Woche mit dem Hund dort. Ich kann nur Samstagsnachmittags dort hin und bleibe bis Sonntags Abend. Es liegt etwa 27 Meilen von hier, und ich brauche etwa zweieinhalb Stunden mit dem Auto dorthin. Es liegt an einem reizenden See und wir genießen das Draußensein sehr. Sobald ich ein Foto von dem Häuschen gemacht habe, werde ich Dir eines senden.

Wir haben einige Freunde, die auch ein Haus dort droben haben, und das macht den Aufenthalt sehr angenehm.

Wie ich sehe, fällt der Kurs der Mark stetig, denn zur Zeit wird sie hier für 1,17 Cents gehandelt. Ich glaube, daß sie sich erholen wird, da ein Friedensvertrag zwischen diesem Land und Deutschland abgeschlossen ist und die Handelsbeziehungen ohne Zweifel wieder aufgenommen werden.

Während des Krieges gab es eine Menge Waren, die vor dem Krieg mit »made in Germany« gekennzeichnet worden sind und nicht verkauft werden konnten. Ich bin sicher, daß diese Stimmung jetzt vorbeigehen wird.

Die allgemeine Stimmung hier ist, Deutschland eine Chance zur Wiedergutmachung zu geben, so daß es seine Kriegsschulden bezahlen und seinem Volk die Möglichkeit geben kann, sich von den schrecklichen Auswirkungen des Krieges zu erholen. Sieben junge Männer der verschiedenen Waffengattungen aus unserer Stadt sind gefallen, und man hat sieben Pinien im städtischen Park gepflanzt, um an ihren Tod zu erinnern.
Die Menschen in diesem Land haben immer das Gefühl gehabt, daß sie nicht mit dem deutschen Volk in Streit lägen, doch hatten sie kein Verständnis für die sogenannten Kriegsherren, die sie für die am Krieg Schuldigen hielten.
Weißt Du, es gibt so viele Menschen in diesem Land, die deutscher Abstammung sind, und sie sind gute Bürger und werden von den Amerikanern hoch geachtet. Viele von ihnen haben Vertrauensstellungen in den verschiedenen Abteilungen der Regierung inne usw. Natürlich war es im Krieg so, daß diejenigen Deutschen, die nicht naturalisiert waren, sehr vorsichtig sein mußten mit dem, was sie sagten. Doch selbst diese ließ man in Ruhe, so lange sie sich in Grenzen hielten.
Nimm die Stadt New York mit ihren zwei Millionen Einwohnern. Rund die Hälfte davon sind entweder Deutsche oder deutscher Abstammung oder haben zumindest Verbindungen mit einer deutschen Familie. Sie hatten dort keinerlei Schwierigkeiten. Natürlich weiß ich nicht, was sie über uns erzählten, während sie drüben bei Euch waren und der Krieg stattfand, doch wurde nie ein Deutscher, der seinen Mund hielt, jemals belästigt, es sei denn, er lebte in einer gewissen Nähe von einem Regierungsgebäude. Diese mußten von dort fortziehen, doch gab man ihnen genügend Zeit dazu.
Ich konnte Dir keine Kleider senden, weil ich keine für Deinen Bruder hatte. Kleidung ist hier so furchtbar rar, daß ich meine ganz abgetragen habe, bevor ich neue kaufte. Ein guter Anzug kostete während des Krieges 85 bis 100 Dollar, und Du siehst, daß wir die alten so lange wie möglich tragen mußten.
Mutter und Marie erfreuen sich guter Gesundheit, wie auch meine Frau, und sie alle senden die besten Grüße und hoffen, daß sich die Zeiten für uns alle bessern werden.

Grüße mir alle Bekannten. Mit lieben Grüßen an alle,

William.

Die Hessen-Bibliothek im Insel Verlag

Begründet von Edgar Thielemann

Bisher sind erschienen:

Hessisches Lesebuch

Herausgegeben von Hans Herder
521 Seiten. Gebunden. ISBN 3-458-04781-6

Das *Hessische Lesebuch* enthält rund hundert Beiträge, von Tacitus bis zum Stadtschreiber von Bergen, aus fast 19 Jahrhunderten. Es sind Auszüge aus der biographischen Literatur, aus Reisebeschreibungen und anderen zum Teil unbekannten oder vergessenen Büchern, daneben Dokumente und Reden. Ihnen gemeinsam ist das Thema *Hessen,* seine Geschichte, herausragende Ereignisse und Besonderheiten des Landes.

Politische Kultur und politisches System in Hessen

Herausgegeben von Jakob Schissler
417 Seiten. Gebunden. ISBN 3-458-04784-4

Politische Kultur und politisches System in Hessen enthält sowohl Originalbeiträge als auch bereits publizierte Analysen zur Ideengeschichte, zur Verfassung, zum politischen Prozeß und zur kulturellen Lebenswelt des Bundeslandes Hessen.

Rainer Fritz-Vietta · Stadterneuerung in Hessen

407 Seiten. Gebunden. ISBN 3-458-04783-2

Rainer Fritz-Vietta vom Institut Wohnen und Umwelt in Darmstadt dokumentiert in seinem Buch *Stadterneuerung in Hessen* 19 Sanierungsmaßnahmen in 16 Gemeinden Hessens. Die praktischen Probleme, die sich aus Änderungen der Sanierungsziele, Gebäudeabbrüchen, Umsetzungen, Neubau- und Modernisierungsmaßnahmen oder aus der Mietentwicklung ergeben, führen zu politischen Lösungsvorschlägen des Autors an Bund, Länder und Gemeinden.

Ina-Maria Greverus/Gottfried Kiesow/Reinhard Reuter u. a. Das hessische Dorf

405 Seiten. Gebunden. ISBN 3-458-04782-0

Noch vor einem Jahrzehnt schien das Dorf wenig attraktiv zu sein. Auch die wissenschaftliche Beschäftigung mit dem Dorf und seiner Entwicklung stand eher im Schatten der Auseinandersetzung um die Probleme und Folgen der Urbanisierung. Heute jedoch wird dem Dorf wieder größeres Interesse entgegengebracht. In Hessen zum Beispiel versucht man mit Hilfe des Dorferneuerungsplans, das Leben auf dem Land modernen Erfordernissen anzupassen und zugleich die Besonderheiten des Dorfes – bauliche Strukturen und Beziehungen zur Landschaft – zu erhalten. *Das hessische Dorf* faßt die Ergebnisse einer interdisziplinären Arbeitsgruppe zusammen, die von Wissenschaftlern der Universität Frankfurt, der Technischen Hochschule Darmstadt und des Landesamtes für Denkmalspflege gebildet wurde.

Dietmar Grieser · Goethe in Hessen

164 Seiten. Gebunden. ISBN 3–458–14017–4

Johann Wolfgang von Goethe ist Hesse von Geburt und durch seine Vorfahren mütterlicherseits. Was wäre da natürlicher, als daß ihm in seiner Heimat Hessen besondere Verehrung zuteil wird? Dietmar Grieser, bekannt geworden durch seine Reisen an die »Schauplätze der Weltliteratur«, hat an den hessischen Goethe-Orten Frankfurt, Wetzlar, Darmstadt, Wiesbaden und im Rheingau Nachschau gehalten, wie dort in unserer Zeit – und keineswegs nur mit Blickpunkt 150. Todestag – die Erinnerung an den »großen Sohn« gehandhabt wurde.

Untersuchungsberichte zur republikanischen Bewegung in Hessen 1831-1834

Herausgegeben von Reinhard Görisch und Thomas Michael Mayer
432 Seiten. Gebunden. ISBN 3–458–14044–1

»Fürsten zum Land hinaus!« – heimlich gedacht oder trotzig gesungen –, drückte dieses Lied die Wünsche aller Republikaner im hessischen Vormärz aus. Die hier erstmals vorgelegten zusammenfassenden Berichte der damaligen Behörden zeichnen ein plastisches Bild vom Alltag und den Plänen der frühen hessischen Demokraten, die man damals noch »Demagogen« nannte. In der Sprache und aus der Sicht der »Demagogen«-Verfolger läßt das dokumentarische Lesebuch sowohl die allgemeine Misere und die Illusionen der isolierten Revolutionspartei im hessischen Biedermeier erkennen als auch (etwa an der Bewegung um den *Hessischen Landboten* von Georg Büchner und Friedrich Ludwig Weidig) Versuche, die engen Perspektiven von Putschismus und Konspiration zu durchbrechen.

Wolfgang Schivelbusch · Intellektuellendämmerung

Zur Lage der Frankfurter Intelligenz in den zwanziger Jahren: die Universität, das Freie Jüdische Lehrhaus, die Frankfurter Zeitung, Radio Frankfurt, der Goethe-Preis und Sigmund Freud, das Institut für Sozialforschung.
Mit Abbildungen. 142 Seiten. Gebunden. ISBN 3–458–14045–X

In den zwanziger Jahren erschien in Frankfurt die wichtigste Tageszeitung Deutschlands; das fortschrittlichste Rundfunkprogramm wurde vom Frankfurter Sender ausgestrahlt. Sigmund Freud erhielt als einzige öffentliche Auszeichnung seines Lebens den von der Stadt Frankfurt gestifteten Goethe-Preis. Franz Rosenzweig gründete mit dem Freien Jüdischen Lehrhaus ein Zentrum jüdischen Kulturlebens, und mit dem Geld des Getreidegroßhändlers Hermann Weil wurde das Institut für Sozialforschung ins Leben gerufen, in dem die kritische Theorie entstand, welche nach 1945 bzw. 1968 die geistige Landschaft in Deutschland veränderte. Insbesondere eine Wachablösung der bürgerlichen Kultur läßt sich im Frankfurt der zwanziger Jahre besser als irgendwo sonst verfolgen – das Ende des individuellen Unternehmers wie Intellektuellen, eine Ablösung durch die Bürokratie. In den zwanziger Jahren leuchteten noch einmal das Mäzenatentum, die individualistisch-verschrobene Wagemutigkeit und Abenteuerliebe des alten Bürgertums auf – in seinen geschäftlichen wie geistigen Unternehmungen, seinen Westend-Villen, Hausmusikabenden, Feuilletons, ja selbst in seiner soziologischen Phantasie, bevor – Jahre vor der Machtergreifung der Nazis – das Ende kam.

Eugen Kogon · Essays, Aufsätze, Reden zwischen 1946 und 1982

Herausgegeben von Hubert Habicht
451 Seiten. Gebunden. ISBN 3-458-14046-8

Am 4. Januar 1982 wurde Eugen Kogon der »Hessische Kulturpreis« überreicht. Der vorliegende Auswahlband dokumentiert Kogons Beteiligung an der hessischen Politik, seine publizistische Arbeit in den »Frankfurter Heften« und sein Engagement als politischer Lehrer.

Margarete Dieffenbach · Hessischer Trachtenalltag

Tracht als Spiegel ländlicher Lebensweisen
Herausgegeben von Wolfgang Schellmann, Siegfried Becker, Gaby Mentges und Ingeborg Weber-Kellermann
Mit Abbildungen. 320 Seiten. Gebunden. ISBN 3-458-14112-X

Die Fotoernte der Margarete Dieffenbach aus dem Jahrzehnt zwischen 1925 und 1935 ist ein Glücksfall sowohl für die hessische Kulturgeschichte wie für die Volkskunde und europäische Ethnologie. In Hunderten von guten und vorzüglichen Aufnahmen hat sie das Trachtenleben jener Zeit bei den verschiedensten typischen Gelegenheiten des Alltags und der Feiertage festgehalten. Damit wurde eine letzte hessische Trachtenbilanz gezogen. Den erzählenden und beobachtenden Fotografien der Margarete Dieffenbach ist eine kultur- und sozialgeschichtliche Umschau über die Trachtenlandschaft Hessen vorangeschickt und ein kommentierender Text beigegeben. Dem interessierten Leser steht eine umfangreiche Spezialbibliographie zur Verfügung.

Erzähler aus Hessen

Herausgegeben von Dieter Bänsch
296 Seiten. Gebunden. ISBN 3-458-14113-8

Die Anthologie vereinigt Märchen und Erzählstücke, in denen ein scharfer, oft satirischer Sinn für menschliche Wirklichkeit, ihre Schrecken und Defizite, und eine starke Spannung zu individuellen oder kollektiven Glücksbildern hervortreten. Bekannteres steht zwischen wenig Bekanntem und gerät dadurch in anderes Licht; mit Johann Heinrich Merck, Ludwig Börne, Franz Dingelstedt, Richard Hülsenbeck oder Ernst Glaeser werden Autoren präsentiert, die mehr Aufmerksamkeit verdienen. Mit Friedrich Stoltze erscheint Mundarterzählung von hohem Rang. Statt eines Vorwortes ein posthumer Huldigungsbrief an Dorothea Viehmann, die Märchenfrau aus Zwehren.

Hessen unterm Hakenkreuz

Studien zur Durchsetzung der NSDAP in Hessen
Herausgegeben von Eike Hennig in Zusammenarbeit mit Herbert Bauch, Martin Loiperdinger, Klaus Schönekäs
558 Seiten. Gebunden. ISBN 3-458-14114-6

»50 Jahre danach« ist die Erforschung des Nationalsozialismus immer noch nicht abgeschlossen. Es gilt zu erkennen, aus welchen politischen Kulturzusammenhängen und sozialen Bezügen, mit welchen Öffentlichkeitsformen und politischen Mitteln, auf welcher Motivationsbasis und Erwartungshaltung die NSDAP zur größten völkisch-nationalistischen Sammlungsbewegung herangewachsen ist. Dies gilt insbesondere für die Gebiete des Bundeslandes Hessen, die von entsprechender Nationalsozialismusforschung stark vernachlässigt worden sind. *Hessen unterm Hakenkreuz* bemüht sich, einen Überblick zu geben; Illustrationen, Dokumente und bibliographische Hilfsmittel vorzustellen, die zur weiteren Beschäftigung mit Entstehung, Durchsetzung und Institutionalisierung der NSDAP in Hessen anregen sollen.

Hessisches Auswandererbuch

Berichte, Chroniken und Dokumente zur Geschichte hessischer Einwanderer in den Vereinigten Staaten. Ein hessischer Beitrag zum 300. Jahrestag der ersten deutschen Einwanderung in Amerika 1683-1983
Herausgegeben von Hans Herder
452 Seiten. Gebunden. ISBN 3-458-14115-4

Die Frage der Auswanderung war in den vergangenen Jahrhunderten für viele Menschen von zentraler Bedeutung. Dieses Lesebuch mit Beiträgen verschiedener Autoren aus Vergangenheit und Gegenwart beschäftigt sich ausschließlich mit der Auswanderung im 18. und 19. Jahrhundert nach Nordamerika und mit einigen Randerscheinungen. Ein Teil der Beiträge stammt von Deutschamerikanern und schildert die Entwicklung aus der Perspektive der neuen Heimat. Das Ergebnis soll nicht nur eine Würdigung der hessischen Auswanderung nach Nordamerika sein und an einigen Beispielen den hessischen Anteil an der Entwicklung der Vereinigten Staaten belegen, sondern auch die Hintergründe der Auswanderungsbewegungen aufzeigen und zum besseren Verständnis der geschichtlichen Vergangenheit beitragen.

Gerhard Beier · Arbeiterbewegung in Hessen

Zur Geschichte der hessischen Arbeiterbewegung durch einhundertfünfzig Jahre (1834-1984)
672 Seiten. Gebunden. ISBN 3-458-14213-4

In diesem Buch wird der Versuch unternommen, den eigenen Weg der Arbeiterbewegung in Hessen historisch zurückzuverfolgen. Dazu dient neben exemplarischen Kapiteln über die wichtigsten Phasen und Ereignisse eine Sammlung von mehr als 900 Kurzbiographien, darunter sämtlicher Regierungschefs und Minister sowie aller Reichstags-, Bundestags- und Landtagsabgeordneten, die aus der hessischen Arbeiterbewegung hervorgegangen sind. Neben den großen Karrieren stehen die vielen politischen Opfer: Verfolgte und Inhaftierte, Emigranten und Märtyrer aus dem Befreiungskampf der Arbeiterschaft.

Hessen im Zeitalter der industriellen Revolution

Herausgegeben von Klaus Eiler
448 Seiten. Gebunden. ISBN 3-458-14158-8

Schon im 19. Jahrhundert begann die Herausbildung der heutigen Industrielandschaften an Rhein und Main, Lahn und Dill und im Raum Kassel. Die industrielle Revolution brachte einen tiefgreifenden Wandel der Wirtschafts- und Arbeitswelt mit sich. Das vorliegende Werk beschreibt die Entwicklung wichtiger Industriezweige und geht auf die unerläßlichen Voraussetzungen der Industrialisierung ein, namentlich den Beitritt hessischer Staaten zum deutschen Zollverein, die Aufhebung der Zunftschranken und die Einführung der Gewerbefreiheit. Doch das Buch berichtet auch von den Schattenseiten der industriellen Revolution, die nicht nur von enormen wirtschaftlichen Fortschritten geprägt war, sondern auch von Massenarmut, Hunger und Not. Die Arbeiterbewegung organisierte sich und trat ein für bessere Lebens- und Arbeitsbedingungen. So spiegelt sich in den rund 200 Dokumenten dieses Buches nicht nur die industrielle Entwicklung Hessens, sondern auch der politische und soziale Hintergrund jener Zeit.

Dietmar Grieser · Mit den Brüdern Grimm durch Hessen

Ein literarischer Lokalaugenschein zum 200. Geburtstag von Jacob, Wilhelm und Ludwig Emil Grimm
Mit Abbildungen. 180 Seiten. Gebunden. ISBN 3-458-14214-2

Man kann sich den Brüdern Grimm auf vielerlei Weise nähern: indem man sich mit ihrem Werk auseinandersetzt, indem man sie von der Biographie her zu ergründen versucht, indem man sich in die Bilder und Zeichnungen des »Malerbruders« Ludwig Emil versenkt. Reisefreudige Naturen mögen eine reizvolle Ergänzung darin erblicken, ihnen »vor Ort« nachzuspüren: an jenen Stätten, an denen sie selber gelebt und gewirkt haben, und an jenen anderen, die erst das ehrende Gedenken ihrer Nachwelt hat entstehen lassen. Dietmar Grieser begnügt sich bei seinem Lokalaugenschein nicht mit Bestandsaufnahmen an den »klassischen« hessischen Grimm-Orten Hanau, Steinau, Marburg und Kassel, sondern hält auch an bisher vernachlässigten wie Bad Homburg, Frankfurt und Wetzlar Umschau, er bezieht Märchenschauplätze und Märchenerzähler ebenso in seine Recherchen ein wie etwa das Erbe des hessischen Grimm-Illustrators Otto Ubbelohde, und ein Exkurs in eine grenznahe Hessen-Enklave in der DDR führt ihn sogar auf die Spur eines bis dato Unbekannten: des letzten noch lebenden Grimm.

Wolfgang Schivelbusch · Eine wilhelminische Oper

Mit zahlreichen Abbildungen. 165 Seiten. Gebunden.
ISBN 3-458-14242-8

Seitdem die Frankfurter Alte Oper im Bombenkrieg zerstört wurde, ist das Opernhaus ein Abbild des jeweiligen Zeitgeistes, der in Frankfurt herrscht. Als Ruine lag es unbeachtet und still inmitten des emsig summenden Wiederaufbaus der fünfziger und sechziger Jahre. Nur ein relativ kleiner Kreis konservativ gesinnter Bürger wirkte damals für die Wiederherstellung. Dann kam in den siebziger Jahren, getragen von der Tendenzwende in Politik und Kultur, ein neuer Oberbürgermeister, der sie zu neuem Leben erwecken sollte. Die Wiederherstellung des Frankfurter Opernhauses ist ein Beispiel für die postmodernistische Wende in Architektur und Gesellschaft, die in Frankfurt ihre Ausprägung in einem eigentümlichen architektonischen Historismus fand. Wolfgang Schivelbusch hat rekonstruiert, welche Vorstellungen, Interessen und Neigungen in den Bau des Opernhauses eingegangen sind. Ihm ist es gelungen, trotz der schwierigen Materiallage ein plastisches Bild der Ideologien und Interessenkonstellationen zu zeichnen, die zum Bau der »wilhelminischen Oper« führten, an die im 20. Jahrhundert ein konservativer Zeitgeist neue Hoffnungen knüpfte.

Walter Mühlhausen · Hessen 1945-1950

Zur politischen Geschichte eines Landes in der Besatzungszeit
592 Seiten. Gebunden. ISBN 3-458-14292-4

Das Buch zeichnet den Aufbau des parlamentarischen Staatswesens in Hessen nach. Es dokumentiert den Ausbau demokratischer Neuordnung, beschreibt die für das politische Leben der Nachkriegszeit wesentlichen Bereiche und untersucht die Handlungsmöglichkeiten und -beschränkungen unter einer Besatzungsherrschaft. Die Konzentration auf ein einzelnes Land erlaubt die genaue Analyse von Konsens und Konflikt der politischen Trägergruppen. Dabei beschränkt sich die Untersuchung nicht auf die hessische Seite, sondern bezieht gleichermaßen amerikanische Besatzungspolitik als Ordnungsfaktor mit ein. Mühlhausens Buch ist damit politische Geschichte des Landes Hessen und Vorgeschichte der Bundesrepublik zugleich.

Entdeckungen in hessischen Museen

Vom »Paradiesgärtlein« zum »Westhafen«
Herausgegeben von Hansgeorg Dickmann und Kurt Zimmermann
Mit Beiträgen von Renate Liebenwein, Gottfried Sello, Wolfgang Liebenwein und Dietmar N. Schmidt
Mit farbigen Abbildungen. 431 Seiten. Gebunden.
ISBN 3-458-14291-6

Auf der Suche nach der Welt von gestern hat ein breites Publikum seine Kunstmuseen neu entdeckt. Ein wachsendes Interesse gilt diesen Sammelpunkten einer früheren Lebenskultur, die uns im Kunstwerk lange entrückte Erfahrungen und Visionen noch einmal anschaulich vor Augen bringen können. Dieser neuen Empfänglichkeit des Publikums entsprechend hat auch das Hessische Fernsehen über Jahre hin ein *Bild der Woche* aus hessischen Kunstsammlungen ausgewählt und ausführlich kommentiert. Einhundert Kunstwerke aus fünf Jahrhunderten europäischer Kunstgeschichte, alle ganzseitig und in Farbe gedruckt, wurden zusammen mit den interpretierenden Texten in ein Bilder-Buch aufgenommen. Bevorzugt wurde dabei das »erzählende« Bild, dessen künstlerische Idee anhand von sorgsamen Detailschilderungen aufgedeckt wird. Neben den großen Meistern der Malerei wurden entdeckenswerte Zeitgenossen eingeordnet, deren Bilder hier zum ersten Mal beschrieben werden.

Ausländische Arbeiterfamilien in Hessen

Berichte über das Zusammenleben von Deutschen und Ausländern
Herausgegeben von Hans-Wilfried Kuhlen
Mit Beiträgen von: Anita Kuhlen-Sauer/Hans-Wilfried Kuhlen, Arthur Mehmet, Christa Seidel, Detlef Lüderwald
Mit Abbildungen. 250 Seiten. Gebunden.
ISBN 3-458-14524-9

Seit vielen Jahren gibt es eine breite öffentliche Diskussion über die Probleme, die sich mit der Beschäftigung und zum Teil langjährigen Anwesenheit ausländischer Arbeiter und deren Familien in den hochindustrialisierten Ländern West- und Nordeuropas ergeben haben. Von der Fülle der zu diesem Thema veröffentlichten Literatur unterscheidet sich das vorliegende Buch vor allem durch die Anschaulichkeit, mit der das Leben ausländischer Arbeiterfamilien in Hessen beschrieben wird: Die Gründe, die zur Emigration dieser Familien aus Sizilien, der Türkei oder anderen Ländern »am Rande Europas« geführt haben, werden von den Autoren untersucht und in Zusammenhang gebracht zu jeweils gegebenen aktuellen Situationen der Familien. So entsteht ein umfassendes Bild vom Leben der Ausländer unter den Bedingungen der Emigration. Aufgrund ihres langjährigen Engagements in der »Arbeit mit Ausländern« können die Autoren eine Fülle von Beispielen geben für die längst stattfindende Normalisierung des alltäglichen Zusammenlebens von Deutschen und Ausländern – ohne dabei zu vergessen, welches die Gründe dafür sind, daß die gegenseitige Annäherung immer wieder gefährdet wird.

Trümmer, Tränen, Zuversicht

Alltag in Hessen 1945-1949
Herausgegeben von Werner Wolf unter Mitarbeit von Harald Edel
Mit Abbildungen. 358 Seiten. Gebunden. *ISBN 3-458-14523-0*

Über 100 zeitgenössische Berichte und Reportagen aus sieben hessischen Zeitungen dokumentieren das Alltagsleben der ersten fünf Jahre nach dem Ende des Zweiten Weltkriegs. Die in diesem Band versammelten Dokumente, die durch Reportagefotos ergänzt werden, haben die bewegenden Themen der damaligen Zeit zum Inhalt: Trümmerbeseitigung, Wiederaufbau von Häusern und Fabriken, Schwarzer Markt mit den dazugehörigen Razzien, öffentlicher Verkehr, Währungsreform und – vor allem – der tägliche Kampf um Nahrungsmittel, um Wohnraum, Holz und Kohle. Immer wieder beschäftigen sich die Berichte und Reportagen mit einzelnen Menschen und deren Schicksal: aus der Bahn geratene Jugendliche, Menschen in Lagern; Heimkehrer und Kriegsversehrte, Vertriebene und Flüchtlinge; der langsame Wandel der Amerikaner von Feinden zu Freunden. Hunger, Kälte; Trauer um verlorene Menschen – das Leid der ersten Jahre war groß, aber aus den Trümmern, das macht dieser Band deutlich, erwuchs neue und begründete Zuversicht.

Kurt Wagner
Leben auf dem Lande im Wandel der Industrialisierung

Mit Abbildungen. 560 Seiten. Gebunden. ISBN 3-458-14329-7

Am Beispiel seines nordhessischen Heimatdorfes Körle zeigt Kurt Wagner auf, daß sich im Dorf nicht »verspätete« Angleichungen an die allgemeine gesellschaftliche Entwicklung vollzogen, sondern daß die Auseinandersetzung der Dörfler mit der Industrialisierung zu einer spezifisch dörflichen Lebensweise geführt hat.
Die Untersuchung umfaßt den Zeitraum von der »Bauernbefreiung« im frühen 19. Jahrhundert bis hin zur Eingemeindungspolitik in den 70er Jahren dieses Jahrhunderts. Besonders in der Beschreibung der neueren Entwicklung Körles zeigt das Buch eine große Anschaulichkeit, da es die statistische Dokumentation durch Aufzeichnungen mündlicher Darstellungen und Deutungen von Zeitzeugen ergänzt. Dabei geht es ihm weniger um die Rekonstruktion von »Ereignisgeschichte« als um das »Verstehen«, um den Versuch der Einsichtnahme in die Denkstrukturen der Beteiligten, die vor den Ereignissen liegen.

Jochen Lengemann
Das Hessen-Parlament 1946-1986

Mit Abbildungen. 464 Seiten. Gebunden. ISBN 3-458-14330-0

Der Hessische Landtag besteht 1986 vierzig Jahre.
In dem Buch werden nach einer verfassungsgeschichtlichen Einführung zum ersten Male die erst jetzt – dank Zugang zu allen Akten des Landtags und erstmals auch der Staatskanzlei – ermittelten vollständigen Listen der Mitglieder des Beratenden Landesausschusses (des hessischen Vorparlaments von Februar bis Juli 1946), der Verfassungberatenden Landesversammlung Groß-Hessen und aller elf Landtage in Übersichten veröffentlicht. Ergänzt werden diese Tabellen durch die ebenfalls erst jetzt vollständig erforschten Verzeichnisse aller Präsidenten, Vizepräsidenten, Schriftführer und Fraktionsvorsitzenden.
Den Hauptteil des Werkes bilden die Biographien der 568 Frauen und Männer, die im Hessenparlament seit 1946 wirkten. Sie beruhen – außer für die reinen Lebensdaten – auf den Angaben, die die Abgeordneten bei ihrem Eintritt ins Parlament für dessen Verwaltung und die amtlichen Handbücher machten. Diese Angaben wurden für »Das Hessenparlament 1946 bis 1986« auf die Bereiche: persönlicher und beruflicher Werdegang, Mitgliedschaft und Funktionen in Parteien, Verbänden und Vereinen und Mitgliedschaft und Ämter in Parlamenten aller Ebenen systematisiert.

Peter Assion · Von Hessen in die Neue Welt

Eine Sozial- und Kulturgeschichte der hessischen Amerikaauswanderung mit Text- und Bilddokumenten

412 Seiten. Gebunden. ISBN 3-458-14603-2

An den großen Auswanderungswellen, die im 19. Jahrhundert die USA erreichten, war Hessen besonders stark beteiligt. Dieser Tatsache trägt eine landesbezogene Auswanderungsforschung seit längerem Rechnung. Bisher fehlte jedoch eine Gesamtdarstellung der hessischen Auswanderungsgeschichte für alle Territorien, die heute das Land Hessen bilden. Und es fehlte eine Darstellung, die neben sozial- und kulturwissenschaftlichen Aspekten auch die subjektive Seite der Bewegung, d.h. die bis ins Alltagsleben der Auswanderer reichende Problematik aufzeigt.

Das vorliegende Buch bringt die Vorleistungen der älteren Forschung in einen neustrukturierten Zusammenhang und ergänzt sie mit Ergebnissen jüngerer, vor allem volkskundlicher Untersuchungen. Neben den Ursachen und äußeren Abläufen transatlantischer Migration wird das Profil hessischer ›Auswandererkultur‹ umrissen: mit all jenen Vorgängen, die sich bei der Planung und individuellen Durchführung des Aufbruchs in die Neue Welt abspielten und in Amerika – bei der Bewältigung der sich dort stellenden Probleme – ihr bedeutsames Nachspiel hatten. Erstmals wird so auch das Leben hessischer Farmer, Handwerker und Gewerbetreibender in den USA berücksichtigt. Dokumentarisches Material zu jedem Kapitel bringt dem Leser die Menschen näher: die Auswanderer mit ihren Sorgen und Hoffnungen. In meist erstmals veröffentlichten Briefen und Tagebüchern artikulieren sie sich selbst und das, was sie im Zusammenhang mit dem Start in ein neues Leben bewegte. Amtliche und halbamtliche Dokumente zeigen, daß die Auswanderung keine beiläufige Erscheinung des 19. Jahrhundert war, sondern Ausdruck sozialer Umbrüche und Bewegungen säkularen Ranges.